U0919263

Wenxue Dilixue Yu
Dangdai Zhongguo De
Yanjiusheng Jiaoyu

文学地理学与当代中国的研究生教育

——邹建军教授访谈录

覃 莉◎编

中国出版集团
世界图书出版公司
广州 · 上海 · 西安 · 北京

图书在版编目(CIP)数据

文学地理学与当代中国的研究生教育:邹建军教授访谈录 / 覃莉编. —广州:世界图书出版广东有限公司, 2014.6
ISBN 978-7-5100-8001-2

Ⅰ. ①文… Ⅱ. ①覃… Ⅲ. ①研究生教育—研究—中国 Ⅳ. ①G643

中国版本图书馆 CIP 数据核字(2014)第 118013 号

文学地理学与当代中国的研究生教育——邹建军教授访谈录

责任编辑 宋 焱
出版发行 世界图书出版广东有限公司
地 址 广州市新港西路大江冲 25 号
http://www.gdst.com.cn
印 刷 北京天正元印务有限公司
规 格 710mm × 1000mm 1/16
印 张 18.25
字 数 348 千
版 次 2014 年 6 月第 1 版 2014 年 6 月第 1 次印刷
ISBN 978-7-5100-8001-2/G · 1629
定 价 56.00 元

邹建军（邹惟山）教授简介

邹惟山，又名邹建军，四川省威远县越溪镇黄荆屋基人，1963 年 9 月 11 日生。1984 年毕业于四川大学中文系汉语言文学专业，1997 年毕业于武汉大学中国现当代文学专业硕士研究生班，2008 年毕业于华中师范大学文学院比较文学与世界文学专业，获文学博士学位。曾任中南民族大学文学院教授、外国文学与中国现当代文学教研室主任、学科带头人，校女书文化研究中心主任、《外国文学研究》常务副主编。现任华中师范大学文学研究所副所长、文学院教授、博士生导师，比较文学与世界文学专业硕士生指导组组长，国家精品课程《比较文学》《外国文学史》主讲教授，国家精品课程资源共享课《比较文学》主讲教授，兼任《中国诗歌》副主编、《华中学术》副主编，《东林诗刊》《南海学术》顾问，系中国作家协会会员、湖北省作家协会全委会委员、中国诗歌学会理事、中国比较文学教研会理事。教育部马工程《比较文学概论》专家组成员。学术集刊《世界文学评论》创办者、东林诗社与南海学派创始人，文学地理学批评理论开创者。著名学术平台中外文学讲坛创办者、文学地理学研究中心创办者，培养出一批杰出的学术与文学人才。主要从事文学伦理学、文学地理学、比较文学与英美文学研究，也从事汉语十四行诗、散文与辞赋写作，著有诗集《时光的年轮——邹惟山抒情诗选》《邹惟山十四行抒情诗集》《汉语十四行实验诗集》《汉语十四行探索诗集》等诗集，《此情可待》《江上有峰》《惟山哲学笔记》等散文随笔与辞赋集六种，《现代诗的意象结构》《现代诗学》《“和”的正向与反向：谭恩美长篇小说中的伦理思想研究》《多维视野中的比较文学研究》《江山之助——邹建军教授讲文学地理学》等学术著作十种，主编《易卜生诗剧研究》《文学地理学视野下的易卜生诗歌研究》《外国文学作品精选》《文学伦理学批评：文学批评方法新探讨》等十种。

目　录

诗歌写作与批评

哲学文化批评

学术期刊研究

Contents

Foreign Literature Studies

Poetry Writing and Criticism

Philosophical Culture Criticism

Propositions of Academic Journals

序

花叫鸟翔窥邹园

赵国泰

应邀访惟山，但见山叠山。此山何山？育才之山，问道之山，诗学之山，修为之山。山山层出迭现，景景扑人鼻观：修竹挺秀拂云，乔木负势竞上。柯交叶互，花叫鸟翔。有亭翼然，无泉不畅。夫山阴道上，老圃荷锄，载厚履深；闻拔节声里，邹子灌园，丰饶弥望！

此行入惟山，惊见山外山。余自邹子访谈录，颇感彼氏劬劳之勤、诗事之繁、拓疆之阔、成就之显，洵乎超出想象。仰观堂奥之宏，俯察品类之盛，适谓体大虑周，余目不胜骋怀。有蒙问序，不克其请。盖理屈而词穷，井深而绠短也。然皇天竟佑，词翰稍染，殊有胜流联语、丛林偈子乘虚而入，颇馈赤贫，纷纷效驰驱于腕下，赞巨子于腠里。

歌惟山其人："得山水清气，极天地大观"（近代曾熙）；"文气曲于流水，天怀和若春风"（近代王震）；"有惠后人春映日，其清在抱水当风"（清代林则徐）；"怜才有佛眼，儒雅不书生"（今人卫俊秀）。

状惟山其业："庭余草色邀文藻，座有兰言惬素心"（近代陈叔通）；"诗书敦夙好，宾友仰徽音"（清代毛承基）；"含英咀华扬搉古今，钩玄提要镕铸中西"（清代段玉裁）；"交贤方汲汲，友直每偲偲"（唐代白居易）。

咏惟山其成："种树类培佳子弟，拥书权当小诸侯"（现代章士钊）；"秋月照人如镜临物，春雨润木自叶流根"（清代吴宝恕）；"试玉要烧三日满，辨才须待七年期"（唐代白居易）；"仁义为怀小用小效，钟镛程器大扣大鸣"（清代左宗棠）。

身为教授、博导，又复学者、诗人，犹且诸媒主持、学术活动家，惟山诲人不倦，春温秋肃，移干就湿，不啻后学乃师乃父；犹耽负笈壮游，把臂士林，恢恢有涵泳四海之志；尤其目光远大，气局弘廓，根柢深致，渐凸文教大家气象。赵某取光邻壁，借花献佛，一应征引，或稍惬子之德业于什一耶？

惟山访谈文体，或于古有征。考夫殊邦柏拉图氏，其祖述苏格拉底而启牖亚里士多德，设坛雅典学园，颇耽对话之体，《理想国》里透朝晖。吾华孔圣先师，弟子三千，贤人七二，春服从游，沂水舞雩，腾蛟起凤，雕龙绣虎，韦编三绝有《论语》。邹子惟山，访谈诸录，謦欬成珠，深弘密致，堪领名师之范，适供后学之储，为迷津筏，为暗室灯。如是远绍祖构，岂不有先贤遗意在焉。

余与惟山建军，因诗订交卅年。初，吾目之为诗友、佳友；今，吾敬之为畏友、诚友矣！有感于其学人之学、学人之诗，壬辰秋，余于彼氏十四行诗集付梓之顷，特有野芹之献，诗曰：

万里长江秋涛壮，
一园苍翠喷奇香。
春兰秋菊践雅集，
楚天骚地诵华章。

左右开弓好身手，
中西合璧韵味长。
天下好诗一千首，
邹郎占了十四行。

诗家雅会，艺苑燕集，余于席次数颂之，幸每获彩声，后先推挽，殊有谢克强、涂险峰、张永健、古远清、王忠祥、涂光雍、张三夕、雷雪峰、江少川、胡德才诸名公，宠以许可，而尤以尾联为尚。或曰：邹郎之所独占者，岂止分行之诗、联翩之韵耶？其道德文章、人生之旅不亦诗乎？！

是为序。

二〇一三年十二月三日写于桂山西苑

（赵国泰，著名诗人与诗歌批评家，文学编辑家，长江文艺出版社编审，武汉中图图书出版有限公司总编辑）

研究生教育

当代中国的研究生教育[①]

宋德发

宋德发（以下简称“宋”）：您是从1998年开始指导研究生的，且每年带的研究生数量并不多，但是却取得了令人钦佩的成就，比如在您的硕士生中诞生了一个令人瞩目的“博士生群体”——80%以上的弟子，即已有二十多位研究生都顺利考上了名校的博士，为什么会产生这样的奇迹呢？

邹建军（以下简称“邹”）：这其实也算不上什么奇迹，只是比别的人做得好一点罢了。硕士研究生毕业后可以工作，也可以继续攻读博士学位得以深造，我的一些学生选择了后面的一条路。我想主要是四个方面的原因：①出于自我发展道路的思考，我时时谈到自己的想法，那就是在年轻的时候尽量多读一点书，对自己的一生是有好处的。我早年毕业于四川大学中文系，但由于家庭的原因想早点出来工作，就没有读研究生，后来想读的时候，对于外语的要求又提高许多，所以也没有读成。十年以后才在武汉大学中文系读了一个研究生班，二十年后才有机会在华中师范大学文学院读了一个博士学位，了却自己的一桩心愿。学生们在我这里得到启示，所以都想早点读完博士。②现代社会对于高级人才的需要，让学生们感到一种压力。现代中国社会无疑是一个具有高强度竞争的社会，如果自己没有水平与能力，就无力与别人竞争，而要有水平与能力，读更多的书是一条重要的途径。由于我原来在中南民族大学工作，后来在华中师范大学工作，因此我的学生家庭背景都不是太好，真正的由达官贵人家庭出身的学生不多，所以他们只有靠自己的努力提高自己的起点，才有可能与别人竞争。③由于我比较认真地带自己的学生，时时与他们在一起讨论问题，也许他们的水平的确比别人高一些。不是说所有的学生都比别人要高，从总体上而言也许要高一些，所以他们考博被录取的可能就比较大。有一个学生考中国人民大学，考同一个导师的据说有二十多人，最后还是只录取了他一个。这就是实力的显示，如果不是一个优秀的硕士生，在

① 国家社科基金项目《大学教学名师研究》。

强手如林的环境里，要得到导师的认可也是不易的。④我们这里具有了那样一种环境，形成了一种气势。开始的时候，是1999级的研究生胡静考上了南京大学，后一个年级的人看到她考上了，也都敢于参考，结果是一考就中。这就说明，学术团体所产生的意义是很大的，自己周边的人所产生的影响是无形的，却也是有形的。

宋："中外文学讲坛"和"邹师访谈录"是您在研究生培养模式方面的两大独创，请问这两个创意是如何诞生和实践的？

邹：其实这也算不上什么"独创"。"中外文学讲坛"学术活动，是我在培养研究生的过程中开展的系列学术活动，开始的时候是不自觉的，也就是大家定期地聚一下，主要是在一起吃饭与讨论问题，后来发现与其如此，还不如定期地讨论某一个专题；所以我到了华中师范大学工作以后，就采取一种更正式的专题学术讨论的方式，让所有的研究生都参与，没有想到这种方式产生了很大的影响。"中外文学讲坛"学术活动，开始的时候只是由一个人主讲，大家参与讨论，由一名研究生做简报，这样，每一次活动有一个正式的记载。后来，随着实践经验的积累，又加上一个主持人，最后由我来讲评，既讲评主讲人，也讲评主持人。大概是到了第五期的时候，新的研究生进来，来自于信阳师范学院的陈富瑞，说我们可以在网上开一个博客，将学术活动的情形在网上反映出来，同时也是一个很好的积累方式。没有想到，由陈富瑞主持的"中外文学讲坛"的博客也很成功，访问量越来越大，关注的人越来越多，现在访问量将近三十万，许多文章被转载、被评论。2009年，"中外文学讲坛"终于成为华中师范大学研究生教育创新计划的资助项目，成为研究生教育的学术品牌活动。以后这个活动还会有很大的发展；按照我们的计划，每一次的学术活动还要增加由研究生自己担任的讲评人，还有四位辩论手时时参与；活动的范围也要扩大，本科生也可以参与；活动形式更加多种多样，除了专题的学术演讲之外，还有文学作品朗诵会与真正的学术演讲，还有网上研讨会等。所以，"中外文学讲坛"是一步一步地完善与发展起来的。

"访谈录"并不是我的策划，只是没有想到会成为"中外文学讲坛"的副产品。我到华中师范大学以后，不仅要带研究生，也有带访问学者的任务。他们总是有一些问题要与我讨论，每一次总是提出许多的问题，而有一些是具有共性的问题。有的学生将我的谈话录了音，后来整理出来给我看，我觉得这是一种不错的办法，即后来的人可以看这个记录，就不用我一次又一次地讲了。日积月累，也有了二十多篇，现在看来每一篇都是一个专题，这就是"访谈录"的来历。有的同学甚至提出要编《访谈录》公开出版，要让更多的人读，我并没有同意，说现在还没有这样的计划。本来是给自己的学生看的，别人看不看关系不大。等我到了50岁或者60岁的时候，如果社会上的读者需要，再说吧！现在看来，不论是"中外文学讲坛"还是"访谈录"，真的还有一点意思，不仅是让我的一些想法有了历史的记载，同时也让学生们受益；多数访谈在“中外文学讲坛”或者有关杂志发表，社会上与学术界许多人都读过，产生了一定的社会效益，这是我没有料到的一件事。所以，我觉得我们做什么事只要长期坚持，就会有所成效。没有想到“中外文学讲坛”已经办到七十期，也没有想到“访谈录”也有了二十多篇。

宋：您还主张以课题研究方式来铺就研究生成长的道路，这种培养模式虽然也有不少导师在采用，但您无疑是做得最好的之一，比如您指导的研究生在校期间都学有所专、学有所长，比如在易卜生诗歌研究、柯勒律治诗歌研究、华兹华斯诗歌研究、美国华人文学研究等取得了很好的成果，在一些专业性很强的杂志上发表了一系列论文。可否分享一下您的经验？

邹：首先我认为研究生就是要研究一些问题，这是与本科学生的区别。作为一名研究生，你进来的时候，究竟要研究什么呢？我们首先是鼓励自选题目，但他们刚从本科阶段而来，往往很长时间都选不出题目来。因为他们对于比较文学与世界文学专业的整个情况并不了解，他们不知道哪些方面是有价值的，哪些方面是别人早就研究得很深，而没有必要再进行研究的。所以，导师有必要对他们提出要求与提供帮助。同时，在理工科，往往要求研究生与导师一起做课题、做项目，而由于文科的课题较少，没有那么多的正式项目，所以往往没有提出这样的要求。但是，我们是不是可以设计一些有意义的题目，与学生做一些共同研究呢？我认为是可以的，也是有必要的。所以，2003年我到华中师范大学工作以后，就有意识地设置了英国湖畔诗人研究、易卜生研究、美国华裔文学研究等题目，让同一个年纪的同学一起做。首先是让他们读原始文献，看能不能发现其中的问题，如果发现了问题，再与导师讨论；如果没有发现问题，那就再读，直到发现问题为止。我发现，这样的方式很有效果。到现在为止，我指导的研究生已经完成了四个系列的论文共50篇，并且许多论文都得到了正式的发表。这样的课题研究有什么意义呢？①大家共同做这个方面的研究，学生不可能去抄别人的东西，因为导师对此相当熟悉；②他们从对原始文本的阅读出发，培养了一种扎扎实实的学术之风；③因为大家研究的都是一个题目之下的问题，所以他们可以在一起讨论，以便相互促进，共同提高；④要在规定的时间里面完成，对于学生是有一定压力的，他自己不得不好好地读书，不然就不可能按时完成；⑤他们的毕业论文往往也是在此基础上的扩展，所以做得非常专业与充实，有的被评为学校与省里的优秀论文。所以，课题研究是培养教育研究生的一种重要方式，这也是加强研究生管理的主要方式。如果放任自流，他们也许在很长的时间内都不能进入研究状态，在方法上也没有自己的把握。

宋：一个研究生的成长，除了自身的天赋和努力，他所处的成长环境和机遇也非常重要。请问您是如何有意识地为研究生搭建学术平台的？

邹:研究生的成长其实与老师有很大的关系。导师对于研究生而言有什么意义呢？我认为主要是有三个方面:①明灯的意义。导师要以自己的精神之火照亮学生,因此自己的精神品质特别重要。如果导师人格不高、追求不高,学生是向导师学习的,学生的精神与人格也高不到哪里去。②导向的意义。研究生能做什么样的学问，首先是看导师做的是什么样的学问。如果导师学风扎实，学生也不敢马虎;如果导师的学风虚浮,学生也不可能扎实。③桥梁的意义。由于种种关系，导师们并不都具有相同的学术水平,但是如果能够让学生通过自己达到更高的学术境界,也算是一种成功。所以,我比较注重搭建学术平台,让学生在这样的学术环境里自我成长。我们学科这些年开了不少的学术会议，有的是国际学术会议，我要求所有的研究生参与，并不是要求每一个研究生做学术发言，只要参与听学术报告，或者参与会务组就可以。同时，我们长年坚持“中外文学讲坛”的学术活动，包括我们的比较文学国家精品课程的网站与《外国文学研究》杂志的网站，包括《世界文学评论》与《中国诗歌》两个杂志的编辑，都有我们研究生的参与。研究生的成长的确需要这样的学术环境，他们以自己的方式全程地参与了，对他们的成长有极大的好处。对于我而言，我的确是需要他们帮我做一些事情，他们也需要在这样的过程里得到全方位的提高。自然,近十年来我是有意识地搭建这样的学术平台,以形成中国高校一流的学术环境。当然,我要说明的是,这样的学术平台却远非我一人能够搭建。

宋：*您所采取的研究生培养模式对于导师而言要花费大量的精力和时间，而您本身又是身兼数职。请问您是如何处理好自己的科研工作和学生培养之间的关系的？*

邹:诚如你所说,这样的研究生培养是需要花费大量的时间与精力的,然而对于我来说,我宁肯自己用在科研上的时间少一点,也不能让学生的成长受到影响。自己的学生就是自己的儿女，他们的成长也是自我生命的一种延续，因此我花一些时间在他们身上是应当的。同时，如果我们安排好自己的时间，就可以做到与学生们的共同发展。“中外文学讲坛”是每一个月举办一次,一次也就是一个晚上的时间,研究生会全体参加,因为在一般情况下是不得请假的;同时,在一个月的时间里，每一个年级的研究生还有一次与老师讨论问题的机会，因为每一个年级的情况毕竟不一样，需要我们提出不同的要求，所以在每一个月里有四个晚上与学生们在一起。这样的时间是不是多了呢？有的导师也许是认为太多了,但我认为并不多。因为研究生是导师负责制，如果你的学生不能成为合格的研究生，你是有责任的。如果他们的水平太差的话，以后到了社会上别人一问是谁的学生，说是邹某人的，会极大地影响自己的学术声誉。再次，研究生本来就是要与自己一同做好科研的,因此,有时间与自己的学生讨论问题,也有利于促进自己对某些问题的思考。近些年我在英国湖畔诗派诗歌研究方面发表论文四篇，在易卜生研究方面发表论文五篇，在美国华人文学研究方面发表论文五篇，在文学地理学研究方面发表论文四篇，在文学伦理学研究方面发表论文五篇，这自然都是自己的独立思考，但也与学生在一起的讨论有关。我除了负责三个杂志的编辑工作以外，还给本科生上了一门《比较文学》，给研究生上了好几门专业课程，而我的科研工作并没有因此而受到多大的影响。孔子说得好，"教学相长"嘛。主要是因为我比较善于分配自己的时间。

宋：您在每一届研究生的入学见面会上总会说自己只管三件事："写文章、考博、全面发展。"我们都知道，对于学生来讲，这"三件事"太重要了，读研的收获如何全在这三件事上；对于导师来讲，这"三件事"却太繁难了，每一件事的督导和达成都是千头万绪，需要付出大量的时间和心血。而您说自己"只管三件事"，这样轻松言笑的背后是更多心血的付出，在学术界功利心和浮躁气渐浓的今天，是什么使您依然看重学生的培养呢？

邹：我之所以看重对学生的培养与教育，主要源于我的一个观念，那就是将学生当成自己学术生命的延续，甚至是将他们当成自己的儿女。一个人的生命是有限的，你再努力也就活到100岁就了不得了；可是如果你的学生很有前景，每一个学生或者说多数学生都能够成为杰出人物，那等于你的学术生命得到了光大与延续。同时，也与我的另一个观念有关，那就是儒家光宗耀祖思想。我出生的那个地方人们讲究出人头地，当自己老了的时候，都要回到自己的老家，而当你回到老家的时候，你向自己的乡人有一个什么样的交代？如果能够培养教育出一大批杰出人物，不仅可以为国家做出贡献，同时也可以了却自己的心愿。再者，同时与我的一种平等观念有关：学生并不能从属于自己的老师，每一个人都是独立的，自己要对自己的言与行负责，学生以后能够成为什么样的人才，那是他们自己的事情，也是我的义务。所以，我时常说的一句话：你毕业了，我就不管了。但是在校期间，我该讲的就要讲、该管的就要管，这是我的责任，也是我的权利。

宋：每个人都有一个逐步成长的过程，换句话说，您从教坛新手到教学名师，必然经过了长期的积淀、历练，以及不断的自我否定和超越。请问您在数十年的从教生涯中，是否遭遇过很多困惑和困境？您又是如何面对和克服，并不时获取顿悟和质变的？

邹：在我的一生中，的确出现过许多的困境，有过几次选择。从小我就接触到了中国官本位的社会，当时只要听说哪一家人的后代当了一个连长，就是很了不起的事情了；如果哪一个人当了一个区长，就更是了不起的了。所以，小的时候有一个梦想，就是此生如果能够当一个现代军舰的舰长，那是何等的荣耀！直到大学毕业，我的父亲还是要我回到内江，做行政工作。然而，我对做行政工作确实没有多少兴趣，我当时的脾气很急躁，与人打交道的能力比较差，所以我没有回去。我还是选择了我爱好的学术工作，来到当时的中南民族学院语文系做教学与研究工作。

第二次选择，是由中国现当代文学研究向女书研究的转折。我从事中国现当代文学的研究十五年，主要是从事诗歌批评与诗学研究，也算是取得了一点点成绩，可是我越来越觉得中国现当代文学研究其意义受到了很大的限制。因为在世界范围内，没有得到高度承认的作家与作品，你的研究成果难于受到应有的重视，致使学术研究的层次也上不去。所以当学校要我做女书研究中心主任的时候，我有段时间有志趣转向女书文化的研究，将主要的时间与精力放在了上面，到湘南桂北女书流传区考察了许多次，与同事们一起收集了许多女书资料，并且写了三篇关于女书的论文，还不包括一些女书调查报告与《女书研究六人谈》的书稿。但是，我发现不是学语言出生的人研究女书终究隔了一层，你难于认识那样一种女性专用文字；而如果你不能全部认识，很难进入那样一个研究领域。因此，我终于没有能够转进那里面，只是客串一下而已。所以直到现在，有的人说我是女书研究专家，我真是感到惭愧不已。

第三次选择，是由中国现代当代文学研究转向英美文学与比较文学研究。由于我对于中国现当代文学研究失去信心，所以早就有转向的愿望。在中南民族大学，所带的研究生是文艺学专业比较诗学方向的，所以我对于比较文学本来就有着浓厚的兴趣。到了2003年的时候，我有机会到华中师范大学工作，于是坚决地改变学术方向，从中国现当代文学转向比较文学与英美文学了。我最开始上的两门课是《中英文学关系》与《中西文学思潮》，算是与中国现当代文学相关，并且可以说关系密切。现在看来，我的学术转向是成功的。

第四次选择，是由一个教师转为一个双肩挑的管理工作者。我从前的工作是以教学为主，然后才是科研工作，比较单纯。到了华中师范大学以后，我主要的精力与时间都是从事《外国文学研究》杂志的编辑工作，后来又有了《世界文学评论》，最近两年又有了一个《中国诗歌》。编辑工作与教学工作是不一样的，因为不论是本科生的教学还是研究生的教学，都与编辑的内容关系不大，倒是与科研工作相关。看了别人的论文，有的时候可以受到一点启示；自己在审稿与编稿的过程中，也可以得到学术规范的训练。值得高兴的是，七年来编辑工作做得不错，杂志越办越好；同时我的科研与教学工作，也没有受到任何的影响。

通过这几次学术转向，我有如下的体会：一是一个人要勇于接受挑战，如果不能接受挑战，那也许就在一棵树上吊死了；二是这种转变要以自己的条件为基础，如果我不以中国现当代文学研究中的中外文学关系为基础，则很难转入比较文学研究领域；如果我不是带的比较诗学的研究生，对于文学理论没有了解，要从事比较文学研究是存在问题的；如果我对于编辑工作没有一点兴趣，没有从前对于新闻编辑学的教学，没有从前的图书与报纸编辑工作的基础，那到一个学术杂志做编辑，也不会得心应手。

宋：任何人的成功都离不开天赋+勤奋，您觉得自己在教书育人方面拥有的素质，哪些是天赋（不可学的），哪些是后天形成的（可以学的）？

邹：我觉得多半是出于勤劳，天赋可能是比较少的了。自认为我的气质适合于写作，因此对于写诗、散文、对联、论文很有兴趣，最近书法与摄影也很有长进。再就是观察细致，再小的事情也逃不过我的眼睛；再就是记忆力好，多少年以前发生的事情，我都可以回忆起来，并且记得相当清楚。再就是自然宽和的人生态度，适应能力强。我并不十分看重自己的才能，许多人都有这样的才能，只是没有开发而已。做事要有计划，什么事情都要有预见性，不能临时抱佛脚。要与人平等相处，不能自视甚高。如果自视甚高，你如何与人相处，如何与人对话呢？

宋：您觉得本科生培养、硕士生培养和博士生培养有什么不同吗？

邹：本科生、硕士研究生与博士研究生的培养是有区别的。本科生主要是学一些最基本的东西，不需要做学术研究，主要是了解与学习前人的东西，了解历史与现实，为从事具体的工作或者读研打下基础；硕士研究生就需要做学术研究，需要思考学术问题，提出新的问题来讨论，在导师的指导下完成硕士论文，毕业后能够从事比较专业的工作，如高校的教学与人文方面的设计与开发；博士研究生则是世界上最高级的专门人才，所做的研究是关系到国家与民族发展最重要的领域，与国计民生有着重大的关系。因此，他们研究的是学术前沿性的东西，不是一般的研究综述，要独立地从事某一学科前沿问题的研究，得出负责任的结论。所以，我们对于本科生、硕士研究生、博士研究生的要求是不一样的。

（宋德发，湘潭大学文学与新闻学院博士、四川大学文学与新闻学院博士后，原文发表于《文学名师访谈教学》，湘潭大学出版社2012年5月版）

以课题研究铺就研究生成长的道路

曹卫军

曹卫军（以下简称“曹”）：首先感谢您能在百忙中接受我的采访。最近几年，在华中师范大学比较文学与世界文学专业，出现了一个引人注目的现象：一部分研究生在某些方向取得了可喜成绩，如易卜生诗歌研究、柯勒律治诗歌研究、华兹华斯诗歌研究、美国华人文学研究等，并在一些专业性很强的杂志上发表了一系列论文。而据了解，这其中大多是您这几年来所带的研究生。这说明在研究生培养方面，您有着一种独特的眼光和一套行之有效的培养方法。您能不能先谈一谈自己在培养研究生过程中的感受和经验？

邹建军（以下简称“邹”）：研究生培养的方式多种多样，比较典型的有两种：一种是师傅带徒弟的个体方式；一种是办班式的集体食堂方式。前一种方式，在20世纪80年代研究生招生工作刚刚恢复的时候，较为普遍。那个时候，研究生人数很少，正规地在教室集体上课基本上是不可能的，导师和学生一般是一拖一、一拖二，导师实际上就相当于民间某些行业的师傅，研究生相当于徒弟。这种方式，导师和研究生关系密切，能言传身教，学生也切实地能从导师那里学到真正的东西。但是，这种方式也有其明显的不足，即研究生的学习对象较为单一，专业方面的可塑性小，研究领域狭窄，导师的水平往往就决定了研究生的水平。

后一种方式是以课堂教学为主，以一个班上课的形式而形成的填鸭式的教学方式。这是随着社会的发展，各领域、各学科需要大量专门人才，研究生扩招而导致的研究生数量膨胀，而原来的研究生培养师资有限，因此只能采取以办班的形式、以授课的方式来进行，似乎只有这样才能适应新时代研究生培养的需要。这种方式标志着研究生培养大众化阶段的开始和形成。就具体的学习过程而言，每个专业都有导师组，由不同的老师讲授不同的课程，具有多学科交叉的特点，这种研究生培养方式可带给学生更宽阔的知识面，扩大了研究生的学术视野，研究生可根据自己的研究兴趣选择研究方向，这种培养方式使研究生有可能成为复合型人才，以适应社会发展的需要。但也有它的弊端，即较难做到因材施教；难培养出学有所长、术有专攻的人才。而另一方面,研究生要应付各门课程的学习,忙于挣学分,导致基础知识薄弱,研究能力下降,以至于出现了一定程度的质量滑坡现象。而我们在近些年来采取的以课题的研究方式铺就研究生成长道路的做法,就是为了弥补以上两种方式的不足,实践说明不仅在理论上是可行的,在实践上也取得了明显的成效。不过,这样的研究生培养方式的理论和实践还只是开始,因此有待于我们总结与提高。

曹:近年来一些学校盲目追求经济效益,而忽视了研究生培养的质量,这似乎也是导致研究生质量下降的一个原因。在这种情况下,您在研究生培养过程中具体是如何做的?

邹:面对这样种现状,在近几年的教学和研究过程中,我尝试着采取另一种研究生培养模式,即以特定的课题研究方式,让研究生参加到课题组开展的各种研究活动中,在对具体问题的研究中培养研究生发现问题、提出问题,通过论证解决问题的能力。因为研究生培养是一种严格的学术训练,如放任自流,随便选题,敷衍成篇,是达不到学术训练效果的。所以,由导师或导师组所申报与提出的课题,在导师指导下,带领学生共同完成这些课题,一方面能使研究生得到高强度的学术训练,因为这种研究有时间、水平、学术成果、层次的要求,有课题评价体系的限制;同时以课题方式带动研究生培养,创造共同研究、自由讨论、相互碰撞、共同提高的氛围,这种与实践、与任务相联系的研究生培养方式,可弥补前两种方法的不足,也能适应时代发展的要求,使研究生培养在陷入大众化趋向的困境中,而不失其精英性质,是一种可行的、有效的培养方式。

关于研究生培养质量的下降,教育界和社会上也曾经有所议论,有的人认为20世纪80年代的本科生就相当于现在的研究生;有的人认为我们90年代以来的本科教育是失败的,因而研究生教育也不可能有真正的质量。中国的高等教育必须面向大众、为造就更多的人才而努力,这是中国现代化建设的需要,也是适应世界各国的经济与政治的发展趋势的。英美各国的本科教育比我们差,这是公认的事实;如果我们的教育特别是本科教育一定要保留在精英教育的水平,中国人口数量过大,如果只有很少的人受过高等教育,那现代化的政治与经济是不可能建成的;研究生教育相比于本科生教育来说本来是精英教育,但既然本科教育质量有所降低,那研究生教育的质量与以前相比有所降低,也是自然的事。但我不认同说现在的研究生教育质量有了绝对的下降,要分学科、分学校、分时段。从本专业而言,研究生培养质量是有所提高的,而不是有所下降;因为作为导师来说,要求是提高了而不是下降了;是更加具体化了,而不是更加抽象化了。

曹:我们知道,您所指导的每一个研究生往往都发表过好几篇学术论文,并且有的发在很重要的学术刊物上;您所指导的研究生在我们所举办的学术会议中,往往也都发挥了非常重要的作用。是不是您这种培养方式的结果呢?

邹:学生的成就的取得,当然不是哪一个方面的原因,也不是哪一个导师单独工作的成果;因为导师组的老师都在为研究生上课。当然,在我所指导的研究生人生之途中,我所起的作用比较大一点。在这几年的研究生教学实践中,我特别注重要求研究生尽早选定自己的研究方向,如果自己在一年内不能选定,那就要由导师指定,这一点我是很明确的。因此,在2002级、2003级比较文学与世界文学专业的研究生培养中,我提出了柯勒律治诗歌的研究课题。在英国19世纪浪漫主义诗群里,湖畔诗人是重要的诗歌群体,中国学术界对这一时期的研究侧重于华兹华斯,高度肯定其创作的成就,研究论文达数百篇;对骚塞是一概否定,认为骚塞是反动的、消极的,其诗歌作品的中文翻译很少,研究论文更是寥寥无几。而对于柯勒律治,虽然有人研究,但研究成果档次不高,数量不多,侧重点在其美学思想、对莎士比亚的批评等方面,对其诗歌的研究,则集中在《老水手行》。国内有关柯勒律治研究的博士论文和硕士论文,几乎没有。而我认为,柯勒律治的诗歌是很有研究价值的,因此提出了一系列选题,以对柯勒律治的诗歌进行重新发现和评价。这些选题包括:“柯勒律治诗歌中的多重叙事”、“柯勒律治诗歌中鸟与蛇的意象”、“柯勒律治诗歌中的女性意象”、“柯勒律治诗歌中谈话体的形式”、“柯勒律治诗歌《克里斯特贝尔》中的四种意象类型”、“柯勒律治长诗《老水手行》与易卜生长诗《泰尔耶·维根》的对比研究”、“柯勒律治诗歌的地理空间与艺术空间”等。每一个研究生选一个题目,经过对原著的反复阅读,仔细思考,拟出提纲,组织讨论——老师和学生、学生和学生之间多次讨论,反复推敲,最后形成了正式论文。我自己也写了《柯勒律治诗歌的艺术品质》《柯勒律治诗歌中的地理空间》《柯勒律治诗歌艺术的空间性》等三篇文章,给学生树立了一个怎样发现问题、提出问题,通过论证解决问题的标本。在整个研究过程中,一次又一次的集中讨论,老师思考问题的角度和研究问题的方法,往往对学生产生了直接的影响。因为此前中国学术界从来没有如此集中地谈论这一话题,从而形成了柯勒律治诗歌研究的小小热潮。另外,有两位研究生的毕业论文选题,就是以柯勒律治诗歌作为研究对象的,像谭永的《柯勒律治诗歌中的自然主义》、陈清芳的《柯勒律治诗歌的宗教主题》等。课题研究与讨论,对我们专业的研究生的学术研究及其学术道路是有影响的。

在2004级研究生中,我提出了华兹华斯诗歌研究的课题,拟出了“华兹华斯诗歌的情感结构”、“华兹华斯诗歌的植物意象”、“华兹华斯和柯勒律治的两种想象论”、“华兹华斯诗歌的叙事策略”、“华兹华斯诗歌的自然主题”等题目,共完成了10多篇。我本人也写了《华兹华斯诗歌的意象形态》,进一步推动了对华兹华斯诗歌的研究。

在2004级和2005级研究生中,我提出了易卜生诗歌研究的课题,组织博士生、硕士生、高师班研究生共同进行这一课题的研究，最后发表了《易卜生诗歌的悲剧精神》《易卜生诗歌的民谣倾向》《易卜生诗歌的寓言性》《易卜生诗歌中的上帝及其相关意象》《易卜生诗歌中的海盗精神》《易卜生诗歌的流浪汉情愫》《易卜生诗歌中的四类动物形象》《易卜生诗歌中的女性形象》等，我本人也写了《易卜生诗歌的伦理主题》《易卜生诗歌中的政治情结》《易卜生诗歌创作的三种向度》；王忠祥教授也写了《对世界的主观抒情：易卜生诗歌鉴赏》，并且由王远年编选出版了一部有关易卜生诗歌的研究专著《易卜生诗歌研究》（雅园出版公司2006年版），王忠祥教授写了序言，对这一研究给予了高度评价。研究生王远年和张廉都以易卜生诗歌作为毕业论文题目，取得了相当优异的成绩。

曹：您所推行的这种方法的确是行之有效的，那么，您为什么想到要以课题研究方式来铺就研究生成长的道路？

邹：关于这个问题，主要是基于以下几个方面的考虑：

（1）能体现导师的学术积累和学术眼光。我们知道，每一个导师在自己的研究领域中，在他多年积累、开垦的领域中，是有着深厚积淀的，哪些问题是研究的空白，哪些问题是薄弱环节，哪些问题具有进一步的研究价值，哪些问题能体现出研究的前沿性，在具体研究中还需注意一些什么问题，等等，作为导师来说都非常了解。因此，他能够提供给学生多年积累的资料，能让学生明确认识到哪些材料是真实可靠的，哪些材料是需要重新考证的，哪些材料是以讹传讹的。因此，他能让研究生直接地、便捷地进入研究门槛，抵达学术研究的殿堂。

（2）能够为研究生的学术研究提供思路。这实际上是一种命题作文方式，导师提出的话题都是值得讨论和研究的，而且往往会把自己的思路、研究的角度、思考问题的方式、理论观点的运用及学术研究的方法，在这一过程中直接传授给学生。这最能体现出导师的学术个性、学术传统和学术风格，对学生今后的发展往往有着直接的影响。

（3）能够防止抄袭和剽窃行为的发生。因为这些题目规定了思路，学生在写作过程中是否综合别人观点、沿袭别人材料导师很清楚，如果不是这种命题作文，由学生任意选题，在短时期内写出文章，容易导致抄袭、剽窃行为的发生，导师也还不容易发现这种现象。学术研究是有规范的：①创新规范；②引用规范；③格式规范。学术研究必须有创新，没有创新就没有必要写论文；只有在前人基础上有所发展，有新的见解和新的观点，才能形成学术论文。因此，这种命题研究方式，为学术创新奠定了坚实的基础。前几年曾经出现过有的研究生在硕士论文撰写的时候，不能按照老师的思路进行修改的现象，不同意其参加答辩是有道理的；因为如果你不能按照老师提的意见对自己的论文进行修改，那么就说明你的论文的整个思路很可能是抄来的；研究生是导师负责制，的确有这个权利与义务。因此，采取命题作文的方式要求研究生撰写论文并达到发表水平,可以最大限度地避免抄袭等学术腐败现象的发生。

曹:研究生在三年的学习过程中忙于应付导师所分配的任务,除了写出两三篇文章外,对于基础理论知识的掌握是不是有所欠缺呢?

邹:我们的研究生都是百里挑一挑出来的,本来有了比较厚实的基础;研究生阶段当然也是打基础,那只是相对于博士阶段而言,但研究生是必须进行研究工作的,是必须在这个过程中经受严格的学术训练的。研究生阶段不可能什么书都读,什么知识都要了解;因为已经分了专业,如比较文学与世界文学专业、中国现当代文学专业、民间文学专业,每一个研究生都要有坚定的方向感,即你是研究比较文学与世界文学的,对于本专业的书是必须读的,而不能将主要精力放在中国现当代文学方面去。因此,命题作文是必须在广博知识积累的基础上才能完成的,要经过长时间的准备。每一个研究生不论是命题作文还是非命题作文,也只能选取某一个非常专门化的问题来进行分析与研究,而如果没有导师的指导,半年时间甚至一年时间也选不出一个真正有意义的题目。那才是真正的糊里糊涂地过了一年、两年,自己耽误了自己的时间。

我们给研究生分配课题与选题,是从二年级开始的。这时,他们已经过一年的专业理论知识的系统学习,在导师组相关课程的学习过程中,对本专业所涉及的相关的基础理论知识有较为全面的掌握。在这一基础上,让他们参加一些具体课题的研究,实际上是对所学基础理论知识的一次检验,是如何把所学知识转化为能力的最好的实践。研究生在学术上如何成长,是必须有实践的。在做课题的过程中,会碰到一系列的问题,他们一方面会和导师讨论;另一方面,会引起他们的反思,会让他们主动地去回顾学习过程中的漏洞。

曹:"命题作文"的方式其实是给每一位研究生提供的一个如何把所学理论知识转化为实践的一个平台,但这种培养方式对于导师而言要花费大量的精力,而您本身又是身兼数职,但您在工作中始终是热情饱满、精力充沛,而且乐在其中。那么您是如何平衡这几个方面工作的?

邹:首先是我对于自己的学生是充满热情的,自己的学生就是自己的子女,自己的生命也许是有限的,但如果我们的研究生有很大的发展,相当于我们自己的生命特别是学术生命得到了延续。其次,我与研究生的讨论时间是固定的,即每周一的晚上和每一个月的第一个星期天的晚上,前者是单独讨论,后者是集体讨论,如果有学生要与我讨论如开题报告与硕士论文的写作,则需要与我事先约好,我再安排时间。我与研究生对话的时间是有计划的,因此我所花的时间和精力也不是特别多,前提是讲究效率、讲究结果。最后,我往往将刊物编辑、学科建设、学术会议与研究生培养有机地统一起来。研究生帮我们做了许多事,在这个过程中自己也得到了少有的训练；如果没有这些实际的工作，研究生的成长不可能像现在这样的迅速；其实，这也是一种像课题研究本身一样的方式，也是带动研究生群体成长与发展的重要方式。工作再忙，也不能忘记自己的学生；自己的事情再多，也不能将研究生培养的事放在很靠后的地位。因此，我所指导的研究生才有那么多人发表论文，那么多的研究生能够考上博士，得以进一步地深造。

曹：除以上所谈到的，美国华裔作家研究方面也是您目前研究的一个重点，您是不是也组织和带领研究生在做？

邹：《美国华人文学与中外文化》是我所申请到的一个国家社科基金项目，由于这个课题所涉及的作家作品特别多，做起来有一定的难度，所以我让研究生先一个一个作家作品地在做，并且也取得了阶段性的成果，如2004级的研究生，每一个人都写过美国华裔文学方面的论文；2005级的研究生，每一个人都撰写过这方面的论文，并且基本上都将此作为他们硕士论文的题目，目前正在进行中。他们对于谭恩美、赵健秀、哈金、汤婷婷等人小说的研究，是从文本阅读开始的，并注重查阅国外的文献资料，所以做得非常扎实，也非常艰难，但我相信每做出一篇论文，会很有意义与价值。我所指导的访问学者李淑春副教授，也是从事这个方面的研究的。

曹：感谢邹老师能在繁忙的工作之余接受我的采访，您上面谈到的几个方面的问题，对目前状况下研究生的培养是十分重要的。最后，我想请邹老师对您门下所有在读和业已毕业的研究生提一些要求和期望。

邹：我对于已经毕业的研究生和正在攻读的研究生往往都有很高的期望，但我也深知每一个人情况是不一样的，因此我也不能要求所有的研究生都能达到同一个水平。我希望每一个人都能往上走，不要往下走；都能因为读上研究生而感到高兴，而不要感到不高兴；都要做对别人有用的人，而不要成为一个对别人没有用的人；都要有自己的个性和风格，而不要没有自己的个性和风格；都要有自己的事业，而不能没有自己的事业；都要有幸福的家庭，而不能没有幸福的家庭；到了80岁的时候，都能够回到自己的故乡住上一段日子，或者回到自己的母校看一看，闻一闻月光之下桂花的清香。

（原载《理论纵横》2007年第11期）

博士生群体是如何产生的?

陈富瑞

陈富瑞(以下简称“陈”):最近得知您的弟子中今年又有四人考上了博士生,真是可喜可贺!首先向您表示热烈祝贺!您能简单介绍一下这几年您带的研究生考上博士生的情况吗?

邹建军(以下简称“邹”):我是从1998年开始带研究生的。自1998年以来已经有六届毕业生,其中绝大部分都顺利地考上了博士生,得以继续深造。考上的学校主要有南京大学、浙江大学、武汉大学、四川大学、华中科技大学和首都师范大学等。可以这样说,南北东西的重点大学的语言文学专业,都有我们的学生在攻读博士学位。已经毕业的博士生也有了很高的起点:如海阔在上海大学数字媒体学院任教,胡静在南京航空航天大学艺术学院任教,这让他们的才能都得以发挥,他们都已经成为研究生导师了。这是我感到特别高兴的事情,也是我每天都能以饱满的热情坚持工作的动力。

陈:博士生群体是如何产生的,这的确是一个很值得思考和关注的问题。据我了解,您指导的研究生有80%以上都顺利考上了博士生,这引起了许多人的关注,有的感到惊奇,有的感到不可思议。为什么会产生这样的奇迹呢?

邹:我1984年从四川大学中文系毕业后,在中南民族大学任教十九年。正如你所知道的那样,中南民族大学在全国如林的重点大学中,本身是一个并不怎么起眼的学校,研究生培养历史也比较短,导师组的力量也并不雄厚,当然也有自己的特色。2003年,我被调到华中师范大学文学院比较文学与世界文学专业任教,有了更为广阔的平台。我指导的这些学生之所以能够实现到各重点大学攻读博士学位的愿望,以便把自己真正塑造成高素质、高水平、高起点的专门人才,并不是我自己起到多么了不起的作用,而是各种主观的、客观的条件和机遇的交织,是多种因素综合作用的结果。主要有以下几个方面的原因:

(1)教书育人的理念起着一种树立理想、建构信念的作用。我有一种基本的观念,就是读研究生不是为了混一个学位,而是为了使自己成为有才气、有才能、有胸怀、有气度的人才，一个视野开阔、目光远大的人才。其实每一届研究生一进校，我们就开始了人生观和世界观的教育活动。2004届研究生一入校门，我就专门讲过一次《邓小平和毛泽东》，讲过一次《研究者的主导意识》，同学们就不至于在三年的研究生生活中只满足于读几本书，熟练地了解一些专业方面的知识，而是能够树立一种信念，成为对国家和民族真正有用的、从容面对世界风云的高级专门人才。因此，我们的学生往往充满着生气勃勃的气象，拥有着一种健康的心理和正常的情感，树立起一种能够顶天立地的气度，他们对于未来总是满怀着理想，对于人生总是满怀着信心。我的学生里面没有心地阴暗、刁钻古怪、心胸狭小、目光短浅的人。正是这种正确的人生观、世界观，支撑着各位研究生三年的学习与生活，一步一步地、日积月累地走向更高的阶梯、更美的境界。

（2）对研究生考博历来是鼓励的、支持的。开始的时候并没有意识到自己的研究生考博有多么重要。我记得很清楚，1999级研究生胡静，有一天提出要考博士，我当时对她讲："我当然支持你考博。你可以先了解一下各高校招收博士生的情况。"她选择了两所学校，一所是复旦大学，一所是南京大学。经过自己的努力，两所学校都过线了，与我商议以后，选择了南京大学。董健教授曾是南京大学的副校长、南京大学文学院的院长，考上他的博士还是很不容易的。胡静不但读了他的博士，还争取到了公费指标。这件事对我的启示很大：研究生如果能够选择一条进一步继续深造的道路，未来将会有一个更加广阔的天地。博士在中外都是最高学位，一旦获得，就会给其人生奠定一座坚实的台阶。因为学位不同于职称，职称是聘任的，学位是授予的；职称可以被剥夺，而学位则是终生的。我一直讲这种观点，鼓励自己的学生树立远大理想，认为研究生直接攻读博士学位是最好的选择。因此，要求他们如果有这样的愿望，就一口气把书读完。我的鼓励，对学生的影响当然很大。研究生是导师负责制，鼓励考博是我的责任，也是我的义务。因此，我从研究生进校开始，一有机会和时间就不断地鼓励他们向更高的目标迈进，有一年我指导的研究生中居然有6个同学都考上了博士，这在当时成为引起轰动的一件大事，成为热点新闻。当时，我自己也感到莫名其妙，不知是如何发生了这样的事情。

（3）研究生自己严格要求。一方面是我们对研究生提出严格的要求，进校第一年、第二年、第三年，分别要做什么事，达到什么目标，都非常明确。第一年要完成两篇论文，第二年要完成硕士论文的开题报告，第三年要完成硕士论文的撰写。申请硕士学位时，外语要过六级、论文要发表两篇，这些每个人都很清楚。学生自己对自己要求也非常严格，很多学生平时都坚持到教室、图书馆上晚自习，周六、周日也很少休息，过年过节也不忘记读书；每个年级都坚持每一年每人有一份详细的读书报告；每篇论文的撰写，都要有详细的提纲，并主动和老师讨论。每个人的硕士论文开题报告,在正式提交之前,都要与导师详细讨论,往往要经过反复讨论、反复修改,最后才完成。在老师的指导下,每个学生都树立了一种观念,那就是学习是一个长期积累的过程,每周、每天、每时、每刻都坚持阅读,坚持做笔记和思考,都坚持与老师讨论问题。因此,三年下来,的确是大有收获。博士生的考试,除了专业课之外,还要考英语;作为老师,尽量给学生学习外语提供条件。2001级和2002级研究生,我就专门为他们请了一个英语专业的博士生,对他们的外语进行辅导;2005、2006级的研究生,我就专门组织他们学习一个学期的法语。正是这种严格的要求和全方位的训练,才让他们在进入博士阶段的学习之后,有更强的竞争力。博士生考试往往是很大的题目,主要是对思维能力和科研能力的测试。因此,如果没有长期的积累,就达不到一定的高度和深度,也很难讲出自己的独立见解,在所有的导师里面,我对学生的要求是最高的、最严格的,我和学生的联系是最多的、关系是最密切的。长期以来,我对自己的要求也是很严格的,因此这种言传身教,也成为学生严格要求自己的一个因素。

(4)建立了一种培养研究生的正常体制与有效机制。在中南民族大学的时候,我每周都要抽出半天的时间与研究生讨论问题、探讨学术,每周都要和大家一起吃一餐饭。正是在喝酒、聊天的过程中,我才了解了学生的真实思想和实际情况。正是在这个时候所发表的一些意见,包括对社会的认识、对人生的看法、对自然的感悟、对问题的探索,往往对学生产生了一种非常直接的影响。当时的一些谈话,后来形成了《邹编增广贤文》的主导思想,当然是以格言警句或诗的形式来表达的。到华中师范大学之后,建立了"中外文学讲坛"这样一个学术活动形式,固定在每个月的第一个周日晚上六点半或七点,准时开始。这一组织活动是定期举行的,颇有规模,能给学生提供高强度的训练,以及自我成长的学术平台;"中外文学讲坛"同时建立了一个很有规模的博客,每次活动的详细简报、活动照片以及发表的论文,都集中在里面,至今已有7 000多人次的访问量。这种定期举行的、老师和学生共同参与的学术探讨机制,保证了研究生学术活动的经常性和目标性,使得我们的每一个学生都有机会发表自己的意见,定期进行批评与自我批评。"中外文学讲坛"成员还定期到武汉周边风景区进行民俗、自然考察,不仅在自然景观中陶冶了情操,也增加了相互之间的了解、感情和友谊,形成了一种集体力量。后来的一届又一届的研究生顺利地考上博士生,与同门之间的密切联系和相互鼓励关系重大。有时可以说形成了一种气候,产生了一种气象,看到前面的同门都顺利实现了自己的目标,榜样的力量是无穷的,顺势而动,自然地实现了自己的目标。因此,我认为我个人主要是一种策划的作用,一种指导的作用,一种无形中的力量,好像气功一样的,形成了一种少有的气场。

(5)加强策划,全方位地提高和训练研究生各个方面的生存与发展能力。许多人在一进校时，就开始考虑报考哪个学校、哪个专业、哪个导师；在老师的指导下，往往有两种以上的选择，这种提前策划让自己的战略思考得到了实现。我讲一个观点，就是从现在开始，每一个人都要树立自己的形象、塑造自己的历史；实现博士梦是树立自己形象、塑造自己历史的重要一步。为了顺利地实现这一步，我们给每一个研究生提供了全方位训练自己、丰富自己、提高自己、发展能力的机会。“中外文学讲坛”，每次都由一个研究生主讲一个专题，这就给学生提供了从读书到选题，从材料收集、整理到构思，从撰写提纲最后形成课件这样一个全方位的、整体的训练机会。每次都由一个人主持，与对中央电视台的主持人的要求是一样的，非常正式、非常讲究，这为培养未来的会议主持人和领导干部提供了机会。每次都有一个人做“简报”，培养其捕捉信息、组织材料、语言表达的能力。每次讲座后，往往有长达一个小时的自由发言与讨论，每一个人都有机会发表自己的见解，让观点与观点发生碰撞与交锋，不仅训练了每一个人的思维能力，也让他们的口头表达能力得到了提高。每一次的“中外文学讲坛”都要求演讲者制作课件，训练了每个学生运用现代多媒体手段进行教学的能力。每一次讲坛要求发言者运用英语等多种语言进行表达，因此训练了他们对外文化交流的能力。我们每年都要举办一到两次国际性学术会议，学生不仅参与了会议的组织工作，也参加了具体的会务、宣传、会议记录等工作，发挥了重要的作用。我们所主办的《外国文学研究》和《世界文学评论》，许多研究生都参加了具体的编辑和校对工作，不仅对学术规范有相当的了解，并且极大地提高了他们的文字功夫和语言表达能力，同时也加强了他们的责任心和荣誉感。一年一度为长江文艺出版社编选的《外国文学作品精选》，许多研究生参与了前期的基础工作。所有这些，都让研究生得到了全方位的训练，提高了自己的科研能力和学术水平，提高了自己的组织能力和策划水平。经过这样的程序与磨砺的学生，当然会被各大高校的博导们所看中。

陈：通过您的讲解，可以看出您对研究生的要求还是很严格的。您经常批评您的研究生们吗？

邹：我对于我们这个专业的研究生有着特殊的要求，是我长期以来一直在实践、一直在思考的一个问题。虽然我一直按照孔子“因材施教”的教育思想来培养研究生，但并不妨碍我心目中合格研究生的统一标准，这使得我往往批评那些达不到要求的学生，甚至有时批评得很厉害，像对1998届研究生罗义华、2002级研究生李志艳、2004级研究生肖徐彧等，都曾经提出过严厉的批评，但后来，他们都分别考上了四川大学、南京大学等重点大学的博士生，他们有着光明的前景。不是随时随地批评学生，我对学生有着一种很深的感情，就像对自己的儿女一样；虽然我的年纪并不大，有的时候学生与我的年纪相差很少，但并不妨碍我成为他们的老师；同时，我与自己的每一个学生不论年纪大小都能够进行平等的对话，好像朋友一样。因此学生往往对我很信任，有什么不同的意见都愿意讲，我也能够充分容纳他们的意见，让他们有保留自己的意见的权利。每一个人在人格上都是独立的、平等的，这一点我与学生们讲得很清楚，没有自己的独立人格的研究生是不能毕业的，没有独立科研能力的研究生是不能毕业的，没有高强写作能力与语言表达能力的研究生是不能毕业的。他们开始的时候听起来有点害怕，后来才了解我的真实想法与要求，最后毕业的时候，才庆幸选择我作为他们研究生时代的导师。

陈：您对比较文学与世界文学专业的研究生的特殊要求，具体体现在哪些方面呢？

邹：简单来说，我对研究生有以下四个方面的要求：

（1）为人正直、处事公道、追求真理、胸怀广阔。“为人正直”就是不搞歪门邪道，要以身作则、树立正气；“处事公道”就是不为某种利益所动，根据公道自在人心的原则秉公办事，不武断地损害别人，同情弱者、辅助弱者而不畏强权，不怕报复；“追求真理”就是根据事物的客观情况，探讨事物的本质和规律，体现一个知识分子的情怀；所谓“胸怀广阔”，就是不做小人，不做自私自利的、心胸狭小的人，要有大海那样的气度。要容纳百川，有容乃大，只有能容天下者，才能拥有天下。

（2）文史皆通、知识渊博、学术视野开阔，能够提出问题、发现问题、解决问题。比较文学与世界文学专业与其他专业相比，存在一个很大的区别，要求每一个研究者面对的是由各民族、各语言、各文化所构成的世界。因此，如果没有开阔的视野就不可能有所选择、有所研究；同时，要求我们地知识结构要跨越文史哲以及自然科学、人文和社会科学之间的界限，才能真正地有所成就；如果只就文学而研究文学，只就某国文学而研究某国文学，那就极有可能只见树木，不见森林，最终结果也就只能是“一叶障目，不识泰山”，作为研究者，最关键的就是要有“问题意识”；没有“问题意识”，就很难发现问题，就很难发现前人没有关注的问题，以及前人曾关注过但是未能解决的问题。不能提出问题是可悲的，因为提不出问题就无法从事科研工作，无法撰写学术论文，从而对学术事业的发展也不会有任何贡献。我们的学生之所以能够撰写出一系列论文，就在于他们有很强的问题意识，能够发现问题、提出问题和解决问题。

（3）高强的思维能力、语言表达能力和口头表达能力。理论思维是能不能进行学术探索，能不能提出和解决具有普遍性、根本性重大问题的前提条件。以前有一些学者做了多年学问，就是因为没有能够建立理论思考的基点、在思维上达到一个豁然开朗的境界，倾其一生的努力，成绩平平，了无声息。所谓“理论思维”，其实就是要从理论上来思考问题，让一个问题上升到普遍的学理高度，能够提出一种概括性强、指涉面广、具有基本立场和方法论特点的、成体系的观点，巴赫金的狂欢化理论和小说的复调理论；语言表达能力和口头表达能力是科研能力的一个重要方面，是让自己的研究成果转化为生产力与社会效益的重要途径。因此，一开始就注重培养自己的写作能力，特别是撰写学术论文的能力。现代社会是一个注重联系、注重交流的社会，是把别人引进来的同时也能够走出去这样一个资源共享的社会。如果没有很强的口头语言表达能力，将无法和别人进行交流，最终将会影响自己的思维，影响自己将自己呈现在世界面前的种种机遇，要完全实现自己的人生价值，几乎是不可能的。研究生应该是一种综合性的高素质人才，是全方位的、能够适应社会发展生存和发展能力很强的人才。

我并不要求所有的研究生都要走考博这一条路，每一个人的情况并不相同，每一个人的志趣也并不一样，要允许有多条道路，每一种选择都可以实现自己的人生价值。最后能够成为一个什么样的人才，在我的眼里都是自己的学生，多少年以后也是这样。不选择考博的学生与没有考上博士的学生，我也同样的支持、同样的爱护。我的要求只是针对硕士阶段，只要完成了这样的阶段就可以了。

（原刊纽约《中外论坛》2010 年第 3 期）

全方位建构文科研究生能力的培养模式

张　静

张静（以下简称“张”）：邹老师，现在社会上有一种看法，认为研究生的扩招使得教学资源紧张，导师工作繁忙，不可避免地会对研究生的培养产生影响，导致研究生培养质量普遍下滑。您对此种看法是否认同？

邹建军（以下简称“邹”）：首先我十分认同研究生的扩招政策，如果研究生不扩招，那你们中的许多人也许就读不成研究生，就没有进一步深造的机会；同时，研究生扩招是时代的要求，是高等教育大众化的体现，以后越来越多的中国人都要读研，研究生教育就可能不再是精英教育，而是大众教育；再次，我国研究生学制设置的改变，也体现了高等教育大众化的倾向，现在不少学校研究生教育的时间由三年缩短为两年，就说明了这种时代性的选择：一方面是为了更快地将知识转化为经济要素，参与社会财富的创造；另一方面也可能是为了使有限的教育资源加速运转，以便让更多的人得到从前的人们不敢想象的研究生教育。

我不认同研究生教育质量下降的说法。近些年来中国研究生培养取得了重要进展，就是体现在质量有所提高；就我所在的比较文学与世界文学学科来说，研究生的培养质量没有下降，反而有所提高，研究生的培养质量也不应当下降。我所在的比较文学与世界文学学科，近些年来研究生导师的队伍得到了扩充，有《外国文学研究》与《世界文学评论》两个学术刊物，为研究生的成长提供了基础与得到学术训练的条件；本专业建立了一整套适合于自己学科特点的同时也与国际接轨的学术规范，给研究生提出了从事学术研究的基本要求；导师对于教学工作一丝不苟，学术水平高，学术成果丰硕，学术影响越来越大，给学生树立了标准；建立了一整套的有利于研究成长的运行机制，如聂珍钊教授主持的“博士生论坛”、本人主持的“中外文学讲坛”等，都让研究生得到了实实在在的利益。

社会上有人说的研究生培养质量的下降现象也不是不存在，也许是说的其他实用性的学科，如经济、商贸等。扩招政策固然有可取之处，但我们也不能因此而贪大求快、过于急躁，不从自己学校与学科的实际出发。如果一个专业导师比较少，配套设施不完善，面对新局势又没有必要的心理准备，那就可能会影响研究生培养的质量。在这种情况下，导师就应该以更负责的态度，将更多的时间与精力投入到研究生教育中去，有效地保证研究生的质量。

当然，学校各个专业的教育资源管理也应该有一个更为科学的统筹安排，比如说在一个专业中，让一部分老师以培养本科生为主，一部分老师以培养研究生为主，针对不同受教育群体而采取不同的教育模式。如果我们能够合理地配置学术资源，让导师充分地发挥自己的个体优势，让导师组也发挥出群体优势，各方面资源与要素得到科学有效的运转也能够保证研究生培养的质量。

张： 那么在一种新的研究生教育形势下，面对教育效益最大化的新要求，导师恐怕会比以往更加辛苦。您是如何看待这个问题的呢？

邹： 其实一个人的学习，主要还是靠自己；在研究生阶段，尤其强调自主学习。为了配合自主学习，学校会提供更多的条件，更好的环境，更多的机会，让研究生自我培养、自由发展、自我成长。而作为导师来讲，最主要的还是要在关键的环节上起一种引导的作用，在重要问题上起一个点拨的作用。导师对研究生要提出既高且具体的要求，高标准严要求；要因材施教，面对不同的人、不同的发展阶段，提出的要求应有区别，采取的方式也要有针对性。从整体上讲，培养研究生应以鼓励为主，要及时给予肯定、激励，提出更高期望，要在适当的时候提出成长中所面对的问题。我比较喜欢用科研命题的形式集中讲解，也就是让学生围绕一个课题积累材料、分析材料、提出问题、解决问题，并且及时转化为科研成果。此外，面向现代社会的新要求，还要注重培养研究生全方位的能力，训练他们的笔力口才、人际交往能力和协作精神，帮助他们在三年的学习期间，建构起一个文科研究生所应具备的全方位的能力结构，这样才会使学生在走出校园时，能够从容应对社会。

研究生培养是简单的，好像比给本科生上课还简单，这是很大的误解。如果一个研究生导师对于自己的学生不理不问，不把自己的学生当作能够进行平等对话的朋友，当作与本科生一样的上课对象来对待，那也许也并不难办；但如果一个导师有责任心的话，把研究生当作自己学术生命的一种最好的延续方式，将研究生的科研与自己的研究课题统一起来，那研究生的培养就很是艰难。我虽然因为负责两个杂志的日常工作，的确是比较忙，但我每周都要抽出时间与研究生进行对话，讨论研究生的论文写作与学术积累，科研上与成长上所存在的问题。想到我们一批一批的研究生能够成长起来，成为学术研究的后继力量；特别是想到研究生获得各种奖励、受到学术界同仁和社会的肯定，多付出一点也没有什么。

张： 社会在进步，社会对研究生的要求也发生了很大变化，研究生就业从单一的从事高校教学与研究走向多元化的广阔道路。面对社会提出的要求，文科研究生所应具备的全方位的能力结构是否包含了更多的因素？

邹：从前培养研究生，注重的是基础知识的掌握，基本技能的训练，讲究厚积薄发；而现在要在以往基础上更加强调现代意识。时代与社会对于研究生的要求的确是不一样了。现代社会是一个资讯社会，因此研究生如果没有开阔的胸怀与接纳一切信息的心理结构，是不适应社会要求的；现代社会也是一个竞争的社会，如果没有一点竞争意识，还像中国农业社会中的知识分子那样，只知道读一点书以增长知识，那也是没有前途的；现代社会是一种大起大落的社会，每一个人都要参与一轮一轮的搏击，才可能为自己争得一席之地，更好地生存并得到发展。因此，研究生培养不能离开这样的时代环境，时代的新发展也为研究生的素质提出了新的更高要求。

要注重培养研究生的策划意识，让他们针对一项任务或是一个问题，自己动手、动口、动脑，并在这个过程中，逐步习得解决实际问题的能力。要培养研究生与人协调协作的能力，使之成为现代性的高级人才。同时，还要特别关注研究生的精神状态，提炼其思维方式的同时不能忽略其心理结构、人格构成。文科的教育不能只限于专业知识的精专，更多的是一种胸怀，一种气度。当然，学术训练是最基本的，学术思维、学术规范、学术创新、论文写作、教学实践的训练是最基本，却不是唯一的训练。各个方面的训练，最终目的是为了自己的综合素质的整合与提高。因为现在研究生毕业后不限于从事纯学术的研究，他们可以在行政领导、编辑、新闻、传媒、项目策划、国际文化交流等领域得到发展的空间，因此在培养时就不能只强调扎实基础与博学，而应在此基础上强调知识的有效迁移、能力的全面建构，要使研究生教育更符合现代社会对人综合素质的要求。

研究生要有什么样的素质才能适应现代社会的需要？每一个专业的情况并不一样。中国古代文学、语言学、民间文学与比较文学与世界文学专业的研究生就不完全相同。我曾经在一次“中外文学讲坛”专题讲座之后，专门谈到我对于研究生在素质方面的八个方面的要求。

张：那么您能否以华中师范大学比较文学与世界文学专业的研究生培养为实例，来给我们讲一讲“文科研究生所应具备的全方位的能力结构”有哪些方面的内涵？

邹：我认为主要应当有这样几个方面：

(1)学术视野要开阔。比较文学与世界文学专业有其独特之处，它不同于古代文学、现当代文学和文艺学，它要求研究者站在中国文化、文学的立场上考察外国文学。而我们站在自己民族立场上使我们的外国文学研究带有中国文化、学者的立场与观点，使我们的研究具有一种不同于外国学者的特性，是我们的研究成果往往能够得到其他国家学者认同的原因。我们要超越本国的局限，具有一种跨文化、跨语言、跨民族的视野，跨越中外、打通中西。所谓视野开阔有两个方面：①不能局限于中国，要涉及国外文学，东欧、北欧、南欧、美洲、澳大利亚、新西兰等等，对这些国家的文学都要了解，要将国外文学、作家作品作为自己最主要的研究对象；②不仅要了解西方文学，还要研究东方文学，比如印度、阿拉伯国家、西亚、中亚、非洲、日本、朝鲜、韩国、东南亚等国家的文学。作为比较文学与世界文学专业的研究生，我们的视野应该是世界性的，应该放眼各个国家、各种文化与各种语言，“放眼世界，胸怀全球，胸怀全人类”，要求我们了解的东西应该是全面的、完整的，我们的知识结构应该是同时具有东西方的。

(2)学术观念要具有现代性。学术观念的现代性首先是要有开放的胸怀，而不是保守的、封闭的胸怀，要主动接纳东西方各种文化思潮，包括文学的、艺术的、哲学的等各个方面，这也是对研究生人格与精神构成的要求。不能老是抱着排斥的心态，而要有开放的心态和精神状态。其次，要了解比较文学与世界文学学科研究的学术前沿，了解某一研究领域的最新研究成果。要全面了解最近五至十年的科研成果，这些研究成果往往是最有参考价值的；要了解最新的研究动态，吸纳最近的信息，能够使你的知识结构得到改造。知识结构中起关键性和制约性的核心是观念的建构。作为一个未来的学者，观念保守陈旧是不行的，切忌不了解状况、不收集资料就开始闭门造车，研究成果要发表时才发现别人已经早就先提出了，自己是在浪费时间精力。再次，要能够和国外学者平等对话，发生共鸣。如果不了解国外的一流学者正在研究什么，就会存在着一定的学术差距。最后，还要关注学术发展的多学科性、学科交叉性，各个学科的一些研究方法常常是相互影响的，比如说模糊数学的学科视角被引入美学领域，成就了模糊美学；现代语言学的新方法被自然科学、社会科学广泛采纳，这样就取得了学科交叉的优势，从其他学科获得了崭新的观点与方法，获得了更多的营养，这样更有利于本学科发展。所以，多学科视角的采取，也是学术观念现代化的体现。

(3)所采用的方法和学术规范要和国际接轨。文科研究生写论文要采用国际通行的学术规范——MlA 学术论文发表格式。本专业研究对象和国外学者关系密切，要让别人能够看懂，能够接受，就要扫清交流中的障碍。在人文艺术方面，MlA 格式在国际上是很通用的。我们要有很强的学术规范意识，了解国际主流所通行的东西。

(4)学生要能够走出国门去访问去留学，能够和国外学术界进行面对面的交流和对话。仅以学术成果的形式交流是不够的，要能够在西方国家举办的学术会议上发出自己的声音，争论一些问题，使他们对我们的思考有一定了解，获得理解和认同。比较文学与世界文学的研究生以后可以去国外访学，做日常的交往和共同项目的研究，在交流中进行对话，在对话中进行文化的融合。当然，国外的学者到中国来出席会议时，就更要主动交流。需要和国外学者进行交流，共同进行一些项目的合作研究，这是汉语言文学其他专业所不具有的优势。

张：那么要如何才能实现这种全方位能力的培养呢？能不能简单概括一下您的主要培养模式？

邹：这需要对研究生进行全方位的锻炼：①通过课堂教学环节和教学实践环节；②通过论文写作及其发表完整的程序；③通过《世界文学评论》《外国文学研究》的编辑工作；④通过“中外文学讲坛”这样一个学术平台。这四个方面齐抓并进、相互配合，从各个方面增进研究生的实际能力。

张：“中外文学讲坛”似乎是一个不同于传统教学的新亮点，在培养研究生方面，它有什么独特之处吗？

邹：“中外文学讲坛”是除了课堂教学和学术指导之外，师生共同参与、教学相长的一种特殊形式，是生动、灵活、实践性很强的一种研究生培养新方式。首先，“中外文学讲坛”每次一个专题，而要把一个问题系统化、理论化、抽象化，同时又不离开文本，演讲者就要经过长时间的准备，这可以训练学生的学术思维、理论思维的能力。要能够提出一个问题，然后从各个层面展开讨论，最后提出一整套理论见解。而这种实践性很强的训练，对学生从事科研打下基础、树立范例有着很大的帮助。

其次，“中外文学讲坛”能够培养学生面对面的直接交流的能力。本专业的研究生在一起讨论问题，就这个问题的方方面面发表自己的意见，这既有情感的交流，又有思想的交锋，既有观点的辩证，又有不同见解的撞击，而且每个人都是以口头表达的方式发表自己的意见，不仅面对主讲人，而且面对所有观众，不仅训练一个人的口才、思维，还能让大家建立一种科学的人生态度，学会怎样面对他者，面对不同的观点和各种各样的问题。

再次，“中外文学讲坛”每次都要求做课件，可以使研究生适应以后的教学工作和行政工作。课件怎样做，体现了演讲者对自己所讲内容的整体构思以及对演讲效果的整体把握，同时也是应用现代技术传达自己思考，实现教学目标的一种训练与实践；并使研究生能够适应现代会议的环境和组织操作方式，与国际会议的展开方式接轨。

最后，每次演讲都有一个研究生主持。为什么我不主持只是坐在那里听一听？就是为了让学生得到全方位的训练。你现在就开始主持一个会议、一种正式的仪式，那么以后你就可以主持更大的活动与更高级别的会议。而之所以每一期讲座都要有人做出比较详细的简报，也是有深远的考虑的：①为了训练学生的文字功夫和写作能力，适应以后做新闻报道、会议综述的工作；②为了给自己留下历史，给每一个学生的进步留下生动详细的记录，让本学科有一个完整的记载；③为了开发学生的兴趣和潜力，让他们了解、宣传、推广自己的思想，自己的学术思考的方式和途径，建立一种荣誉感和成就感。这也是建构现代观念，建立现代生存方式的一种有效途径。

张：“中外文学讲坛”开展以来，以其学术的专业性、形式的多样性和高度的参与性，赢得了众多师生的广泛关注。您认为这种形式在培养研究生方面起到了什么样的作用？

邹：我想主要有以下八个方面：①促进读书、促进思考。②将读书的体会和思考的结果转化为讲义及课件的形式，以适应教学的要求。③训练口头表达能力以适应现代交际的需要。现代社会是一个信息社会，交流频繁，不交流就不能完成工作、获得资源、获得机会。④训练学术思维、深化思维空间。⑤由讨论而辩驳、思辨能力的培养，平等对话精神的培养，辨析、深入到事物本质和哲学头脑的培养。⑥每次有个主持人，培养主持会议、节目、活动的能力。⑦每次有简报，培养新闻记者、编辑。⑧增进研究生之间的团结和友谊，培养团队精神。

张：邹老师，您对于怎样培养研究生从来都有自己的一套办法，是什么触发了您做这些事情的想法？

邹：触发主要源于三个方面：①有感于在自己成长道路上，长时间没有人指导，自己的能力、口才、思维都缺少训练。②焦虑于研究生的迷惑。很多研究生在读了一个学期、一个学年，甚至两个学年之后，还摸不到门径，不知该读什么书、做什么事，因为老师不讲，研究生陷入了迷惑和盲从。③社会现实的需要。现代社会发展速度越来越快，竞争越来越激烈，文科的研究生要适应社会，实现自我，需要一个全方位的能力结构。要培养他们理论把握的能力，强大的思辨能力，很强的口头表达能力，以及团结协作的团队精神。

张：您在每一届研究生的入学见面会上总会说自己只管三件事：“写文章、考博、全面发展”。我们都知道，对于学生来讲，这“三件事”太重要了，读研的收获如何全在这三件事上；对于导师来讲，这“三件事”却太繁难了，每一件事的督导和达成都是千头万绪，需要付出大量的时间和心血。而您说自己“只管三件事”，这样轻松言笑的背后是更多心血的付出，在学术界功利心和浮躁气渐浓的今天，是什么使您依然看重学生的培养呢？

邹：导师应该是学生眼中的一盏明灯，学生能够从他身上看到闪闪发光的东西，也是督促学生进步的一根鞭子，让学生知道求学的路上不能后退只能前进。导师又是和学生一起走过三年风雨的师傅和长者。研究生和导师的关系不同于本科阶段，而是师徒关系。和潜移默化的间接影响不同，导师的影响是一种言传身教、立竿见影的。因而导师和研究生之间应该经常交流，在各个方面相互沟通，达到教学相长的效果。

“三件事”源于一种观念，体现在三个方面：①学生就像自己的儿女，如果对自己的儿女不负责任，就不要生他们；如果对自己的学生不负责任，开始就不要去招生，既然收入门下，就要负责。②科研、教学、家庭，所有各个方面导师都要树立榜样，但事情太多，对研究生负责也不能负所有责任。③学术领域要有传承，在传承中才有发展。一个人的生命是有限的，学术是无限的，所以要将自己的学术思维方式传给后人。大学者往往都不是自己开创的，而是继承前人，站在前人的肩膀上，才能看得更远。人生短短几十年，如果没有后代，在学术上没有后人，就很虚无了。

追寻事物本源，探讨事物本质，认识事物发展规律，同时也是为开发自我的潜能，实现自我的价值。每个人，不管是谁，都只是学术长河中的一滴水，众多的水汇集在一起才形成江河，学术研究要江河奔流，每个人都要有自己的贡献，让每个研究生都成为学术发展长河中的一滴水。

（原刊“中外文学讲坛”2005 年 6 月）

重大社科基金项目的申报策略

周兰美

周兰美（以下简称“周”）：邹老师，您在课题研究上取得了许多重要的成果，已经积累了相当丰富的经验，可否请您简单地介绍一下，近年来您和您的研究生们曾经做过哪些方面的课题研究？

邹建军（以下简称“邹”）：从事科学研究包括人文社会科学的研究主要是做课题。这些年来，我们比较文学与世界文学学科选择了华兹华斯诗歌、柯勒律治诗歌、易卜生诗歌和美国华人文学等方面的课题，组织我们的老师、博士与硕士研究生，以任务分配的方式从事论文写作，并取得了一系列研究成果。其实我们从事的也就是课题研究。“易卜生诗歌”是作为王忠祥教授的国家社科基金目“易卜生文学创作研究”的后期课题而设立的；“美国华人文学”是我在2004年申报成功的国家社科基金的重要项目；选择华兹华斯与柯勒律治的诗歌作为研究的课题，是为了培养本专业研究生的需要，而自行选取的。无论是我们自己从事文学研究，还是提高研究生进行科学研究的能力，都要求我们每一个人有比较强烈的课题意识，不然的话，我们的科研就会受到很大的限制，最终会面临很大的困难。科学研究工作不能只是零敲碎打的、东一个西一个的，这样的研究没有整体性；我们的科学研究应当是要有长远计划、统一安排，有思路、目标、手段的整体研究。我们这些年来的课题研究，都是统一策划、统一布置、统一要求，每一个题目都是反复考虑与研究才定下来的，全部做出来以后是可以出书的，因此具有很强的整体性。我们所从事的课题研究之所以能够取得成功，就在于我们的集体性和整体性。易卜生诗歌研究完成后，我们出版了专题著作《易卜生诗歌研究》，并举办了“易卜生诗歌研讨会”。“英国湖畔诗人诗歌研究”和“美国华人文学研究”完成后，也会举办同样性质的研讨会。

周：那么您认为课题研究的作用主要体现在哪些方面？它对个人的学术研究，有着什么特别重要的意义？

邹：我们所从事的课题研究，目的之一是要培养学生从事项目申报与研究的能力。研究生毕业以后,就是某一方面的高级专门人才。进行学术思考往往成为他们一生的事业,无论在什么岗位、什么行业,都承担着科学研究与学术思考的任务。虽然我们每一个人所接受的教育程度基本是一样的,但过了二十年、三十年、四十年之后再来看,差距却很大。造成这种差距的原因当然很多,最重要的一点在于有没有强烈的"课题意识",能不能顺利有效地申报重大课题研究项目。申报重要课题与研究项目,是人与人之间、单位与单位之间、群体与群体之间科研实力竞争的重要手段。正是在这个意义上,教师申报职称、学科评估与学校评估,往往以有无省部级以上项目作为重要指标是有道理的。

对一个人学术水平的评价,学术界往往比较关注这样几个指标:①高级别刊物所发表的学术论文;②高档次出版社出版的学术著作;③省部级以上的奖项等级与数目;④获得多少省部级以上的项目。有的人说自己学术水平高、很有影响,而以上述几个指标来进行检测时,往往就心虚了;等到要他去填表时,才发现一个也填不上。此外,评价一个人的学术水平,还有这样三个指标:①科研论文的转载率,这是刊物评价;②科研成果的引用率,这是同行专家评价;③组织专家进行评议与鉴定,这是高水平专家评价。但无论如何,能否申请到项目是其中最重要的一个指标。项目标志着课题研究的实力,也标志着学术前景。因此,我们要增强竞争力,强化课题意识,提高我们申报重大项目的能力,以在新一轮的激烈竞争中有效地占有资源。

周:的确,课题研究无论对个人还是群体都很重要,那么课题研究肯定受到了很多人的关注与重视。在申报项目尤其是对重大项目的申报上竞争肯定非常激烈。对于我们研究生来说,是否意味着不太可能?您认为重大课题项目的申报成功,具体来说应当注意哪些方面?

邹:申报重大项目是可能的。我们都是硕士研究生毕业、博士研究生毕业,经过了严格学术训练,有了比较雄厚的学术资源,同时在科学研究上建立了信心,提高了能力,因此申报各级、各类项目是可能的。但是,申报重要项目也是有条件的,这包括主观、客观两个方面。成功申报重要项目,要讲究方式,并且要灵活机动、果断决策。根据这些年来省部级以上项目的申报过程与要求,应该关注这样几个方面:

(1)要与自己的前期研究成果有机地联系起来。省部级以上重要项目,是组织专家经过严密评审才决定给谁不给谁。无论从程序还是从要求来讲,都是很严格的,可以说是要过五关斩六将;申报的人很多,最后要真正得到一项,是很不容易的。一个毫无前期研究成果的人,几乎是不可能的。所谓前期成果,那就是你以及你的课题组成员以前做过什么样的研究,包括发表过哪些重要论文、出版过哪些重要学术专著、出席过哪些重要学术会议、获得过哪些重要学术奖项。其中,最重要的是做过哪些项目的研究。如果没有从事过校级、厅级以上的项目研究，毫无课题研究的经验，作为成员也没有参加过校级、厅级课题项目，更没有作为主持人主持过校级项目，那么要申报到省部级以上项目，是不容易的。当然，所谓“前期研究”，更主要是指在你所申报的科研项目之前，从事过哪些与此相关的研究。比如说，你要申报“哈代小说研究”的项目，而你从前发表的论文都是关于果戈理的，那就存在着比较大的问题；相反，你的前期研究是关于哈代诗歌或是哈代小说的，那么说明你的前期研究与哈代项目有密切的关系，表明你在这个课题方面做过许多资料收集工作，也进行过比较深入的思考，就有很大的可能性。有的人不从自己的科研实际出发，不做长期的资料积累，而是临时想到一个题目，匆忙填表进行申报，其结果必然是悲剧性的。

(2)要注意研究有关的课题指南。国家社科基金项目、省部级社科基金项目，每年都会发表课题指南，公布在本年度社会科学研究中需要解决的重大问题。这些问题是社会现实生活以及国家发展、民族进步的相关重要问题，是经过大量调查研究，经过与各有关政府部门、各科研机构专家，以及与各重要大学的学报学术杂志商议，又经过专家咨询等许多程序，才最后决定下来的，往往都具有重大实践价值和理论意义。那么，我们要成功申报课题，就要认真研究课题指南，从课题指南里来选择题目。当然，课题指南往往只是规定了一些研究方向，我们要善于从自己的科研实际出发，与自己前期研究成果结合起来，形成自己申报的课题。2004年，国家社科基金课题研究项目指南里，有“海外华文文学”这一项。我认真分析了世界华文文学的构成版图，又根据我前些年主要研究美国华文诗歌、散文，并且完成过校级科研项目“美国华文文学与中国本土文学比较研究”。因此，我申报的“美国华人文学与中外文化”课题，在当年就获得通过。我后来曾经进行分析，我曾经发表过的美国华文文学的大约十篇论文，形成了较为充分的前期成果；我所申报的项目与国家社科基金指南存在密切的关系，可以说是世界华人文学里面一个重要版块，将课题指南中“海外华人文学研究”具体化、集中化。要在课题指南之外自己另选题进行申报，成功的可能性极小，具体到某个学科、某个特定的专业，往往不到十项；全国同行专家及后起之秀人数众多，因此要争取到这十项中的某一项，的确也是有相当难度的。

我们目前正处于研究生学习阶段，要成功申报重大项目不太可能；但我们一定要树立这样的信念，要有这样的观念，要对相关要求进行了解。许多人之所以成功申报多项国家社科基金，正是多少年前就开始努力积累的结果。这些年来，许多国家社科基金项目都是给了具有博士学位的人，就在于这些人曾经在导师的指导下，从事过相关的课题研究，并且对申报要求与过程比较熟悉。有不少学校规定，只有有课题的导师才能招收研究生，也正是这个道理。因此，我们现在要讲这样的问题，要向学生提出这样的要求，并且让学生了解整个程序、整个策略性的讲究。不只是听几节课、读几本书，只是学一点知识性的东西，不可能让自己成为一个人才或者杰出的人才；只有有个性、有追求、有谋略、讲策划的人，才可能是一个具有现代观念、生存技能与发展前景的人。我希望我的学生个个成为这样的真正的为现代社会所需要的人才，成为一代旷世奇才。

周：竞争是如此激烈，往往非个人所能获胜。那么这个时候，我们可否寻求以群体的方式进行申报？如果可以，您认为与个人申报相比，群体申报要注意一些什么问题呢？

邹：省部级以上的重要项目，往往是一个人难以胜任的，因为所要研究的题目很重大，涉及的时空范围很广阔，所要求的知识积累与学术修养等，往往不是一个人所能企及的。因此，组织好力量进行集体申报特别重要。国家社科基金课题申报指南中，曾经明确要求大家最好以课题小组形式进行申报，原因是经过调查研究，认为只有课题小组形成群体力量才能在三年时间里充分完成一个比较大的课题。这说明以个人方式申报省部级以上重要或重大项目是很难的。

集体申报项目也存在着激烈的竞争，组织什么样的申报集体就非常重要。在这个集体中，要有重大影响的主持人，能够起到一种领导作用。我认为学术水平高、学术声望高、被同行专家所认可的主持人，是项目申报成功的关键因素。同时，还要有具有博士学位、具有以副高职称为主体的骨干群体。一个人具有博士学位，表明他经过了严格的学术训练，在学科观念与研究方法上已具备比较雄厚的基础。具有副教授职称，说明他已具备相当的学术水平，他所在的单位能够为他提供时间与精力，投入到课题研究中来。对于项目组的成员来说，还要有从事过校级、厅级或省部级以上课题研究的经验。从事过相关科研项目的经验自然形成一种优势，能让评审专家产生一种信任感。总之，组织什么样的科研力量，并形成一个各方面都有相当优势的申报集体，对申报成功相当重要。

个人主义英雄的时代已经过去，现代是一个你中有我、我中有你的时代，没有集体精神与群体意识是做不成大事业的。航空母舰为何让人害怕，就是因为它威力巨大；为何威力巨大，就是因为其上有数千人集体协作，形成一种合力，从而让它发挥出一种巨大的打击能力。所以，要做成大的事业，非有强大的协作精神、开阔的胸怀气度不可。集体申报重大社科项目能够成功，也说明这样的时代特点与时代要求。

周：众人的力量往往能够取得比较重大的成果。目前，有人对中国人文社科研究所取得的成果往往颇有微词，认为文学研究没有什么实际意义。您怎样看待这种现象？

邹：无论从事什么样的科学研究，理科的也好，文科的也好，最好都要进行实地考察,做好充分的调查研究。充分的调查研究是进行科学研究的基本前提。人文社科研究特别是文学研究,往往给人一种印象,好像不需要进行实地的社会调查与文献调查,好像只要收集一些资料,阅读一些书籍,就可以进行课题研究了。其实这是一种误解。当然许多误解也并不是完全没有理由,一些从事文学理论研究的人,往往不做大量的文献调查,就可以抽象出自己的理论;他们往往依靠想象的方式来进行学术研究,从而形成一种从理论到理论甚至唯理论而理论的怪圈。根据我们的观察,真正有价值、有影响的课题,都是通过文献调查、实地考察而得出来的。比如“最近十年来中国大众文化阅读与消费走向”、“十年中国文学理论教材编写情况”、“十年中国比较文学学科发展情况调查”、“十年欧美国家文艺政策的制定情况”等课题,都是以注重实地考察与文献调查受到关注的,而这些课题与我们的生活、我们的世界、我们的学科发展也存在非常密切的关系。要完成这样的课题,就需要全面的调查研究,并且要集中各种力量,才能提出与全面完成的。正是这类项目与课题,才具备申报成功的可能性。从实践中得出来的研究课题,伴随着学术体验与学术成长历程,往往将我们的实践经历与心血凝结其中,这样的课题才是真正具有重要理论价值与实践意义的课题。

当然,有的人认为文学无用、文学研究无用,它既不能提供我们衣穿,也不能提供我们饭吃;这是一种极为有害的言论,也是无知的表现。人与动物的区别,就是人有丰富的精神生活,而动物们只有简单的想法。文学创作与文学研究都是人类丰富精神生活的主要方式,也是人类文化积累的主要形式。如果没有文学及其研究,人类的文明也许是不完整的。正是在这个意义上,我们才能来谈论文学与文学研究。没有自己的作家与作品的民族是没有地位的民族,没有自己的文学研究与文学批评的民族也是没有地位的民族,不可能立于世界民族之林。当然,文学研究要有自己的特点、自己的追求。

周:您刚才提到的要进行实地考察,这为那些死啃书本的人敲响一记警钟。在实际生活中,我们无论申请什么样的课题与项目,都要填写申请表,而且非常重要。您认为对于申报重要人文社科课题来说,填写申报表要讲究哪些策略?

邹:对申报课题来说,进行充分的课题论证至关重要。每一个项目的申报表长达十多页甚至数十页,有很多内容只是给评审专家提供信息,让他们了解你的学术背景、课题前期研究成果及申报力量等有关情况。最重要的是其中的课题论证活页。课题论证要讲究策略。首先是对前人的研究情况要做文献综述,要准确反映前人研究的终点,因为前人的研究终点往往就是我们的研究起点。文献综述一定要全面客观,进行科学分析。专家们往往不是只让你提出此方面研究已经有哪些论文、哪些著作,而是要让你提出前人已产生哪些主要观点,就是要以已经有的观点来体现前人的学术成果。你在文献综述中至少要尽可能地提出前人已经形成哪几个重要的研究方面。如果你的课题论证缺少这个部分,特别是仅限于让评审专家了解到你的认识,那你的课题论证就是失败的。

其次,是要明确地展示你的前期研究成果,已经形成了哪些主要观点。也许有些人认为,自己还没有研究,哪里会有自己的观点呢？其实,你只要有前期成果,就总有自己的想法,有些思考甚至是整体性的、非常深刻的,只是你还没有来得及完成,对课题研究的设想、预期目标、所使用的方法,都要有自己的表述。此外,课题研究也是需要想象力的,既需要历史的洞察力,也要有预测未来的能力。作为课题研究主持人与申报者,必须对自己学术观念、学术思想与研究目标及实现这一目标的手段与方法,有一种非常自觉的认识。

最后,是要有充分的数据。通过实地考察等所得来的种种数据,是我们课题研究能够顺利完成的前提。从本质上来说,文学研究虽然是审美的、批评的与分析的,但是它们同样属于科学研究的范围,是科学研究的一个分支。以统计方式和表格形式形成的数据,往往是我们对课题进行有根有据的论证的前提,有很强的说服力,能够给人以充分信心。

周: 听了您对申报课题研究所做的详细介绍,我感觉到我们离申报课题成功更进了一步,重要课题的申报对于我们来说,似乎不再那么高不可攀、遥不可及。

邹: 申报重要课题与我们并不遥远,一定要认识到课题申报对我们每个人的成长与发展的重要性,是我们在科研上取得成就、在学术上取得进步、在事业上取得成功的重要方式,让我们的人生能够上一台阶的重要途径。这些年来,我们的同学、同事、朋友,一个个都成功申报到省部级以上的项目。我们的前辈王忠祥、周乐群、彭端智,文学院老师胡亚敏、王先霈、邱紫华、陈建宪、张永健;我们的博士生王松林、朱卫红、罗良功等都成功申请到了国家社科基金项目。这说明只要我们认真准备、长期积累、讲究策略、精心组织,就能够顺利申报到省部级以上的课题。因此,申报重要项目、重大课题,虽不是触手可及,但也不只是可望而不可即的,它离我们并不遥远。

周: 听了您对课题申报的一些观点与想法,我觉得真是受益匪浅。您所说的内容对我们启发很大,可操作性也很强。在您的指导下,我想我们一定可以少走很多弯路。非常感谢您把这样宝贵的经验毫无保留地与我们分享!

(原刊“中外文学讲坛”2008年6月)

大型学术平台的建立及其意义

张新花

张新花（以下简称“张”）：邹老师您好！我们都知道在当今时代，一个学科要建立和得到进一步的发展，必须要有自己的学术平台。您认为在我们的学科建设中，所谓的“大型学术平台”，主要由哪些方面构成呢？

邹建军（以下简称“邹”）：我们这里所说的“大型学术平台”，主要是指学术杂志、学术会议、学术网站和学术丛书。关于学术杂志和学术会议，我以前在一些访谈中已经详细讲过。关于学术杂志的创办与工作，相关人士已经给我做过两个访谈，一个是陈为为做的，一个是雷雯做的；学术会议的访谈，是由赵义华做的，题目是关于大型学术活动的策划及其实施方案。我们今天所讲的“学术平台”，则主要是指大型学术网站的建立、维护和运作。我想讲的问题是，我们为什么要建构这样的网站？这样的网站具有什么样的作用？怎样完善与维护，才能使它持续地发挥自己的作用？到目前为止，我们华中师范大学比较文学与世界文学学科、《外国文学研究》杂志已经建立了四个大的学术平台，它们分别是《比较文学网络精品课程》网站、《外国文学史省级精品课程》网站、《外国文学研究》杂志网站以及著名的博客“中外文学讲坛”。这大家都知道，因为它们已经引起了相关部门的关注和学术界的重视。我们的网站，每天的访问量都比较大，点击数都很高，这就是最有力的证明。

张：您非常富有时代精神。现在很多人士都乐于使用现代化的设备来学习和接受信息，这样的学术平台的建立，的确可以给他们带来福音。作为这些网站的主要负责人与策划者，您是否可以给我们介绍一下这四个学术网站建设与运作的基本情况呢？

邹：近年来，我们杂志和学科一共建立四个大的网站。有的网站不是以我为主建立起来的，如外国文学史的精品课程的网站是以教研室的教师为主建立起来的；有的网站是我提出构想，由研究生做的，如“中外文学讲坛”的网站是由陈富瑞一手建立起来的；《外国文学研究》杂志的网站是由聂立建立起来的；比较文学精品课程的网站是由陈富瑞与谭永还包括我校信息技术系的研究生共同建立起来的。只是我在其中所起的作用大一些，是起一种主导的作用、决策的作用，主要的内容是我提供的。由我来讲这样一个问题，并不是说所有的功劳都是我的，别人就没有，这是我首先要说明的一点。下面我将这几个学术网站的情况，做一个简要的介绍。

（1）《外国文学研究》杂志的网站。这是我们对外宣传、对外交流及其杂志运行与发展所需要的一个重要平台。以前有人经过努力，做过一个杂志的网站；后来因为种种原因，没有维护好，停止了一段时间。从去年下半年开始，由我牵头，与相关技术人员一起重新做了一个《外国文学研究》杂志的网站，到目前为止，运行良好。这个网站所有的材料，都是由我整理和提供的，包括信息、报道、论文、杂志介绍、图片及整个设计的构思。做这样一个网站，花了不少的时间，单是十多万字的内容与文字的清理，就是一个了不得的工作量。虽然辛苦，但最后终于做成了这样一个网站，现在应该说是已经初具规模，并且正在发挥它的作用。国外的作者、杂志的读者、喜欢外国文学的人，往往都可以通过浏览我们网站的各个栏目，对我们杂志的历史与现状、工作规则与工作程序、稿件要求与论文发展格式等，有一个大致的了解。怎么投稿？我们的网站上有自己的投稿的通道。怎么订阅？我们的网站上有相关的介绍。一般的读者要在邮局订阅，但是如果错过了时间，就可以直接到我们编辑部订阅，还可以免邮资。怎么样和我们杂志联系？网站上留有详细的联系方式。总之，我们杂志的历史沿革，现在的编辑出版情况，我们所举办的大型学术活动（主要是国际或全国性的会议），以及我们所举办的一些专题学术会议，我们研究生的培养情况，我们学科建设的现状，等等，都在这个网站上面有全面的介绍。当然，学术杂志的工作量很大，学术网站的工作量也不小，我们的网站虽然建了起来，但有的内容要调整，有的需要补充，有的需要完善。

（2）《外国文学史省级精品课程》的网站。这个精品课程在去年开始申报，成为省级精品课程；同时，也申报了国家精品课程，目前还没有结果。但我们学科的老师与研究生对这个网站的制作和维护，是花了时间和精力的；特别是研究生做了大量的工作，因为我们以前没有资料基础；应该说，这个外国文学史的精品课程的网站，内容还是很丰富的，形式也是多种多样的。浙江大学中文系的主任吴秀明教授，今年参加了《外国文学史省级精品课程》的评审，他对我们这个网站的评价比较高。相信我们的外国文学史精品课程可以通过评审，最终获得国家精品课程。

（3）《比较文学网络精品课程》的网站。这是由我校网络学院提出要求而制作的，是应网络比较文学远程教育的需要而开办的。这个网站是我们与网络学院、信息技术系合作而完成的，主要是由我负责，研究生陈富瑞、谭永均参与了制作，信息技术系的研究生们也参与了技术工作。一般来说，创办与制作这样的一个网站,需要3—5个人花上一年左右的时间,才能完成;我们只用了一个月的时间,就完成了设计与制作,并且在网络学院的远程教育网上正常运行了。九月底,这个网站获得有关部门组织的验收。据说外语学院院长张维友教授对这个网站评价非常高。这个网站的制作虽然时间较短,但的确是做得非常成功;主要是我们的工作效率高,加上我们前期的基础工作做得比较好,如我们的《比较文学》课程上了二十多年,有比较完善的讲义与课件,学生自学方面的材料也比较完善与充分。

(4)著名的博客"中外文学讲坛"。它主要是我所带的研究生学习、训练的平台,访问量很大,达到20 000人次。普通的学术刊物一般发行一千本左右就不错了,可见这个网站的影响还是很大的。这个网站开始是由陈富瑞制作,发布一些简报,后来进行了调整、扩大,增加了容量,上面已有将近500张照片,主要是我讲学游览时的山水照、举办学术活动时的照片及一些朋友的照片。有100多篇文章,大部分是学术论文,主要是我写的及一些研究生、博士生及访问学者的文章,内容很丰富。

这两年我们做了四个比较有规模的网站,两个精品课程,一个博客和一个网站,我认为学术平台的作用就是展示我们自己的成果,和国内、国外的学术交流,能够发送我们的学术信息,同时也能够反映学术界对我们的评价。所有的老师和学生,所有的作者和读者都能在这些学术平台上进行交流和对话,真正起到学术平台的作用,发挥学术平台的功能,目的是为了扩大我们自己的影响,同时训练学术研究的能力,提高学术研究的水平。

张:听了您的介绍之后,我觉得做一个比较文学与世界文学专业的学生非常幸福,有这么多的学习渠道可供自己选择,而且内容还是那么丰富和有价值的,那么当初是什么原因促使您牵头来做这些学术网站的呢?

邹:为什么要建这些网站呢?有三个方面的原因:

(1)工作的需要。《外国文学史省级精品课程》的网站是为了申报省级和国家的精品课程,必须要这样做。《比较文学网络精品课程》是华中师范大学网络教育学院给我们的任务,我们和网络教育学院合作来做这项工作,可以说是学校工作的重要组成部分,是为了华中师范大学远程教育的需要。《外国文学研究》杂志的网站也是出于工作的需要,我们杂志要走出去,走向全国,走向世界,必须要有这样的网站;我们要办成一流的学术杂志,必须要有网站;因为从世界范围内来看,凡是著名的杂志都有自己的网站。当然,并不是所有杂志都建有自己的网站;从中国大陆来说,有一些有名的杂志也还没有自己的网站。但我们要率先走向世界,做成一种具有前卫性的、走向国际化的杂志,就必须有自己的网站。聂珍钊老师在2004年就要求建立自己的网站,但没有人才,自己又不会做;加上一般的人也没有那个精力去做。我们是一个业余体制,没有专门的编辑人员,所有编辑都是由教师兼任的，有十分繁重的教学任务与科研任务；我们的办刊经费也非常有限。大家知道，建立网站不仅要有经费，也要有大量的时间与精力的投入，我们都很难做到。直到去年，没有办法了，我们才开始建立起这样一个网站。为什么要建网站？这是第一个方面，由于工作的需要，由于形势之所迫。

(2)展示我们自己。《比较文学网络精品课程》《外国文学史省级精品课程》的网站是为了展示我们自己的学科、我们自己的学者以及我们自己的学生；一个方面当然是学校的要求，要申报国家精品课程和省级精品课程，就是以网站的方式来申报；同时，也有展示我们的教学和科研成果这种意图和目的在内。在这个世界上，完全不想展示自己的人也许是有的，但也许是很少的。每个人生活在这个世界上，总想成功，总想有所成就，取得了成就想要让更多的人知道、让更多的人来分享，这是正常的、可以理解的。每个人写的文章尽量要别人读；写了一首诗，也需要有自己的读者群。从前湖北有些诗人，老是要我们去读他们的诗，还恳求我们做出评论；我当时并不太理解，我想，你写的诗，写得好不好，让历史去做评价好了，你现在计较别人的评价干什么呢？到了现在，我才更好地理解他们的心情了。我自己写的诗，恐怕还是需要有更多的读者；如果没人读，可能也是很寂寞的。这当然并不是要展现我自己，其实我自己一直都是很低调的；我要展示的是我所培养的研究生，是不是一流的研究生，以后会不会有很大的发展。我从1998年开始带研究生，到2007年已经十年；有将近20人考上了博士，而且逐渐成为了各高校的学术骨干。这个就需要进行宣传；如果你不展示，别人也不知道。展示我们自己的个性与风采，展示我们所积累起来的经验与教训，是为人类的未来着想、为世界的发展着想。

(3)为我们的研究生提供训练自己的平台。一个学术团队或说一个学科，没有自己发表文章的阵地，没有自己的学术平台，那你要得到真正的发展是很困难的，比如说我们这个学科有《外国文学研究》这样一份杂志，我们的学科在全国甚至在全世界都是有地位的；其他高校，包括一些重点高校的学者和学生，一提到华中师范大学的比较文学和世界文学学科，往往都还是发出赞美之声的。当然，我们的学科之所以能够发展起来，有很多原因，最为重要的一个原因就是因为我们有自己的学术平台，而其他学科没有。这是对我们自己而言；对于我们专业的研究生、博士研究生和访问学者来说，我们的杂志也能够提供发表论文的阵地；除了《外国文学研究》以外，还有《世界文学评论》，现在又有了这四个学术网站，那我们的平台就更宽了、更高了。作为学生，主要是接受科班训练；如果我们每一个研究生都能充分利用这样的一些学术平台来发展自己，有了论文先在学术网站上发表一下，有什么见解可以在文章的评论中发表一下，这就可以为以后的发展打下坚实的基础。当然，如果我们的一些学生认识不到这样一点，还是像从前一样只读纸质的书，不会利用网络资源来为学习服务，我敢肯定他不会成为一个现代人，不会成为一个为我们的时代所需要的现代知识分子；如果是这样的话，那我们也没有办法。

张：您真的是一个非常具有敬业精神的学者，能够将工作和责任融为一体，显出一种十分可贵的品质。目前，网上也有各种各样的“学术网站”，那么您认为我们的学术网站和其他的学术网站相比，有什么样的特点或者说有什么样的优势呢？

邹：经过努力，这四个大的学术网站都建立起来了，都在正常运作，发挥着它们的功能。为此我们感到很高兴，特别是参与研制与制作的朋友们，像我们的研究生陈富瑞、谭永、聂立，以及我们所有的“中外文学讲坛”的理事们。有什么样的优势呢？我也可以先谈一谈我自己的看法，我认为有四个方面。

（1）内容非常丰富。《比较文学网络精品课程》的网站是对我们中国学者的在中国比较文学复兴以来的比较文学研究的全面的、有重点的反映。其中主要的学习内容和课件有十四讲，涉及世界比较文学史的很多方面：从比较文学学科的性质和特点，到比较文学发展历史的四个阶段、比较文学史上的几个学派及其特征；从比较文学的产生及其历史条件到它的研究边界和范围；从法国学派所开创的“影响研究”，到美国学派所开创的“平行研究”和“跨学科研究”，再到中国学者所提倡的“跨文明研究”。在“影响研究”里面，从“流传学”到“渊源学”、“媒介学”、“形象学”乃至“译介学”。在“平行研究”里面，从“主题学”、“文类学”、“题材学”到“比较诗学”。在“跨学科研究”里面，从文学和其他艺术的关系，到文学与其他人文社会科学的关系，再到文学与其他自然科学、技术科学的关系；特别讲到中西诗歌的比较研究和中西小说的比较研究，讲到文学和宗教的关系等等。比较文学学科所要涉及的绝大部分内容，在我们网站里面都有详细的介绍，可以说其内容非常丰富、全面。本精品课程主要是针对本科阶段的学生的，因此不是将比较文学所有的方方面面都集中起来进行介绍；但我们考虑到比较文学本身是一种跨民族、跨语言、跨文化与跨学科的文学研究，需要非常开阔的学术视野与远大的学术眼光，因此加上了“知识拓展”与“教研平台”这两个大的内容，就使得我们的网站既有“核心域”与“基本域”的知识内容，也有“相关域”与“拓展域”的知识内容。

《外国文学史省级精品课程》也是如此。我们外国文学史的老师把自己多年使用的讲义，分门别类，一章一章，重新进行修订和完善，再把它们放在网站里。可以说，不仅是外国文学史讲义的照搬，更是通过做这个网站，能够把整个外国文学史包括西方文学和东方文学的方方面面，都在这个网站上有所反映。西方文学从古希腊、古罗马一直发展到后来的中世纪、文艺复兴、现实主义、浪漫主义到现代主义，从欧洲文学的源头到20世纪世界各国文学，文学发展的整个历史，文学史上重要的作家与作品；东方文学从古希伯莱文学到印度文学，再到东亚文学、南亚文学及东南亚文学，整个世界的文学都在这个网站上有所反映。知识性的内容，历史事实的表述，历史发展的概括，对作家作品的分析，及有关文学史的理论方面的探索，都集中体现在这个网站里面。

“中外文学讲坛”博客，反映我们比较文学与世界文学专业的研究生、博士生、访问学者和我们自己所做的科研与教学方面的探索，以及我们在业余所创作的诗歌、小说、对联、戏剧作品。比如说我自己在最近几年所写的旧体诗、十四行诗、对联等，都在博客上的各个栏目中发表。比较文学学科建设方面的论文、文学伦理学方面的论文、易卜生诗歌研究的论文、英国19世纪诗歌研究方面的论文、美国华裔文学研究的论文，都有自己的专栏，可以说形式多姿多彩，内容非常丰富。

在《外国文学研究》杂志的网站，不仅有我们这个杂志的介绍，也有我们这个学科的介绍；有我们专业的研究生培养方案，也有我们所主办的大型学术会议的会议综述，以及我们所主办的每一期杂志的封面。当然，作为杂志的网站，我们维护得不够，因为我们的人力有限，物力有限，没有专门的人来做杂志的日常工作；我们是一个业余的体制，所有的编辑都是教师，有的年纪比较大，有的要出国，有的要写博士论文，教学、科研任务很是繁重，所以大家真正用在杂志上的时间实在是比较少。这几年，杂志能够进入AHCI，重返CSSCI，工作起来是很艰难的。作为杂志的学术网站来说，内容这么丰富，能够运转起来，就已经不错了。

（2）有交互的作用。作为学术平台，它们并不仅仅只是一种知识的积累，也不只是发表文章的阵地；我们认为更重要的特点是能够留言、进行讨论、进行信息交换，这样就能起到一个交流、互动、交互的作用。《外国文学研究》杂志的网站，作者可以投稿，读者可以发表自己的意见；编辑部可以在上面发布消息，发布信息，如会议的信息、发稿的思路、一些新的栏目设置的预告等，这样就发挥了一个互动的作用。读者可以在网上直接订阅我们的杂志，也可以给我们杂志的栏目设计、封面设计等提出建议。根据这些意见和建议，可以改善我们杂志的工作。

在“中外文学讲坛”主要发表我们的一些科研成果及一些个人创作的文学作品，文艺界、学术界的朋友们的一些好的作品，我们也可以提供发表空间。任何人都可在我们的讲坛上留言，对有关的作品发表自己的意见，或对某一个学术问题发表自己的看法。到目前为止，我们博客的留言已经非常多、非常丰富。同时，每一个朋友对我们发表的每篇作品、每篇论文，都可以做出自己的评论。他们的评论，现在看来已经比较热闹；当然，争鸣的意见少了一些；其实不同的意见也是可以发表的；对我们的照片，也可以发表评论。关于照片的评论，现在不是很多。每一次“中外文学讲坛”所主办的学术活动的简报，也非常具有可读性，其意义非同寻常，也许有的人还没有认识到这样一点。说是简报，其实每一次都是八九千字的详细报道。我以前讲过一个笑话，说如果你参加“中外文学讲坛”而不发言的话，就不可能在历史上留下自己的影子。我有一个设想，等我们的讲坛到了30期的时候,简报就有了两百多个页码,就可以编成一本书,说不定可以正式由出版社出版。这些简报其实是我们研究生成长的历史,你在哪次讲坛上面讲了什么话,简报里都有详细的记载;这也是我们比较文学与世界文学专业研究生培养的历史记录,因为它是我们举行连续的规模比较大的学术活动的历史记载,参与者主要是我们的研究生与博士生以及访问学者。我个人认为这样一个学术平台的交互作用,已经得到了非常具有广度的实现。

当然,《比较文学网络精品课程》和《外国文学史省级精品课程》的交互作用也许还比较小,但《比较文学网络精品课程》的网站上,开辟有提交作业、问卷调查、BBS讨论区,学生可以给我们的教学提出意见,也可以就一些问题进行调查访问,这就最大限度地实现了它的交互功能。

(4)图文并茂。我们的网站不仅有大量的文字材料,也有图片资料和声音资料。“中外文学讲坛”的网站上面,有将近500张图片,100多首歌曲;任何一位朋友打开“中外文学讲坛”的界面以后,《毕业歌》等优美的旋律就会响起,很多是英文歌曲,可以一首一首地连续播放下去。许多朋友喜欢上我们的博客,也有因为喜欢我们的音乐的。我们“中外文学讲坛”的首页,颜色也比较素淡,以绿色为主,还有天上如桥的彩虹和一团一团的白云,我认为整个的结构及其所体现的构思表达了它自己的独到理念。真正地从颜色和声音的角度体现了我们的学生、老师以及其他读者将此当成自己成长的家园或“精神的故乡”。从总体上来说,我们一进入这个网站,不仅可以读到优美的诗歌和散文,读到精彩的论文和评论,还能看到精美的图片,听到优美的歌曲。经过陈富瑞的努力,我认为“中外文学讲坛”已经成为相当成功的一个中国当代学术网站的个案,现在的访问量与日俱增,为此我们感到特别欣慰。

在《比较文学网络精品课程》的网站上,在每一讲里面都有很多作家、作品的图片,也有一些图表;有好几十首歌曲安排在不同的章节里面。比如说讲到陆游的《钗头凤》的时候,就有其生动的朗诵;讲到鲁迅的《阿Q正传》的时候,也有整个小说的朗诵;讲到《梁山伯与祝英台》的时候,既有歌曲,也有演唱。同时,我们所有的课件都是以图片的形式直接呈现的;打开以后,都可以以幻灯片的形式,一张一张地进行放映;我们所有的讲义都有课件,直接直观地呈现在界面上。网站上还有我们研究生所做的有关比较文学专题PPT,同样发挥出这种图片和声音功能;我们还有二十多个学生所做的演讲录像,可以叫作“视频课堂”,一些学生的演讲非常精彩,整体的艺术效果都非常好。我们这些网站,都力求做到文字材料和音像材料的有机结合,产生一种图文并茂、声情兼具的艺术效果。这样的学术平台不仅能给浏览者一种知识和理论,同时也能让他们感受到有一种审美的过程,产生一种直观的、直接的、色彩的享受。

（5）立体化。这样的网站本来就是一个立体的空间，不像我们所出的书，所主办的杂志，往往是一个平面的材料。我们这些网站，力求以立体的形式来展示所有的内容。《比较文学网络精品课程》有很多链接，一打开就有“课程地图”，一看就有好几十个方面的内容，了不得的丰富；只要点到某个部分，就可以链接到其具体的内容，不需要一页一页地翻。在每一讲里面所安排的图片和声音，一点就可以点开，还能链接到其他相关的学习内容。我们的“中外文学讲坛”，友情链接就有八九个，包括“中国比较文学网”、“文贝网”、“中国诗人网”、“中国诗歌网”、“中国文学网”等等。《比较文学网络精品课程》的网站也有很多链接，包括北京大学、北京师范大学、暨南大学、华中师范大学的省级和国家精品课程，一点就可以点开他们的网站。还有电子图书，可以点开八九本电子书的具体内容，还可以链接到我们“中外文学讲坛”。一旦所有的网站能够实现互联，它就成了一种立体的展示；它是有空间的，不是一个平面；既有时间的线条，又有空间的坐标；时间和空间在网站里相交织，就形成了一个立体的空间。我们所有的内容，就放在这样一个空间里面，就像我们生活的空间一样的生动、丰富，充满生活的气息。这往往标志着我们的一种追求。

张：老师们的用心和努力的确令人感动！那么您认为花费这么多的时间和精力来做这些网站，它们具体的作用和价值是什么呢？它们对我们学生自己和其他的外国文学的爱好者，具有什么实质性的意义呢？

邹：学术网站的建立，是一件吃力不讨好的事情，因为一般的人是认识不到其意义与价值的。像尼采笔下的超人，毕竟是很少的，也许只有五百年才可能出一个。我虽然不是那样的超人，但我的超越眼光是许多朋友所认同的。我就不揣浅陋，谈一谈自己的看法。我认为，建立学术网站等大型的学术平台，最少具有以下四个方面的意义和作用。

（1）积累知识，积累学术。大型学术平台的建立，可以总结前人和我们自己在某一个学术领域和某一个学科方面的研究成果，特别最新的学术探索。当然，我们也不得不承认，大型学术平台的建立，主要是实用，给有可能利用计算机的读者特别是专业人士提供方便；但学术积累的意义也是不可小看的，如刚才讲到的《比较文学网络精品课程》，能够真实反映中外学者在比较文学方面的最新研究成果和前沿态势。《外国文学史省级精品课程》的网站，能够反映中外学者特别是中国学者对西方文学、东方文学研究的真实水平。也许我们不能完全说网站的内容都是前沿性的成果，但历史上曾经出现过的种种学术的观念、学术的方法、学术研究的成果，都能够以对知识性内容的介绍，或者以对历史的描述和对作品的分析等方式，沉淀在这个网站上面。打开一个网站，就是给自己打开一扇知识的窗子，就是打开一个学科的大门，这样说是一点都不过分的。

"中外文学讲坛"也能起到这样的作用，我们所写的一些具有原创性的作品，我们发表的具有原创性的学术论文，以及我们主办的学术活动的详细报道，我们这个学科的一些公告性文件，在"中外文学讲坛"上都能找到。这种方式就可以总结我们一届一届研究生培养的历史经验，形成一种历史的记录，并且能够创造一种历史形态，所以我认为这种功能还是最为基本的。

（2）对某一专题进行科学探索。《比较文学网络精品课程》和《外国文学史省级精品课程》的网站，科学探索作用也许较小，它们主要是给学习者提供本课程方面的全面的知识、基本的理论、基本的观念、研究方法的传授。在《外国文学研究》杂志和"中外文学讲坛"这两个网站上，就更能体现对某一专题进行科学探索的意义。《外国文学研究》杂志，在2004年重返南京大学CSSCI，2005年进入世界最权威的检索系统之一的AHCI，这本身就是一种科学探索的结果。我们杂志从2003年开始，全面改造自己的学术规范，杂志论文发表的一整套学术规范，都是在聂珍钊老师的指导下，由我们自己提出来的。这样的学术规范在中国、在世界上，都是具有首创意义的；我们杂志这几年所开创的一整套具有创新意义的工作方法及学术杂志发展的理念，我们所举办的大型学术会议的相关理论问题，所有的这些方面，都体现了我们具有开创性的思路，其实都是一种科学与学术探索的结果。"中外文学讲坛"是最能体现探索精神，以及学术探索的意义和价值的。我们所发表的一些原创性的文学作品，我们所发表的一些有原创性的学术论文，包括我和我的研究生们所写的比较文学的论文，关于比较文学教学研究的论文，关于文学伦理学批评的论文，关于易卜生诗歌研究的论文，关于19世纪英国诗歌研究的论文和美国华裔小说研究的论文，都具有一种探索性。学术研究及其成果具不具备探索性，最关键的一点就是看提出了新的问题来讨论没有。如果是重复前人的研究，讲的是一些常识，就不具备探索性；如果所讲的问题和所发表的观点和前人拉开了比较大的距离，讲的是自己独立的思考，讲的是自己的思路，从材料、观念、方法、术语等方面，都是自己寻找出来的，这就具有原创性和探索性。"中外文学讲坛"的栏目设置，也能体现探索性，如"比较文学探索"、"哲学：儒道法"、"文学地理学"等。

（3）具有对外宣传的意义。我们华中师范大学比较文学和世界文学学科，通过《外国文学史省级精品课程》和《比较文学网络精品课程》两个网站，能够宣传我们在科研方面的一些成果，宣传我们自己的学者，宣传我们在教学方面所做的一些改革。《外国文学研究》杂志的网站，也可以最大限度地起到对内、对外宣传的作用。读者、作者与海外的学术界，可以通过这样一个窗口来了解我们；无形之中，我们这个学科的人，就能够走进别人的视野，让我们自己能够与整个学术界进行平等对话，从而促进我们自己的学术研究。那么我们"中外文学讲坛"，也能够起到这种作用。我们的研究生，也能够通过这样一个讲坛发表自己的科研成果与文学作品，成为某一方面的专家，成为诗人、作家也是有可能的。以后我们的网站会进一步地丰富和扩大，最终会形成一个更大的对外学术交流的平台，历史会证明这也许是一个了不起的创举。

（4）训练与发展我们自己。我们通过这些学术平台，学习知识、了解理论，理解最前沿的学术观念，接触最先进的学术思想；更重要的是它同时也能给我们提供全方位的训练。论文要写好了，才能发表在博客上；写不好，即使发表出来了，也丢人现眼。再如，你对每篇文章要发表评论，对每张照片要发表评论，可以训练你成为文学批评家与学术评论家，最少可以训练你自己的语言表达的能力、思维的能力和学术的眼光。所以我始终认为这四个大的学术平台，都能给我们每个人提供训练的机会，让我们能够成为一个合格的比较文学和世界文学专业的研究生，能够成为有影响、有成就的某个方面的专家。

在《外国文学研究》杂志、《世界文学评论》杂志之外，我们主办了这四个学术网站，我们的学术平台就得到了扩大，我们的学术研究基础就更加坚实。实践已经证明，这些学术平台的作用越来越显著，它们也越来越引人关注。我们的“中外文学讲坛”的访问量与日俱增，马上就可以超过20 000人次了，这简直相当于一本流行刊物的读者量了。现在，有的人也许还意识不到它的作用，过几年才会意识到这些学术平台，可以供我们开拓的空间是相当大的，如果我们能够真正利用这些学术平台，来扩充自己与发展自己，那我们的事业将会上升到一个高度，也许正是它们使我们的人生闪闪发亮。

张：与君一席话，胜读十年书！听了您关于学术网站的看法和认识，我受益匪浅，觉得比较文学与世界文学的学生都应该好好地利用这些宝贵的资源，以促进自身的成长，同时也算是回报老师的辛苦耕耘。最后祝邹老师身体健康，工作顺利！

（原刊“中外文学讲坛”2009年2月）

重大学术活动的策划及其实施

赵义华

赵义华（以下简称“赵”）：邹老师，您好！非常感谢您能抽出时间接受这次访谈。我们知道，近几年来，《外国文学研究》杂志社与有关单位一起，连续共同举办了数场大型的学术会议和学术活动，在国内外学术界产生了很大影响。您能否将其总体情况做一个简要的介绍？

邹建军（以下简称“邹”）：的确，这几年我们《外国文学研究》杂志连续策划了几次大的学术会议和学术活动，包括在青岛与青岛大学联合主办的一个“文化视野中的外国文学”全国学术研讨会，在南昌与江西师范大学外国语学院联合主办的“回顾与展望：中国的英美文学研究”全国学术研讨会，在宜昌与上海财经大学、三峡大学等联合主办的“剑桥学术传统与批评方法”全国学术研讨会，在武汉主办的“第三届易卜生国际学术研讨会”、“文学伦理学批评：文学研究方法新探讨”全国学术研讨会、“20世纪美国诗歌”国际学术研讨会。据统计，自2004年以来，我们杂志自己主办或与其他高校联合主办的全国性、国际性的研讨会，一共有十次之多。这对一个杂志社来说，是了不起的成就。我们的主编聂珍钊教授特别重视学术会议的主办，认为这是杂志工作的一个重要组成部分，也是我们华中师范大学比较文学与世界文学学科走向全国与世界学坛的重要方式与途径。我们所做的工作都是在他的指导下与直接领导下才取得成功的，没有他的努力，就没有《外国文学研究》杂志的今天，也没有华中师范大学比较文学与世界文学学科的今天。

赵：举办学术活动尤其是重大的学术活动，是一件费时、费力、费钱的事情，那么，《外国文学研究》杂志如此高频度举办全国性、国际性的学术活动，其目的与意义究竟是什么呢？

邹：我们主办这些大型的学术会议和学术活动，当然是有着自己的明确目的，也是有极大的学术意义的。

(1)这些大型的学术会议和学术活动，集中了全国甚至世界范围内的学者来共同研讨某一个话题，为这些学者搭建了一个进行学术对话和学术探讨的平台。因此，可以说这样的学术会议的举办促进了中国的外国文学研究和比较文学研究，推进了中国学者和西方学者对话与交流的进程，也推动了世界比较文学与世界文学学术研究的发展。我认为学术交流有多种形式，包括发表论文、学术演讲、私人之间的书信往来等，但是举办重要的学术会议，能够召集众多的某一专业的学者进行面对面的对话，这种方式是其他学术交流形式所不可能替代的。一个人闭门造车的学术研究方式与大家坐在一起进行讨论的学术研究方式，其效果绝对是不一样的。对此，我们一定要有清醒的认识。

(2)通过主办这些大型的学术会议和学术活动，扩大了我们杂志的学术影响，也扩大了我校比较文学与世界文学学科研究者的学术影响。我们主办的《外国文学研究》，从2004年重返南京大学CSSCI；2005年，又被世界三大权威检索系统之一的AHCI所收录，取得了一般人所想象不到的成功。把《外国文学研究》杂志建设成为中国大陆甚至整个世界的比较文学与世界文学学术资料中心和学术研究的中心，一直是我们一个重要的发展目标。主办大型的学术会议和学术活动，也是实现这一发展目标的重要方式。在我们自己所主办的这些重大学术会议和学术活动中，安排本校、本学科的学者做会议主席、副主席、学术委员，做会议的主持人、主题发言者或者小组讨论的负责人等，把我们自己的著名学者乃至青年学者推到全国乃至世界学者的面前，让他们能够倾听我们的声音，了解到我们的学术见解，从而能够扩大我们自己的学术影响。

(3)主办重大的学术会议和学术活动，也是我们《外国文学研究》筹集高质量论文的一个重要途径。每次重大学术会议和学术活动之后，我们都会在杂志上开设专门栏目，刊登已在学术会议上宣读或会议作者提交的优秀论文。

(4)所有学术会议和学术活动，都要求我们专业的研究生和博士生参与具体的会务工作，这其实也就给他们提供了一个锻炼自己能力的机会。如果没有这样的训练，我们的学生在实际的工作能力方面也许就会存在许多欠缺。

赵：对于您讲到的最后一点，即举办学术活动对研究生培养的意义，能否请您详细介绍一下？因为在人们的直观认识里，学生的天职是学习，参与重大学术会议和学术活动的会务工作，必然需要付出大量时间和精力，这样不会影响他们的学习吗？对此，您作为上述那些重大学术活动的主要策划者和实施者，同时又是华中师范大学比较文学与世界文学硕士点的负责人，想必一定有自己独特的见解。

邹：影响当然是会有的，但我认为这种影响主要是一种良性的、有益的影响。研究生学习的目的是什么？很重要的一点，就是要获得实际的生存与发展的能力。而对于硕士研究生和博士生来说，组织管理能力其实是最为重要的能力之一。是否具备组织管理能力，是研究生和博士生区别于本、专科等其他层次人才的重要因素。组织管理能力并不一定必须是领导才具备的，我们的研究生和博士生都要具备这样的能力。组织管理才能究竟体现在哪里呢？最根本的体现就是发现问题、提出问题、解决问题的能力。通过对某一个领域的文献调查及实地考察，提出调查和考察报告，从中发现问题、提出问题，最后提出解决的方案。我个人认为这就是组织管理才能最重要的体现方式。一个人能否发现问题非常关键，不管是做学问还是其他工作，如果不能发现问题的话，那么就不能找到自己工作的起点。发现不了问题，你做什么工作呢？做学问尤其这样，做学问不能发现问题，你就不能提出问题。当然，领导才能更重要的体现是要能够解决问题。在工作中，不出问题是不可能的；任何单位、任何领域，在其历史发展的进程中，总会出现这样那样的问题，这是肯定的，也是必然的；如果什么问题都没有，那倒是不符客观规律的。一个人能不能及时发现这些问题，并提出解决的方案，将问题解决好，使其不再成为一个问题，不致产生不良的后果，这就是他具不具备组织管理能力的体现。

重大学术活动的策划及实施，需要的也正是这种组织管理才能。能否策划重大的学术活动，包括学术研究的项目、学术研讨的活动，以及通过对某一重大课题的考察研究，最终能否提出一个科学的、权威的报告，是体现组织管理能力的重要方面。而从另一个角度来看，参与策划和实施这些重大的学术活动，正是研究生和博士生培养自己的组织管理才能的一种重要方式。对我们这个专业的学生来说，根据以往的经验，可以说，通过策划和实施重大的学术活动，确实锻炼和增强了他们的组织管理能力。研究生和博士生毕业后，经过几年的工作，他们中许多有可能要走上各自领域的领导岗位。我们谁也不甘心在一个单位默默无闻，做一个普通的工作人员。有了这种领导才能，才会有相应的领导岗位；没有这样的才能，就是有那样一个机会，自己也干不好。因此，我们要求自己的学生，在读书期间一定要关注自己这方面能力的训练。研究生并不是只会读几本书、写几篇文章；最重要的是，你能否有策划和领导的才能，你能否成为一个人才。如何为人处世，怎么样面对世界风云，怎样把握自己的发展道路。怎样经过几十年的努力，当自己退休的时候，达到自己事业的顶峰。这才是最需要优先考虑的。我们《外国文学研究》是业余办刊体制，编辑们大都承担着繁重的教学与科研任务，编辑部同时也就是教研室，因此，我们在主办学术会议、发展刊物的时候，也必定会将研究生培养与此结合起来。事实也证明，我们的这种结合，做得是很好的，效果是非常显著的。

赵：真是师者父母心啊！既然策划和实施重大学术活动对于研究生培养具有这样的重大利好，那么，我作为一名华中师范大学比较文学与世界文学专业的研究生，一个非常关切的问题就是，怎么样才能策划好和实施好一项重大的学术活动呢？

邹：这些年，我们主办大大小小十次学术会议，也组织研究生、博士生和访问学者做了几个比较大的项目，有的是国家社科基金的项目，有的是我们自己选的项目，都做得不错，发表的论文都产生了一定的影响。特别是重大学术会议的召开，包括两次大的国际性会议，六七次全国性的学术会议，学者云集，规模很大，大会主题发言水平很高。我们所主办的每一次的学术会议都取得了成功，这是我们自己、学术界同仁和社会新闻媒体的共识。当然，其中也不是没有问题，只是问题很小，没有大的问题。为什么能获得这样的成功呢？我觉得，有的是属于策划方面的，有的是属于实施方面的。属于策划方面主要有以下四点：

(1)精心策划，充分做好前期的准备工作。我们每一次大的学术会议，基本上都是提前一年就开始筹备。在开会之前一年，就已经在杂志上做了预告，发布了会议通知；这样，就让学术界从事相关课题方面研究的学者，提前知道我们一年以后要召开学术会议的议题，使他们有一年时间去酝酿和撰写会议论文。用一年的时间撰写论文，这就从时间上保证了会议提交论文的质量。我们会提前半年左右的时间，发布会议的预备通知；在会议通知里面，所有关于会议的信息都可以看到，包括会议的议题、子议题、会议期间的文化考察项目，以及将在会议做大会主题发言的重要学者。凡是已经提交给我们的会议论文，都在网站上先行公布，这样能够给其他参加会议的人提供参考。一次大型学术活动的举办，如果筹备的时间很短，那就会非常仓促，肯定会漏洞百出。我们提前一年准备，就能做到细致周密，预想到可能会出现的问题，并准备好处置方案。作家马烽有一篇小说叫《三年早知道》，那我们主办的学术会议的相关情况，就是标准版的“一年早知道”。有的人、有的单位组织与主办的学术会议，匆匆忙忙地基本上没有准备，开会的人稀稀拉拉的没有几个人，开了一半，就开不下去了；我们主办的会议情况就与此形成了鲜明的对照。

(2)学术会议的议题要有针对性。我们每次会议的主题，都是与学术界关注和即将关注的问题密切相关的。每次会议议题的确定，都是经过周密的调查研究，经过了同学术界朋友的对话、征求意见和共同讨论才定下来的。编辑部内部的几个人也随时开会，讨论第二年会议的选题，反反复复征求意见。我们的目的是要寻找学术界关注的焦点问题，或者即将成为焦点的问题，以及和现实生活、整个世界的学术文化发展密切相关的、不能回避的问题。总之，我们所主办的学术会议的题目要有相当的针对性，不是哪一个人随便确定的。比如，“文学伦理学批评”是聂珍钊先生提出来并在这几年热心从事的学术领域。他为什么要提出这样一个问题呢？我个人觉得有两个方面原因：①他觉得我们中国当代的文学批评，在评判一个作家作品的时候没有标准，好的、坏的没有界限，因此我们的文学批评没有能够起到指导读者阅读文学作品，从而助推社会向上走、向光明走这种作用。特别是20世纪90年代以来，文学批评的标准的确是比较混乱，有时处于价值失衡的状态，一个作品的好与坏，没有自己的评判根据；文学作品里人物的塑造，特别是对其审美倾向、生活趣味方面的判断，并不符合社会正义的要求。这是90年代以来中国文学批评存在的一个致命弱点。②他认为在文学理论研究包括在比较文学的研究中，存在一种严重的“理论空洞化”的现象，他将其总结为“理论自恋”。如果我们从伦理学的角度来研究文学，提倡一种文学伦理学批评，批评家着重于对作家作品伦理价值的分析，就可以改变文学理论和比较文学研究中那种严重的“理论空洞化”的倾向。我个人认为文学伦理学批评其实是比较文学中的跨学科研究；文学伦理学批评就是从伦理的角度来研究文学，研究文学和伦理学的关系。因此，我们说文学伦理学批评就是想以这种具体的、实实在在的跨学科研究，来纠正文学理论研究和比较文学研究中所存在的弊端。可见，我们所主办的“文学伦理学批评：文学研究方法新探讨”的全国学术研讨会，是着眼于中国20世纪90年代以来文学批评的现实，着眼于纠正其中的弊病的。“湖北作家与外国文学”这一议题，也是经过反复思考才提出的。我们知道，湖北在现代文学史上出现过一大批一流的作家，包括曹禺、闻一多、胡风、张光年、王元化等；在当代，也出现了一批作家和诗人。人们如果对现代文学史上这些作家有了解的话，就会发现真正的一流的大家，必定是和西方文学有密切联系的，或者去过外国留学，或者阅读过大量外国文学，具有中外皆通的知识底蕴和世界性的学术视野。而我们湖北当代文学史上出现的一些作家，包括方方、池莉、邓一光、刘醒龙、沈虹光等，和西方文学的联系就不是那么密切；所创作出来的作品，有时就显得比较单薄，底蕴不是很深。这个事实，值得引起我们关注。从事文学批评的人，不管是湖北还是非湖北的，对“湖北作家与外国文学”这方面的研究，历来比较薄弱。虽然也有一些论文，但主要集中在大家身上，如曹禺的戏剧创作与古希腊悲剧、莎士比亚、易卜生的关系等。但总的来说，对这一问题的研究非常薄弱，这方面存在着一个学术空白地带。我们主办“湖北作家与外国文学”学术研讨会，正是着眼于填补这一学术空白的目的。学术会议的主题有没有针对性，其子议题能不能构成为一个一个的问题，这对于会议举办的成功与否相当关键。有的人主办的学术会议的主题是一个老掉牙的题目，有的人主办的学术会议的题目大而全，好像任何人都可以讲一讲，但都不可能专与深，那就会影响学术会议的整体质量与水平。问题意识的有无，不仅是论文写作的起点，也是学术会议主题选择与构筑的基础。

(3)会议的程序编制，是会议成功的关键之关键。会议什么时候报到、什么时候结束，几天时间，每天干什么；几场大会发言，几次小组讨论；每场大会发言由谁主持、谁讲评；每次小组讨论由谁主持、谁记录；会议代表几点钟做什么；什么时候开始旅行、几点钟发车，何时返回；会议由谁做简报，英文版由谁翻译，等等，都要在会议指南中有详细的安排。所以，我认为会议最为重要的一个环节，就是会议程序的编制。这是一种会议构想,是体现一个人的智慧与才能的重要方面。每一次会议,我们花在上面的时间很多,反复地修改,几易其稿,往往到了会议要召开的前几天才定下来,拿去开印。有的人不理解,说为什么开个会那么复杂,显得不可思议。其实是因为他们没有主办过会议,不知道其程序本来就是相当关键并且相当复杂的。我们每一次的大型学术会议的程序即会议指南(也叫"会议手册"),都是经过反反复复的商议与讨论,最后由聂珍钊老师定下来的。

(4)要有深厚的学术与学科建设意识。我们研究生培养的目标之一,就是为今后从事学术研究与学科建设工作打下坚实的基础。一个人有没有学术意识,有没有献身于学术的热情,有没有自己所从事的学科研究的学科建设观念,那是能不能做好学术策划与学术研究的基础。我们华中师范大学比较文学与世界文学学科自王忠祥教授那个年代开始,就一直有一批人在从事学术研究与学术策划工作,像周乐群、戴安康等人,都是有影响的学术活动家。我们的学科在20世纪80年代的时候,通过《外国文学研究》这样一个学术平台,就形成了自己的学术影响,成为比较文学与世界文学学科在中国中部的一个中心。我们的研究生要了解这样一段历史,才能更好地认识今天。今天,我们几位教授都更有献身于学术的热情,每一天都在从事自己的学术研究,每一年都有论文发表,每一年都有学术会议的举办,每一年都要出席重要的学术会议,并在大会上进行主题发言与学术演讲,这就是证明。我们主办的"中外文学讲坛"、《外国文学研究》杂志的网站、外国文学精品课程的网站、比较文学精品课程的网站,这些大型的学术平台的建立,都体现了从事学术事业的极大热情与才情。这是相当了不起的,在中国、在世界上,都是了不起的创举。

赵:可见,会议的策划的确是非常重要的。那么,我想问一下,会议程序的实施要注意一些什么问题呢?一个大型的学术会议就是实施一个系统工程,要有多少人一起来共同努力啊?我们研究生没有举办过这样的大型学术活动,想起来都有一点忙乱,当我们面对的时候也许会手足无措。

邹:我认为大型学术会议的实施,要注意以下三个方面。

(1)每一次大型的学术会议都由专人全权负责,这是一个非常重要的经验。如果没有专人负责,那么就可能因为缺乏统一的计划,使会议变得乱糟糟。因此,我们每一次会议都会指定一个人全权负责,比如"文学伦理学批评:文学研究方法新探讨"全国学术研讨会,200多人的规模,从筹备到举行到后期论文的结集出版,都是由我一个人全权负责;"湖北作家与外国文学"研讨会,也是由我全权负责。第三届易卜生国际学术研讨会,是由博士生陈智平副教授全权负责;"20世纪美国诗歌"学术研讨会,是由博士生罗良功教授全权负责。明年的"文学与环境"国际学术研讨会,就是由博士后陈红副教授全权负责。一次大型学术会议,就是一个很大的工程,牵涉面太广,涉及的环节很多,哪一环出了问题,都是很大的问题。专人全权负责这种操作方式与制度,保证了工程的整体性,是会议成功举办非常关键的一种因素。如果没有这样的体制,那我们可以肯定地讲不可能办出高水平的学术会议。每一个人都负责,结果是每一个人都不负责;有好处的时候都来了,没有好处的时候大家都不来;好做的事大家争来做,难做的事大家都不想做。从前有的单位的情况,基本上就是这样的,忙起来忙得一团糟,平时又没有人操心集体的事。我们是在总结经验的基础上,才采取这种会议主办模式的。实践证明,这是一条很好的、很成功的经验。只是负责的那一个人就特别辛苦了,那是一般的人所体会不到的、所不了解的劳动强度,那是没有办过会的人所不能理解的。我说过一句话,叫作主办一次大型的学术会议,就要脱一层皮、掉一身肉,备受煎熬,很想早日解脱出来。但是,一旦操办过大型的学术会议,许多事情就精通了,领导才能就会得到极大的提高,人的精神境界也会得到极大的提升。不过,在此我也要说明一点,那就是会议的主要操办人的作用虽然很大,但也不是绝对的;所以,作为多次直接操办大型学术会议的我,一点也没有自夸的意思;我们在此来讲大型学术活动的策划与实施,并不是为了突出自己的作用与意义,而是让研究生们明确自己的历史使命,提高应对各种实际局面的能力。

(2)学科团队全体成员精诚团结,通力合作。这些年,我们主办的大型会议,都是通过大家的共同努力才取得成功的。一个人不可能包打天下,虽然有一个人全权负责,但一个人的能力往往是有限的。负责的那一个人,只是从宏观上协调整个筹备和开展的进程;具体的事情,还是要大家一起来做。我们《外国文学研究》杂志有一个优良传统,那就是不管是谁负主责,大家都会全力支持,各负其责,像一部机器一样,协调运转。我们的研究生、博士生和访问学者,也大都出席至少四五次筹备会议,每个人领到任务后,都尽心尽力地做好自己的工作。可以说,我们这是一个相互理解、相互协作的团队,有共同的志趣和目标。大型学术会议和学术活动是一项巨大的系统工作,非常繁琐,包括住宿、吃饭、用车、礼品、会议程序、大会主题发言、小组讨论、录音录像、会议记录、宣传报道、会议简报、后期宣传、论文集的编辑和出版等等,特别是前期筹备工作中的会议通知,一次次会议通知的发送和回收,频繁地同大量作者联系,非常繁琐。如果没有团结协作的精神,肯定开不好任何一次会议。我们学术团队,在王忠祥教授、聂珍钊教授、胡亚敏教授的带领下,形成了一个优良的传统,那就是特别能协作、特别能吃苦、特别能战斗,所以能够取得一个又一个成功,形成一种声势,形成一种力量,引起世界学术界的关注。所以我说,团结协作是我们的事业能够取得成功与发展的基本条件。

(3)多方面筹集会议资金,要有足够的资金支持。没有足够的资金,就没办法开会。一般来说,全国性的学术会议最少要有20万元,国际性的学术会议要有

40万元。作为一个杂志，我们基本没有资金来源，没有费用来开这样的大型学术会议。虽然我们每一次都收有会务费，但对于会议的总的开支来说，收取的那点会务费是很少的。因此，会议所需资金都要靠我们自己去筹。好在我们杂志学术影响很大，国内很多大学的外国语学院、文学院对我们都是很支持的。我们杂志的24个理事单位，基本上都是重点大学的外国语学院和文学院，也会给我们主办的学术会议提供资金支持。这就从根本上保证了重大学术会议和学术活动的成功进行。学术研究是学者们共同的事业，学术会议的召开也是许多学者与学术组织共同关心的事情，一些学术单位想开会无法召集，大家一起合作来主办会议，正是许多人的共同心愿。因此，可以说我们主办的学术议会的成功，也是所有会议主办者的成功，是大家共同努力的结果。大型的学术会议，往往是联合主办的各单位负责人都到场，并做大会的主题发言与相关的组织工作。所以我们不能说这几年所主办的学术会议的成功，只是我们自己的功劳，而与其他单位与人无关；"众人拾柴火焰高"，中国民间的一句俗语说得真是好。

赵：听了您精彩的介绍，使我这个外行对重大学术会议和学术活动的策划与实施，有了一个明晰的了解；相信对于其他学术活动的策划和组织者来说，您的这些从实践中得来的经验和认识，也必定是一笔不小的财富。最后，再次感谢您接受这次访谈，也预祝《外国文学研究》明年将要主办的"文学与环境"国际学术研讨会取得圆满成功。作为您的学生，我祝您身体健康，成果丰硕，桃李满天下！

（原刊"中外文学讲坛"2010年9月）

我们应当如何做好进一步深造的准备？

王远年

王远年（以下简称“王”）：邹老师，您好！首先感谢您在百忙之中接受我们的采访。我们发现，在校大学生的学习情况两极分化现象明显，有的同学非常用功，准备进一步深造；有的同学整天沉溺于打电子游戏，或者沉浸在温柔富贵乡之中，不思进取。有些高校中的年轻教师也存在这种两极分化的情况。作为中青年的教师和学者，您31岁时破格晋升为副教授、35岁时破格晋升为教授，在短短的二十多年，无论教学还是科研都取得了非常突出的成绩。那么请您谈一谈，作为我们年轻人为什么要进一步深造？进一步深造有那些主要的方式？

邹建军（以下简称“邹”）：人的一生都是一步一步地走过来的。如果我们每一个人能够一步一步地往上走，总是有所进步、有所发展，那么最后就会有一个非常美好的、非常圆满的结局。所以我们每一个人都要珍惜自己的每一步，每一个机会都要抓住，要充分地发展自己，才能够实现自己的人生理想和人生目标。

这个题目很大，不可能在很短的时间内充分地展开，而且如果全面地展开的话，也比较空洞，我这里要限定一下，这里所讲的进一步深造主要是指学位的深造和学问的深化。我所讲的深造主要有这样四种方式：①读研究生，也可以说是第一步；②读博士；③读博士后；④出国留学，从事某一个专业的与国际接轨的这种深造。那么，我为什么把做学问的深化、学术研究的一步一步往上走的方式归纳为学位的深造？首先，这是因为一个人在年轻的时候，往往就是通过这几步来实现自己的人生理想的。实际情况也是这样，要成为专家、学问家，往往也需要通过读研究生、读博士和博士后，到国外留学，与国外的学者进行交流，达到自己所选择的这个学术研究的顶峰。

我这里讲的做学问、做学术，那是非常专门化的。前不久，北京大学的乐黛云教授和她的先生汤一介教授到华中师范大学来做讲座，历史文化学院的王教授在讲座最后问他们一个问题，说你们两位老先生开始是如何认识的，后面是如何一步一步地达到各自研究领域的学术顶峰的。乐黛云教授是研究比较文学的，她现在是中国比较文学学会的会长，在比较文学的学科理论、比较文学的实际研究方面取得了很高的成就，的确是达到了她所研究的方面的顶峰；汤一介先生是研究哲学，与历史相关的这一部分哲学，也是达到了他所研究的方面的顶峰。王教授问他们是怎样一步一步地走过来的，他们都笑而不答，没有回答这个问题。那么要达到自己学术领域研究的顶峰，在现在看来首先就是要读研究生、读博士，然后从事博士后的研究、到国外留学，和国外的同行充分地交流，和国际学术界要接轨，才能够达到从世界范围内来讲的这个领域的顶峰。

当然，我也不否认自学成材，有的人不读研究生、不读博士也能够把学问做得很好，也很有创造性，取得了很多的成果。但是从严格意义上来讲，真正要做学问，还是要经过严格的学术训练，是科班出身。我们这里讲的科班出身就是读研究生、读博士、博士后，在老师的指导下经过严格的训练，进行学术思维、学术方法的训练和学术观念的更新。我接触的一些没有经过科班训练的人，往往也写过一些文章，但是所做的学问往往非常宽泛，深度不够、严密不够、逻辑性不强，那么所取得的成果还是有局限性。因此，我认为学术的深造可以以学位的深造来表示，以学位的梯级深造来表示。从我们国家甚至世界范围以内的学历的构成或学问的这种体制，学士、硕士、博士、博士后这种体制来看的话，它可以规范，或者可以说是学问的深造的途径把它具体化。

另一方面，学位的深造和学术的深化的这四种方式是我们生存和发展的需要。在古代，做学问或者说是走入仕途都是要经过考试的。科举考试从隋朝时候开始，唐宋以后科举考试的一个重要内容就是诗词和八股文。许多的学问家、做官的人，就是所谓的“士”阶层、知识分子阶层，都是经过一层一层的科举考试考出来的。考秀才、举人、进士有一整套的体制，不参加科举考试要做官是很难的，不参加科举考试所学的东西也不会这样系统化，如果要做学问肯定也做不到很大的学问。从现代来说要在社会上生存和发展，那恐怕还是要读研究生，就现在的教育制度来说还是读研究生、博士、博士后，就是要获得相应的学士学位、硕士学位、博士学位。现在在高校、在学术界不能够获得相应的学位的话，要想在单位里和社会上生存和发展是有限制的，还是有困难的。学位它代表一种学术水平程度，它是一种从事学习的经历、时间和过程的说明。

因此我要求我的学生，本科生最好要去读一个研究生，研究生毕业以后最好要去读一个博士生，博士生毕业以后要去做一个博士后的研究。我以前说过一句话就是要读就把它读到底，就像以前有的革命家所说的坐牢就把它坐穿。我从1998年开始带研究生，到2007年将近十年的时间了，我所指导的研究生毕业以后绝大多数都读了博士；读了博士以后很多人都想去读博士后，像胡静在南京大学读博士后，罗义华即将在9月份到武汉大学读博士后，这是我要求和鼓励的一个结果。这也是我的观念，学术研究的深化必须与一级一级的学术体制相适应，同时也说明学位的获得是我们在社会上发展和生存的需要。如果我们不给学生讲清楚这一点，这是我们老师的失职，同时对他们今后的发展没有什么好处。

王：邹老师，既然进一步深造对一个人的个人成长和人生发展这么重要，那么，我们应当如何做好深造的准备呢？

邹：进一步的学位的深造必须要有前期的准备，比如考研怎么才能考上，考博怎么才能考上，读博士后和出国留学要通过什么途径，怎么联系，需要注意些什么方面。有的人要考研究生又没有准备，一考考不上，两次、三次考不上，遭遇很多的挫折。我认为要进一步深造，读研究生、博士、博士后、出国留学都要做好充分的前期准备。我这个人多年来不管做什么事都是有计划，有准备、有谋略、有方法的。没有充分的准备去打仗，肯定是全盘皆输；没有充分的准备要去做一个大的活动，或者人生要有一个转折，那肯定很难。我们这么多年来做了这么多的大事情都是有充分的准备的，包括操办大的学术会议、申报国家社科基金课题、教育部精品课程以及其他重大科研项目，也包括出席一些重大的学术会议、对自己所从事的课题的研究都要有前期的充分准备，比如我所申请的国家社科基金项目“美国华人文学和中外文化”，在申请之前做了两三年准备，在申请到了之后也做了全方位的资料准备。国外的朋友帮我在美国收集了几百万字的资料；国内的绝大部分资料都有收集，包括图书、论文、最新的学术期刊，以及各种学术会议的论文。有的人说我写文章写得很快，其实我前期思考的时间很长，平时积累得比较多。有的时候突然意识到怎样去思考一个问题，去解答这个问题，那么在很短的时间内就会有结果，写好了就反复修改，就会成为一篇很好的文章。而有的人平常又不思考，不注意积累，要写一篇文章、完成一个课题、写博士论文当然就很艰难。

我以前曾经讲了一个故事，就是我的老朋友武汉大学文学院的院长龙泉明教授。他在珞珈山上骑自行车，骑了一段突然停下来，拿出笔写几个字放到口袋里；骑着骑着，下坡了又停下来，拿出笔来写几段话又丢在口袋里。别人以为他发神经，其实他不是。骑着骑着，他想到了什么问题，有什么观念或者一些什么材料、看过的什么书，觉得这个有用就要马上把它记下来。他每天回去把自己用铅笔写的纸条放在一个抽屉里面，日积月累，一个月二十张，一年就两百多张，他的论文就是在这些纸条积累之下写出来的。很多相关问题的思考，一些敏感的片段、智慧的闪耀，把它记录下来，触类旁通，将一张一张的卡片联系起来构成一个一个的问题，他的很多文章就是这样写出来的。这就是积累，每天都在骑自行车，每天都在用铅笔写纸条。这就是做学问，每天都在思考，有的问题是要经过长期的思考才能成熟；有些问题是一下子灵感来了就想通了，整个思路都非常清楚地呈现出来，所以论文写起来就非常简单。我讲这个问题就是想说明，每一步的学位的深造都要有前期的准备工作，不打无把握之仗。

我们既然选择了做学术研究这条道路，就要有长期的思想准备。每一步目标的实现都是经过长期的准备才能实现的。我比较喜欢军事，对打仗我有一定的研究。我写过一本书叫《兵谋与鬼道》，就是谈古代的军事谋略，武汉出版社出版的。我用了两年的时间研究怎样打仗，研究军事谋略很有收获。我做什么事，和人打交道，我都是以谋略的眼光来看待。所以这几年我还是比较顺利，主要与我做好前期的准备有关系。我们有的学生做什么事没有计划，没有目标，随意性很大，这样他不可能做出什么大事。有的人当然是靠自己的一点才气，只是靠一点才气做事是没有保障的，因为才气它总有枯竭的时候；而且随意性很大的话，他做出来的事情可能深度不够，不够严密、严谨，有很多漏洞。我觉得我们做学问应该向林彪学习，林彪对打仗是深思熟虑、深谋远虑，各个方面考虑得非常细致、周到，各种问题都考虑到了。一旦决定了就勇往直前，一个阶段一个阶段地他都能打胜仗。做学问也是这样，我们人的一生每一步都应该是这样。

王：*邹老师，请您用非常具体的方式展开来讲一讲这个问题，比如研究生考试需要做哪些方面的准备？*

邹：具体地准备研究生的考试主要包括三个方面：①外语的准备；②专业课的准备；③考试的准备。当然我所讲的就是如何考我们这个专业的研究生，即比较文学与世界文学专业的研究生。

王：*那么，怎样才能做好外语考试的准备呢？*

邹：研究生的考试首先是外语的准备。比较文学与世界文学所培养的人才是从事中国文学之外的世界其他各个国家、各个民族的作家作品的研究，从事文学思潮、文学运动、文学批评、文学理论的研究；另外就是比较文学的研究。比较文学一定是要跨民族、跨文化、跨学科的文学研究。跨学科的研究也许不需要外语的能力，但是跨民族、跨文化、跨国家、跨语种的比较文学研究一定是要有外语的能力，至少是要有阅读外语资料的能力，不然就无法从事比较文学的研究。

王忠祥老师讲到有两种外国文学。一种是原语外国文学，直接阅读原文，读原文的作品、原文的资料，通过英语、法语、西班牙语、俄语的资料来研究外国文学，这样的研究从学理上来说应该是比较到位的。但是还有另外一种译语外国文学，每个国家都存在这种情况，就是通过专家的翻译来研究外国文学，研究以作家作品为中心的文学思潮、文学流派、文学现象，这种研究也是可以的。为什么呢？从学理上来说一个人不可能懂得世界上每个国家的语言，因此，从事外国文学研究要懂得世界上每个国家的语言是不可能的。通过翻译家的翻译来研究外国文学，我们就要选择翻译得好的版本，通过比较好的、比较准确的翻译来研究外国作家的思想、个性、风格，研究作品结构、人物形象、艺术形象以及艺术技巧的使用，除了语言之外的艺术技巧的使用都是可以研究的。但是，从严格的意义上来说，从事外国文学的研究或者比较文学的研究，能够懂得一到两门外语，主要是英语，其他如日语、法语、俄语、西班牙语，或者懂得一些小语种就更好。因此，要准备我们这个专业的研究生的考试，外语的准备非常必要。

当然其他的专业也需要考外语，相比之下我们这个专业更需要外语的基本能力，主要是读、写、听、说的能力。我们外语的考试是全国统一的考试，水平就是六级水平，能够通过全国外语六级的考试，那么通过研究生的英语考试是没有问题的。这个考试当然就不只是阅读材料了，就是说读、写、听、说这四种能力都要有。从从事外国文学的研究来讲，能够有阅读外文材料的能力也就可以了，但从考试和将来的国际交流来说只有阅读的能力还是不够的。有一些人反对什么考试都要考外语，考中国古代史的、考古汉语的也要求考外语，有些人比较反感，认为没有必要。包括有的省的职称考试也要考外语，学古代汉语的你还要考外语干什么？比如研究中国古代历史的他也许不需要外语。实际上从整个国际的格局、世界格局来讲，英语已经成为了世界主流语言，包括印度、澳大利亚、南非都成了英语国家，英语是世界上非常通用的一种语言。因此，我们要了解世界范围之内的一些学术信息、学术观点资料，不管你是从事古汉语研究还是中国古代史的研究，都还是需要外语的，才能够了解其他国家包括海外的汉学发展的情况。你在这种情况下的研究才是具有世界眼光的，才能够和世界范围内的一流学者或者学术界进行对话、进行交流。因此，你所研究出来的成果才能够真正的拿得出手、拿得出来，才能够站在学术前沿，充分地了解世界上这个领域的学术前沿研究出来的成果才真正是高水平的，或是最新的成果。这是研究生的考试。所以往往不重视外语的人是考不上研究生的，考研究生最起码外语要过线，这是第一个准备。

王：邹老师，在专业课程知识方面，研究生考试中包括哪些主要内容？

邹：专业知识的准备主要包括两门课，即《中外文学史》和《文学理论》。我们这个专业有一门课叫《中外文学史》，从2008年开始只考《外国文学史》，不再考《中国古代文学史》和《中国现当代文学史》。《中外文学史》范围太大，需要看的书太多，《中国文学史》10本，《中国现当代文学史》6本，《外国文学史》8本，加起来20多本书，看都看不完，所涉及的国家、时代就是全世界的上下古今的文学。文学史全部都要知道，全部都要看，应该说是需要的；但是从本科生考研究生这个阶段来说，他们的能力和知识的积累是不相适应的。因此，只考《外国文学史》就可以了。还有一门课就是《文学理论》，《文学理论》是所有文学专业的学生都要考的。

王：那么，怎样来复习应对专业课的考试？研究生考试中的专业知识方面我们需要怎样准备呢？

邹：我可以提供这样几点想法，供大家参考。

(1)我们可以集中时间来通读《外国文学史》和《文学理论》这两本教材。《外国文学史》一般最通用的是郑克鲁主编的《外国文学史》,《文学理论》就是童庆炳主编的教材,都是高等教育出版社出版的。那么具体到华中师范大学,研究生考试所给出来的参考书是聂珍钊教授编的《外国文学史》,华中科技大学出版社出版;和我们刘安海、孙文宪老师主编的《文学理论》,华中师范大学出版社出版。不管你选用哪一种教材,都有必要集中时间通读这两种教材,一遍一遍地读。第一遍知道的地方就不去管它,自己不熟悉的部分,或者自己觉得是难点、可疑之处或是重点就把它画下来。不管你做什么记号,读了以后要有标记。第二遍就是有重点地读。第一遍叫通读,自己知识结构里有的就忽略掉,自己知识结构里没有的,觉得是比较陌生的、自己觉得是重点的、难点的这一部分就把它画下来。第二遍就是读重点、难点和可疑之点。这样就会加深印象,使得自己对这两本教材都非常的熟悉,把这些知识内容都能够结构到你的知识系统里面去。

(2)做一个索引。我们以前在准备考试的时候都是把目录复印下来,目录上面也标有页码。根据这个三五张纸的目录,可以在一两天内回忆出整本书的全部内容或主要的内容,那就说明你对教材上所讲的东西比较熟悉了,那就不需要整本书整页整页地去看。因为书本也很厚,所涉及的文学作品、文学史现象、文学理论的这些问题也很多。所以以目录为基础做一个索引,是很有必要的。这是讲一个目录就是一个简单的索引。另外,根据自己的理解再做一个详细一点的索引。在目录的基础上把目录再细化,分出一个三级标题——章、节、目,目下面还有个要点的索引,细化到四级标题。四级标题后面的每一条都搞一个页码,在教材上是哪一页,一些名词、术语、个案尤其是对自己触动很大的部分或者有自己理解的一部分,要把它在索引中体现出来。

看索引能够回忆出整本书的重点、难点、可疑之点和对一些重要问题的理解,整本书的内容都能过一遍。这样就很有效果,可以做到事半功倍;这样就对知识的掌握记得非常的牢,能够巩固自己的知识系统,而且有自己的思考。我们做索引目的就是对整个外国文学史、文学理论在自己的脑袋里有一个非常清晰的印象,包括总体的结构、时间发展的线索、空间组合方式,这样一个时间、空间产生了哪些重要的作家作品,产生了哪些文学流派、文学思潮和文学运动。我们理解起来就非常方便,形成了一个知识的系统、知识的网络,形成了一个观念和自己理解的形态,就像一张图表清晰地呈现在自己面前。

(3)根据文学史和文学理论这两种教材,对里面所涉及的重点的作家作品要读原著。因为文学史的介绍比较概括,虽然有的部分能够展开一点,毕竟分析是有限的;文学理论也是这样,它涉及一些个案的东西,作家、作品的东西或者理论家的一些观念和著作。如果我们只读文学史和文学理论这两本教材而不读原来的作品，那么你就没有一个感性的印象，对作品里面的故事、情节、人物、主题、结构没有一个感性认识。或者说，没有和这些作家作品有所遭遇，一些情感上的交流，没有一种审美的投入、审美的阅读；那么，我们在答题的时候只是一条筋一条筋地答到一个知识点，非常抽象、非常粗略，你想得高分那是很难的。有的人答题不到位就东拉西扯，就是因为他没有读过原著，所以对作品要有一种直观的体验。教材中所涉及的那一部分作家、作品的确需要读。

和外国文学史配套的《外国文学作品选》要找来看，《外国文学作品选》虽然有的选得不恰当，有的只是一个片段，但是这些基本的东西必须了解。只看作品选也是不够的，一些长篇的作品——长篇小说、大型戏剧和长诗，西方人非常注重写诗写长诗、写小说要写长篇小说、写戏剧要写多幕剧，这些你只看作品选你就看不到。正是源于这种想法，我们比较文学课程给研究生开课，我准备开一门《原始文献导读》。《原始文献导读》就是看一看国外的学者是怎样做比较文学研究的，他们所写的比较文学论文是什么样子。一篇一篇地去读，这样学到的东西就比较扎实。

（4）对文学思潮、文学流派、文学运动要有所概括。不管是中国还是西方，文学史的发展是在作家作品的基础之上而形成文学流派，由文学流派而形成文学思潮和文学运动的。因此，我们要了解文学史，就要有抽象和概括的能力，用图表的方式把整部外国的文学史、中国的文学史表示出来。按照时间的顺序、空间的组合，把重要的作家、作品以及在这个阶段形成的文学现象、文学思潮、文学运动非常直观地呈现出来。从文艺复兴开始，西方的文学思潮、文学运动是一个连环的发展，特别是到了19世纪和20世纪，文学思潮和文学运动一个接一个、有前后的承接和发展的关系。当然也有例外的情况，也有独立发展的情况。因此，我们能够用图表的方式从宏观的角度来抽象和概括外国的文学思潮、文学运动、文学流派。把作家作品还原到文学思潮、文学运动、文学流派里面，就会让我们有一个宏观的学术视野和知识结构。打个比方，整个世界各国的文学、文学史的发展就是一个大的葡萄架，有很多分支，它构成一个体系、一个历史发展的连环。每一个作家作品就相当于一颗葡萄，每一个文学思潮、文学运动就相当于一棵葡萄树的一根枝丫，有根、有干、有叶、有果，构成一个充满逻辑秩序的体系。如果能够通过阅读建立一个以作家作品为基础的文学流派、文学思潮、文学运动“知识之树”，就说明我们掌握了外国文学史，甚至于包括外国文学理论，就算是掌握得比较到位了。

王：邹老师，您介绍的学习方法非常有效，谈得非常精彩。刚才说到研究生考试中的复习准备工作，那么接下来，在具体的考试方面有没有什么技巧，比如答题有没有什么要求呢？

邹：要落实到做题来讲的话，研究生的考试还需要注意以下几点：

(1)对最近几年的试题要做一个分析。一般的学校,每一年出的研究生试题在研究生处和文学院都有出售,五元钱一本。花个五元钱就可以买到一年的,花个五十元就可以买到十年的,有最近五年的试题就够了。要做一个分析,究竟有哪些题和题型,一般来说有填空题、选择题、名词解释、简答题、论述题、分析题。试题涵盖面广,大的题与小的题、主观题与客观题、理论型的与知识型的、对历史的把握与对理论的理解,以及通过一些理论和方法来分析一些作家作品和文学现象,各种题型都有,通过这些题型就能考察出你所学的外国文学史、文学理论究竟怎样。参加考试要想考上就得分析一下最近五年老师出了些什么题。

(2)分类应对各种题型。首先要熟悉每种题型的答题要求。比如说填空题、选择题要非常的精确。外国文学史涉及翻译的问题,翻译不统一的尽量用统一的译名,用公认的、外国文学史所通行的译名。名词解释的答题要客观、准确,自己主观的理解不要太多;简答题是在名词解释的基础上有所扩展,解释要客观;论述题要展开阐述,要谈自己的观点、自己的理解、自己的见解。论述题是主观题不是客观题,如果你把论述题当作客观题来做,只是复述历史常识、作家作品名字、文学史上所讲的基本内容,那么你要想得高分就比较难。分析题要有一定的理论深度,联系材料谈自己的看法;要有一定的理论视角,通过这些理论方法和理论观点分析材料,并且要得出自己的结论;分析题非常强调要有自己的认识、自己的见解。我们分类应对各种题目,熟悉这些题目不同的要求,才能够顺利地通过考试。

(3)注意展开细节。答题能不能得高分,特别是论述题和分析题包括简答题,都要充分认识到细节的重要。如果回答的是人人都知道的一些东西,那肯定是不能拿高分的。如果能联系到具体的作家作品,小说中的人物形象、故事情节,联系诗歌中的意象进而某一诗句、某一诗行,联系戏剧里面的一些道具或者某一个情节、某一个情景,通过这些细节的东西来分析、展开论述,那么改卷的老师就认为你熟悉作品,你的答题非常到位,能够具体细到某一个层面,那他所给的分就可能比别人的分要高一点。

(4)注意卷面整洁。卷面非常重要。老师改题的时候任务非常重,他不可能一个字一个字地仔细给你看,卷面不清楚的别人也不愿意给你看。如果卷面乱七八糟,字写得龙飞凤舞,别人随便给你一个分数,你就划不来了。

王:除了前面谈到外语的准备、专业课的准备、考试的准备以外,研究生考试中还有没有什么注意事项呢?

邹:研究生考试还要注意两点:①阅读最近三年的学术杂志。最近三年专业杂志上发表的论文体现了学术界对这一问题的最新思考和成果,最近的思路、研究的观点和方法都体现出来了。学术著作出版的时间比较长,里面所体现的学术思考往往是前些年的;专业学术期刊是连续性的出版物,月刊、半月刊或者双月刊、季刊必须按时出版，它上面的学术论文所体现的学术思考、学术成果是最新的，能够体现学术的前沿状态，从观点到方法、学术界思考的焦点问题和重要问题都体现在最近的学术论文里面。因此，要应对研究生的考试特别是专业课的考试，必须要阅读最近三年的学术杂志上发表的论文。当然并不是要作为重点掌握，了解一下就可以了，了解不了解、阅读不阅读的效果是大不一样的。我们要求研究生每周都要抽一个下午的时间到现刊阅览室去翻阅最新的杂志，要了解学术前沿的动态，看看别人目前思考一些什么问题。②对学校的在校研究生有所联系。在校研究生对报考学校和学校老师学术研究的情况比较熟悉，要了解你所考的这所学校这个学科的情况，他们研究什么，之于未来出题会有相应的倾向性。了解这个情况对考研究生很有帮助，专业的题都是老师出的；老师出的题目与他平时思考的中心、思维的活跃点、所关注的地方有联系，与他一贯的思路、思考问题的方式、学术的观念、学术研究的方法有联系。

王：邹老师，您刚才详细介绍了硕士研究生考试中的知识复习、考试技巧，我相信您的传经送宝会给广大考生带来事半功倍的效果，会有越来越多的本科生如愿考上研究生。那么，对于在读的研究生和已经毕业的研究生想进一步深造，如何来准备博士研究生的考试呢？请您以比较文学与世界文学专业的博士研究生考试为实例，具体给我们讲一讲。

邹：准备博士生的考试和准备硕士生的考试有相似之处，相似之处我就不讲了。要考华中师范大学比较文学与世界文学专业的博士生，我觉得要从这样几个方面去准备：

第一个方面，就是要了解我们这个专业导师的情况。每一个专业、每一个方向所考的题目不一样，因为博士生考试的出题导师不一样，那么你就要注意这个导师的研究成果、学术研究课题，了解导师的学术研究观念和研究方法，比如说，聂珍钊老师最近几年提倡和从事文学伦理学的批评，他又出了一本英语诗歌研究的专著《英语诗歌形式导论》。胡老师是从事文学批评研究的，出了《文学批评原理》《叙事学》两本专著，主编了一本《比较文学教程》，她的关注点主要是叙事学和文学中的政治。李老师主要研究日本近代文学和中日文学比较。不管你考哪个学校、哪个专业的博士，对导师的情况你必须了解、熟悉。研究生培养是导师负责制，博士生培养更是导师负责制。研究生的培养还有公共的部分，可以采用集体活动，导师比较多，而且同专业出的题都是一样的。博士生的专业考试是导师出题，除了外语以外都是导师出题。因此对导师的了解和熟悉是非常必要的，你考上后要跟着导师从事课题的研究，你所研究的方向要跟导师研究的方向比较一致或者接近。博士生研究的方向感是很强的，因此对导师的学术观念、学术方法、课题的研究、学术论文的发表要非常熟悉和了解。这是博士生考试准备中非常重要的一个环节。

王：邹老师，博士研究生考试第二个方面的准备是什么呢？

邹：第二个方面就是学术论文的写作和训练。文科的博士生，不像理工科那样要做科学实验。我们尽管强调关注当代的现实生活、文学发展、文学创作以及与文学有关的各种文体、学科的最新发展，要学会调查研究，要在调查研究的基础上积累数据来从事研究；但是从主导的方面来看，文科博士生在研究方式、研究结果方面都是以论文写作的形式来体现。因此，在研究生阶段学术论文的写作训练特别重要。我们对我们所指导的学生，在论文写作方面要求特别严格。

刚才讲的所谓科班出身、科班训练主要体现在三个方面：学术思维、学术方法的训练和学术观念的更新，最重要的一个就是学术思维的训练。一个人如果没有学术思维特别是理论思维，是没有发展前途的。即使对某个作家作品研究得很细，发现了新材料、有非常敏锐的艺术感受，但是如果没有敏锐的理论思维或者学术思维的话，那么你发现不了问题、提不出问题，你就不能解决问题。这样你的学术研究就会受到致命的伤害，不能达到一个高度。所以，学术论文写作的基础就是学术思维的训练。学术思维决定了论文写作会具有什么样的成果。如果没有经过严格的学术论文训练特别是硕士论文写作训练，就是考上了博士要写出博士论文也是比较艰难的。所以说学术论文写作的训练，包括学术思维的训练，对以后博士论文的写作是至为关键的。我为什么把它当作博士生考试的准备来看呢？因为导师在改题的时候就能看出你学术的训练、学术思维的训练、论文写作的训练，就可以看出你适不适合做研究、适不适合读博士。

王：这么说研究生阶段的学习是攻读博士学位的前提条件和基础。那么，博士研究生考试的第三个方面的具体准备是什么呢？

邹：第三个方面的准备就是学术演讲的准备。学术演讲与学术论文的写作是体现学术功底、治学方法，以至于体现你的思维能力、你的问题意识最基本的方式。学术演讲与学术论文的写作相比，它更能够体现一个学者的个性、气质和风格。我们强调研究生在三年的学习时间内要听八次以上学术讲座，要发表两次以上学术演讲，而且是专题的学术演讲，每次不低于一个半小时。这样的一种训练是非常必要的。

学术交流的方式多种多样，学术演讲是其中一种非常重要的方式，比如在重要的学术会议上做主题演讲、在小组讨论上作学术发言。如果没有学术演讲的能力，那就说明你和别人交流会有困难，要展示自己的学术观点、学术的成果就有问题。我们学校是师范大学，师范大学是以培养师资为主的。如果在研究生阶段口才没有得到训练，没有得到提高，考上了博士后不能在重要的学术会议上进行交流，不能与同行开展学术对话，那么就会影响学术水平的深度和广度，影响掌握学术前沿信息、思考大家关注的学术问题、焦点问题的能力。我们为什么把发表高水平的学术演讲作为考博士的一个前提条件呢？是因为博士生考试中有一个重要的环节就是面试，面试由导师直接看看你表达的能力。通过你的口头表述、对某一个学术问题发表的看法来看一看你的学术观点是陈旧还是新锐，知识结构合理还是有缺失。在面试中，你的语言表达、为人处世的态度是合理的还是偏颇的，有些什么问题，通过这个过程就可以看出来；你的水平、基本的学术观念、学术态度、为人处世的方法、为人处世的态度都可以直接考察出来。因此，这是能不能考上博士的很重要的一个条件。学术演讲比学术写作要求更高。学术演讲建立在学术研究和论文写作的基础之上，表面上来看是一种形式的转变，而实际上这不只是一种形式的转换，而是另外一种学术表达、学术传播、从事学术交流的重要途径。

王：除了这三个方面的准备以外，博士研究生考试中还有没有什么其他注意事项呢？

邹：博士生考试还有第四个方面的准备，就是课题研究的准备。过去不少人以为做学问就是自己选一个题，写一点文章，一般的人就是这种研究方式。那么，现在我们逐渐地认识到，真正地让自己的学术上台阶、上档次，让自己的学术研究成果产生更广泛、更深远的学术影响力和社会效应，就是要集中地做课题。一段时间集中做一个课题，完成一个课题后再做另一个课题。这样一个课题一个课题地组合起来，我们的学术研究就有重点、有方向、有阶段性的成果，真正对学术界、对国家、对整个民族，甚至整个世界的学术发展才会产生实际的推动。权威的专家、真正的学问家在现代社会的20世纪以来都意识到课题研究对学术研究十分重要，课题研究是十分合理、十分必要的一种方式。这是我们要靠考博士时，在研究生阶段就需要有这个方面的严格训练。

开展课题研究要求我们在三个方面必须注意：①我们三年硕士阶段研究的题目要非常集中，不能够东写一篇西写一篇，要集中研究一个题目。三年期间就做这个题目，所发表的论文都围绕这个题目来做，那么硕士论文集中体现你所选择的这个题目。集中地思考一个专题方面的问题，把它想深、想透，超越一般人的思想水平，跟前人相比达到一个更新更高的阶段。②尽量在课题申报方面要得到训练。研究生、博士生特别是博士后都有创新课题，要在导师的指导下申报学校的项目、省部级项目和国家级项目。不要小看项目的申报。项目的申报表往往比较复杂，它的工作量、劳动量、所花的时间和精力以及所得到的学术训练都相当于写了一篇一万字的学术论文。当然它与学术论文的写作要求是不一样的。表格很复杂，各个方面都有自己的要求。因此，学会填写申报表，如何策划、构思、提出学术主导的观念，在研究方法上体现出自己的特点，能够获得项目的通过，这个训练是很有必要的。③要在导师的指导下从事课题研究的训练。研究生和博士生都是导师负责制，导师往往有丰富的学术经历、有自己的课题，导师经过了严格的学术训练，他知道怎样通过课题研究来使学生得到学术研究的全方位训练。做课题的过程能够使一个人得到良好的学术训练，这是博士生考试的前期准备中一个非常重要的方面。

王：确实，读研究生、读博士是进一步深造的两个重要台阶，往往是人生历程的重要转机。您谈到罗义华师兄、胡静师姐在读博士后，我们听说刘茂生博士也即将在浙江大学做博士后研究。请问读博士后需要哪些条件，是如何申请的？

邹：博士后在中国或者其他国家都不是学位。在国外，它是指博士毕业以后找不到工作那只有去读博士后。中国有的人把博士后当作一种学位，这是不对的。从整个世界范围来讲博士就是最高学位，从学士、硕士到博士，博士是最高学位，博士以后没有学位。博士后是指读了博士以后进一步地进修，是进一步进行学术深造的方式，也就是课题研究。博士后流动站的科研人员就是从事课题研究。因此在读完博士以后，如果有专门的时间和精力从事研究的话，那么博士后是一种很恰当的选择。它不需要考试，只要导师同意，符合国家的政策，而且所做的题目与导师比较一致，就能够进博士后流动站从事博士后的研究。

博士后研究有公费和自费两种方式：①通过有关专家的推荐向中国博士后流动站管理基金委员会申请，如果得到批准就能够得到相应的基金补助，三五万块钱不等。②如果不能通过正常的程序来获得博士后的课题资助，那么就用自费的方式做研究，一般就是两万块钱或者三万块钱。按照有关政策的规定，自费的博士后的项目，要返回一万块钱左右给博士后研究人员本人做资料费和博士后研究期间的生活补助费。博士后它不经过考试，这种进一步深造、进一步综合研究的方式没有什么特别的地方。

王：邹老师，前面您谈到学位的深造和学术的深化有四种主要方式，其中有一种方式是出国留学。现在，中国大陆出国留学的人越来越多，相当多的留学人员是自费留学的，并且出现了低龄化的趋势。请您介绍一下，如何通过留学达到进一步深造的目的？

邹：通过正常程序到国外攻读学位，包括攻读硕士学位、博士学位，以及从事博士后的研究或者访学，以进一步深化某一专题方面的研究，享受世界范围之内的优质学术资源，使自己站在与外国同行平等对话的平台上，主要是有三种方式或者途径。

(1)通过托福的考试。这是美国在全世界设立的一种攻读美国学位必须经历过的一种英语水平考试。只要能够考过它所规定的分数，就可以直接向美国的大学、研究机构申请；申请成功能够得到全额奖学金或半额奖学金的资助，在美国进一步地攻读硕士或博士学位、做博士后的研究，这是最理想的。一般来说，获得了

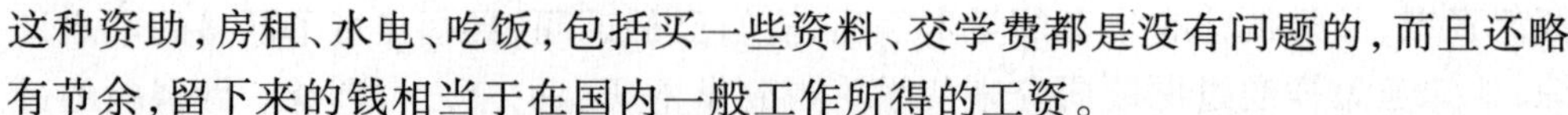

这种资助，房租、水电、吃饭，包括买一些资料、交学费都是没有问题的，而且还略有节余，留下来的钱相当于在国内一般工作所得的工资。

（2）自费留学，就是分数不够或者在美国有一些特殊关系，也可以通过这种自己筹集资金的方式到美国深造。没有获得美国有关机构或者通过大学奖学金的资助，自己有经济基础，家里五十万、一百万的存款资金做支持，也可以到美国去攻读学位，这是自费留学。从20世纪20年代开始，有一大批中国学生到美国、英国、日本等国家自费留学，都是这种情况。闻一多申请到了庚子赔款到外国官费留学，像徐志摩、艾青、鲁迅、周作人、郁达夫到国外留学，我的印象里面都是属于自费项目。鲁迅在日本没有获得任何学位，回国以后只能在自己老家江浙一带当中学老师。胡适是公费留学，到美国读了一个博士，但是没有获得博士学位。他回国到北京大学，别人叫他“胡博士”，他也没有否认，于是大家都以为他是博士，但是他当时并没有获得博士学位。真正要叫博士的话，一定要是获得博士学位以后才能叫博士；不然的话，只能叫博士生。胡适直到1927年才到美国哥伦比亚大学获得博士学位。那个时候他已经是中国很有名的知识分子、文化名人了，当时全世界好多大学都授予他荣誉博士学位。

（3）通过国家留学基金委员会，它有好几种项目，其中有一种叫作到国外访学。访学是国家资助你到国外去进修的一种方式，有三个月、半年、一年等几种不同的类型。一般来说都是半年，高级访问学者一般都是半年，一般的访问学者是一年；也有短期访问的，就某个专题到某个国家、某个大学去搜集资料。每年国家留学基金委都会公布申请的项目，可以从网上向国家留学基金委递交材料；一旦通过批准，就会获得通知。所资助的项目金额是不一样的，有的是一个月一千美元，有的是一个月一千五百美元。高级访问学者一般是一个月一千五百美元，这是比较多的金额。

在国外留学、访学，了解世界范围之内特别是发达国家的研究情况是一件很好的事情。但是也不是说到了美国、英国这些国家就如何的了不起。按照聂珍钊老师的说法，到国外不要太长，一个月就够了。他申请的是半年的时间，他写了申请提前一个月回来。他讲在美国待一个月足够了，其余的是浪费时间，很无聊。

王：邹老师，您今天就“如何进行学位和学术上的深造”的问题畅谈了自己的想法，谈得非常好。为我们廓清了一些经常感到迷惑的问题，鼓舞了年轻人进一步深造的决心，指明了年轻人努力的方向。

邹：我觉得人的一生，时间不是很长，一个人到了最后，都要回归到大自然的怀抱。每个人都要有理想，使自己的一生过得丰富、充实、有意义，能够成为一个在某个专业、某个方面杰出的人物，超越一般的人。每个人要把握人生的几个重要阶段，一个阶梯一个阶梯地往上走，把握好每一个机会才能实现自己的理想和目标。学位深造在一个人的年轻时期是值得考虑的一个重要问题,是人生目标得以实现的一个核心问题,竞争激烈的现代社会更是如此。

这些东西说起来是表面上的,要深究起来却是本质上的。人生的价值、意义通过这几步打基础,不通过这几步就落在了别人后面,许多想做的事情、许多人生的目标就不可能实现。比如说,你一生既不读大学又不读研究生,不读博士又不做博士后的研究,去卖点小葱、酱油也可以生存,但是那样的生存是比较卑微的。当然也可以做一个平常人,生活得也很充实,打打牌、聊聊天、散散步、逛逛街不是说不可以;但是作为知识分子来讲,选择的道路应该是另外一条道路,那就是不断进步不断上升的一条路。我觉得每一个人都要全面地参与当今世界的各种活动,要参与社会上的竞争,只有具有很强的竞争意识,敢于竞争、勤于努力、勇于树立自己的目标,一步一步地才能成为英雄人物,成为超越一般的人,成为我们所谓的大专家、大学者、大学问家、大师,才会在某一个方面成为有造诣的人。有的人关起门来孤芳自赏,有的人不愿意和别人交往,不愿意参加到现代社会的竞争里面去,关起门来当皇帝,那已经是不可能的了。我看过一个电视连续剧《亮剑》,拍得比较真实,给人的启示很多。李云龙这个艺术形象非常可爱,非常丰富、非常真实,面对日本人、国民党敢于亮剑、善于搏斗,勇气可嘉,这是一种参与意识和竞争意识的体现。我们每一个人就要有李云龙这种气派、气度、性格,做大的事业,要有这种人性。关起门来当皇帝孤芳自赏,在一个小圈子里面自以为了不起,那是没有出息的表现。

王:邹老师,我记得您在接受曹卫军同学的访谈中谈到,您对于自己的学生往往都有很高的期望,希望每一个人都能往上走,每一个人都要努力成为对别人有用的人,每一个人都要有自己的个性和风格,每一个人都要有自己的事业,每一个人都要有自己幸福的家庭。从您的言行中我们深深地感到,您作为一个教师有坚定的信念,有崇高的追求;您善于激励学生,善于教育学生。作为学生,我们感到无比幸福和自豪!非常感谢您接受我们的采访!祝愿您身体健康,桃李满天下!

(原刊“中外文学讲坛”2007年8月)

我们现在应该读什么书?

王冠含

王冠含（下面简称“王”）：邹老师，首先感谢您在百忙之中接受我的采访。我们讨论的话题虽然是读书，我想首先从您自己的读书生活开始我们的谈话，这样可能亲切与直接一点。您出生在四川省威远县一个美丽的山村，对童年与少年时代的生活肯定怀有许多美好的记忆。您能不能谈一下家乡生活对您一生的兴趣与爱好的形成有什么影响？在您四十多年的人生历程中，哪些是您感兴趣的？您有哪些个人爱好？

邹建军（以下简称“邹”）：一般的人都知道，读书和旅游是我的最大爱好和兴趣。一直以来，我的最快乐的时光都是和读书相伴的。在我很小的时候，在那个十分偏僻的小山村里，没有什么文学方面的书可读，就只有读连环画，包括由《红灯记》《智取威虎山》等样板戏改编的连环画。其他就是一些民间流传的有关历史预测与人生哲学方面的书，如《增广贤文》《枕中记》《五公经》等，我也读过，当然读不太懂。到八九岁的时候，我上小学，要翻山越岭才能到那个山脚下的学校。冬天由于打霜，路上的泥块和石头一样硬，我只穿了一双破胶鞋，脚被冻得通红，有时边走边哭，一路到学校；别人还以为是谁与我打了架。但一到晚上，回到自己所在的土屋里，一盏油灯能伴我读书到一两点钟，我也不知疲倦。除了课本外，还读在当时比较流行的一些创作小说《金光大道》《第二次握手》《欧阳海之歌》等，至于古典名著《三国演义》《水浒传》《红楼梦》《西游记》，可能因为当时年纪太小，还没来得及读，但听我的大哥他们谈过其中的一些人物和故事情节。

我记得很清楚，那时我对于古典诗词尤其是唐诗宋词非常感兴趣，许多唐诗宋词就是从那时开始背诵的。在20世纪的诗人里面，我最喜欢的是《毛泽东诗词》，当时已经出版的三十多首毛泽东的诗词，我往往能一口气就背诵出来，直到今天。到了中学以后，在老师的指导下，我坚持每天写日记，日记的主要内容其实也就是当天的读书笔记：一来是因为班主任老师要检查，一些过于私人性的情感就不便记在里面；二来是因为当时最主要的生活内容就是读书。到了这个时候，我的阅读范围就扩大到了戏剧、小说、散文,包括县文化馆所编的刊物及民间故事、谚语。正是在记日记的过程中，我的文笔与语言表达得到了训练；今天的人读到我的文章,说文笔非常流畅、达意非常周延,正是得力于那个时候。

我对两个语文老师一直怀有深厚的感情。我的两个语文老师,一个是东北大学毕业的袁正气老师,另一个是中央大学毕业的杨铁铮老师。他们对于中学时代的我们的读书与写作，都随时随地地给予指导。在平时袁老师话虽然不是很多，但在课堂上对学生作文的评点却非常精到;杨老师在语文课上讲课时,知识渊博,想象丰富,常常能够运用一些非常华美的词语,能从多个方面形容一种事物,一串串的成语往往能脱口而出，这让我们感到惊奇。当然，有时我们也感到是不是有一点卖弄知识的味道,但对我们读书与写作的训练非常有用。

1980年9月，我考上四川大学中文系汉语言文学专业读书，成了我们那个镇上的第一名重点大学的学生。在四川大学，我的各门功课都很优秀，课外的阅读量也逐渐增大。除了上课以外，很多时候都泡在中文系的资料室，搜集有关诗歌评论资料。并且，我能够根据这些资料进一步阅读原著，收获很大。大学时还写了一本书《假如你想做一个诗人》,全是我的读书体验和人生感受。其中有一篇和我的同学一起署名发表在四川省作家协会主办的《文谭》(即现在的《当代文坛》)杂志上,还得到了二十多块钱的稿费。我记得很清楚,当时用这钱买了个煤油炉,于是有机会和我的女朋友一起做鸡蛋面条吃。这件事对我的读书和写作鼓励很大。当时,每当傍晚的时候,坐在荷花池边的树荫下,我能够在女朋友的监视下将《中国历代作品选》中的唐诗宋词一一背诵,这奠定了后来我从事诗歌批评的基础。我的毕业论文是关于鲁迅旧体诗的，著名学者华忱之教授是我论文的指导老师，他对我的论文评价很高,因此多年后还记得我这个学生。后来,经过修改,其中的一章《论鲁迅旧体诗的凝练美》发表在1985年第2期的《四川大学学报》,成为我平生以来发表的第一篇论文。论文的发表,对此后我的读书写作产生了重要影响。不过,当时我只想当一个作家而不是一个学者,因为我自已觉得作家有名,而学者没有什么神秘的。可以这样说，读书占去了我43年生命中的绝大部分时间，我一有时间就是读书,外出旅行时也随身带几本书,往往都是有关人生哲学与自然山水的。

王：我们作为您的学生，都知道您特别喜欢到处游历自然山水，您到过的地方相当多，并且留下了许多出色的照片与诗词。您接下来能谈一谈您的旅行生活吗？这样的生活对于您有什么重要性？对您的写作与学术研究是不是也有什么样的启示？

邹:对于旅游的兴趣也是从小就培养出来的。我很小的时候就跟着爷爷到关马沟的黑龙江扯猪草,早晨太阳刚出来就出门,晚上太阳落山时还没有进家门,整天陶醉于自然山水之间。当时我特别喜欢看河边巨石上那一轮月亮,对面高山的山崖上那一轮太阳，认为这样的自然景观太奇特、太神秘了。当地的地名也有许多让人感觉不可思议的，我认为当地的人真正有文化知识的不是很多，但如“金花庙”、“五皇庙”、“鸡冠寺”、“五梅花”、“五棵松”、“笔架岩”这些地名，往往有着非常深厚的文化内涵，不知道这些地名是由何而来的。我曾经问过我那年近八十的父亲，他的解释实在也不能令人满意。正是这些山水地名引出了我对自然山水探索的热情。大学时与同学一起到过成都西边的青城山，拥有两千多年历史的都江堰，也到了天下秀的峨眉山，乐山的大佛寺、凌云寺等。从那时开始，就时常为自然山水的美丽及其背后的文化及哲学意蕴所吸引。再加上我父亲是当时有名的风水先生，因此从小耳濡目染，形成了万物有灵的泛神论观点，激发了我对自然山水的审美投入。因此，每到一个新的地方，我就喜欢观察山水的奇异之处，领悟自然山水的博大胸怀和宁静境界。所以，多年来一有机会，我就到祖国的东西南北各地的名山大川观光游赏。一有领悟、灵感，就喜欢形诸笔墨，留下诗作。

到今天为止，我到过的地方大致包括：北京的西山、十三陵、长城、颐和园、故宫；上海的外滩；杭州的西湖、千岛湖；苏州的寒山寺、拙政园；南京的紫禁山、栖霞寺、玄武湖、总统府；南昌的滕王阁；江西的庐山与江湾；长沙的岳麓山、橘子洲头；湖南的韶山，道县的月岩，江永的桃川与千家垌；桂林的阳朔；广州的白云山；海南的琼海和三亚；云南的丽江、大理和楚雄；陕西的咸阳、临潼；洛阳的龙门石窟和白马寺；开封的龙台和大相国寺；山东的青岛、孔府、孔庙、泰山；安徽的黄山；东北的大连、长白山；哈尔滨的太阳岛；内蒙古的阴山、响沙湾；湖北十堰的武当山，宜昌的三峡风景区，赤壁陆水湖，黄石东方山，黄冈林家大湾，黄陂木兰天池、木兰山，还有江夏的龙泉山等。可以说，四十多年来，读书是我的第一大兴趣，旅游是我的第二大兴趣。

读书，我喜欢读有关自然山水和民俗风情的作品。在旅途中，我也不忘读书。如果没有书读，又不能外出旅游，我可能活不下去。我觉得，游历自然山水和读书有许多相通之处：读书可以说是了解人类的历史；游览自然山水，可以说是了解人类的生存状况。游历自然山水，让我读的是一本更大的书，更丰富、更辽阔、更加生机勃勃的大书。读书让我产生了很多的思考，于是我写论文，写著作；游览自然山水，陶冶了我的情感、净化了我的感情，让我能够写诗、写对联。读书和游览自然山水都让我对人生哲学有所感悟，于是就写了《邹编增广贤文》。所以我认为，读书与游历自然山水是一体化的，并且在许多方面是相通的。

王：*以您几十年读书与做学问的经验，能不能谈一谈读书与做学问的关系？读书是不是就是做学问？做学问是不是一定要读书？*

邹：根据我几十年的体会，做学问的基础就是读书。如果不读书，就不可能做出真正的学问来。学问学问，既要“学”又要“问”。“学”就是读书，“问”就是在读的基础上提出问题。读书是不断积累的过程，只有真正地用心去读书，知识积累得比较丰富了，眼界更加开阔了，鉴赏力得到提高了，阅读的体验更加深厚了，才可能发现问题，进而提出问题、解决问题。提出问题和解决问题，其实也就是在做学问了。有的人只讲读书而不做学问，就是我们的前人所谓的“述而不作”，那么他只是传承和沿袭前人的知识；这样当然可以做到知识渊博，上知天文、下晓地理，也可以尽可能多地了解前朝的历史发展。但是由于读书很古板，往往就只知其一，不知其二。这样读书的结果，就只能成为书呆子。因此，我们说读书是一个过程，如果只注重这个过程，而不注重结果和目标，那所谓的学问也许只能是死学问。这样的人，当然也是可敬的甚至是可爱的，但是我们觉得总是欠缺一些什么。

我认为应该将读书与做学问有机结合起来、统一起来：将读书当作一个长期的、积极的、主动的过程；同时，也将做学问当作一种目标，一种自觉的责任，一种读书的结果。如果这样的话，读书过程中积累起来的知识，也就可以融会贯通，继而在我们强大思考能力的统摄之下，思考并提出一系列新的命题，从而推动人类思想及学术事业的发展。与此相反，有的人喜欢做学问而不喜欢读书，那么他的学问就往往成为无源之水，无本之木；那么，他的学问最终也不会博大深邃，而成为一代真正的大学问家。有的人写文章不注重吸收前人的成果，整篇文章少有注解，在论文中只是表达自己的一点感悟；因此我们看不出他写这篇文章所阅读的文献量有多大，也看不出论文的主要论点和前人有何渊源关系。如果只是经过自己独立思考得出的东西，当然也是可贵的；但是，如果没有自己的文献和思想来源，终会至于浅薄和单调，可能很快就会被历史的烟尘所淹没。到今天为止，凡是大师级的学问家，都非常注重以读书为基础的学术积累。文论大师钱钟书，一部《管锥编》就涉及 2 000 多部中外著作中的材料。王国维、朱光潜、宗白华、季羡林、周谷城、范文澜等大师级的人物，包括毛泽东，都莫不如此。所以，我们认为本科毕业是很难做学问的，真正的做学问还要读硕士、博士、博士后，要不断深造，深造就是读书，并且在这个深造的过程中，将读书与做学问有机地统一起来。

王：邹老师，既然您认为读书对于做学问这么重要，不读书就不能做学问，做学问就是要以读书为基础，那我们比较文学与世界文学专业的研究生，现在应该读哪些书呢？您能不能以自己的读书生活为前提，给我们开出一些重要的必读书的书单？

邹：研究生是我们这个时代所需要的建设国家、发展科学、繁荣学术的高级专门人才，在社会上也是有地位的人。有地位，并不是因为有研究生学历和硕士学位，而是因为我们是有学问、做学问的知识分子，有关国家前途、民族命运、社会发展等方面的问题，首先需要我们这些人去思考、去解决。特别是在今天这样的时代，我们国家处于数百年来难得一见的发展机遇期，是百年来最有活力、思想最活跃、每一个人都感到最有前途的时期。每一个知识分子，为了中华民族的复兴，都

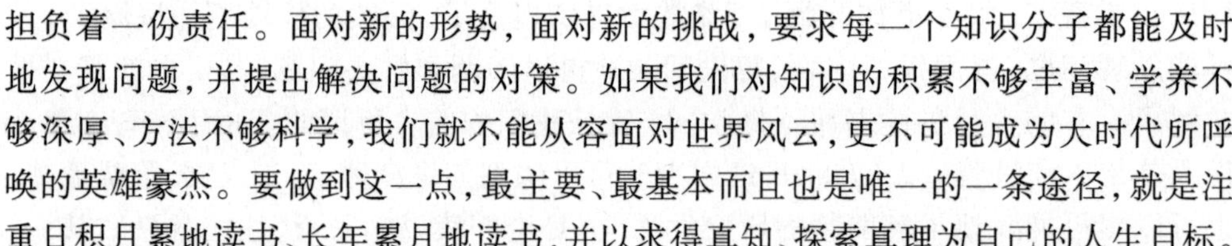

担负着一份责任。面对新的形势，面对新的挑战，要求每一个知识分子都能及时地发现问题，并提出解决问题的对策。如果我们对知识的积累不够丰富、学养不够深厚、方法不够科学，我们就不能从容面对世界风云，更不可能成为大时代所呼唤的英雄豪杰。要做到这一点，最主要、最基本而且也是唯一的一条途径，就是注重日积月累地读书、长年累月地读书，并以求得真知、探索真理为自己的人生目标。

比较文学与世界文学专业的研究，对我们读书提出了更高、更严格的要求。我们的读书要有所选择，不能拾到篮里都是菜，什么书都拿来读；读书要有所鉴别，读那些真正有价值、有用的书。根据本专业的特点及未来发展需要，我认为要想改善知识结构、增强理论修养、提高科研能力，需要读以下几个方面的书：

(1)外国的经典文学名著。每一个国家、每一个民族的作家作品，从宏观上进行考察，总有一流、二流和三流的区别。我们要读的就是一流作家的代表作品，二流作家的杰作，三流作家的一流作品。我认为我们比较文学与世界文学学科的传统，就是对经典作家作品的深度研究：如王老师研究莎士比亚、狄更斯、易卜生；聂珍钊老师研究哈代。因此，国外的，包括东方和西方的经典文学名著不能不读，不能不了解。如果我们在中学和大学已经读过许多外国名著，我们就要在这个基础上有所补充、有所扩展；如果我们本来就读得不多，就需要重新读书，需要补课；有许多经典文学名著都需要重读。现在再读与十年之前读的时候，感受肯定存在差别；这种差别，也许就表明了我们的进步和发展。

(2)国外权威的理论与学术著作。几千年的外国文学史，风云八千里的历史空间，伴随着文学创作的发展，产生了许多批评文学、研究文学的著作。从亚里士多德、柏拉图开始，到目前的米勒、哈罗德·布鲁姆，许多著作都值得我们进行研究型阅读。理论著作很多，也要有所选择，但有几本是必须要读的：如亚里士多德的《诗学》、柏拉图的《理想国》、斯达尔夫人的《论文学》、莱辛的《拉奥孔》、别林斯基的《别林斯基选集》、柯勒律治的《莎士比亚演讲集》、勃兰兑斯的《十九世纪文学主流》、艾布拉姆斯的《镜与灯》、赛义德的《东方主义》、利维斯的《英国文学的伟大传统》、布鲁姆的《西方正典》、伊格尔顿的《文学理论》、萨缪尔·亨廷顿的《文明的冲突》。这些著作，往往是人类的文学思想和文化思想发展到一定阶段的标志，思想深刻、视野广阔，信息量大、创造性强。从事比较文学与世界文学研究的人，如果对这些学术理论著作不阅读、不了解，说明我们的知识结构存在很大的问题，我们的学术修养也存在明显漏洞。我们所从事的研究就不可能达到世界学术界的前沿状态，我们也就不可能与西方学术界进行平等对话。

(3)相邻学科的著作也要读。比较文学，从性质上说是研究文学关系的一门学问。所谓文学关系，也就是各民族文学间的影响关系、各民族文学间的美学价值关系、文学与其他学科间的交叉关系。因此，我们的知识面不能只限于本学科范围内，我们不能只读文学作品，也不能只读文学批评著作。如果我们为文学而文学、为艺术而艺术，最终是做不好文学与艺术研究的。就我个人而言，有一个从中国现当代文学到外国文学的转变，有一个从文学理论到比较诗学到比较文学的转变。近二十年来，随着我的读书生活的展开和科研项目、写作任务的实现，我的知识结构不断地得到改造。从前我主要研究20世纪中国诗歌，撰写过大量的有影响的各民族诗人的专论；后来集中在对台湾现代诗学理论及整个20世纪现代诗学的研究；再后来，转向19世纪英国诗歌、易卜生诗歌和莎士比亚十四行诗的研究，以及对美国华裔文学的研究。这期间还集中撰写了对20世纪90年代湖北诗歌的批评及文学伦理学批评的系列论文。另外，我还对中国古代的军事谋略、战国时代的谋略家吕不韦做过研究，出版过两本小书。因此，我的知识结构涉及古今中外，诗歌、小说、戏剧，文学、历史、哲学、科学、军事等方面。我读过的书都做有详细的笔记。这些知识的积累、眼界的扩大，为我从事比较文学与世界文学研究奠定了比较雄厚的基础。因此，我建议这一专业研究的人要读哲学的书：罗素的《西方哲学史》、冯友兰的《中国哲学史》、康德的《判断力批判》；也要读美学方面的书：黑格尔的《美学》、李泽厚的《美学三书》、宗白华的《美学散步》；还要读历史书：斯塔夫里阿诺斯的《全球通史》、周谷城的《中国通史》；也要读宗教经典方面的书：《圣经》《古兰经》《金刚经》；也要读自然科学方面的书：《20世纪自然科学大发现》等。只有这样，才能建立一个基础庞大、各科汇通、问题集中，以文学及文学理论为金字塔顶的合理的知识结构，才能使自己成为一个思维敏锐、思考周密、知识渊博、功底深厚、科研能力很强的学问家。

(4)凭自己的兴趣选择读书的重点。每一个人的时间和精力都是有限的，长年累月地读书，是对读书生活的本质认识。如果没有重点，就可能没有好的结果，从而导致的只能是失望。所以要根据自己的兴趣，选择某一特定领域，提出一些话题进行讨论。在一段时间内，争取取得一些成果，这对自己的读书和科研工作会产生一种激励。上下几千年，纵横数万里，不可能什么书都读；就是上面提到的书，没有三五年的时间，也不可能读完。所以，这里面个人的兴趣极为重要。就文体而言，如果对小说感兴趣，就集中读与小说相关的书；如果对戏剧有兴趣，就集中读与戏剧相关的书。就文学思潮而言，如果对现实主义文学感兴趣，对自然主义或浪漫主义感兴趣，那就集中读与此有关的书。就文学关系而言，如果对文学中的政治、宗教、地理、伦理、科学有兴趣，就可以集中读相关的书。就文学理论及批评而言，如果对结构主义、解构主义、读者反应理论、女性主义、新历史主义或后殖民主义感兴趣，也可以选择相关的书来集中阅读。如果在读书与科研中能伴随并贯穿着自己的强烈兴趣，那么将会事半功倍，成效显著，成果丰硕。

王：看来读什么书，真是有大的讲究在其中。有的人读的书也不少，但花了许多的时间和精力，对自己的科研也没有多大的帮助；有的人花的时间与精力都不是很多，但收效很大，进步很快。那么，面对您所开出的这么多要读的书，您认为如何读，才比较取得明显的效果呢？

邹：关于读书，大家都在读，你也读我也读，但读的结果并不一样。根据我的经验，我认为本专业的研究生，在读书时应注意以下几点：

(1)两种读法：泛读和精读。泛读就是根据自己的兴趣，选择自己喜欢的书来读，这种读法的随意性比较大，效果也很好，与本专业的性质也相适应。比较文学，研究的对象中有一个主要内容，就是与其他学科的相互关系，因此任何一门学科的知识都会对本专业的学习有所帮助。世界文学也就是全球文学，它让我们的研究没有限制，不分种族、语言、地域、文化，都应成为我们的研究对象。因此，凡是我们感兴趣的著作和论文，各种体裁的文学作品，各种形式的艺术作品，我们都可以也应当有所涉及，这也是我们从事本专业研究的一个基础。精读也就是研究型阅读，就是对我们的研究对象进行认真的、反复的阅读，是深入到细节、心灵、情感和思想深处的阅读，真正要读出点名堂来；也就是要发现问题，提出问题，并进行讨论、得出结论。学问之道，其实正在于泛读与精读的结合。以泛读为基础，以精读为目标，形成一种长期阅读和集中思考的最佳结合。

(2)投入情感的阅读和产生审美鉴赏是研究文学必须经历的过程。文学研究是以作家作品为核心的研究；离开了作家作品，谈不上文学的繁荣；离开了对作家作品的研究，也谈不上文学批评与文学研究的繁荣。不论是小说、戏剧、诗歌还是散文，我们在阅读时都要高度放松，非常宁静地、沉醉地进入到作品中去，与作品中的人物共悲欢，甚至共患难、同生死；我们要与作品中的抒情主人公产生情感共鸣与心灵的共振，进而进行平等的对话与交流。我们要将文学当文学，将文学当艺术，文学和艺术都是文学家和艺术家的情感投入及审美选择的过程和结果。因此，没有情感的投入式阅读和鉴赏艺术之美的过程，就不可能有对作品及作家真正的发现。正像法国批评家法郎士所言：批评是灵魂在作品里的一种冒险历程。文学批评和文学研究是从材料出发的研究，这种材料首先就是艺术作品。正是在阅读体验的基础上进一步的思考，才可能真正发现问题或发现真正的问题，从而提出问题并解决问题。

(3)反向思维。在阅读和科研工作中，反常思维往往起着主导作用。读书能不能发现问题，在文学研究中能否真正提出问题，关键在于有没有“问题意识”。“问题意识”是渗透在我们的世界观、融化在我们心灵里面的一种潜意识。问题意识的前提就是反向思维的训练。在阅读前人的研究成果的过程中，我们对每一种结论都要持怀疑态度，都要能提出一个为什么，或也许不是这样的。所有的问题，都产生于对前人结论的质疑这一立场。因此，我们的前人也一直强调，要在无疑处生疑，要在有疑处思考。陈云同志曾经讲过：真正的马克思主义的态度是“不唯书，不唯上，只唯实”。他强调的也就是根据实际情况来思考问题，才有出路，才能解决问题。

(4)读书的过程中要特别注意细节。对于作家作品，大的方面靠我们的情感和审美眼光，而艺术细节及其发掘，就靠我们敏锐的艺术感觉及学术敏感。在作品中，一个意象、一件道具、一句人物的语言，人物与人物之间的对话，作家的一个用词，甚至作品的大小标题，一个外文字母的插入或一个典故，一个民间传说，都值得引起我们的关注。在他们的背后往往潜藏着非常丰厚的情感信息、心理信息、思想信息和文化信息。其实许多论文都是建立在对作品中某些细节的关注和发掘的前提下的。这些年来，我们专业的研究生做的几个专题研究，包括华兹华斯、柯勒律治、易卜生和美国华裔文学的研究，都是从细节深化开来而形成的话题，提出了自己的问题，最后形成自己的论文。在这一过程中，每一个人都要善于将一粒火星发展成一片火海，将一棵小树成长为一片森林。

王：非常感谢邹老师所作的条分缕析的讲解。您时常讲到中国当代的知识分子，在您看来，好像不是所有读书人都是知识分子，知识分子与学问家也是不一样的。请您谈一谈您的想法。

邹：我认为，读书人与学问家、知识分子不是一回事。读书人就是对于前人的文学与文化积累有了解的兴趣，但不一定能够提出新的问题来讨论，也并不想要解决什么问题；而学问家则是在读书的基础上能够发现新的问题，并思考后面的成因，提出对这一问题的解读，并有自己的独立于前人与同时代人的一系列的看法；而知识分子则是有自己的良心、有自己的立场、有自己的独立意志的学问家，能够思考一个民族、一个国家、一种文化甚至是人类未来命运的人，即必是一个思想家、哲学家，因此我们不同意将一般的人都说成是知识分子。但无论读书人、学问家还是知识分子，首先都要读书，坚持读书、长年累月地读书。我认为，对真正的学问家来说，读书就是人生，人生就是读书。如果我们每天都有能够读书的时间和能够读书的心情，我们将会感到非常充实而幸福。读书，就是与我们的前人进行心灵的对话和思想的交锋，也是与我们自己进行情感交流和思想交锋。作为研究生的我们，成为一个真正的知识分子是既定的目标，而知识分子的职责就是探求真理，通俗说就是做学问。而做学问就离不开读书，离不开长年累月的、反反复复的阅读生活。因此，读书和做人、做学问应该是三位一体的理想图景。

王：刚读研究生的我们，对自己的读书生活往往是盲目无知或充满疑问的，因此，我们需要长者的引导与帮助。邹老师，我认为您借助本次访谈给黑暗中的我们点亮了一盏明灯，它的光将照亮我们今后的漫漫读书路。

（原刊“中外文学讲坛”2007年9月）

我们怎样面对大师?

田　艳

田艳（以下简称“田”）：邹老师，您好！很高兴能和您进行这样一次访谈。很多人声称我们这个时代是个没有大师的时代，对我们这个时代能否产生大师持悲观和怀疑态度。因此，和您进行这场关于“怎样面对大师”的访谈就极具某种现实意义。您能首先给我们谈谈为什么选择这样一个题目进行这次访谈吗?

邹建军（以下简称“邹”）：这样一个题目和我以前的想法是有冲突的。从前，我很反对有些人随意称别人为大师，就像华中师范大学校园广播中称某某局长、某某教授、某某研究员为大师，等等。我听到后，总是觉得不伦不类，甚至非常可笑。当然，一般的新闻报道可能是从大众文化消费的角度来报道“大师”的，而我们作为学术研究者与学术探寻者，则是从学术的立场来理解“大师”。因此，两者之间存在距离是当然的。我以前写过一副对联：“东北华东华中华南都有师大，文坛艺坛论坛杏坛皆无大师。”我认为对于那些还活在世上的人，一般不要称其为大师，以体现我们严谨的学术态度和对学术的敬畏之心。今天我们来谈论这个话题，我所谓的“大师”，是指已经去世的而且在某一方面卓有成就、对后来的历史产生重要影响的人物。20世纪以来，在文学创作方面，像茅盾、老舍、鲁迅、沈从文、梁实秋、曹禺、艾青、闻一多、林语堂等人，的确可以称为文学大师；在学术研究方面，像梁启超、王国维、严复、胡适、陈独秀、朱光潜、陈寅恪等人，也可以称为学术大师。这些人，是20世纪中国文化发展的见证者，同时也是建设者，的确在各自的领域卓有建树，称其为“一代宗师”，也不为过。在20世纪的西方，像哈代、伍尔夫、海明威、艾略特、索尔·贝娄、奥尼尔等人，可以称为“文学大师”；像福科、拉康、韦勒克、米勒、艾布拉姆斯、布鲁姆、伊格尔顿等人，也可以称为“学术大师”。所以，我认为就文学创作和文学批评而言，大师的确是存在的，而且与我们直接或间接地产生关系、发生影响。所以，我说：大师离我们并不遥远。

更为重要的是，我们每一个人都有成为大师的愿望，而且都有成为大师的可能。不论我们研究什么问题，也不论我们从事什么文体的写作，总是会有所追求、有所创造、有所成就。在一定的时代条件下，大师的产生是必然的。特别是像我们今天所生活的这个时代，我认为是五百年以来少有的、需要大师并且可以产生大师的时代。生活在我们这个时代的人，应该特别感到庆幸和幸福。凡是比较敏锐的人、富于智慧的人都应该有这种感觉。经过一百多年的发展，中国传统文化与西方文化相互充分地交流与融合，是应该到了产生更多的大师的时代。所以，我们每一个人，都要对我们所处的时代有充分认识，抓住各种机会和条件，站在一个很高的起点上，充分地丰富和发展自己，很自然地就会成为大师。因此，我说：大师离我们并不遥远。

田：听了您的这番话，使我对当今时代产生大师充满了信心。那么您认为在我们当代学术研究的氛围中，研究大师是否具有必要性呢？如果有，这种必要性又体现在哪些方面呢？

邹：研究大师是我们文学研究者的重要责任，我们比较文学与世界文学专业的研究生，应当具有世界眼光和比较视域，将整个世界的文学当作一个整体来看待，因此，就容易认清和辨析什么样的作家和学者是真正的大师。我认为文学研究工作者的基本任务就是对经典作家作品的研究，而且我们华中师范大学比较文学与世界文学学科也形成了这样的传统，而大师的作品往往就是我们所说的经典作品。从这个意义上来说，研究文学特别是外国文学和比较文学，也就是研究大师。而且，我认为大师级的作品才具有更大的研究价值，因为研究他能够比研究一般的人更能够说明问题，尤其是理论问题和实践问题。

我认为研究大师是十分必要的，这种必要性主要体现在以下三点：

（1）自我成长的需要。本科阶段有必要研究大师，研究生和博士阶段更有必要。本科阶段的主要任务是对文学史、文学理论、语言学等课程的基本知识有所掌握，没有必要也没有可能用更多的时间来关注大师。本科毕业以后许多是做实际的工作，没有成为作家学者甚至思想大家的基础。而研究生的培养目标是高级专门人才，也就是培养某一方面的专家和学者。其实专家和学者如果做得非常杰出，也就离大师不远了。因此，我们研究大师及其作品，往往具有立竿见影的作用。距离的远近十分关键。离我们很遥远的东西可望而不可即，对于我们的影响也许就比较小。离我们比较近的东西，触手可及，对我们的影响也许就会非常直接而巨大。我打一个比方：1999级研究生胡静考上南京大学的博士，和她比较熟悉的人就说，胡静能考上博士，那我们应当也能考上。因此，那一年我指导的研究生中有6个人都考上了博士，这就说明榜样的力量是无穷的。所以，为了研究生的成长，为了他们能够更快地成为专家学者，能够更快地接近大师的目标，有一个方法就是直接研究大师。因此，我们研究大师及其作品，的确非常重要。

（2）学术论文写作的需要。硕士论文和博士论文都需要创新，如果我们直接看一看20世纪前期，那些后来成为学术大师的人们当年的学位论文，学一学他们具有代表性的著作，分析一下他们如何选择课题、如何展开论证、如何得出结论，研究一下他们的论文是如何创新的、有些什么样的讲究，对我们的论文写作往往能起到一种直接的作用。据我所知，胡适、范存忠、钱钟书等人都是在美国或英国获得博士或硕士学位的，他们的博士论文或硕士论文往往是研究16—18世纪西方文学中的中国文化与中国文学。我们学比较文学的人，看一看这些学术大师们当年是如何撰写自己的学位论文的，对我们会很有帮助。他们的论文，在很大程度上具有相当的创造性。我认为，只是传承前人的东西，只是接受西方的东西，不可能成为大师。我们平常所说的创新，并不是一句空话；没有创新，就没有必要写论文。大师是这样说的，并且也是这样做的。那些学术大师，往往也是中国现代学术规范的创造者。现在，还在沿用的一整套标点符号，就是胡适从西方引进与改造过来的。现代意义上的学术论文，也是自王国维和鲁迅等人从西方学术界引进过来的。现代中国学者在自己的学术研究中所采用的一整套规范，都是一代又一代学者创建、丰富和完善起来的，当然同时也是与国际学术规范接轨的结果。因此，我们研究大师，会对我们的论文写作和学术研究发生直接影响。我认为大师们的作品是我们分析和研究的典范。

(3)时代的发展和学术繁荣的需要。我们这个时代的文学创作和学术研究的发展与繁荣都需要一批又一批的大师级人物。就像恩格斯评价但丁时说的：那是一个需要巨人并且产生了巨人的时代。我们也可以说，我们所处的这个时代是一个需要大师并且正在产生大师的时代。大师的产生需要历史文化的积淀。一般来说，所谓的巨人，五百年才可能出一个，而所谓的大师，一个比较大的民族和国家往往一个时期总会有几十个。毛泽东出生的150年前，也就是清朝的乾隆年间，在韶山有个举人叫戴炯，他为当时韶山的毛氏族谱写了一篇序言，在序言中他说了一段在今天很引人注意的一段话：韶山虽不在中州往来之区，墨客骚人所不到，但是此地茂林修竹，山水秀绝，必生奇才。150年后，果然出了一个毛泽东。据说汉朝时有本书叫《五公经》，里面曾经预言朱毛的出世，并且以“三虎钻林”的字谜来预言未来会产生林彪这样一个人物。这样的预言，虽并不完全可信，但是至少能够说明一个问题，那就是大师的产生并不是无缘无故的。他需要一个比较长的历史时期的文化积淀和历史积累，也需要一个特定的时代环境。我的老师曹顺庆教授，四川大学文学与新闻学院的院长，有一次在华中科技大学讲了一个题目——《没有大师的时代》。其实，他所讲的是我们这个时代正处于这种文化积累和学术积累的过程中，暂时还没有出现大师或者说大师级的人物。我认为，经过一个多世纪的历史发展，在中西文化交流越来越频繁、越来越丰富的今天，不论是文艺创作还是学术研究，都应该是产生大师的时候了。从19世纪初到20世纪初，经过一百年左右的风云动荡，到了“五四”前后产生了一批大师。那么再经过一百年，到了21世纪的二三十年代，可以预期又会有一批杰出的大师级人物即将产生。我认为，20世纪的后半期没有或者少有大师；21世纪的前十年，情况也没有得到多大的改变。我认为，没有大师的时代虽然是丰富多彩的，但是总觉得缺少些什么，就像我从前的一个朋友说过：“没有山峰的山只能算丘陵”，我们不忽略凡人的重要性，但是我们更应当注重大师的重要性及其价值。

田：邹老师，您的意思是不是说我们当今时代已经是一个文化和历史积淀都相当深厚的时代，因此有可能产生大师，也为我们研究大师提供了充足的条件？那么在当今时代，研究大师又有哪些有利的条件呢？

邹：我们今天研究大师是可能的，不是任何时代都有研究大师的条件，就像不是任何时代都能产生大师一样。为什么我们说在今天研究大师是可能的呢？原因有三。

（1）在当今时代，资料的积累已经非常丰富。像我们中国的学者，王国维、朱光潜、宗白华、冯至等学者都有全集；像郭沫若、艾青、老舍、沈从文等作家都有全集；西方的学者如尼采、巴赫金、拉康、弗雷泽等都有全集或文集。这就说明我们这个时代对一流作家或者学术大师资料的积累和准备，十分充足，为研究他们及其作品创造了前提条件。相反，如果我们研究中国或西方二流或三流的作家、学者，资料准备反而不充分。我们前面所讲的所谓的“没有大师的时代”是一个文化积累和学术积淀的过程，也体现在这里。我们有人大复印资料一整套的资料性刊物，数十年没有间断；我们有中国学术期刊网的全文数据库，从1979年一直到2006年的资料，都有收录；我们有硕士、博士文库，以及其他许多重要的人文社会科学数据库。可以说，有关大师的研究资料可以说有着非常丰富、非常全面的积累，因此，研究大师在今天来说，不再是一件困难的事情。

（2）我们自身的可能性。我们的研究生把研究外国文学或比较文学作为自己的专业，研究经典作家作品已经成为我们日常生活的一部分，已经成为我们人生理想的一个目标，文学研究已经是我们的一种自觉的意识。研究文学艺术以及和文学相关的学术大师级人物、大师级作品，对我们来说是种自觉的行动，是我们自觉进行的专攻领域；同时，我们有雄厚的师资力量，有良好的从事学术写作的环境及发表科研成果的阵地；更重要的是，我们有三到六年的集中时间来进行学习和研究。因此，研究大师及其作品是我们非常现实、非常美好的选择。在这样的条件下，如果我们不阅读经典作家作品，也就是与我们的大师无缘相见，这不仅是我们的遗憾，也将是我们重大的损失。研究生特别是博士生阶段，我们已经有了相当雄厚的学术积累和比较深厚的理论修养，全面、集中、深刻地研究大师及其作品是可能的。

(3)中西文学批评和文学理论为我们研究大师提供了观念和方法。毋庸讳言,研究大师需要理论上的准备。现有的文学理论是我们的前人从对经典作家作品的研究中抽象出来的。有人认为理论本身是无用的,认为我们的目标是要重新研究作家作品,再从中重新抽象出新的理论。然而,理论的抽象是需要基础的,大师的产生需要对前人进行有效的借鉴。现有的理论,能够帮助我们更深刻地理解经典作家作品,能够给我们提供一种理论立场、学术观念和批评方法,最少能够给我们提供一种切入作家作品的角度。我认为中国传统文学批评和西方文学批评都能为我们理解大师提供理论视野。中国传统文学批评博大精深,但我们今天研究得很不够:搞西方文学的人往往不研究中国传统文学批评;搞中国古代文学的人,往往心胸不够开阔,观念又比较陈旧,既没有世界眼光又没有比较视野,因而很难将传统文学批评的精华、观念和方法转化为今天的文学批评。20世纪西方文学批评花样翻新、五彩缤纷,但我们一些研究西方文学批评的人,往往为其所迷惑,只对其做一些断章取义的翻译和名词术语的介绍,不能够让一般的人领略到西方各种文学批评流派的精髓,及其每一种文学批评的观念、方法和角度。而我们从事比较文学研究的研究生,如果能够博古通今,融会中西,将中国传统文学批评和西方文学批评有机地统一起来,并在此基础上对一些重大问题提出自己的新的看法,那我们离成为大师的日子就不远了。

田:听了您的这番话,我真的非常庆幸自己生活和学习在当今这个时代,有各种各样丰富的资源可供借鉴和使用,我们应该更加珍惜这个时代赋予我们的良好条件而努力地充实自己,努力地向大师们学习。然而,大师的思想丰富复杂,大师们往往知识渊博,涉及的学科领域门类繁多;大师们的作品也非常繁复,动不动就是十几卷、几十卷。那么面对大师,我们究竟应当研究一些什么?我们主要应当研究哪些方面?我们又如何着手去进行研究呢?

邹:首先应该研究大师考察问题的角度。大师之所以能够成为大师,就是因为他在某些问题上有巨大的创新。而之所以如此,往往因其选取了一个新的角度,这主要就是看问题的视角的不同。当然,有的人做学术研究的角度也许是陈旧的,但由于他从原始文本出发,也能在自己阅读体验的基础上抽象出新的说法。但总体而言,如果角度陈旧,则很难出新。因此,我们观察大师看问题的角度,会得到很大的启示。杨绛为什么能够在《李渔论戏剧结构》这篇文章中,提出中西戏剧结构的不同,关键在于她采取了一种比较的视角;钱钟书在《通感》这篇文章中,为什么能够发现中西文学艺术存在的共同规则,关键在于他采取了比较诗学的研究方法。宗白华和朱光潜对中西诗与画的研究,之所以能够得出和前人不同的结论,关键就在于他们看问题的角度和前人不一样。钱钟书为什么在《诗可以怨》这篇文章中,提出弗洛伊德和钟嵘可以对话的观点,就在于他把中西诗歌放在一起来进行考察。所以，我认为对学术研究来说，观念决定视角，视角决定选题，选题决定成败。

其次，我们要研究大师关注什么问题。大师之所以成为大师，往往因为他们关注的问题都很重要，都是一些本质问题、有关全局的问题。大师往往都具有开阔的视野、高远的眼光，能够看清事物的本质、揭示事物的规律，比如严复所讲的"中国最重三纲，而西人首倡平等"这句话，就揭示了中国传统文化与西方文化的区别。斯达尔夫人在《论文学》中，将欧洲文学分为"南方文学"和"北方文学"，揭示了南北方文学的不同类型及其本质差异，并挖掘出背后的成因。具有同样意义的是，马克思、恩格斯在《共产党宣言》中、歌德在《歌德谈话录》中以自己敏锐的感觉提出了"世界文学"时代就要到来了的论断。他们考虑的都是一些非常关键的、重大的问题。因此，我们研究大师关注什么问题，对我们会有重大启示。

再次，我们要研究大师的思想观念。我认为，观念决定方法，方法决定角度。许多大师的学术创新，都体现在理论上和观念上，如王国维在《人间词话》中提出的"有我之境"与"无我之境"，如达尔文提出的"进化论"，布鲁诺提出的"日心说"，等等，都体现出大师在立场和理论观念上有自己独到见解。我认为，一个学者没有一整套自己所创造的术语和概念，是不可能成为大师的。当然，有人说弗洛伊德在当时并没说"本我"、"自我"、"超我"，也没有说过"精神分析法"、"潜意识"、"无意识"等术语，索绪尔也没有提出"能指"和"所指"、"语言"与"言语"等概念，认为这些都是后人总结出来的。但是我们要问，如果他们的著作中不存在这些观念和理论，后人如何总结？因此，我们关注大师、研究大师，关注其思想观念及其理论创新，是非常重要的。

最后，研究大师之所以成为大师的种种因素。我们研究大师的目的，是为了更清楚地认识他，更好地反省自我，以至于使我们自己成为一代大师。大师虽然是人，但是与常人肯定有不同的表现。促使他成为大师的种种因素，应该成为我们关注的重点。比如说"童年情结"对巴金小说的创作影响，比如说以想象为主导的创作气质对柯勒律治诗歌创作的影响，比如说阴沉深思的性格对林彪军事策略的影响，比如说戊戌变法、辛亥革命、五四运动三次思想革命对鲁迅成长的影响。因此，我们要关注大师的传记、日记、回忆录、访谈录，他为自己或者别人的著作写作的序跋、他从小生长的山水环境以及他与其他人的关系。我们要分析他成长的几个关键环节，分析他是如何一步步成为大师的，从个性气质心理、家庭家族传统文化、自然山水环境和人际交往等方面，进行全面考察和深入分析与研究。

田：您的这些见解十分深刻，对于我们如何研究大师有着重要的启示意义。最后，我们回到今天这次访谈的标题上，请您谈谈我们究竟应当"如何面对大师"。

邹：首先，大师肯定是在某些方面卓有成就的，因此我们要投入自己的热情，全方位关注大师的方方面面，充分肯定他们所取得的成就，以及其超越常人的因素。英雄崇拜是人间一种很自然的情结，人类社会的发展和文学艺术的繁荣，也都需要英雄崇拜。因此，我们要认同对大师的敬仰和热爱之情。因为如果你不热爱他，对他没有好奇心和向往心，也不会投入地研究他。

其次，要以批判的眼光对待大师。大师往往不是完美无缺的，常言“金无足赤，人无完人”，用在大师身上照样恰当。大师往往是有生理缺陷的人，比如郭沫若听力不好，所以想象力丰富；比如刘伯承视力不好，所以谋略超越常人。更重要的是，我们要与大师平等对话，尽量发现大师身上存在的问题，要以严厉的眼光来审视我们所面对的大师。

最后，要善于将大师的优越因素转化为自己的要素。我们不是为研究大师而研究大师，我们的目标是要让自己接近大师，从而成为大师级的人物。因此，我们的自主性和独立性，在与大师的对话中，一定要得到强调，否则我们会成为大师的奴隶或陪衬。

“我们如何面对大师”，这是一个很重要的话题，也是一个很重要的问题。今天我们之所以来谈论它，是因为我们在面对大师时，往往存在很大的问题。一个问题是盲从大师，让大师成为自己的思想包袱和文化包袱，无法超越甚至无法起步，当然就无法成为大师；另一个问题是忽略大师、无视大师的存在，当然就不去研究他，因此拔断了自己的文化根脉，也不可能成为大师。这些问题，要引起我们研究生的特别关注。

田：“听君一席话，胜读十年书。”今天和您的这个访谈，真是令我获益匪浅。邹老师，非常感谢您能在百忙之中接受我的采访，我期待您早日迈进新时代大师级学者的行列，以激励我们这些后学者不断前进。再次感谢您！

（原刊《世界文学评论》2007年第2辑）

文学地理学研究

关于文学地理学的研究方法与发展前景

刘 遥

刘遥（以下简称“刘”）：邹老师，您所提倡的文学地理学，就是从地理空间的角度来研究文学，探讨文学与地理的联系，也要讨论文学对地理研究的影响。这样的研究，自然有具有很大的意义，对许多人来说，也是一种新的提法。我要问的是，文学地理学是不是如文学伦理学那样是一种新的文学批评方法呢？

邹建军（以下简称“邹”）：我所提倡的文学地理学，从表面上看来，好像是提倡用地理与空间科学的方法来研究文学，其实不完全是这样；我们可以用地理空间科学的方法来研究文学，也可以为文学研究开拓出一条新路；从这个意义上理解，文学地理学的确是一种批评与研究方法。但是，从本质意义上来说，我认为文学地理学不是一种批评方法，也不是一种研究方法，而只是一种研究问题的角度；从这样一个角度来研究文学，可以建立一门新兴学科，因为它可以作为中国比较文学建设的一个重要方向。但是，并不是说文学地理学研究就没有比较适用于自己的方法；相反，文学地理学研究有自己独特的研究方法，文学地理学研究也不能离开这些基本的方法。文学地理学与文学伦理学一样，从本质意义上来说，都不是首先作为一种批评方法而提出来的，而是一种思考问题的角度。

当然，我们要强调的是，并不是只有文学地理学才运用这些方法，而不被其他学科所运用；文学地理学没有专属于自己的研究方法，其实，世界上没有哪一门学科有只属于自己的研究方法；任何批评与研究方法，可以为所有学科所运用；只是有的方法比较适用，而有的方法不是太适用，如此而已。如果有人认为哪些研究与批评方法只为自己这个学科所运用，其他学科不运用或不能运用，这样的认识肯定是存在问题的，要么是认识不清，要么是自我封闭。无论哪一门学科要得到发展，自我封闭是不可能有多大发展空间的；只有在开放与多元的学术环境里，学科才可能得到更大的发展空间。文学地理学有自己的研究方法，但并不只为自己所独有；文学地理学的存在与发展，并不只是在于其有自己的研究方法，而主要在于有其特定的研究对象，那就是文学中的地理空间问题。如果文学中不存在地理空间问题,作家不反映人类生存的地理空间,地理空间的变化对文学不构成影响,那文学地理学的提倡就没有基础,这样的研究也就没有多大的意义。

刘：文学地理学并不是一种新的提法，但你所说的文学地理学与传统意义上的文学地理学有着很大的距离。比如说，从前说研究作家的地理分布好像就是文学地理学，如果是那样的话，那就太简单了。关于这一点，您已经在关于文学地理学的提出与研究的主要内容的访谈中作了论述。那么，我要问的是，您所说的文学地理学由于研究内容的重新选择，在研究方法上有什么讲究呢？也就是说，您认为文学地理学研究能够拥有哪些研究方法呢？或者你认为文学地理学应当注重哪些已经有的研究与批评方法呢？

邹:决定一门新兴学科的并不是它独有的研究方法,但是如果有自己的具有强大扩展力的批评方法,对学科的建设来说自然也是一种贡献。我现在不敢说文学地理学已经有了一种或多种专属于自己的、很有价值的研究方法,但是我认为,在文学地理学研究中,有如下几种方法值得引起我们的重视。

(1)文本解析。文学地理学注重对作家作品的研究,尤其是对作品的研究;要研究清楚作品,就要注重去阅读、欣赏、分析文本,因此,关注作品是文学地理学的一个基础。要通过自己的阅读体验,从作品中发现与地理空间相关的细节、相关的元素,在此基础上才能讨论文学地理学的相关问题。文学之所以为文学,文学之所以与其他意识形态不一样,就是因为文学作品本身的丰富性与差异性;一个民族没有好的文学作品,那他自己将自己的文学与文化叫得再响也是没有人承认的;一个作家没有好的作品,他自己将自己看得再高也是没有意义的。文学地理学研究要以文学为中心,也就是要以作家作品中心,因此,对于作家作品本身的分析与欣赏,是最为基础与重要的。文学研究的核心是文学问题,离开了文学作品本身很难谈清楚文学问题;就是从事文学批评与文学理论研究,也是不能完全离开文学作品的;从更宽泛的意义上来说,文学批评与文学理论文本也是一种文本,也是文学研究的一种对象;但是,文学之所以为文学,最为主要的不是那种批评的文本与理论的文本,而是文学创作的文本,即作家创作出来的作品。因此,文学地理学要关注的一个基本对象就是作家与作品;作家对于自然的观察与表达,作家对于地理空间的认识,往往能够改变他的整个观念与视界,并且往往体现在自己所创作的作品里。从作品出发从事文学地理空间问题的研究,是最为现实的一种选择,也是最有意义的一种选择。对作品的理解与分析,就是靠对作品本身的反复阅读;审美的过程是必不可少的,发现的过程是必不可少的,关注其中的细节是最有价值的。英美新批评学者强调文本细读,文学地理学者也强调文本细读,并不是我们故意要向新批评者学习与借鉴,而是文学地理学研究本身的需要,是文学地理学者发现问题的起点的需要。

（2）实地考察。文学地理学强调对文学发生地与文学发展地的实地考察，看一看我们所关注的作品是如何产生的，作家是在什么样的情况下进行这样的作品的创作的。地理学研究特别注意观察，观察自然山川的构成与走向，观察自然天象的构成与演化，并且以各种数据进行分析，最后才能得出结论。文学地理学也要借用这样的方法来研究文学史与文学集群的情况，如文学运动与文学思潮、文学流派之类的构成及其规律，当然，最重要的还是研究作家与作品。比如，如果你要研究郭小川写的《团泊洼的秋天》，去看一看团泊洼是什么样子，那对于我们理解作品会很有帮助。比如，谭恩美长篇小说《接骨师之女》中所写的周口店附近的“仙心村”，如果我们能够到“仙心村”看一看，那对我们理解这部长篇小说，肯定也会有很大的帮助。如果你要去分析某个作家及其作品，他故乡的自然山水环境对其个性气质、艺术风格和艺术形式产生的影响，不去实地考察和研究，是很难理解到位的。所以，我比较欣赏我的老师、武汉大学中文系陆耀东教授为了写《徐志摩评传》，亲自到浙江省海宁市的峡石考察，因此他的书中有真实的照片，对于诗人小时候所生活的环境，也有自己经过亲眼所见、亲耳所闻的第一感觉。这样得来的材料是最真实的、最可贵的，最有价值与意义的，不仅是因为那是第一手材料，而是因为这是实地考察得来的，对于研究者的启示、研究者的发现来说，肯定帮助是最大的。这正是文学地理学所提倡的，也是文学地理学要研究的一个非常重要的方面。文学地理学研究，从性质上来说，虽然是一种美学的研究，但也是一种科学的或者说具有科学性质的研究。

（3）图表统计。既然文学地理学研究要借用地理研究的一些方法，要让自己的研究带有一种科学研究的元素，所以图表统计也是不可少的，或者说要引起文学地理学研究者的重视的。因为，我们要对文本里的元素进行分析，使得你的研究能够有根有据，同时能够上升到科学分析的层面；更重要的是，我们要对经过实地考察得来的一些东西进行数据统计，并得出相关的信息，这种方法还是必不可少的。我自己的体会，就是能够把自己的认识和见解通过图表的方式表达出来，表明你的认识是比较科学的、到位的，而且这样的图表本身表达的能力也是比较强的。具体到文学地理学的研究过程与研究结果，图表统计分析的方法，都是必不可少的。如果你要研究一个地方的气候对于作家的个性与气质的影响，如果你要研究一个地方的山林与海洋环境对于作家的心理与美学趣味所发生的影响，那对于气候资料的图表统计与水文资料的图表统计，就是很有说服力的材料。其实，我早就有了这样的实践。我记得，我在撰写《李魁贤诗歌艺术通论》（作家出版社2002年版）中的两章的时候，往往在每一节中都有例表与图像，当然不完全是为了说明作家的地理来源的问题，主要是为了让我们的理论认识上升到一个科学的高度。所以，我们今后在从事文学地理学研究的时候，获取第一手的数据资料则必

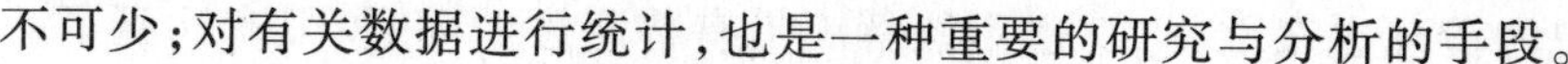

不可少;对有关数据进行统计,也是一种重要的研究与分析的手段。

(4)动态分析。从前一些学者所做的对于作家与作品地理分布的研究,基本上是静态的;动态的分析虽然也有,但往往缺少科学性。我们所提倡的文学地理学,特别强调对与地理相关的文学现象的动态分析,因为在文学地理学研究中有一个很重要的层面,就是对某一种文体、某一个时代的文学历史发展情况的分析,比如唐、宋、元三个朝代作家的地理分布的变化,以及文学中心的转移这个话题,就适合于对之做出动态分析;而分析的结果,也许就是各种各样的图表与图像。这种方法,十分适合研究文学史上某一体式与某一文化中心的地理空间的变化,以及作家作品中地理空间的建构问题。大家可以去看看文化地理学和历史地理学方面的书籍,因为文化地理学与历史地理学研究,也比较注重这样的动态分析,并且其运用已经非常成熟了,有许多成功的个案。就如我们的科学家分析与地理相关的气象变化的时候,要有一个动态分布与演变图,那样看起来就一目了然了;文学地理学研究到相关领域的时候,也是如此。

(5)比较对照。文学地理学研究也需要一种比较与对照的方法,对不同地方的文学与不同时代的文学的研究,对不同环境的文学与不同方向的文学的研究,就是不可不用的一种方法。法国著名学者史达尔夫人,在研究欧洲文学的时候,将整个欧洲的文学分作南方文学与北方文学,北方的自然山水与南方的自然山水并不相同,南方的气候与北方的气候也有很大的区别,这样的研究自然就是一种比较的视角与比较的方法。我们说过,我们将文学地理学当作比较文学的一个研究方向与新的突破口,从比较文学来说,并不是运用比较方法来进行的文学研究都是比较文学,但比较文学在许多时候也不能离开比较方法的运用;不论这种运用是直接的运用还是间接的运用,总之是要将二元以上的对象放在一起来进行考察,自然就带有一种比较的视野与眼光,这自然也是一种对照。在文学地理学研究中,要比较不同的地域、不同的地理空间在作品中的表现,要比较不同作家笔下的自然山水的不同意义与不同表现形式,比如说南方文学与北方文学是不一样的,东方世界与西方世界也是不尽相同的,这就需要做出这样的比较与对照。有比较才有鉴别,因此,运用比较的方法来研究文学地理的问题,的确是必不可少的。

(6)追求一种理论上的建构。文学地理学自然是一种理论,它是作为中国比较文学建设的一个新的分支而提出来的,是作为从地理空间的角度来研究文学现象的一种视角而提出来的,因此我们说它首先就是一种理论;并且,我认为这是建立在文本分析和对意识流变基础上的一种理论,在中国比较文学的理论上是一种非常重要的理论创造与理论关照。因此,在文学地理学研究中,理论思辨和理论想象的能力是非常重要的。一个人写一篇文章或者是思考某个问题,一定要上升到理论的高度,才能够真正解决问题。对一种现象的描述很重要,但那不能解决问题;对一段历史的清理也很重要,那也不能解决带有普遍性的问题;只有达到了一定的深度与高度来进行考察与观察,才能揭示问题的实质与相关的规律。达到一定的深度与高度来认识问题,本身就是一种理论性的认识。所以,我们可以从这个角度来思考文学地理的问题、研究文学与地理的相互联系;我们也可以运用文学地理学的某些方法来批评作家与作品,从实践上为文学地理学的建立提供实证性的资料。但是,我们更要有勇气建构文学地理学的有关理论。要有自己的基本的理论立场,要有自己的一整套的理论观念,要有自己的研究方法与研究的手段。文学地理学要有自己的术语系统,要有自己的基本观念与基本立场,要有自己考察文学的独特角度与思维理路。

不过,文学地理学的研究在西方虽然也有人在进行,但多半都是一种实际的考察,而没有理论观念与方法论层面的东西。在目前来说,文学地理学也许只是一种理论的构想,但随着这种文学批评与文学研究的发展,它会越来越丰富、越来越具有实用性。

刘:文学地理学研究,的确如您上面所述,具有多种多样的研究方式,并且您的思考已经相当全面、相当深刻。文学地理学研究的开展,对于中外文学史的研究、中外作家作品的研究以及中外文学理论的研究,都很重要。邹老师,我想问的是,您认为建立文学地理学的重要意义,具体体现在哪些方面呢?

邹:建立文学地理学,对于文学研究与文学批评,对于中国比较文学的学科建设,对于作家的文学创作与读者的文学接受,都具有十分重要的意义。主要体现在以下四个方面:

(1)可以对经典作家作品进行全新的解读。到今天为止,所谓文学研究,无论中外,主要是对作家作品的研究;而对作家作品的研究,如果真要有新意的话,关键就是要“重读”,就是要对经典作家作品进行重新阅读,目的是读出新意来,进行重新研究;所谓一千个读者就有一千个哈姆雷特,一千个读者就有一千个林妹妹,从共时性的角度而言,是说不同的读者会有不同的理解;从历时性的角度而言,不同时代的读者会对同一个作品进行重读,其结果也是不尽相同的。这样的表述,无论共时性的还是历时性的,都是如此。而从地理的角度重读作家与作品,往往会有新的启示。因此,文学地理学能够对作家作品进行新的解读,会让我们对经典作品有新的理解与新的认识。我们如果从地理空间的角度研究古希腊悲剧《普罗米修斯》,剧中有一个人的形象就是伊娥,她来到普罗米修斯前面,问她未来的命运;普罗米修斯给她预言未来她的逃亡路线,那是一条非常艰难的路程。从这里,我们可以看到剧作家那非凡的想象力,也可以看到当时的希腊人的地理空间,也许就只是南欧那么一个范围,因此剧作家的想象也没有超越那个时代的地理知识圈。从地理空间的角度来阅读作品,前人虽然做过一些研究,但是非常有限,而且很多文章写得过于浅显，没有太大的价值，真正能给我们以启示的文章很少。学术研究贵在创新，选择这样一个新的角度来进行全新的阅读与研究，是学术研究的创新本质所提出的要求。正如我们所知道的那样，文学等意识形态正是奠基于自然空间，如果没有自然空间的存在，那人类的文学艺术都是没有基础的。从这个意义上，我们可以说任何文学作品中都存在地理空间的问题。那么，从这个角度来解读作品，不仅是可行的，并且也是有意义的。重读经典文学作品，最重要的就是角度的选取，从地理空间的角度重读文学作品，自然是一个重要的角度。

（2）对文学史的重写，对整个人类的文学世界的重新建构有较大的意义。从前从地理空间的角度研究文学不够，因此，文学史的写作不论中外，都只是某一种文学史而不是真正的中国文学史或者外国文学史。正如在比较文学兴起以前的文学史，与比较文学兴起以后的文学史，有很大的区别一样；文学地理学研究的成果，可以丰富我们的中国文学史与外国文学史，如果做得到位的话，可以改写整个世界的文学史。地理空间对文学的影响很大，首先是通过作家创作作品，然后是通过读者的文学观念。文学史是作家所创造的，也是通过读者的阅读所建构起来的；没有读者的参与，文学史不可能真正建立起来的。批评家从地理空间的角度研究文学，读者从地理空间的角度解读文学，对文学史自然是一种新的丰富与发展；对世界上存在的文学世界而言，也会是一种全新的建构。至少，我们可以写一本《世界文学地理史》或《世界地理文学史》之类的著作，这样的面对整个世界的文学史，至今没有看到。世界上应当有多种多样的文学史，从各种不同的角度所撰写的文学史；如果只有一种或者少数几种单一的不知从何种角度撰写的文学史，那显然是存在问题的；多种多样的文学史结合起来，才可能构成一部真正的、全面的、科学的世界文学史。

（3）可以对文学理论与文学批评做出新的补充和修正。法国文艺理论家泰纳的文学理论是人所共知的，那是如何得出来的呢？主要是从时代、环境、种族来理解文学，从而构成一种与其他文学理论有别的文学理论观念；而文学地理学的提出与实践，相信也会对当下文学理论和文学批评的发展，提供某些新的补充。从前，我们的文学理论是从社会学的角度建立起来的，考虑的往往是作家与作品；后来，我们的文学理论同时也考虑到了读者与批评，从而建立起了一整套新的现代文学理论。如果我们比较一下中国20世纪七八十年代出版的文学理论教材与90年代中后期出版文学理论教材，就可以得出非常明确的结论：从不同的角度来考虑文学理论问题，可以得出不同的文学理论；从不同的文学理论出发，又可以对同样的作品做出不同的理解。这是一种互为因果的关系，也是一种互为促进的关系。从世界各国的文学理论来看，不同的民族具有不同的文学理论观念，主要就是各自采取的考察文学的角度不同。文学地理学，要求从地理空间构成的角度来研究文学现象,其实是从最基本的现象入手来解读文学,寻求文学的根源,同时也是审视作家所审视过的对象,从作家、作品与读者三个角度考察文学的地理要素,这样的研究一定会对文学理论的发展提供新的材料,从而最终提供一整套文学理论的观念。

(4)对中国比较文学学科的建设做出贡献。文学地理学研究可以看作是中国比较文学研究的一个突破口,并且我们相信中国比较文学可以从具体的文学研究,特别是从一种跨学科的文学研究中得到收益,而得到丰富与发展。最近三十多年来,中国比较文学研究虽然取得相当可观的成绩,但从总体上来看,许多比较文学方面的论文还是比较空洞的,许多比较文学方面的著作还是比较薄弱的。我认为,我们的确有必要从具体的问题入手进行研究;而以文学为中心的跨学科的研究,也许能够真正地推动中国比较文学学科扎扎实实地取得进展。当然,我们这里所说的跨学科研究不能够离开文学,正如有的学者所指出的那样,文学伦理学批评不能离开审美批评,离开了审美、艺术和文学本身,而只讲伦理是没有多大意义的;那么,对于文学地理学而言,离开文学文本而谈地理问题,也是如此。文学地理学研究的是文学问题,落脚点就应该在文学,是与文学相关的问题,而不是地理问题;从文学作品与文学材料中来研究地理问题,可不可以呢?我认为是可以的,但是那应当是地理学家研究的问题,而不是文学研究者应当研究的问题。可以把文学地理学当成比较文学研究的一个方向,也可以只将它当成文学的跨学科研究;无论如何,它都是有前途的。比较文学里面,的确有一个文学与其他学科的关系问题,只是因为世界上的学科太多,那要研究文学与其他学科的关系,是何其不易;一个是文学,一个是地理学,而地理学又是一种包罗万象的东西;所以,只研究其中的一个方面就已经不易,何况还要研究两者之间的关系。但是,比较文学研究本身就具有很大的挑战性,如果我们不能接受这样的挑战,那中国的比较文学建设则很难得到到位的建设与发展。只有当文学地理学等新兴学科充分地建设起来以后,中国的比较文学学科建设才能真正的得到发展,有中国特色的比较文学学科理论才能真正地建立起来。

文学地理学研究究竟存在多大的意义,我想还是要经过一段时间的发展,才有可能明白;一件事情在开始的时候,也许很少有人能够理解它的意义何在;并且,凡是一件新的事物开始的时候,人们往往都不太愿意接受它。文学地理学的提出,也可能是这样的。

刘:根据您上面的论述,从事文学地理学研究的确是很有意义的,文学地理学的提出,无论是对于文学研究者还是地理研究者,都会有很大的启示意义。那么,我们如何从事文学地理学研究呢?究竟从哪里开始呢?邹老师,您能不能具体地谈一谈这个方面的想法?

邹：文学地理学研究既然这么重要，那我们究竟从何处开始呢？这的确是一个问题。就像我们知道了哪里有珠宝，却无从获得，那当然是一个人人关心的问题。我认为不要把学术研究看得那么高深，好像让一般的人都摸不着头脑；真正的学术是活的，就在我们每一个人的身边。因此，我认为从事文学地理学的研究，就是要从身边做起。具体说来，要讲究以下五点。

(1)尽量多了解文化地理学和历史地理学方面的知识。文化地理学与历史地理学是文学地理学的相关学科，也是文学地理学的基础；因为任何文学都是离不开文化的，任何文学也都会处于一种历史的形态。因此，文学地理问题的研究不可能完全离开文化地理学与历史地理学。正如我们所知道的那样，文化地理学与历史地理学的研究，无论中外，都取得了一定的成果，许多东西可以为文学地理学研究所借用。不过，我认为文化地理学的研究过于宽泛，历史地理学的研究比较集中；也许是因为文化本身就太宽泛，而历史主要是讲究线索与发展路线。文学地理学比文化地理学与历史地理学更有研究的价值，主要是因为文学本身的丰富性与创造性。

(2)要阅读和了解前人在地理空间方面研究文学的成果。我已经说过，文学地理学并不是从我开始才提出来的，我并不需要这样的专利权；但是，我所说的文学地理学与从前的学者所从事的相关研究比较，具有自己的独立性与开创性。我所讲的文学地理学是作为一门学科形态，而且是作为中国比较文学的一个新的方向与分支学科而提出来的。无论中外，我们的前人在从地理空间的角度研究文学方面，也有一些成果，我在中国学术期刊网上搜了一下，大概也有几十篇，不过多系粗略之作，少有精专的学术成果。不过，我们也有必要关注前人的成果，尽量了解前人研究的程度与方法，为我所用。国外的研究成果多一些，但往往局限于空间，与地理有关系并不是太大。

(3)要结合自己研究的课题进行思考。大家可以结合自己选定的作家作品，从地理空间的角度思考一下，这样就能够起到事半功倍之效。任何作家的作品，都是在一定的地理空间中展开的，因此，对任合作品进行地理空间的研究都是可行的；但是，我们做研究不能只是到作品中去找某一些地理空间的要素，或者仅仅流于对地理元素简单的统计和介绍，而是要结合具体的研究课题，来进行深入的思考和全面的考察。比如，你是研究华兹华斯的，那么你就从地理空间的角度考察一下华兹华斯的诗歌，他是如何建构自己诗歌的空间感的，他是如何描写自然山水的，其诗歌与19世纪英国的自然环境的联系，等等，这就是文学地理学的研究。比如，你是研究汤亭亭的小说的，那么你就可以从地理空间的角度考察一下，她的小说中的自然山水的描写是如何的，作家以及作品中的人物对于自然山水是一种什么样的态度，作家对于自然生态的保护是一种什么样的态度，体现了一种什么样的生态思想，她小说中的人物与故事是在什么样的地理空间中展开的，等等，这就是文学地理学的研究。从身边做起，从自己的课题做起，文学地理学就是这样的简单，不是像有的人所理解的那么不可捉摸。

(4)要有自己的独到思考。任何研究都只能是一种独到的思考，才有意义；如果对一个问题没有自己的思考，那么就算不上科学研究，就没有必要写论文发表。文学地理学作为一门新的比较文学学科，更是如此。即使有了自己独到的思考，但如果没有想清楚、想深透的话，也不要写成论文来发表。我在三年以前，一直在思考柯勒律治诗歌中的地理空间的问题，虽然发表过三次讲座，但一直没有发表论文；关于古希腊悲剧中的地理空间问题，我也有自己的一点体会，课堂上是讲到过的，但也没有写成论文发表出来。研究一个问题不是容易的，要研究清楚一个学术问题，更是不易。并且我们要以开阔的眼光，处理好与其他学科的关系。只有充分吸收其他学科的东西，才能丰富与发展自己；文学地理学是一个开放性的课题研究，其他的一些传统学科和新兴学科的观念和方法，是可以丰富我们的研究的。我们要让文学地理学从观念到方法、从内容到形式不断地得到丰富，而不要让这个学科封闭起来。有的人也许喜欢关起门来思考自己的问题，这当然也是对的；但是，如果没有与其他学科特别是其他学科的最新成果的联系，那我们也许经过很多深思得出来的一个成果，其他学科的学者或者早就提出来，并且已经解决了。加强文学地理学与其他相关学科的联系，在独立思考的基础上发展文学地理学，这一点十分重要。

(5)要有学科意识。文学地理学是作为比较文学的一个分支学科提出来的，在方法和方法论上要力求有自己的创造和创新，而且只有在每个人的个案研究做得很扎实的基础上，才能逐渐地总结起自己的理论来。文学地理学研究者有没有自己的学科意识，是不是将文学地理学当成一门学科，对于文学地理学的建设非常重要。中国比较文学研究者往往有很强的学科意识，相继提出了“阐发研究”、“新人文精神”、“跨文明研究”、“文学变异学”等；如果我们的文学地理学研究者也有这样的学科意识，那文学地理学的早日建立就有希望。

刘：谢谢您在百忙中接受我的采访，祝愿文学地理学研究早日取得成果；祝愿我们中国的比较文学与世界文学学科取得长足进展，祝愿您身体健康、万事如意！

（原刊《世界文学评论》2008年第2辑）

古代中国自然风水学说的理论来源与当代价值

谭杉杉

谭杉杉（以下简称“谭”）：邹建军先生，我们平时多次听您讲到中国民间的风水与风水理论，由此引起过许多人的兴趣。并且，我们知道您到过许多名人与官员的老家考察，力求以古代的风水理论来说明当下的风水现实，以眼下的风水景观来印证风水理论与观念的合理性与科学性，同时力求以新的风水景观事实来发展中国古代的风水理论。根据我们所了解的情况，社会上的许多名人想向您求教相关的风水问题而不可得。作为当代杰出的诗人与学者，您为什么对中国传统的风水理论有浓厚的兴趣？您是在什么情况下接触到中国古代的风水理论的？在风水理论方面，您是不是与其他风水先生一样具有深厚的家学渊源呢？

邹建军（以下简称“邹”）：我并不讳言对于中国传统风水理论与风水学说的强烈兴趣，平时在忙碌的教学与科研工作之余，一直与我的学生们、同事们一再地探讨过这个方面的问题，并且我自己觉得风水理论并不神秘，相反却真是很有意思。有的人还受到了我的感染与影响，真诚地邀请我到他们的老家看一看美好的自然山水，其实也就是要我看一看风水如何、如何改进。我也的确曾经有过将风水理论运用于当代中国实际生活的实践中，有的时候尽可能地改善他们的生存环境与生活条件。在我的一生中，曾经发生过许多有趣的事情，并且往往都与中国古代的风水理论相关。我自己觉得，我的成长道路与性格气质受到了老家风水格局的深刻影响，受到了从小所生活的由山与水所构成的自然环境的影响。我从来没有在公开的场合以正式的方式，谈论过对中国古代自然风水理论的看法。因为也许在有的人看来，中国古代的风水理论与风水观念是封建迷信，作为当代中国的知识分子，是不能随意讲风水，特别是不能相信风水的。其实这真是一种天大的误解，绝对的误会。中国古代的风水理论与风水观念不仅不是封建迷信，相反却是一门科学，是在中国古代特定的社会形态下产生的一种自然环境科学。这是一门很大、很深、很有意思的学问，不是每一个人都可以学会的，有的时候是天机不可泄漏，不可外传。我今天也只能讲一些可以讲的，可以不讲的也就不讲。我们做人做事要有原则。我之所以对中国古代的自然风水理论感兴趣，在有的人看来真的还有所研究，主要是因为以下两个原因：①来自于我的家学，明确地说是来自于我的父亲以及与当地的风水先生的交往；②来自于我对自然山水的观察与名人故里的考察。

首先缘自我的家学渊源。我的老家，在四川省中南部的一个由许多山脉组成的巨大高台上，其实许多名人都出自于这个高台，包括郭沫若、范长江、张大千、吴玉章、陈毅、刘心武、杨汝岱、罗念生等当代名人，也包括苌弘、赵大洲等古代名人。这个地方其实离省会成都并不是很远，我的老家正在成都以南不远处的山谷里，离成都只有161公里。可以这样说，那里自古以来就是一个神秘的所在，据说出过皇帝与相国，他们具体是什么朝代的，我也不是太清楚，主要是因为时代久远的原因，当地人也并不十分重视这些事情，所以他们也说不清楚。据说有一个皇帝叫刘高，其祖坟就在简家沟的山谷里，乃龙脉所在之处。还有一个叫赵大洲的相国，其祖坟就在一个叫金花庙的地方。在当代，我的老家内江也还出过像张大千与范长江这样的名人，自然也不能忘掉的还有著名学者罗念生以及政府官员杨汝岱等。也许正是这样的原因，所以当地的人们特别相信风水，以至于产生了与此相关的神秘的鬼神文化。在这种自然环境里，我的父亲不知从什么时候起，就开始看起风水来了，后来终于成为了一个风水先生，并且为当地许多人所看重。在我1980年开始上大学以后的年代里，他曾经在业余的时间为当地许多人家看风水，包括阳宅的风水与阴宅的风水。后来听说当地有许多的风水杰作，就是出自他的勘定。我记得很清楚，当我的祖父1974年告别人世的时候，他就曾经请人看了一下风水，在我家背后的山脉之上选了一个风水宝地，那个来自20里之外汪洋的风水先生，曾经自信地预测了我们家未来十年与二十年的发展。现在看来，有的真还是不幸而言中了！在我很小的时候，父亲曾经要我与他一起去看风水。大概是在一个春天的时光里，一大清早，走了十多里山路，来到一个叫马鞍山的地方，那里的山形的确有一点像马鞍，因为是两座光秃秃的山头的连接，形似一匹正在奔走的战马。在那两座山中间的下面坡上，他用锄头挖了几下，用手握住一把松软的泥巴，放到自己的嘴边闻了一下，然后神秘地对我说，这是一个绝好的风水宝地，并在地上做了记号。我当时觉得很是奇怪，一个地方是不是风水宝地，难道可以通过气味来判断吗？当我工作多年以后回到故乡，才发现他对风水的研究已经达到了相当的高度，甚至可以说达到出神入化的地步。这时我才知道，他读过许多中国古代的风水理论著作，对于古老的《周易》似乎也很精通。一个在解放前只读过私学的人，居然遍览中国古代的风水理论，总结出自己一套观察风水的方法，的确是让我惊心。那么，我正是在这样一个具有风水倾向的自然与文化环境里长大的。如果说我受到了老家民间文化影响的话，这可以说是一个十分重要的方面。如果我们当地的人不相信风水，如果祖父去世的时候没有请人来看风水，如果我的父亲不是一个风水先生，如果我的老家没有那么多的风水宝地，如果我的老家没有出过任何的名人，也许我对风水会没有任何的兴趣，对于风水理论与自然山水也许没有任何的感性与理性认识。

其次，来自于对中国自然山水的观察与名人故里的考察。正是受到我老家民间风水现象的影响，我才从小的时候开始注意观察当地的自然山水，似乎也可以像大人们那样在不经意中发现一个风水宝地，说不定一不小心就发现了一个大人们花了多少心思都没有发现的真正的风水宝地，以向当地风水先生们发起挑战。因为风水先生曾说，我们那个地方有一个风水宝地，阳宅早就发现，可是阴宅却一直没有人发现，大家都在努力地寻求这个人人知道但没有人能够确定的风水宝地。在我小的时候，大人们总是在酒后聊天，讲到许许多多的鬼神故事，同时也喜欢讲到诸多风水的现象，许多奇怪的事情，就发生在我们当地，它们不是很遥远的历史，因此，这样的故事与神奇现象，让我们能够感同身受。根据从小听见的种种风水学说，我曾经看过一个叫五梅花的地方，还有罗汉寺，就自然山水环境而言，这两个地方真的还不错，可是在历史上却没有出过杰出人才，因此我也就时时感到种种疑惑。当地人也有种种解释：五梅花还没有成型，也许还要等数百年之后才有可能利用；罗汉寺只是一个庙地，符合左青龙右白虎的风水格局，但不是人间的常人可以利用的。同时，我还看过罗念生先生的故乡连界镇的中峰寺，政府官员杨汝岱祖坟所在地的五皇庙。我虽然没有看出什么名堂来，但这样的考察让我认识到，杰出人物的出现并不是无缘无故的，一定是与当地的自然环境和风水相关。最近十年，我有更多的机会遍游名山大川，看过当代许多名人老家的风水，像毛泽东、江泽民、林彪、刘少奇的老家，我都考察过。同时我也看过一些关于风水的著作，对中国古代的风水智慧有所了解，并且喜欢将种种理论运用于实地考察。我对以自然为基础而形成的中国古代风水理论往往有自己的理解，有的时候落实到具体的研究实践中。如果我对自然山水不感兴趣，如果我对当代名人的故里没有考察过，如果我没有看过有关中国古代风水理论方面的书，如果我对于自古以来的杰出人才与自然山水环境的关系没有研究，那我的风水理论就可能是站不住脚的。以上就是我对古老中国风水理论感到兴趣，并且常常与人谈到风水的神秘性与科学性的原因。

同时我不得不声明，我对于风水并没有精到的研究，至少现在是如此。因为我对《易经》没有深入地研究。从历史事实来看，古代的风水理论主要就是来自于《易经》，没有《周易》就没有风水理论，因为它就是中国古代风水理论的源头。不过大家也要注意，我所讲的是“自然风水理论”，不是纯粹的“风水”理论，即我们考虑风水理论的时候是不能离开“自然”的，具体的、实在的、有名有姓的自然山水是风水理论的基础；如果离开了自然山水，风水也许就只是迷信；如果是联系到自然山水进行分析，风水就可能是科学。

谭：看来每一个人都有自己独立的成长道路，每一个人也都只是根据自己的情况来选择发展道路。从您学术研究的范围而言，风水只是您的业余爱好而已，并不是您的主要研究领域。然而，既然您对中国传统风水理论具有浓厚兴趣，那么，您是不是可以用简洁的语言来概括一下中国古代风水理论的要义呢？中国古代风水理论中最讲究的是什么呢？

邹：中国古代的风水理论是非常独特的一种自然科学理论，是中国古人对于自然山水神奇性的种种理解，有一种自然崇拜的观念在里面。我们的古人认为世界是由五种元素所构成的，于是“金”、“木”、“水”、“火”、“土”就成了中国古人非常相信的“五行”理论，这种理论成为中国古代风水理论的最直接基础。但是，我们不得不承认五行理论本身并不就是风水理论，中国古代的风水理论比五行理论要复杂得多、全面得多。按照我个人的理解，中国古代的风水理论之要义，主要体现在以下六个方面。

(1)山水有灵。中国古代有着丰富的泛神论思想，自老子与庄子的时候就开始产生与存在，并且在后来的历史时代里日益完备，自成体系。中国古代泛神论的基本思想，认为世界上一切的东西包括物质与非物质的东西都是神明，因为他们都是有自己的灵魂的，只是他们自己在许多时候，没有表现出来或者说出来而已。自然山水中的任何事物也都是如此，因此在中国古人看来，河有河神、山有山神，树有树神、风有风神，土地有土地神、太阳有太阳神，湖有湖神、海有海神、江有江神，以此类推，可以说世界上一切的东西都是有灵之物。而在中国古代的风水理论中，山总是存在龙脉的，并且龙脉往往是有自己走向的；水也是有灵之物，它对于人来说是最具有影响的一种物质。在我们从小所见的自然山水里，有的山形像马，有的山形如大象，有的山形像牛，有的山形如燕子，有的山形如龙，有的山形像蛇，有的山形像鸡冠，有的山形像梅花，有的山形像荷花，有的山形像桃花，如此等等，莫衷一是。因此，我们的风水先生才看到江夏龙泉山形成了二龙戏珠的格局，越溪五皇庙形成了千里龙身、脚踏三江的格局，俩母山的五梅花形成了头顶鸡冠石、脚踏五梅花的格局，如此等等。为什么我们的古人都能够将身边的一切山与水进行命名，并且所取的名字都与动物、植物有关，都与神话与传说相关，或者与人的身体相关？情况也许是多种多样的，最为主要的就是中国古人山水有灵观念的种种体现。山水有灵的观念是中国古人的基本观念，只是在风水理论中体现得最为全面与丰富，最为具体与独到。所谓“山”离不开山与谷，所谓“水”离不开江与河，风有风神，水有水神，江有江神，河有河神。如果山水没有神性，那就没有什么力量并且能够称为神，也就不可能实现人与天的相通、人与天的对话。如果离开了山水有灵的观念，中国古代也许就不会形成完整的风水理论。西方也存在泛神论思想，古希腊神话里也有河神与海神，太阳神与月亮神，但在西方似乎并没有形成像中国古代这样的全面的、深刻的风水理论；在西方，人们是不是认为每一座山都有神性，每一条水都有神性，就不见得，最少是不像中国自古以来所形成的山水有灵的理论，并且每一个中国人都基本上相信它。比如说在中国民间，如果小孩子用手指了月亮，第二天早上起来他的耳朵就会缺了一块。这就是相信月亮是有神性的，并且是神圣的了。正由于山水有灵的观念在起作用，风水理论中才有迷信色彩，即中国古人总是将凡是不能解释的东西都当成神与鬼，而神与鬼总是有灵之物。如果能够如此地理解风水理论中的山水有灵的观念，那么我们就不会将风水看成封建迷信；相反，我们却可以将此种理论看成是中国人的信仰，是对于自然山水的信仰，有的时候达到了一种宗教的高度。有人说中国古代没有宗教，其实这就是一种宗教，一种比较标准意义上的宗教。

（2）地灵人杰。所谓地灵人杰的观念，是指中国人自古以来就认为，杰出人物的出现总是有着人文地理方面的原因，如果不是出生于风水宝地，或者其祖先没有生息于风水宝地，其后代是不可能成为杰出人才的。不是每一个地方都可以产生杰出人才，不是哪个地方想产生杰出人才就可以产生。在20世纪，湖北有一个地方叫红安，据考证那里出了两百多个将军、两任国家主席，按照风水理论，就是因为红安那个地方是处于大别山南边的风水宝地，是一个中国中部少有的龙虎之地；湖北的黄梅又被称为教授县，据说临近长江的一条街上就出了一百多位教授，按照中国古代的风水理论，肯定也是有其自然山水原因的，那里是大别山主峰天堂峰南延至长江的一条龙脉结穴之地，龙脉直指长江南岸。如果地不灵，人就不会杰；没有灵气，没有龙脉，人才是不可能产生的。为什么穷的地方一直都穷，而富的地方一直都富？除了时代的机遇之外，应当也与当地的自然风水有密切的关系。据说在清朝的乾隆年间，有一个举人叫戴炯，一天来到湖南中部湘潭的韶山，发现山水如此美好，简直像世外桃源，他觉得十分奇怪。他在为《韶山毛氏族谱》所写的序言中，说了一段大意如此的话：此地山水秀绝，必生奇才，而奇才出现以后，此地当成为中华名胜。一百五十多年以后，果然出现了一位伟人毛泽东，而不为人所知的韶山，就成为了世人皆知的风景名胜。为什么如此神奇呢？他是根据对当地自然风水的观察，懂得一点传统的风水理论，看到此地山势起伏，龙脉奔腾，灵气十足。据我所知，像湖南韶山这样的情况还有很多：在湖南江永桃川周家，据说一个家族里出了二十多位进士；在山西南部的黄河转弯处，据说裴氏家族出了六十多位相国。杰出的人才为什么都集中在一个地方呢？按照中国古代的风水学说，就是因为地灵了才人杰。如果地不灵说明那里不是风水宝地，要想出现杰出人才，基本上是不可能的。人杰与地灵是相关的，地灵是因为自然山水形成了一个适合于人生息的自然环境，那里山有山峰，河有水口，树木葱葱郁郁，时时紫气上升，照中国古人看来，这样的宝地自然与天地相通。如果我们居住的地方具有如此充足的灵气，无论如何是要出现杰出人才的了。韶山就属于这样的风水宝地，所以在其周围还出了刘少奇、彭德怀、粟裕、曾国藩、宋楚瑜等杰出人物。这种情况的出现并不是无缘无故的，是基于自然山水环境与自然地理空间的特殊性，是基于中国古人对于自然山水的种种解释。如果从自然地理与文化地理两个方面来找原因，似乎也可以得到说明。没有哪一个杰出人物的老家是光光的山与残缺的水，并不是所有的山水都有灵气，并不是所有的山与水都存在龙脉，只有存有真的龙脉与灵气的山水才可能出现杰出人才。有的人也许认为现在大家都集中在大城市里生活，哪里有灵气哪里没有灵气呢？我认为是可以发现的，有的部分有灵气而有的部分没有灵气，东湖周围、蛇山一线是有龙脉与灵气的；同时，可以上溯六代看其老家的自然山水。地灵人杰的观念是中国古代风水理论中最基本的观念，这是人与自然山水的相通，人与自然山水就这样发生了密不可分的关系，不然的话人与自然就没有关系。所谓“一方水土养一方人”是也。

（3）阴阳相通。所谓阴阳相通，是指活在人间的后代与已去世多年的祖先之间是相通的，处于阴间的祖先可以保护阳间的后人，由此可见阴与阳是一体化的存在。生活在阳间的我们虽然看不见古人，古人却时时在关注今天生活在阳间的人啊！这也就是为什么祖坟埋得好，后代才可以成才与发财的根本原因。按照唯物主义的理论，人死了以后就不存在了，处于物质形态的人消失了，其灵魂与精神也就没有了；那么，在后人与自己的祖先之间，其实也就只是存在一种纪念与被纪念的关系。然而，中国古代哲学特别是其中的与哲学相关的风水理论，却并不这样认为。这种理论认为，一个作为物质形态的人虽然死了，其灵魂却并没有随着身体的消失而消失，相反却是永远存在的；只是它们不是在人间存在，而是在阴间存在，它们不可能消失于无形。每一个人只是生存于这个世界的不同层面而已，有的生活在人间，有的生活在地狱，而有的生活在天堂。按照中国古代的风水理论，在自己的祖先去世之后，不论多少年甚至数千载之后，祖先所在的地方与其后代都是存在必然联系的。人们可以理解的是，如果我们的居住环境选择得好，或者居住环境得到了改善，后代的生长与发展是会受到影响的；而不能理解的是，为什么祖先风水的好坏可以影响后人的发展？中国古代以阴阳相通为核心的风水理论，其实同时是一种哲学理论，体现了他们对人生与世界构成的根本看法。中国古代风水理论认为，由于阴与阳是相通相接的，祖先虽然已经不在人世而处于阴间，还是时时在关注自己的后代；如果祖先在阴间过得好，那么后代就会有好日子过；如果祖先在阴间过得不好，那么后代也就会有许多的麻烦。这是什么原因呢？因为祖先们如果过得不如意的话，就会埋怨后代们没有关心自己，对自己没有起码的尊重与纪念。所以,有的人就说,如果祖先的骨头在水里,那么后代们就会得风湿病;如果祖先们每天生活在阳光灿烂之中,那么后代们的生活就会海阔天空。我小的时候几乎是天天生病,却也并不是什么大毛病,就是天天肚子痛,全身出汗。每当我肚子痛,祖母就会在那里施法一番,说一定是哪位祖先没有吃好,来找你了。每当她这么一说,真的让年幼的我很是害怕,时时往周围看一看,看是不是真的有人跟着我,他们是不是穿着古代的服饰。其实我从来不认识他们,那个时候我对所谓的祖先没有一点概念。当时我也觉得奇怪,我是一次也没有发现过祖先们的存在,而我的肚子照样痛,有的时候痛得不得了。但由于心理上的暗示,祖母作法以后,感觉是好了一点,说自己的肚子不痛了。在唯物主义者看来,这样的阴阳相通的风水理论,是有一点迷信色彩的。人间出现了什么奇怪的不能得到解释的现象,就往祖先身上推,认为是先在于此的人们在作怪。按照科学理论,这种种现象特别是阴阳相通的理论是不能得到合理解释的。我认为阴阳相通是中国古代风水理论中的基本观念。如果没有这样的观念,那许多风水现象都没有办法得到解释,也没有办法让人们相信并且得到运用。人的灵魂存在不存在呢?我认为在阳间每一个人都是有灵魂的,其实这就是信念与精神。我听说当我还只有几岁的时候,我父亲总是在乡政府的农机站住,并且从来没有出现过什么问题;而当我的嬢嬢去世的时候,他却看见门总是一次又一次被打开,其实当时那里既没有人也没有风,并且他感到害怕,他当时就感到可能是嬢嬢死了。后来发现果不其然,她正是那个时候离开人世的,据说她是要收自己的脚迹,因为她是在那个地方出生的。再就是我的堂嫂39岁那年突然生病死了,我家里的人跑了十多里的山路去到她的母亲那里告知,只是说她女儿生病,要她前去看一看,她却说她已经死了,因为女儿昨天晚上来过了。其实是她的灵魂来过自己从小生活的地方,她母亲看到了。真实的情况是,她的确是在昨天夜里在成都去世了。这些都是我听来的真实的事情,其真实度是确定的。这也有助于我们理解中国古代风水理论中阴阳相通的观念。我这样说并不是完全就相信这种理论的真实性与科学性,只是提出这个问题让大家关注,要让大家认识到不论其理论是不是具有科学性,但阴阳相通的确是中国古代风水理论中的核心内容之一。如果没有阴阳相通,那阳间的人就不能与阴间的人对话,两者就没有任何的关系,那许多思想就没有合理性,中国古代的风水理论就不能成立,更不能运用于生活实践。

(4)五行相生相克。中国古代哲学认为,我们所生活的这个世界是由五种元素所构成的,即金、木、水、火、土,正是由于五种要素的相生相克,世界才产生并构成了多种多样的形态,世界的运转与生命也是由此产生的。其实这是中国古代朴素的唯物主义哲学思想的体现。有人说中国古代没有哲学,我认为五行学说正是中国古代了不起的哲学,有此学说就让中国人能够在世界所有国家的人们面前高昂起自己的头。外国人说中国没有哲学，是基于西方的哲学标准；他们没有想到世界上的哲学是多种多样的，中国人将所有的思想都融入了五行学说里，世界上一切的东西都可以在此得到解释的。通过现代科学研究发现，我们所生活的这个世界上并不是由这五种元素所构成的，世界上处于物质形态的东西之构成元素要比这五种多得多。但是，我们并不能由此否认五行学说的科学性与重要性，在那样遥远的古代，中国人就能够提出世界是由五种元素所构成的这种学说，成为当时世界上一种非常了不起的物质学说，因为它相信世界是由物质所构成的，各种因素之间是有联系的，各种因素也是相互转化的。中国古代的风水理论就是建立在这种哲学基础之上的。一个风水宝地正位的朝向与水口方向是一致的，如果不一致就可能不是真正的风水宝地；人们便可以就此判断此地是属于金还是属于木，而每一个人都有自己的生年生月与生日，于是分别有了自己的属性，也就是说每一个人都是有自己的五行属性的，你是属金还是属木，你与此风水宝地是不是相生，这就有很大的讲究。如果你是属金的，此地是属木，那么你可以到此地安息，因为你与此地是相生的；如果此地是属水的，而你是属金的，那么你就最好不要到此地安息，因为水是克金的。中国古代的五行理论，认为世界是由五种元素所构成的，同时认为五种元素是相生相克的，比如说火克木，水克火，水生木，土生金，如此等等，可以无穷尽地推衍下去，就形成了整套的五行理论。在《易经》里，五行理论是十分重要的内容之一。因此，这就可以决定什么人到什么山向的阴宅，有的人适合而有的人不适合；如果不适合，再好的风水宝地对你来说，都没有意义。因为你与山向之间如果是相克的，古人就不得安宁，后人也不会安宁，因为阴与阳是相通的。阳宅的选取也是一样，有的人适合于此地，而有的人不适合于此地，人的命运就与此相关。在中国古代的风水理论中，有生龙与死龙的区别。有的地方的山之走向看似有龙脉，其实是不存在的；从祖山开始，如果山向不是节节相生的话，那就没有真正的龙脉，更没有所谓的吉穴，就不会有真正的风水宝地。按照一条山的走向，如果先是金而后是木，那就死了，因为金克木；如果先是水而后面是土，那也就死了，因为水克土。真正的风水宝地，从祖山开始的山势走向，一定是节节相生的，而没有一个是死了的。俩母山出来的笔架岩，从祖山俩母山出来是鸡冠石，然后是高顶寨，然后是马鞍山，然后是螺丝顶，然后是观音堂，最后是高耸众山之上的笔架岩，都是节节相生的；山脉的走向是不是节节相生的，是以罗盘的方式经过实地考察才可定下，而不是随便乱讲的。另一从双土地开始到五皇庙的龙脉也是节节相生的，而从金花庙到三星桥的山向则不是真正的龙脉，因为它们虽然有十二个圆山所组成的山，但它们不是节节相生的，而是节节相离的，显然在其末尾是没有真正的风水宝地的。凡是杰出人物的老家风水，其龙脉都是节节相生的。如果有一个地方断了，就没有龙脉的产生，就不可能有真正的风水宝地。所以有的地方看似风水宝地，可是山上都是野草而没有树木，有的虽然有树木，却没有任何光泽，自然就形不成气候。没有气候，没有风起云涌，没有与天相接的神性，自然没有产生杰出人物的条件。五行相生相克的理论是中国古人在《周易》的基础上发展起来的风水理论，成为中国古代风水理论中最重要的内容之一。如果没有这样的观念，就无法确定人的命运，也无法确定什么地方是真正的风水宝地，如果只是靠目测，也许就没有科学性。正是由于五行相生相克的理论的提出，才让风水学说走向了科学与可以测算的境界。不论五行理论本身是不是具有科学性，相生相克理论的本身是具有科学探索性质的，因为它的每一个步骤都是有根有据的，都是以中国古代最重要的发明之一的指南针来进行测量与演算的。当风水先生们以反复地测量与考察而得出的数据为基础，在那里演算一个星期才得出结论的时候，我真的是无法相信他们是搞封建迷信，相反，我相信他们是中国古代的科学家，最少是地理学家。

(5)六十年一甲子。中国古代风水理论认为，世界上的自然山水不仅是由物质所构成的，同时也是不断变化的；这种变化不是人为的，而是由于地球的运转与天体的运行所造成的，说具体一点主要是由地球、太阳与月亮之间的关系而造成的。那么，地球上南北半球的每一块风水宝地，在时间上都存在行大运与行小运的区别。比如一块风水宝地是正卦，1863 年开始上运而行大运，而到了 1923 年的时候则开始下运并行小运；在此转折时期，此地家族的人们接连发生重大事件，他们的家里死了许多人，只是他们当时并不知道这种事情是如何发生的，许多人还以为是风水遭到了破坏，所以他们将大门锁了起来，而只从小门进出。可是还是不能免除令人恐惧的死亡事件的接连发生。可是，到了六十年之后的 1983 年，居住此地的人都开始行大运，在此后的二十年时间里，一大家人都有了很大的发展。按照中国古代的风水理论，到了 2043 年的时候，此地又要开始下运，而走小运了。这就是“风水轮流转”的典型个案。同时，中国古代风水理论也认为，如果一个地方的风水由于人为的原因遭到了破坏，也没有必要过分忧虑，因为六十年之后又会回转，重新成为风水宝地，让居住此地的人们官运亨通，飞黄腾达。唐家新房子本来是一处风水宝地，居住那里的人们由于突出的个性与强烈的渴望，而与另一个家族王家发生严重冲突，于是王家不得不请人破坏其风水。其后山的龙颈之处恰好是王家的所属地，于是以众多的劳动力在那里不顾一切地挖了一口很深的水塘，于是断了唐家新屋的龙脉，在此后的年代里，唐家的确是受到了很大的影响，黄埔军校毕业的高材生，在 1949 年解放的时候居然也被镇压了，其从南京嫁到此地的老婆，也只好被迫嫁给了穷人，过了一辈子，其家族的命运开始走下坡路。可是就是在这个地方，六十年之后，据说龙脉自然地得到了恢复，所以又有姓唐的乡长的产生。当然，这个故事的情况是相当复杂的，并不是我刚才所讲的那样简单。中国古代的风水理论还认为，风水宝地能否得到是与你的祖先是否做好事积阴德有关。据说如果是积有阴德的人，会得到这种转来的风水；而如果祖先没有积阴德，再好的风水也许就不再转回来。这样的风水理论，似乎又与中国古代的宗教思想发生着关系，还与中国古代的人生哲学相关联。六十年一甲子的风水理论，表面上与地球科学理论与天体运行理论相关，然而我对天体运行理论没有研究，所以也不明究竟。于此足见中国古代的风水理论是如何博大与深厚：一个方面连通着人文，一个方面又连通着科学。由此我想到中国古代的历书也是以此为基础的，什么上元甲子多少年、下元甲子多少年，哪些年有灾害，哪些年是大年没有灾害，说得一清二楚。民间有一本书叫《五公经》，上面讲得很清楚。我读过这本书，最基本的就是以时间来预测人类未来的发展，其根据就是天体运行与地球自转而使气候与自然环境发生的变化，与此相应的人类会发生重大事件，并且有的时候可能会让人类的命运发生重大转折。于此可见中国古代风水理论中关于六十年一甲子的说法并不是没有道理的。只是一般的人不了解与认识不了罢了。

(6)阴宅与阳宅的相连与并通。按照中国古代的风水理论，如果此地有一个上等的阴宅产生，那么必有一个上等的阳宅与之相伴；相反，如果此地有一个上等的阳宅产生，那么必有一个上等的阴宅与之相伴。而在对阳宅与阴宅的发现里，相比之下，阳宅好发现一些，而阴宅往往难以寻求。同时，人类也首先选取自己居住的地方，而后才考虑自己的后事。许多地方的风水宝地，都是阳宅利用多少年以后，阴宅还没有被人发现。如果要问为什么会如此，我想另一个主要的原因是因为大地多阴，不易识别。在中国古代的风水理论中，相比之下，阴宅对于后代所起的作用更大，并且是延续性的。阳宅主要是影响当辈人，他们每天在此居住，好与坏的自然环境对于生活在这里的人们所产生的影响往往是立竿见影的。古代中国的风水理论认为，上等的阳宅会影响居住在这里的许多人，而阴宅则可能会影响其后的六代以上。这就是中国古人“阳宅一大片，阴宅一条线”之说。如果选好了一个风水很好的阳宅，那么此地许多人都会因此而生活得更好，并不是只有在正屋所居之人；而上等的阴宅再好，也只是一条线，即它是顺着龙脉的走向而形成很少的几个穴位，但不可能并排许多吉位。以俩母山为祖山的一个地方，风水先生说阳宅已经占用多少代人了，而阴宅一直没有被人发现，至今仍然如此。就是因为大地多阴，并且很不易识别，在那个地方无论哪里似乎都有一点像，因为那里的自然山水呈圆形，各个方位看来都不错，但是找了多少年，哪里都不是真正的风水宝地。越溪的五梅花就是如此，因为梅花有五朵之多，你很难知道其中究竟哪一朵是真正的吉位，而其余的都是假的。真正的大地都有这样的问题，况且一般水平的人无论如何努力，也发现不了；并且风水先生也不可能一时全部给你点出来，他自己往往有所保留；据说如果一个风水先生看得太准的话，他自己会受到很大的损伤，一般而言眼睛会看不见。我的老家流传许多这样的风水故事，说阴阳先生所说的位子一般都会离真正的风水宝地差几米，如果给你看得太准的话，他会要求你家负责他的后半生，因为上天要他为此负出巨大的代价；而一些人家为了得到风水宝地，满口答应；可是当其家发达了以后，却让他与牛一样每天拉磨，后代们早就将上辈的诺言丢在了脑后；可是风水先生的徒弟来看师傅的时候，师傅却以风水的方式报复东家。不论是阴宅还是阳宅都存在这样的情况。阴阳相通的理论再一次集中体现在阳宅与阴宅的统一，有阴就有阳，有阳就有阴，就如世界上有男就有女，有上就有下，有太阳就有月亮，有天就有地，有山就有水，都是种种对立与统一。好的阴宅往往是在阳宅的后山上，好的阳宅往往在阴宅的前脉下，不过有的时候也有错位的情况。中国古代的风水理论，思想来源众多，发展历史长久，其内容十分丰富，并且相当庞杂，这是举世皆知的。

上述六个方面，也只是举其要者而言，并不是中国古代水风理论的全部，也许由于我的理解与认识有误，并不能构成中国古代风水理论之要义。古代中国的风水理论博大精深，并且它是一门相当专业的学问，不是我们在很短的时间里，以一个人力量就能够穷尽的。有的风水先生研究了一生，实践了一生，也只是懂得一点皮毛而已。我的父亲今年八十了，也还在不断地看书、不断地研究，可见中国古代风水理论是一个无底洞，是一门真正的、很大的学问，甚至可以说其主要内容可以构成为一门学科，我们可以称为地理风水学，或者叫自然风水学。

谭：邹先生，有人认为中国古代的风水理论是一种封建迷信，有人认为是中国古人一种认识世界的科学方式；有人认为中国古代风水理论是种种异端邪说，而有的人却认为它是一门博大精深的学问，具有重大的学术价值。那么，您是如何考判以上种种看法的？中国古代风水理论的本质是什么呢？

邹：我并不认为中国古代的风水理论都是封建迷信，我也并不认为它就是中国古人认识世界的最科学方式。这个问题比较复杂，不可一概而论，就像中国古代有一部书叫《周易》，谁能用一句话来对它加以概括吗？中国古代的风水理论从本质上来说是一门具有科学性质的哲学认识论，但其中间杂一部分封建迷信的观念与思想。其实，在中国古代，许多的东西都具有一定的迷信成分，因为那个时代的科学技术水平不高，人们无法了解与认识许多神奇的自然现象。正如西方古代存在着许多的神话一样，一些神话里也具有迷信成分，有一些妖魔鬼怪的内容。中国古代风水理论与此一样，内容较杂，并不奇怪。我们既然不能否认古希腊神话的意义与价值，同样就不能否认中国古代风水理论的意义与价值。所以，我们不能简单地说中国古代的风水理论不是科学或者是科学，一概地肯定与一概地否定都是不对的；并且我们要从本质上来看问题，也要具体问题具体分析，才能真正提出问题与解决问题。对于中国古代风水理论的本质，我有如下四个方面的看法：

(1)自然风水理论是中国古代知识分子对于自然山水进行考察的成果。中国古代的自然风水理论是如何产生的呢？主要是在个体经验的基础上产生的。并不如中国古代的哲学，还有老子与庄子等不同的门派，中国古代的风水理论虽然有不同的内容与特点，但并没有形成明显的派别。从现有的材料来看是如此。北方的风水师与南方的风水师也许所讲的风水构成并不相同，平原地方的风水与山地的风水也并不一样。然而，从古代的自然风水理论而言，并没有形成实质性的多种流派，这是相当清楚的。据我所知，中国历史上曾经产生过许多风水大师，据说唐朝的杨钧松曾经考察过大江南北的自然风水，发现了许多风水宝地，并且往往都写下诗篇。在越溪的五梅花写有这样的一首诗："一盏明灯照中华，半边钟鼓响万家。马过双河吃嗡水，鸡过门坎啄梅花。"诗中涉及当地的七个地名，即"中华嘴"、"钟鼓石"、"万家沟"、"嗡水槽"、"铁门坎"、"五梅花"。其风水理论来自于两个方面：一是他对他之前的中国风水理论的研究与总结，一是对大江南北中国自然山水的考察，他本人特别重视实地考察，每一首诗就是对他考察过的自然山水的描写。杨钧松本人无疑是中国古代少有的风水大师，据说他是专门为皇帝看风水的，那么李家王朝的风水一定是与他有关了。近一点说，据说是从前清皇宫里流落民间的一个风水先生不过五，有一天来到韶山附近讨口，此时正值全国性的大灾荒年，他这样的人也无法生存了。因为一路上就生病，到了毛的门口就倒地不起。后来为毛氏家人所救，两三个月好吃好喝，他是十分的感动啊。离开的时候为了报恩，给毛家说了一处风水宝地。一个外地人是如何发现虎歇坪这块风水宝地的呢？据说他是经过那个地方，正好太阳出来，远望群山环抱，最远处似莲花开放，于是做下记号。他对中国古代的风水理论是了解的，一路逃难一路看，发现此地龙腾而虎跃，后来的历史证明，此地果然为"天下第一福地"。中国古代的风水理论最讲究实地考察，一个个案与一个个案的相加，才发现原来存在许多共同的地方，正像我上面所表述的那样。关于阴宅的发现，关于阳宅的构成，表面上看起来是想象的东西，其实都是日积月累进行考察的结果，后人在此基础上进行理论上的认识，并以此理论来发现新的风水宝地。自然山水自古以来，如果没有发生过大的地质灾害的话，改变不是很大，因此对一个地方的风水的不断考察与认识，就可以成为风水认识的历史；对整个国家的自然风水的认识，时间长了也会构成为一部历史。如果写一部中华风水史，也是可以成立的，而这部历史首先就是实地考察的历史。风水来不得半点虚假，因为不论是阳宅还是阴宅，如果做得不对的话，会出现很大的问题，所以历代的风水先生都是以实地考察为基础来进行风水研究的。如果没有历代风水先生对于自然山水的研究，就没有古代中国的风水理论，也没有与中医一样的风水学说。所以，流传到今天的成体系的风水理论，是中国古代知识分子对中国自然山水进行实地考察与理论研究的结果。没有个体

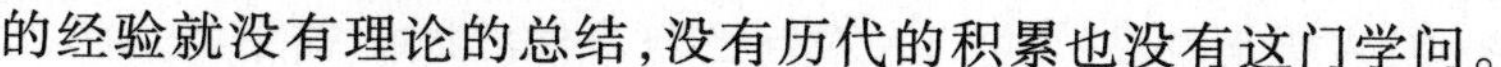

的经验就没有理论的总结,没有历代的积累也没有这门学问。

(2)自然山水理论中的神秘主义,体现了中国古人一种典型的自然崇拜的心理。中国古代风水理论中有神秘主义的因素,这是不能否定的。因此,许多人才认为中国古代风水理论是一种封建迷信,并不认为它是一种科学。比如说有的人就提出来说,一个家族的祖先已经逝去了多少多少年了,他在阴间所在的地方的好坏如何能够影响后人呢?祖先已经到了阴间,他难道还有灵魂?他还可以与后代们心灵相通?他的意念对于后代还会产生什么实质性的影响吗?祖先与自己的后代之间的关系,的确是不太好理解。再比如说自然山水为什么是有灵的?龙脉是不是真的存在?龙脉与人的居处、与祖先的所在是不是存在必然的关系?龙脉是不是表现为气的存在?为什么风水先生不能为一般的人看准龙脉;一旦看得太准的话,不是眼瞎就是耳聋,有的时候连自己的后代也会受到影响?为什么风水先生给别人看了那么多的风水宝地,而自己的祖先往往却得不到真正的风水宝地呢?所有这些,都是中国古代风水理论中值得进行再思考的地方,体现了神秘主义的性质。其实,上述的种种问题是可以得到科学解释的,其实它们所体现的正是中国古人普遍相信的自然崇拜与祖先崇拜观念。因为有自然崇拜的思想,所以有山形像什么就是什么的理论。越溪有一个地方叫五皇庙,并不是因为那里出了五个皇帝,而只是表明那个地方可能会出五个皇帝。为什么呢?因为那里的自然山水是五条龙脉集中的所在。那里有五条山脉相交汇,一条叫青龙,所以有一个村叫青龙村;一条像凤凰,所以有一个村叫碧凤村;还有一条像大象,一条像青狮,一条像黄牛。如果不是出于对自然山水的神往,它们也许看起来像什么并不重要,即使是风水先生也不以为然了。从此可以清楚地看出中国古代自然山水崇拜观念的严重性,正是这样的理论会将一切的自然山水都神圣化,并不是将其当作无生命的东西来看待。同时,正因为有对祖先的崇拜,所以才相信祖先不会消失于无形,而相信他们生命与灵魂的永恒性,所以人们普遍认为他们总是与后代相关并生活在一起的,只是我们阳间的人因为时间的阻隔而看不到他们罢了。但是,具体他们是如何生活的,在世的人却并不深究。如果说中国古人没有自己的宗教信仰的话,对于祖先的崇拜与西方的宗教倒是有一点相似。如果没有这种信念,那么阳间的人世与阴间的鬼神就联系不起来,那中国古代风水理论中的祖先与后代的联系就中断了,古代中国风水理论中的许多问题都说不通了。如果我们能够理解中国古代的祖先崇拜与自然崇拜,许多原来不能理解的问题就可以得到科学解释;所谓神秘主义的东西,也就不再神秘了。所以自然崇拜与祖先崇拜是中国古代风水理论的两大基石。这种神秘主义的本质,也就是中国古代风水理论的本质。

(3)自然风水理论是在历代古人生活实践基础上产生的具有实用性的环境科学理论。中国古代的风水理论其实是一种具有科学性的环境理论,阳宅的观察与讲究是一种环境理论，因为那是生活在世的人对自己与自然之间的关系的认识。为什么大多数的城市都要依山面江而建，主要是因为这里可以取水，也可以防洪，在主要靠船为交通工具的时代，这样的地方最为方便。另一个方面，有山有水，也符合中国古代风水理论中左青龙水与右白虎山之间的关系。为什么阳宅要有左青龙而右白虎，就是左右都要有护山，因为这样的环境有利于防风，而保持适当的温度；为什么前面要有文峰山，因为每天起来看到这样的山峰好看，对于人的精神会产生稳定与调节。为什么后面要有长长的来龙，是因为我们总是要有所依靠，后面有山脉更有利于修建水利工程，洪水不易冲倒了“龙王庙”。正屋的外面不能有高大的建筑，因为如果这样的话就压住了自己的气势；正屋不能对着电线与烟柱之类的物体，是因为这样的尖形物体对人的心理会产生不良的影响；如果实在回避不了的，就要用镜子回光返照，有人以为是迷信，其实是科学。在住屋之中，床的方向不对，就会影响睡眠，有的人也认为是迷信，其实是科学。因为如果与地球运转的方向一致，自然就会睡得安稳一些；如果不一致，就可能会做噩梦。南方的房屋为什么都要求南北向呢？因为南北向的房子采光好，东西向的房屋采光不好，上半天全是朝阳，下半天全是落日。为什么阴宅一定要有来龙呢？因为有了来龙才有生气，有了生气才会让祖先生活得更好，因为它可以保暖、避风。为什么阴宅要有左青龙右白虎呢？因为如果这样的话，前后的山形水势就形成了一把椅子的形状，能保持平稳与安泰，祖先高兴了后人也高兴。为什么前面要有河水或者湖水呢？因为有了水才有生气，才有秀美的景色。风水理论中说“山管人本水管财”，意思是说阴宅或者阳宅的环境中，有了山就会发人，有了水就会发财。这自然只是中国古人山水崇拜观念的一种体现，但从环境科学来说，也是有一定道理的。我的老宅在一面半山坡上，但并不是一座大坡，而是一个平台之山嘴，形成了一个窝子；后山来龙很远，山顶也很高，似乎是祖山之外的第二峰；左有青龙右有白虎，前面形成了一个山环水绕的格局；前面的水是曲水，左水倒右，往前方流去，再向左进，后从右出。这就是一种绝好的风水。所以，风水理论其实是中国古人在生活实践基础上总结出来的环境科学理论，只是没有运用现代术语进行表述而已。

（4）自然风水理论是自然地理学与文化地理学的互渗与融合。一方面中国古代的风水理论是他们对自然山水的认识，另一方面是中国古人对传统文化的理解。中国古代风水理论的根源在于《易经》，金、木、水、火、土的五行理论是中国传统哲学的基石，而阴阳八卦则是关于天地人相生相克的哲学理论。中国古人对于天象的观察与对于地象的观察，都集中体现在了《周易》里面；但《周易》来自于哪里？学术界并没有能够圆满地回答这一问题。其实，《周易》正是来自于我们的古人对于天、地、人的观察，因为它所讲的正是天、地、人之间的关系。文王的八卦是来自于哪里呢？其实就是来自于文王时代中国人对于自然天地的观察与研究，是许多次人生经验的积累。《易经》本身与中国古代的风水理论有关，但《易经》本身并不就是风水理论，我们不能说《易经》就是有关风水的理论。风水理论是在春秋战国之后，在历代的不断积累中产生与发展起来的，又与中国人的自然崇拜与祖先崇拜结合在一起，于是成为一种自然地理学。中国古代风水理论首先是关于自然地理的理论，因为风水主要就是对于山水自然的观察与想象，如果没有山水对象，就没有风水理论；因此，在这个意义上我是很反对说风水理论体现的就只是封建迷信观念；风水理论与中国的传统文化相关，因此在这个意义上，我很赞同古代中国的风水就是与古代中国的中医相类似的理论。中医是对于人的研究，风水是对于自然的研究。因此，我才以“自然风水理论”进行言说，而不是一般意义上的纯粹的风水理论。我讲的是自然风水理论，这一点是很明确的。

谭：邹先生，中国古代的自然风水理论原来如此高深，但又被您讲得如此易懂。那么，您认为中国古代的风水理论停留在古代好一些，还是可以发展成现代意义的理论呢？现代的风水先生是不是真正地继承了古代的风水理论，同时也有所发展呢？

邹：中国古代的风水理论一直处于发展形态，直到现在也没有停止。关于风水理论发展的历史，我真的没有研究，因此要我分几个阶段之类的，我目前还做不到；由于风水理论一直流行于民间，往往处于一种经验的形态，所以真正的成体系的风水理论著作不多，至少在我来说少有见到；就我的阅读范围而言，我没有发现研究中国古代风水理论像样的专著。有一些风水方面的书，对于许多问题没有自己的解释，对于中国古代风水理论的历史形态没有论述，我觉得这是不正常的，这也许与中国人的思维相关。中国古代文论中有刘勰的《文心雕龙》，中国古代的医学有李时珍的《本草纲目》，而中国古代的风水理论却没有像样的理论专著，不知是为什么。中国的风水理论一直处于发展形态，汉代的风水理论与清代的风水理论相比，后者加进了城市风水的内容；古代的风水理论与现代的风水理论相比，加进了现代科学的观念，以及现代科学研究的方法。风水观念在中国民间是十分普遍的，风水观念深入到了中国民间生活的方方面面；然而，自古以来，中国风水理论的发展与传承，主要是靠师傅带徒弟的方式。现代生活中许多人还是相信风水，不论是老人去世还是修房造屋，讲究风水的不在少数。所以，中国古代风水理论在现代社会里得到了广泛的运用，它并没有停留在古代阶段。如果能够将它与西方的环境科学理论有机结合，去掉其中的封建迷信成分，它在今后的社会生活里还会有很大的发展。中国古代的风水理论有着广泛的运用前景与重大的价值。主要体现在以下几个方面：

(1)可以加强中国人对于前辈的认同与尊敬。一个家族的风水好不好，直接关系到自己以及子孙后代的前途，所以对于祖先要时时纪念，要让他们生存得更好一些。中国人与西方人对于前辈的态度是不一样的,这是中国社会稳定的基础与社会和谐的根本。如果认为祖先与自己一点关系都没有,那后代与祖先之间的神秘关系就破除了,人们也许就没有信仰,对于中国社会并不是一件好事;中国人本来没有像西方人那样的宗教观念,如果还要完全破除宗法制,则对中国传统文化的继承与中国社会的和谐稳定不利。

(2)可以加强对于自然环境的保护。如果承认中国古代风水理论中山水有灵的观念,那么我们就要加强对于自然环境的保护,因为如果一个地方的风水遭到了破坏,则很难恢复,那么生活在此的人们则没有任何前途。近年来,由于中国人没有先进的环境保护意识,加上世界整个气候的演变,中国的自然山水环境遭到了极大的破坏,人们的生活环境越来越差,这是有目共睹的。然而,中国古代的风水理论中物有灵的观念,正可以加强人们对于自然环境的认识。这种观念是符合现代社会发展需要的。

(3)可以更有合理性地创造适合于人类居住的环境,特别是城市生活环境。近些年来,中国有越来越多的人生活在城市里,而一些大城市的生活环境其实并不如乡村。因此,如果在考虑任何一项城市建设的时候,能以中国古代的人与自然和谐与阴阳相通的理论进行指导,就一定可以让人们的生活与自然山水相统一。我所在的城市本来是一座自然山水城市,而生活环境却并不如想象的那么好,原因在于我们的城市建设没有规划,城市的设计没有长远性,我们没有很好地利用自然山水给我们提供的条件。一个乡村有乡村的风水,一个城市有城市的风水,一个国家有国家的风水,整个世界有整个世界的风水。就像有的人所说的四川由四条龙所组成,中国最好的风水宝地在洛郑地区,世界最好的风水在欧洲与北美,当然这是大而言之,就流于玄学了。我认为中国古代风水理论中最重要的研究方法就是实地考察法与具体问题具体分析的方法。以此而言,中国古代的风水理论就是一门科学,是一门世界上少有的博大精深的学问。如果我们承认中医的理论价值与当下意义,我们就必定可以承认风水的理论价值与当下意义。

(原刊“中外文学讲坛”2011年10月)

作为比较文学之文学地理学研究的提出

周亚芬

周亚芬（以下简称“周”）：邹老师，“文学地理学”是不是一个新话题？

邹建军（以下简称“邹”）：文学地理学，是我近年来在思考文学问题时比较感兴趣的一个话题，是我为中国比较文学研究的新方向而提出来的一种批评与研究文学的方法。大家知道，“文学地理学”并不是一种新的提法，从前的学者也讲到过，并且也从事过一些有关这个方面的研究；但是，他们所讲的文学地理学与所从事的文学地理学研究，与我所提出的作为文学研究方法的文学地理学，以及作为中国比较文学研究的一个分支学科的文学地理学，并不是一回事，甚至可以说存在很大的差异。既然不是一回事，我们就没有必要再来讨论从前的“文学地理研究”的性质与特征，以及它的意义的问题。因为我认为从前的中国古代文学学者所做的“文学地理研究”与中国现代文学学者所做的地域文化与作家关系的研究，没有很大的意义至少是不具有比较文学性质上的意义。这样的研究与中国比较文学学科的建设没有任何联系。

周：文学地理学研究是如何提出来的？

邹：“文学地理学”的提出，并不是一时的心血来潮，而是有其深厚的思想与文化背景的。“文学地理学”对我个人来说，是有着长期的思考与学术的探索在内的，自然也是与我的出生地、我的家庭环境与我的学术交往圈子、我的学术研究背景等密切相关的。在此，我提供一点个人方面的真实可靠的背景资料，供大家学习讨论时参考。

“文学地理学”之所以能够作为一种文学研究方法而提出，作为中国比较文学研究的一个分支学科而提出，首先是学术研究达到一个新高度的要求。

如果从我在《四川大学学报》1985年第2期发表关于鲁迅旧体诗艺术风格的论文算起，到2007年已经有22个年头了。22年来，我在《文艺研究》《读书》《求是》《诗刊》《中外论坛》《文学理论》《外国文学研究》《当代外国文学》等刊物上发表过一些有影响的论文，也出版过《台港现代诗论十二家》《中国新诗理论研究》《大中华诗学》《现代诗的意象结构》《现代诗学》等学术论著，这些论文与论著，主要是关于现代诗歌与现代诗学的，有的涉及比较诗学研究与比较文学研究的问题。从一般意义上来说，我从事学术研究这么多年，形成了自己的特定研究领域与自我的学术研究风格，也就算是可以了，有的时候我也比较满足，即常人所说的心满意得、不求上进。但是，越到后来我越是深切地认识到，从学术研究的本质要求与更高的学术境界来讲，要成为一个真正有影响的甚至是杰出的学者，必须要有自己独特的研究领域与主导的学术品格。我到华中师范大学任教以后的六年来，看到我身边的学者们都在积极探索属于自己的研究领域：聂珍钊教授在2004年5月于南昌召开的"回顾与展望：中国的英美文学研究"会议上，首次提出从伦理的角度研究莎士比亚戏剧的问题；胡亚敏教授一直致力于研究文学中的政治问题，如西方马克思主义与世界文学的关系问题等。对比一下，我一直在思考这样一个问题：虽然在诗歌意象研究、现代诗学、西方诗学与中国新诗批评方面有所探索，但还没有找到只属于自己的、特定的学术领域。我时时反省自己、反思自我，因此我发现我们的学术研究与西方一流学者的学术研究是存在距离的。经过反复思考与认真的探寻，我觉得从地理空间的角度来研究文学是很有意义、很有价值的一个学术领域。而这个领域，中国学者没有做过，西方学者也做得很少。有的学者虽然提到，但并没有提到学术探讨的层面作为一个问题来讨论，或者说没有作为一个学科与一种研究方法来提倡；并且我越来越认识到这个问题对我来说非常重要，也许可以成为我在未来十年学术研究的方向与标志。

这样的思考是从什么时候开始的呢？有一次，我指导一名教育硕士的学位论文，他问我究竟选取什么样的题目，才算是有意义的？我想了一下，考虑到教育硕士学位论文的特定要求，就建议他分析中学语文教材中所选的有关自然山水的作品，看一看它们与中学生的教育与成长存在什么样的关系。因为在我的印象中，中学语文教材中有关自然山水的篇目还是比较多的，并且很重要：包括中国古代的诗人李白、王维、高适、谢灵运、陶渊明等自然山水与田园诗作，还有华兹华斯、普希金、狄金森等西方的诗人诗作，一般而言，它们对于中学生成长的影响是相当大的。于是我提出下列问题供他思考：中学语文教材的编写者在选择作品时是不是存在什么问题？现有的中学语文教材及其作品选讲，是不是可以并且应该得到一些改进？有关自然山水题材的作品可以分成几类？我们如何教学生阅读这样的作品？学生如何阅读这些作品才会取得最大的效果？自然在人类生活中具有什么样的意义？离开了自然为人类提供的东西，我们能不能够存在与发展？我们要坚持人类中心主义还是自然中心主义？未来的人类应当如何认识自我与自然的关系问题？所有这些，都是我思考文学作品中自然山水问题的开始，也是我思考文学地理学问题的开始。

我很喜欢与学生讨论问题，这是我从1998年开始带研究生以来形成的一种习惯，十多年来长期坚持了下来。张静是一个喜欢思考问题的研究生，艺术感受力、学术判断力与理论思维能力都很强。有一次，我们在一起吃饭的时候，听我谈到地理环境对作家创作所产生的影响，她听得非常认真、十分入神，认为这样的研究也许真是一个未知的领域。我说这样的分析，对文学研究与批评来说是很有意义与价值的，可是现在许多人都不知道，整天在那里搬弄一些新概念与新术语，其实正是弄巧成拙。她听了以后很认同我的看法，并说以后她如果有时间与机会的话，会专门从事这个问题的研究。她的话对我来说，也是一个很大的鼓舞。张静说，如果有时间的话，她要给我做一次关于文学地理学研究问题的访谈。后来她就毕业了，到了黄山学院任教，也就没有为我做有关文学地理学专题访谈的机会。但是，从此开始，我一再地思考一个问题，那就是我们写论文是为了什么？研究学问究竟是为了什么？我们应当做什么样的学问？如何做学问才可以将自己的学问做得博大精深？我做学问没有任何的功利目的，而只是为了追寻真知、求得真理，实现自我的人生价值。那么，写几篇有影响的论文也算是实现人生价值的一个方面，但总觉得少了一点什么。如果能够像西方一流学者那样，以自己的研究开拓一个新的学术领域，让更多的人能够从中受益，那岂不是很好的一件事？于是，我一再地思考文学与地理的关系问题。我选取的第一个对象是分析英国诗人柯勒律治长诗中的地理空间问题，后来又分析了古希腊悲剧《俄狄浦斯王》与《普罗米修斯》中的地理空间问题；在我的博士论文中，也涉及了谭恩美小说中东方与西方时空的对接问题。这就是我对文学地理学问题思考的开始，也是我在文学地理学研究方面的初步实践。现在回过头来看一看，可以发现我从事文学地理学研究还是有功利目的的，只不过不是一种直接的功利目的，而是一种人生价值的追求，要想将学问做得博大精深，成为一流学者的一种愿望。而这有什么不好呢？当我们的学术研究达到一个层次以后，我们只有跃到一个更高的层次才有意义。不然就只是重复劳动，重复前人，也重复自己。

周：看来您是一个不断追求新的学术目标的学者。现今中国所谓学者，往往只是满足于写几篇评职称的文章而已，少有重大学术创新目标的。那么，文学地理学与您的家学有无渊源关系呢？

邹：想起来真还有一点关系。我认为这与我父亲的自然观察及风水理论有关。一个人的童年与少年时代对他的影响，是不可忽略的，对于我来说也是如此。我出生在一个文化传统不是很深厚的四川中南部的山区农村，那里离文化比较发达的城市比较远，近代以来也出过罗念生与杨汝岱这样的人物。现在看来，为什么在那样一个山区里面，能够出一流的古希腊文学学者与国家领导人，许多人也许要从风水上去找原因。我的父亲就是这样的人。

我的父亲是一个风水先生，老家方圆百十公里之内的风水，都被他全面地考察过，并且在许多方面有着自己的理论创见。其风水理论是从自己多年的风水观察与研判实践中总结出来的。从表面上看来，风水好像就是封建迷信，其实不完全是这样。风水学，在很大的程度上是一门科学。像我父亲帮别人断定住房的座位、阴宅的朝向等，都是用罗盘（即指南针）进行精确测量，记下许多数据，然后进行仔细计算，最后才得出结论的。风水学，主要是关于地理环境问题的理论，讨论的是我们要有什么样的居住环境、要为祖先选择一个什么地方来安放自己的遗体，因此我们可以说风水学是中华民族祖先崇拜心结的体现。“风水”本来是一个复杂与高深的地理问题，为什么只以这两个字来概括呢？这也许体现了中国人特有的具象思维。风水学的主要内容是：选取的阳宅与阴宅要避风、避水，房子建在哪里、坟墓修在哪里，阳光充足、山环水绕，要有一种有利的地势，便于大雨之后雨水很快被排走，不要“大水冲了龙王庙”。他对于风水的爱好，特别是他对某一处自然山水的实地考察，对我产生了比较大的影响。这个影响主要有三个方面：①对自然山水神性的认识，原来自然山水还是有生命的，它不仅有龙脉与生气，还可以影响活着的人与外出许多年的人，这就是朴素的泛神论思想在我身上的体现。②对于自然山水本身的兴趣，将自然山水当成自我的一个部分，每天与自然山水，太阳、月亮、星星为伴，也是一种必然的生活方式。至今我仍然记得在老家的天井里看天上的星星时的情景，对天上的世界是如此的神往，对我来说那是一个未知的世界。③培养了我的观察能力，特别是对于自然山水、气象季节变化的观察能力。我对于人世的考察比较少，所以有的时候不太精通人情世故；但我对于自然山水的观察能力很强，而且往往将其当作自我的一个部分，并在此基础上形成了一定的想象力。这为我后来的诗歌写作打下了一定的基础。

在我从小阅读文学作品的时候，就比较注意去观察它们对自然山水的描写，像李白的《梦游天姥吟留别》《蜀道难》，杜甫的《秋兴八首》，苏轼的《水调歌头》，王维的《山居秋暝》，陶渊明的《读山海经》等作品，里面写到的月亮、太阳、星星、山川、河谷等天地万象，不仅描写了人与自然的关系，也表现了自然山川本身的神奇，其实是作家关于地理与空间观念的体现。现在回想起来，为什么我会关注文学与地理之间的关系，这与从小所接受的家学熏陶、自小生活的人文环境有着直接的关系。这样的话题，在别人看来也许不可思议，或者不便于向外人道及，其实我认为没有什么，每一个人都有自己成长的历史，如果我从小没有在风水先生的家中长大，那也许我对于山水就没有特别的感觉，就不会以有情之眼去发现有灵之物，以泛神论的哲学观念来应对眼前的自然万物。也许正是由于如此，从风水的角度来观察作家与作品以及文学流派，才成为很有意思的一个话题。甚至，我可以从一个人的气色看到他老家的山水形态，比如毛主席与他老家韶山冲与滴水洞的山水就是定然全一致的；蒋介石与他老家奉化溪口，特别是雪窦山一带的自然山水也是相当吻合的。我们研究文学作品，其实也是一样的道理，从文学作品中可以观察作家自小开始的生活，特别是与地理空间相关的生活与情感形态。

风水对于一个人的影响是如何发生的，我不是太清楚；但风水理论与对于风水的观察，对我的兴趣爱好所产生的影响，我是非常清楚的。如果不是我的父亲，也许我对于自然山水没有什么印象，更谈不上有研究的兴趣；那么，提倡文学地理学也许就没有可能。

周：邹老师，看来您对自然山水情有独钟。您对外出旅游有特别的兴趣吗？

邹：与其说我热爱人间社会，不如说我更热爱大自然。所以文学地理学的提出与我从小培养起来的对自然山水的格外热爱相关。

1984年大学生活即将结束之前，我到了成都周围的许多地方。现在回想起来，有三个地方的自然山水给我的印象特别深刻。

第一次是大学二年级的时候，和几个同学一起去峨眉山。那个时候真是年轻，我们一路上山与下山，简直就是跟跑步一样。天还没有亮，我们就爬起来到火车南站坐上了南行的火车；来到山下的报国寺，开始直接从峨眉山的山脚爬起，第一天住九老洞，第二天上半天就登上金顶；中午时分，我们开始往山下走，其实是一路跑下来的；到了车站我们直接坐上北行的火车，不到晚上，就回到宿舍里了。那一路上究竟具体看到了一些什么，现在似乎也想不起来了；但那次上山下山的印象真是特别深刻、体验真是特别深切。所以，那一次上山一路上的自然山水风光，给我的印象特别深刻，我是第一次体会到了大自然的神秘与神奇，对我以后的自然观与人生观产生了巨大的影响。

第二次是班上所有的同学一起上成都附近的青城山，由辅导员李老师带队。一路上，环境很幽静，树木很高大。印象最为深刻的，是站在青城山的最高峰看西边的风景，脚下那广阔的川西平原，可以说是一望无边，平原公路上的汽车，一串串的像小蚂蚁一般，这样的景象十分壮观，让我在17岁的时候就对自然的伟大与人生的渺小，有了十分真切的体会。毕业二十周年的时候，我们同学又上了一次青城山，却没有了当年的感受，虽然山还是那样的山、水还是那样的水。去年那里发生了大的地震，如果现在去看青城山，也许感受又不一样了。青城山是道教名山，有“青城天下幽”之说，第一次上青城山的体验也许是最为深刻的，因为当时还没有现在这么多的人喜欢游览名山大川。

第三次是到四川彭山莲花山农场劳动所看到的乡村景象。那里是四川大学的实习基地，那个时候每一个年级的学生都要到那里住上半月，过上一种与世隔绝的生活。在那半个月的时间里，白天劳动、挑水、挖土，晚上吃了饭就和几个同学顺着河流散步，走一段长长的路程，再踅回来。在早晨的时候，对面的山上烟雾飞渡，真正是一个神仙境界。我记得那里的河流里面全是鹅卵石，非常光滑，简直就像艺术品一样。其实，那一路上本来是没有路的，我们就只能在非常狭小的田埂上走；在那样黑的夜晚，有的人打火把，有的人拿手电筒，有的人手里什么也没有，而我们总是能够神奇地回到原来的地方。这样的生活，至今回想起来，真还有一点令人神往。为了纪念在那里的生活，我还写了一本诗集《莲花山》，主要是对自然景观的一种印象，以及我对于自然山水的一种想象。

少年时代的这些看似平凡的人生经历，培养了我对自然山水的喜爱。工作以后，我非常喜爱旅游，也到世界各地与中国内地参加过一些会议，有机会到祖国与世界的名山大川走一走看一看。最为重要的是，我在香港买到了一部在当时来说比较高级的相机，从而喜欢上了摄影艺术。"中外文学讲坛"博客上2 000张照片，绝大部分都是我亲自拍摄的。这几年，我去过很多地方，比如像内蒙古草原、宁波、杭州、南京、桂林、广州、重庆、河南、长白山、大连、苏州、重庆、江西、湖南、西安、太原以及湖北周边的许多名胜风景，还有澳门与香港等，可以说祖国的大好河山时时都在我的梦中萦回。最近几年我也到了德国与日本、越南这样的几个国家，对于东西方国家的不同的自然山水与文化传统，对自然山水与民族个性的影响，都有具体的了解与理解。

在游历自然山水的过程中，我对自然山水的领悟能力逐渐增强，对于与自然相关的一些文物古迹及其文学作品，也有些深刻的领会与独到的认识。这样的人生经历，让我进一步地思考自然山水对于人类的影响、对于作家作品产生的影响。我对人与自然关系等当代性问题，也有自己的一些想法，并一直在思考当代的中国是要采取人类中心主义，还是要采取自然中心主义的问题。但是，我主要是研究文学的，自然就会从自然山水角度来思考文学的问题、文学研究的问题、文学史的问题。如果我没有对自然山水的热爱，如果我没有机会到世界各地走一走看一看，也许就没有机会将地理与文学研究联系起来，即使联系起来，也没有什么深切的体验与独到的想法。可以说，对于自然山水的特别兴趣与热爱，让我往往从自然山水的角度来研究文学，首先是作家与作品。这是我提出文学地理学研究的一个基础。

周：文学地理学研究已经引起关注，《世界文学评论》也开辟了三个专栏，共发表了十多篇论文。您对文学地理学研究是从哪里开始的呢？

邹：是从对英国湖畔诗派诗歌的初步研究开始的。文学地理学究竟研究什么东西？我们从哪里开始来做这样的研究？前一段时间，一个偶然的机会我把以前写的一些稿件翻出来，一看才知道，我写过6篇关于华兹华斯诗歌的论文初稿。这几年由于工作太忙，一直没有时间去进行修改，也没有拿出来发表；这些文章，短的两三千字、长的五六千字，从各个不同的角度讨论了英国诗人华兹华斯的诗歌；

其中一个很重要的角度就是自然山水观察。我才发现我原来已经开始了对华兹华斯诗歌的文学地理学研究，只是这是一种不自觉的研究。同时，我发现柯勒律治的诗歌很有地理方面的因素，于是开始了对其诗歌的地理空间考察。我记得在去年的时候曾经和大家一起，讲过一次柯勒律治诗歌中地理空间的问题，很引起了一些反响。所以，我关于文学地理学的思考，并不是自现在才开始的。大概在三年前，我就对文学地理学的相关问题有了自己的初步思考，在批评诗歌与研究小说的时候，往往从地理空间的角度进行观察，往往也有自己的心得。有的写成了文章，有的没有写成文章。对于英国湖畔诗派诗歌的研究，就是属于这种情况。

可以这样说，对华兹华斯和柯勒律治诗歌的研究，是我对文学与地理关系思考的直接现实。大家知道，19世纪英国湖畔派诗人的创作和自然山水有着密不可分的联系，如果缺乏对自然山水的这种领悟，湖畔派诗人的诗就不是现在这个模样。湖畔诗人有一段时间居住在昆布兰湖区，那里的湖光山色是其诗歌写作的起点，自然山水成为其诗歌的重要主题。从自然山水的角度来切入英国湖畔诗人及其作品，自然是一个很恰当、很独特的研究角度。从前的学者也并不是没有关注过华兹华斯作品里的自然山水，但往往是作为题材与主题看取，如此而已。那么，湖畔诗人的作品里的自然山水是不是只是一个题材与主题的问题呢？远远不是，本质上也不是。只有将其中的自然山水与地理空间联系起来，将自然山水作为其诗歌存在的地理空间背景与基础来看待，才触及到事物的实质，才会揭示出更重大而深刻的问题。如果我没有接触到华兹华斯与柯勒律治的诗歌，我对文学地理学的思考也许不会具体与深入，也不会有什么结果。

周：听说您的女儿邹茜对您文学地理学的研究有较大影响。她对您这文学地理学的提出是不是真的有影响呢？

邹：当然也有一定的影响。具体说来，女儿对于世界地理知识的陌生使我产生了触动。家庭对于人的影响是巨大的，如果说性格决定命运的话，家庭往往也决定一个人的成长与发展走向。前面说到父亲由于对风水的热爱对我所产生的影响，其实我的女儿对我的触动也很大。情况是这样的：我的女儿上高中的时候，有一段时间地理课程总是学不好；虽然她花费了很多时间和精力，效果似乎也不够理想。于是，我买了一些中国地图与世界地图，挂在她的房间里，挂在我们的客厅里，让她每天去观摩一下，对于地理的感觉才渐渐有了基础，后来终于学得也不错。

因此，我也一直在思考，中国的或者世界的地理构成与地理问题，真的有那么复杂吗？回想到高中时期的自己，地理成绩还是很优秀的，也许是因为地理老师刘亲瞿先生特别敬业与优秀的缘故。近些年来，我自己也去买了好几本有关地理知识的书籍，有人文地理学、文化地理学、历史地理学、军事地理学等等，看了以后总也还是有所收获；只不过因为那些都只是一些教材，读了以后终于觉得比较浅显，对于我所构想的文学地理学研究来说，的确没有太大的帮助。地理对于人类来说究意有什么样的意义？人类对于世界的认识在多大程度上就是对于地理空间的认识？如果没有地理空间，人类能不能够生存与发展？现今的地理研究对于文学研究究竟有什么样的启示意义？人文地理学、文化地理学、历史地理学、自然地理学、经济地理学、军事地理学，这么多的分支学科之间究竟有多大的区别？它们对于文学地理学会产生什么样的影响？从事文学地理学的研究，是不是也会像我的女儿学地理那样不太容易？

我这里讲的其实是一个背景，也可以说是一种偶然性的事件。为什么要从地理空间的角度去研究文学，现在回想起来，这也是一个重要的、直接的原因。说起来也许是好笑的、有趣的，但的确是构成我文学地理学情结的最近的一个因素。

周：文学地理学是作为中国比较文学研究的突破口而提出的。那么，您认为它对未来的中国比较文学学科的建设有何重要意义？

邹：文学地理学的提出正是我对中国比较文学研究所存在问题的思考及其结果。

三十年来的中国比较文学研究，取得了巨大的成就，开创了世界比较文学研究的一些新领域，如中外文学关系研究、文学人类学研究、译介学研究与文学变异学研究等。但是，中国比较文学研究也存在一些问题，有些问题还相当严重，比如西方比较文学理论的借用问题、比较文学研究的空洞化与抽象化的问题。如何解决中国比较文学研究中存在的问题？我想走一条更加实在化的道路。从地理空间的角度来研究文学，研究文学作品中存在的地理空间问题，让比较文学研究尽可能地提出与解决一些实实在在的问题，也许可以形成中国比较文学研究的一个突破口。聂珍钊教授提出的文学伦理学研究，一个是在文学研究方法上的意义，一个就是比较文学研究上的意义；而本人提出的文学地理学研究，也具有这两个方面的意义。中国比较文学是一种实学而不是一种虚学，是一种学术研究而不只是一种理论表述。那么，从地理空间的角度研究文学就是从作家与作品出发，研究其中存在的地理问题、空间问题、自然山水意象问题、审美空间的建构问题等等，其实这正是中国比较文学学者要突破自身局限的重要维度。

需要特别指出的是，以上只是我提倡从地理空间的角度研究文学的一些原始的想法，并不是我的文学地理学研究的主要内容或主要方法。我之所以关注文学中的地理问题，是以上种种因素的一种综合，正是这多种多样的偶然原因，让我深化了对文学与地理关系的思考，一个全新的想法渐渐地浮出水面——作为比较文学研究新领域的文学地理学。"文学地理学"与"文化地理学"之类的概念，并不是从我开始的，前人也曾经有过类似的说法；但是，我所讲的"文学地理学"与前人所提到过的"文学地理"是存在很大区别的，甚至可以说是完全不一样的，不论是基本的观念、研究的内容与研究的方法，都是如此。

"文学地理学"与"文化地理学"看起来只是一字之差，其实完全不是一回事，至少我看到的西方学者的"文化地理学"还是从前的文化研究，与地理研究没有什么关系；"文学地理学"与"文学伦理学"看起来也是一字之差，其实两者在基本理念、研究内容与研究方法上，也具有很大的区别，所指向的目标是不一样的，所采取的路径也并不相同。我个人认为，"文学地理学"研究对于文学研究来说具有基础性、前沿性与探索性的意义。只不过我们要渐渐将"地理"从"地理空间"中脱离出来，才不至于与西方的"空间批评"相混。

周：邹老师，文学地理学作为比较文学的一门分支学科，其基础理论和研究方法的问题，不知有何考虑？

邹：文学地理学研究当然存在一个基础理论的问题。我在《文学地理学研究的十个关键词》中作了初步的探讨，提出了一系列概念进行辨析。如果有时间的话，我会集中思考与探讨有关这门学科的理论和观念的问题。但我认为，文学地理学首先还是一个实践的问题，任何新的理论都应当是从具体的实践中得出来的。因此，我们应当注重从地理空间的角度来分析国外国内的作家作品，探讨文学作品中所存在的地理空间建构问题，以及自然山水环境对作家及其作品所产生的影响。如果这两个方面的研究做好了，文学地理学就建立在比较扎实的基础上了。关于研究方法的问题，适当的时候，我再给大家讲一讲"我们应当如何从事文学地理学研究"。总之，我认为文学地理学研究是一个很有发展空间的领域，值得我们花费数年甚至数十年时间进行探讨。

（载《世界文学评论》2009 年第 2 辑）

外国文学研究

我的少年时代与外国文学

罗俊容

罗俊容（以下简称“罗”）：您最早读到外国文学作品是什么时候？

邹建军（以下简称“邹”）：我最早读到外国文学作品可能是在高中，当时的语文教材中选入了一些外国的小说与诗歌，不过到今天我是一点印象也没有了。教我们高中语文课程的，先后有两位老师：一位是我们的班主任，叫袁正气，好像是毕业于东北大学中文系；听起来那个学校好像是在辽远的东北，其实是在四川。那时正值抗战时期，东北大学迁到了四川省的三台办学，他读的正是那里的东北大学。这位老师对人要求极为严格，全班的同学都很害怕他。记得有一次，我的物理半期考试不及格，他把我痛骂了一顿。我当时很不以为然，因为我要学的是文科，不是理工科；后来我才知道，由于我的父亲的关系，他对我的期望很高，而我当时实在做不到；一个刚从真正的山村学校毕业的初中生，一切都还没有基础，真是难为他了。天还没有亮，只要时间一到，他就要每间屋子来敲门，要我们全部都起来跑步，女生宿舍也照样敲。于是，我们看到他每天早晨很早起来，围着一个叫“五四楼”的很大的教学楼跑上三五十圈，似乎是想长寿；后来才知道，他其实只活了60岁多一点。可见，如果一个人长期过度地运动，也是有问题的；不过他那种长年累月地坚持做一件事的精神，对我影响极大。

另一位语文老师叫杨铁铮，他是南京中央大学中文系毕业的高材生，并且他有一个姐姐是中国当代一个有名的诗人和散文作家，好像叫杨星火。他记得许多的形容词，很多时候，在课堂上，他总能够用一串串的词语来形容同一个事物，当时让我们这些不懂事的学生觉得好笑。这位老师十分敬业，从来不放松对学生作文的要求；对于学生的作文总是一字一句地加以修改，不会放过任何一个角落。而我们现在好像很少有那样的老师了，因此我一想起这两位语文老师，就会对自己的研究生更加关心、更加严格地要求。有人曾经问我，说你为什么对自己的学生，好像对自己的小孩子一样？我说是的，我是将自己的学生不论是本科的学生还是研究生，都当成自己的儿女，希望他们比我更有出息。其实，我的文字功夫就是那个时候在两位老师的严格要求下，坚持每天写日记练出来的。也许现在的人很有一点不可理解的是，当时我们的日记是每天交给老师批改的，没有任何隐私可言。好在那个时候我没有谈恋爱，暗恋的对象也没有。

罗：对您的创作真正产生影响的是哪些作家作品？

邹：我真正接触外国文学作品，是在四川大学中文系成为一名大学生之后。当时教我们的外国文学课程的，好像是龚翰雄和伍厚铠，偶尔还有石朴先生。他们在课堂上究竟讲了一些什么，我的确是记不太清楚了，但觉得外国文学作品很好玩，不仅给我们展现了一个五彩缤纷的世界，并且让我们觉得外国人与中国人的想法，往往是不太一样。我当时读得比较多的是歌德的诗、普希金的诗、雪莱的诗和狄金森的诗。我对于歌德那种直抒胸怀的抒情诗像《五月之歌》之类的情诗，是十分喜爱的，并且多数都能背诵；美国女诗人狄金森的诗虽然简短，却相当精致、相当深厚，在语言、意象和结构艺术方面都相当讲究；但我认为泰戈尔的诗没有什么好读的，没有味道，过于空泛。因此，我在早期基本上没有写过像泰先生那样的散文诗，更多的是像歌德与普希金先生那样的抒情诗，这样的诗多半收入我的《岳奇早年抒情诗66首》。

我最喜爱的可能还是古希腊的悲剧和莎士比亚的戏剧，我读过许多遍，那种雄伟的气势、善辩的口才、象征性的意象、有色彩感的语言等，让我十分憧憬，并且我也学着写过一些戏剧的片断。喜欢前者可能是因为我有一个老乡叫罗念生，那位先生可真是古希腊罗马文学研究方面的专家，译了古希腊悲剧二种，还有亚里士多德的《诗学》之类的重要理论著作。不过，当时我并不知道他就是我的邻乡人，只知道他与我是一个县的；后来我才知道，他不仅与我是一个县，并且还是一个区，那个时候在中国的许多省还有区的设置。那个地方叫连界场，“界”读“盖”，而我们小的时候晒场上有一种工具叫“连盖”，我一直以为那里产的连盖比较好，不然为什么叫“连盖场”呢。后来才听说，他的父亲也就是在我的老家那个山崖上教私学的一位先生，我问过我的父亲，他说从前那里是有一所私学，不过他并不是那里毕业的。这是我1988年到北京访问罗念生先生时（那时他是中国社会科学院外国语言文字资源与信息化研究所的研究员）才知道的。如果我早知道，说不定早就开始研究古代希腊的文学了。喜欢莎翁的戏剧，倒的确是因为他的作品的艺术魅力。他那些悲剧《哈姆雷特》《李尔王》《暴风雨》等，我是随时读的，每一次阅读都令我十分激动，有的时候甚至彻夜难眠。

罗：您对外国文学的研究主要集中在哪些方面？

邹：我开始研究外国作家作品，虽然是近年来的事，但我对于外国作家作品历来是感兴趣的。在我的《现代诗的意象结构》里，就有许多节，都是以外国诗歌作为研究对象的。那是一本研究诗歌艺术与理论的书，好像可以算作是比较诗学的范畴，因此不是专门研究外国诗歌的。我的主要观点是：诗歌是以意象艺术为中心的，没有意象就没有诗和诗艺术可言；表面上看来只有中国诗歌特别是中国古典诗歌才讲究意象艺术，其实西方诗歌也是很讲意象的，只是其内涵和形式有所不同罢了，这都与中西两种文化传统、两种思维模式、两种美学体系密切相关。后来，我和已故的龙泉明教授合作撰写过一部《现代诗学》，表面上好像是属于陆耀东老师主编的《中国诗学丛书》，其实是一部标准的比较诗学著作；只要清楚地认识到20世纪中国文学从来不可能离开西方文学而独立存在，就会得出这样的结论。现代许多诗学观念并不是从中国自己的传统文化里来的，从自己的根上产生不了这样的一些诗学思想，其实它们都来自于法国、英国、美国、德国甚至日本的诗学流派与诗学思潮。在这部著作里，涉及了波德莱尔、瓦雷里、克罗齐、歌德、雪莱、济慈、艾略特、叶芝、兰波等西方诗人与理论家的诗学思想，更多的亚里士多德、柏拉图、贺拉斯、莱辛等文化大家的诗学观念。

近几年来，我关注与研究西方文学，有这样三个点：①英国湖畔派诗人的作品，我已经发表过关于华兹华斯、柯勒律治的论文3篇，指导研究生撰写过关于华兹华斯诗歌论文7篇，关于柯勒律治诗歌的论文5篇，全都在相关学术期刊上发表了；并撰写了聂珍钊教授主编的《英国文学与道德》中的19世纪浪漫主义诗歌部分；②易卜生诗歌，我很有研究的兴趣，撰写了长文《易生诗歌的伦理主题》，收入《第三届易卜生国际学术研讨会论文集》(外语教学与研究出版社2007年版)，并指导研究生撰写过6篇关于易卜生诗歌的论文；③美国华裔文学的文化属性问题，我主持了一个国家社科基金项目《美国华人文学与中外文化》，已经完成了前期基础性的工作，在这个过程中，我指导研究生撰写此项目子课题论文7篇，正在修改发表中。我相信我会按时完成这个项目。外国文学所涉及的面太广，上下数千年，纵横数万里，一生一世是无法穷尽的。因此只能选择一些点进行研究，这样才容易集中深入，重点突破，有所成就。有的人说他研究东方文学与欧美文学，这在我的确是无法做到的。

罗：您对中国近年来的比较文学研究有什么样的看法？

邹：对于近些年来中国的比较文学研究，我有自己的看法(参见《以科研体验为基础，以教学实践为目标》，载《外国文学研究》2005年第6期)。中国的比较文学学术论文和专著出得比较多的，往往是比较空洞的理论建构，而少有扎实的文学关系研究，因此中国比较文学的根基是不牢的。中西比较诗学的研究是有成就的，如曹顺庆教授的《中西比较诗学》等；但中外文学关系的研究，虽然有一些成果，但都还处于比较浅显的层次上。

中国的比较文学研究要与西方拉开距离，首先是要有对中西文学发展史上的史料的发掘与整理，要到国外去找一些原始的资料，并与中国文学的历史发展联系起来，才可能产生真正有见地的、符合历史事实的成果。研究比较文学，首先是史料与作品：如果没有史料，那就没有办法做学术研究，特别是影响研究；其实平行研究与跨学科研究也是不可能离开史料而胡说八道的；如果没有对于作品的欣赏与批评，则根本不可能研究作家；如果对于作家没有深入而独到的研究，则很难说自己研究那个国家的文学。因此，我同意聂珍钊教授的说法：中国缺少真正的研究作家作品的专家，不是缺少理论家；相反，空头的理论家对于我们这个时代而言太多了一点；当然，真正有自己的独立建树的理论家还是太少。

比较文学研究并不一定要将“比较”二字挂在标题上，像从事“文学伦理学批评”，并不一定每篇论文的标题都不能离开“伦理”二字。文学伦理学批评的实质，就是比较文学研究中的“跨学科研究”，也是一种历史影响研究的课题。为此，我近年来撰写了《文学伦理学批评的三维指向》《文学伦理学的独立品质与兼容品格》《文学伦理学批评的实用性与有效性问题》《易卜生诗歌的伦理主题》《湖畔诗人的伦理探索》等，也就是在比较文学特定研究领域所做的一点努力。

（原刊《湖北作家与外国文学学术研讨会论文集》，中国知网 2010 年）

中学语文教育与比较文学基本理念

胡雅玲

胡雅玲（以下简称“胡”）：邹教授，您从事比较文学与外国文学研究多年，出版过多种比较文学与比较诗学研究专著，对比较文学学科理论、比较文学学科研究中的文学伦理学与文学地理学有精深的研究；同时，您对中学语文教育也多有涉猎，培养了数十名硕士与博士，可以说是一个成就卓著的文学教育家了。我想问的第一个问题是，当代中国的语文教改这些年，语文新课标实行也有好几年，您如何评价当代中国的中学语文教改？当前的中学语文教育存在什么样的问题？

邹建军(以下简称“邹”)：我是从中国现当代文学研究转入外国文学与比较文学领域的，自1998年开始招收的研究生是文艺学专业的中国诗学与比较诗学方向的，因此对于几个学科的情况以及相互之间的关系也比较熟悉一点。这几年给本科学生讲《比较文学》课程，给研究生讲授《中英文学关系》《中西文学思潮》与《文学史前沿》等课程，对于比较文学的基本理论与重要理念也算是有一定的了解。至于中学语文教育与教学，我主要是通过指导教育硕士的论文，同时通过女儿在中学的语文学习才有所了解，并没有做过专门的研究。我个人的感觉是中学语文教育在最近十年取得了长足的进步，教师的教学水平有了很大的提高，学生的语文学习水准也有了显著的提升，所以说中学语文教学改革是有成效的，但成效并不是十分令人满意。从高考的作文写作与自主招生中的特长生情况来看，中学语文教育的确是在新课标的要求下有了很大的改善。原来那样一种使用教材五花八门的情况有所改变，教学中只注重向学生满堂灌的情况也有所改进，背诵几条术语与观点而应付期中与期末考试的局面有所改善。因此，我们发现注重对学生的读与写的训练，已经成为许多中学教师的理念，许多学生都写出了好文章，在作文大赛中多次获奖，报纸上发表了许多中学生的作文，有的报纸还专门办有中学生的作文专版。不过，我这里所讲的只是一种总体情况，并不表明所有中学语文教育都达到了同一水平。如果要说中学语文教育存在什么问题的话，我认为主要存在这样三个问题：①现代教育观念没有受到重视；②读原文的传统没有得到真正的恢复;③各文体的写作没有取得更好的效果。传统的学术观念在语文教学中占据了重要地位,而现代的教育观念没有受到应有的重视。现代的教学理念是根据新的形势要求而提出来的,而一些知识结构老化的教师改变起来有困难;读原文本来是中国古代教育的特长,然而应试教育中不可能得到落实,语文篇目是为审美而设计的,如果没有阅读与背诵就没有审美的过程与审美的体验;作文的形式是多种式样的,笼而统之的作文概念很难体现学生对于文体的把握,所以小说、戏剧、散文、诗歌、游记、日记、杂文、随笔、评论等多种多样的文体,都要受到同等重视。问题是多种多样的,解决问题的方式也是多种多样的,并且不可能在一时之间就全部解决,可以有一个先后秩序。我认为观念决定方法,方法决定成败,因此中学语文教育与比较文学理念就成为一个重要的话题。比较文学理念对于有的中学语文教师来说,也许是比较陌生的,然而它特别重要,因为它正是当今世界最基本学术理念与教育理念的集中体现。

胡:邹建军先生,从您个人的理解来说,比较文学作为文学研究中的一个热点与一种新的研究方法,它拥有哪些最基本的理念?这些理念对中学的语文教育具有什么样的价值与意义?

邹:比较文学作为文学研究中一种新的研究方法,在当前的中外文学研究中得到最广泛的运用,取得了重要的进展,为中外学者所共同关注。其实,这种研究方法是体现了一种新的学术理念的。

比较文学最基本的理念,主要体现在以下四个方面:

(1)比较的理念。从前的文学批评与文学研究者,往往就作家论作家、就作品论作品,因此许多时候我们的文学批评与文学研究就是"只见树木、不见森林",只知其一、不知二。这样的视角如果能够集中与深入对象,也并不是不可以存在。然而,真正要认识到一个作家与作品的价值与意义,还是在将其放在与他者的比较之后,才会有更准确与更深入的把握。我认为比较文学研究中有两个最为核心的术语,一个是自我,一个是他者。自我无疑是重要的,因为没有自我,就没有文学批评与文学研究,任何见识都是建立在自我的阅读与体验基础之上的;但是,只有自我而没有自我之外的他者,就不会有比较的视角与比较的视野。那么,我们对于作家与作品的判断,也许就只限于自我的一己私见,不会有科学性,也就不会真正地发现所谓的真理。虽然有人说"比较不是理由",似乎比较没有任何的意义,我并不这样看。比较文学之所以能够成为一门独立的学科,的确不是由于比较方法的采用。然而比较文学最为基本的理念还是在于"比较"二字,也就是说在比较文学研究者看来在自我之外要有他者的地位,要处理好自我与他者之间的关系。正是这样,比较文学的多元视域才能建立起来,才有从不同的角度来审视同一个作家与作品的可能性。比较文学学科建立的根基虽然不是比较,但比较却一定是比较文学研究的基本理念，比较文学学科一定不能离开“比较”。因此，在中学语文教学中，教师一定可以从比较的角度来对相关的课文进行讲解，比如，我们在讲鲁迅的《狂人日记》的时候就可以联系果戈里的同名小说，讲李白《静夜思》的时候就可以联系彭邦桢的《两个月亮》。一个是中外的联系，一个是古今的联系，都是名家与名作，看一看他们之间发生过什么样的联系、存在着什么样的差异。这样的讲解就比单纯讲一个作品更好，至少是可以让学生从一种比较的视角对相关的作家与作品进行思考，可以为他们接受中外古今的文学打开一个新天地，让他们认识到在中外文学史上原来还有那么多的同类作品，不仅扩展了学生的知识面，而且可以让他们思考更多的问题、探讨更多的文学现象。

（2）跨越的理念。比较文学研究在本质上是一种具有跨越性的研究，主要体现在跨文化、跨语言、跨国度与跨学科，不是要求研究对象同时要跨越四个方面，只要能够跨越其中的一个方面，就可以体现比较文学的跨越性。有的学者甚至认为如果研究的对象没有跨越性，就不能构成为比较文学研究。有的学者将其概括为“四个跨越”。比较文学的跨越性，主要体现在两种民族文化的跨越，即我们研究的对象只要是两种文化的跨越，就能够体现出独立的比较文学的意义，即认识到两种文化之间的文化差异，因为这是两种文学存在可比性的基础，是两种以上的文学之所以存在各自的价值之最根本的原因。在四个跨越中，跨国度与跨民族并不说明实质性的意义，或者说这只是一种形式上的跨越。从一般意义而言，只要跨越了语言也就跨越了文化，然而也不尽然，比如英语世界中却存在多种多样的文化。因此，跨越性的理念其实就体现在跨越文化上，只有跨越文化才与文学的不同特点产生密切的联系。跨越性的理念与中学语文教学有什么联系呢？如果能够体现这种跨越理念，可以让学生的知识面得到更大扩展，尽可能地在两种文化的比较里来认识作家与作品等文学现象。我们在讲郭沫若早期诗作《凤凰涅槃》的时候，就可以联系到阿拉伯的民间传说与印度的佛教文化来认识“菲尼克斯”意象；我们在讲曹禺话剧《雷雨》的时候，就可以联系到易卜生名剧《玩偶之家》进行比较分析。自然，这样的讲述是存在相当难度的，因为如果只是从思想与艺术上分析作品本身，与要从两种文化的联系与高度进行比较，其途径与方法是不一样的。但是，将一些具有跨越性的文学现象还原到具体的历史语境里，从“五四”新文化运动的中西互动进行讲解，学生得到的东西也许就不仅仅是一种理解，更重要的是一种观念。

（3）整体的理念。比较文学研究与从前的传统文学研究方法相比较，最重要的一点就是将整个世界的文学当作一个整体来看待，不是像从前那样只注重个体的作家作品及其其他文学现象，那样的研究往往是只见树木不见森林。因为只有将整个世界的文学当成一个对象，才有超越二元以上的比较方法的产生，才可能将一个对象放在与其他相似对象的比较中进行认识与分析，只有这时比较文学才产生了。我在给本科学生讲授《比较文学》课程的时候，讲过一句比较直观的话，说比较文学其实就是我们在大学中文系里所学过的所有课程以及即将要学的所有课程的综合，因为比较文学学科的三个大的方面，即影响研究、平行研究与跨学科研究，具体体现在中国语言文学各门课程的交汇上。比如中国文学与外国文学之间的关系，西方文学与东方文学之间的关系，不是影响关系就是平行关系；语言学与文学之间的关系，文艺学、民间文学、人类学、宗教学与文学之间的关系，其实就是跨学科的研究。如果我们能够将所有的课程所讲的内容联系起来思考，发现了相互之间的关系，其实就是在做比较文学的研究了。比较文学可以做个案的研究，并且最好是从个案研究入手，但这种个案与从前文学研究中的个案是不一样的，它是由两者或者两者以上之间的关系所构成的。而整体却是比较文学的一种基本观念，比较文学研究者就是讲联系、关系、交叉与汇通，就是要以自己的努力来追寻这种联系、关系、交叉与汇通，最后寻求到世界文学构成的基本规则与发展的基本规律。如果我们在文学研究中能够眼观六路且耳听八方，那我们就是自觉或者不自觉地在进行比较文学研究了，因为我们的研究体现了比较文学的整体观念与整体研究的方法。

(4)变异的理念。比较文学的影响研究中有流传学、渊源学、媒介学与形象学，最近几年中国学者又提出变异学(或者叫变异研究)。平行研究也许是一种静态的研究，主要是基于对于两个以上的作品进行审美的发现；而影响研究中的流传学、渊源学与媒介学中，都着重于对其中种种变化因素的探讨。变异研究就更是如此了，其研究的对象就是变异的过程、方式、成因与价值。所以，我认为变异也就成为了比较文学的一种基本的理念。中国最古老经典之一的《周易》，其实就是讲变易之理与变易之道的，虽然此“变异”与彼“变易”的意义并不完全相同，但“变”却是一致的。比较文学不仅要研究各民族文学之间的变，也要研究在这种“变”之中或者之后而产生的“异”。这就体现了一种观念，就是世界上许多民族文学之间是有联系的，在这种联系中会产生变与不变，会发生异与不异，而文学作品与作家之意义与价值，往往就体现在这种“变”与“异”里。如果我们能够认识到这一点，每一个民族的文学都有自己的价值，平等对话是世界文学发展的基本道路，也是世界文学构成的重要方式。就是在中学语文教材所选入的作家与作品，也能够说明如此的观念。

胡：邹教授，您认为中学语文教师如何才能获得这样的比较文学理念？比较文学理念对于中学教师的语文观念的现代化具有什么样的意义？

邹：首先，我们要看现在的中学语文教师是不是拥有比较文学的观念。从中学语文教师的人员构成而言，有一部分教师对于比较文学应当是比较了解的，如近十年来从师范大学或者进入211行列综合性大学汉语言文学专业毕业的本科生与研究生，按照教育部的要求，他们是必须学习比较文学这门课程的。据我的了解，北京师范大学、华中师范大学、上海师范大学、东北师范大学、天津师范大学、湖南师范大学等高校的汉语言文学专业的本科生与研究生，武汉大学、四川大学、北京大学、南京大学等学校语言文学专业的本科生与研究生，是必须学习比较文学及其相关课程的。像华中师范大学汉口分校、华中科技大学武昌分校的汉语言文学专业，也是开设了《比较文学》课程的。因此，近十年来从这些高校毕业的本科生与研究生，如果他们从事高中语文教学工作的话，在教学实践中可能会有一些比较文学观念与研究方法的运用；然而，如果是50岁以上的那一批高中教师，对于比较文学与比较文学观念，也许就不是那么熟悉了。所以，这有一个层次的问题，是比较复杂的。我们不能说高中语文教师都没有比较文学观念，或者都有比较文学的观念。但高中语文教师的确是需要有对于比较文学研究方法的基本了解，要有一定的比较文学理念。

那么，中学语文教师如何才能拥有比较文学观念呢？可以通过这样四条路径：①通过培训。在21世纪初，教育部师范教育司曾经提出这样的要求：中师与中学语文教师需要重新学习一些新的课程，其中就有比较文学。北京师范大学的刘象愚与陈惀两位教授，曾经主编过专供其用的《比较文学》，由北京师范大学出版社出版。究竟有多少中学与中师语文教师参与了这样的学习，我们不得而知。我认为这样的构想是很好的，因为教师是需要不断学习、不断充电的，将一些最新的学术观念与学术研究方法提供给他们，是有重大意义的。②要求现有的还没有硕士学位的中学语文教师在职攻读教育硕士学位，而现有的学科建设，语文专业的教育硕士课程中就有《比较文学》。有了一个系统的学习与了解的过程，可以用比较文学的观念与研究方法来探讨中学语文教学问题，写成硕士论文。这样就可以取得很好的成效。③提倡现有的中学语文教师订阅一些比较文学方面的书刊，对于比较文学研究的前沿动态有所了解，自然就会建立起比较文学观念。中国比较文学学会办有《中国比较文学》杂志，另外像我们主办的《外国文学研究》《世界文学评论》，以及北京出版的《外国文学评论》等都有一些比较文学的栏目，通过阅读也可以了解比较文学最新的研究成果。④自学比较文学的基本理论。中学语文教师都是在职工作，平时很忙，要他们花许多的时间再来系统地学习比较文学，并不是都能办到。如果能够选取一到两种比较文学的最新教材，进行自学式的阅读，也会很有意义。最适合于中学语文教师学习的，一是曹顺庆教授主编的《比较文学》（高等教育出版社），一是胡亚敏教授主编的《比较文学教程》（华中师范大学出版社）。如果能够选取其中的一种进行阅读，对于比较文学的基本理念就会有全面而系统的了解。如果能够在中学语文教学实践中适当地加以运用，就会取得很好的效果。

比较文学理念对于中学语文教师语文观念的现代化,具有很重要的意义。首先,中学语文观念存在不存在一个现代化的问题?现代化是相对于什么观念而言的?语文观念的现代化是相对于传统的语文观念而言的。由于所接受教育传统的差别,有的语文教师的语文观念是建立在中国传统教育与文学观念的基础之上的,强调字词句篇的阅读,所谓"书读百遍,其义自现"是也,老师可以不进行讲解与分析;有的语文教师则喜欢按西方的教育观念与教学方法来教导学生,如加大对课外文章的阅读量,开出比较多的书目,让学生在一定的时间里进行阅读与讨论,鼓励学生发表不同意见。教学观念需不需要现代化呢?邓小平同志早就讲过,教育要面向世界、面向现代、面向未来,其中就包括了教师要有现代化的教学与学术观念,这样才能适应现代教育的需要,适应现代人才培养的要求。那么,比较文学观念是不是一种现代的文学观念呢?是不是一种具有发展潜力的研究方法呢?在汉语言文学专业的各门学科里面,在外国语言文学的各门学科里面,比较文学是最具有自己独立的基本理念的学科,在研究方法上也是最具有创新意义的学科。上述比较文学理论中的比较的理念、跨越的理念、整体的理念与变异的理念,都是其他学科所没有的独立的学术理念。不过,因为比较文学是一门具有综合性的学科,其他学科的研究方法都可以为比较文学研究者所运用,比如说新批评派的文本细读,就成为了比较文学平行研究的主要方法,因为平行研究是建立在审美基础之上的,如果没有对两种及其以上的文学现象特别是作品进行文本细读,没有一个自我投入的审美过程,其实就没有办法进行比较分析与学术价值判断。而所有这些基本理念与研究方法,对于中学语文教师来说都是不可缺少的重要内容。对中学与中师的文学教学而言,如果没有基本的比较文学理念,并在一定程度上把握比较文学的研究方法,那他绝对算不上拥有了现代的语文观念。现代的语文教育要求适应现代人才的培养的需要,现代人才是一种综合性的、拥有世界信息的、面对世界而能解决问题的人才,而比较文学作为一种学术理念与研究方法,就能够提供这个方面的素质与能力。

胡:邹教授,您认为比较文学理念的建立,对于当代的中学生具有什么样的意义?比较文学理念在当代中学生的现代观念中占据什么样的地位?

邹:比较文学理念对于当代中学生如何成为一个现代人才具有重要意义,在他们的人生观念与文学观念的结构里,会占据一席之地。从前的中学语文教育比较注重对于单篇课文的阅读,比较注重对于字、词、句与篇的理解,而比较文学强调在阅读一篇作品的同时,也要与相关的作家与作品联系起来,与同类的文学现象联系起来,这样,就可以让学生扩大自己的阅读量;同时,将多种文学现象联系起来进行思考,对于其写作水平与认识能力的提高,都会有很大的帮助。比较文学理念与研究方法，对于中学生们更清楚地认识一部作品的特点与价值，往往具有特别重要的意义。我们在教高中语文第四册中曹禺《雷雨》的时候，就可以联系到影响这部话剧写作的古希腊悲剧、易卜生《玩偶之家》等进行一些对比分析，可以认清其来源，也可以帮助他们更清楚地认识经典作品之间的差异。我们在讲中学语文第三册里李白自然山水抒情诗《梦游天姥吟留别》的时候，也可以联系到华兹华斯抒情长诗《序曲》进行比较分析，看一看他们是如何描写中国与英国的自然山水的，他们是如何处理自我与自然之间关系的。"读诗必此诗，并非真诗人"，如果我们要求学生读某部作品就只知道那一部作品就可以了，与读一个作品而了解许多同类的作品，并且能够联系到相关的作品进行研究，其效果则大不相同。特别值得注意的是，这样的训练可以拓宽学生的知识面与文化视野，让他们在对比之中产生强烈的求知欲，为课外阅读提供助力，为日后的进一步深造打下坚实的基础。

当代中国正在强调素质教育的重要性，而在语文教学中注入比较文学的观念与研究方法，正适应了素质教育的更高的要求。现代的教育观念强调要面向现代、面向世界与面向未来，比较文学正是面向整个世界文学的研究，也是面向未来的具有前瞻性的文学研究，因为比较文学学科建立一百多年以来，一直与时代同步发展，从来没有落后于其他学科，总是为其他学科的发展提供理论资源与发展动力。中学生的现代观念，主要包括自我观念、平等观念、自由观念、民主观念、美学观念、辩证观念、全局观念与历史观念，而比较文学研究的整体观念与学生需要的全局观念是一致的，比较文学研究中的比较观念与学生需要的辩证观念是相通的，比较文学研究中的自我与他者的关系、各民族文学对话的观念以及以审美为基点的平行研究与比较诗学研究，与学生需要的民主观念与美学观念也是可以统一起来的。所以，就中学生现代观念的构成而言，比较文学与中学语文教育的结合就显得尤其重要。

胡：与此相关，您认为当代中国的语文教学还要注重哪些方面？

邹：我认为要注重以下三个方面：①加强对于原文的阅读；②加强讨论的教学；③加强写作与演讲的训练。首先是要强调中学生个体对经典文本的阅读。有的高中语文教师在课堂上就是讲那么几条大而化之的意见，完全是一种抽象的东西，似乎让学生背下来，只要考试成绩上去了就可以了，并不要求对作品进行独立的阅读；甚至在有的大学里，语文教学也存在这种现象。如果学生不读文本，就没有审美的过程与体验，学了一个学年的语文课，作品是什么样子都根本不知道，这问题可就大了。记得我在读中学的时候，两个语文老师，一个是东北大学毕业的袁正气老师，一个是中央大学毕业的杨铁铮老师，他们不约而同地都要求学生全部背诵所有的课文，不只是读诗与诵诗，小说与戏剧也要背。在此基础上才来讲解，让大家读懂读透。现在许多老师好像不是这样了。其次是讨论式的教学方式要从一而终，中学生面对的所有的问题都要讨论，学生与学生之间要时时讨论，学生与老师之间要时时讨论。要让学生认识到文化与文学问题就是学术问题，而学术问题是需要讨论的；学术问题不是由哪一个人或者哪几个人说了算，有的时候难于取得一致的结论恰好是正常的，因为学术本来就是讨论的东西。当然，对于中学生来说，教师的引导意义也很重要：基本的伦理道德观念是不能讨论的，国家与民族的观念是不能讨论的。但是，对于文学作品的认识可能就不只是一种见解，对于同一个作品的感悟要允许有不一样的说法。我认为学术的本质在于两点：一是对于真理的追求，一是不同意见之间的争鸣，有的时候争论比结论更重要。这样的观念与方法对于培养中学生的独立精神特别有用。再次就是加强写作与演讲的训练，让中学生成为会说能写的人才。中学语文教学中对于学生的写作向来比较重视，但是不是取得了成效呢？学生能力的方方面面都要尽量地在学校内取得，如果学生总是想花钱在社会上参加什么培训，那就说明我们的中学教学存在问题了。中学教师自己不能开办校外的班，也不能让自己的学生参加自己所开办的班。如果你的学生老是要参加社会上的作文培训，作为语文老师肯定要难过；如果你的学生老是要参加英语培训，作为英语教师也定当羞耻。要从这样两个方面进行训练：一个是写作，一个是口才。如果每半个月有一次演讲，每半个月有一次作文，有老师的全程参与与指导，也许就能够取得效果。如何来评定语文教师的工作？主要就是看他的学生会不会正式的演讲，是否在正式的演讲比赛中获得名次；看他的学生能不能写出好文章，能不能在正式的写作比赛中获得名次。如果中学语文教育注重了以上三点，并且能够将以上三个方面有机地结舍起来，自己的学生一定可以成为适应现代社会需要的人才。

（原刊《语文教学与研究》2010 年第 11 期、
《高中语文与教学》2011 年第 2 期头条）

中国与西方诗学建设的进行时态

杨　蕾

杨蕾（以下简称“杨”）：一般人都认为杰出的诗歌批评家都会建构起一套自己的批评理论体系，或是会提出一些新的理论术语。您是怎样看待这个问题的呢？

邹建军（以下简称“邹”）：我们不要把理论体系看得那么神秘与高深。所谓理论体系，是指在一个学科的某些重要的点上有自己独立的见解，而这几个点又能够构成一个自足的框架，从而形成一个理论的系统。20世纪中国诗学或者中西比较诗学与诗歌艺术方面的重要问题，我认为主要有：①有关诗的本质即什么是诗的问题；②诗歌艺术表现独立性的问题，即诗歌和意象艺术的问题；③诗歌的文体特征问题，即诗与小说、戏剧的区别问题；④诗歌的发展道路的问题，即诗歌的民族性与当代性相统一的问题；⑤诗歌创作与批评的艺术标准的问题；⑥诗歌教育与大众读者的培养问题。在二十多年的诗歌批评与研究实践中，我对于上述问题都发表过自己的一些意见，并且在诗坛学界产生过一定的影响。

关于第一个方面，我在《现代诗的意象结构·本体篇》中的前三章，专门讨论古今中外的诗歌定义问题，最后提出了自己对于诗歌的理解，也算是给诗下了一个定义。诗歌能不能够进行定义，这是存在争议的；不过，我认为任何事物都可以有自己的理解，以定义的方式谈出自己的理解也是一种表述事物的方式。可以看一看自己对于诗歌本质的理解与前人有什么不同，是不是标志了一个新的诗歌时代。

关于第二个方面，我也在《现代诗的意象结构·本体篇》中，专门论述了诗歌艺术的本质即诗歌的意象问题。我认为诗歌艺术，无论中外，都是以意象为核心的艺术。如果没有独创性的意象，那一首诗就不称其为真正的诗，这听起来有一点绝对，其实是对诗歌艺术真理的一种表述。可以看一看自己对于诗歌意象的独到理解。我想，如果人们都能有我这样的对于诗歌及其意象本质的把握，中国的诗歌艺术一定可以得到新的发展。

关于第三个方面，我在《大中华诗学》中，提出了小诗的美学特征与小诗的创作艺术的问题。中国的抒情诗多数都是小诗，如五绝、七绝、五律、七律，词与曲中的各种各样的体式，其实都是典型的小诗。诗歌写作不能贪大求全，西诗有写作史诗的传统，而中国诗歌的特点就是一定的体积里表达尽可能多的思想与情感，以形成少有的张力。所以，我对于小诗的艺术的分析是有其特定的背景与针对性的。

关于第四个方面，我在《民族性与当代性的统一——一个中西诗歌共融共生的话题》中，提出了在中国新诗发展史上，凡是杰出的诗人都将两者的关系处理得很好，并在《大中华诗学》中提出了未来中国诗歌将与海外汉语诗人共同发展，提出了"大中华诗歌"宏伟的构想。

关于第五个方面，我在《大中华诗学》中提出了"诗歌艺术的八字标准"问题，在当时是根据诗人创作诗歌的需要考虑的，也是根据诗歌批评家在评价抒情诗的时候的需要考虑的。究竟什么样的诗是好诗、什么样的诗是坏诗，在当时的诗坛是往往没有标准，好坏不分、鱼龙混杂的。当然我提出的这样一个诗歌艺术的批评标准，也许只是一家之言，欢迎大家批评指正。

关于第六个方面，我在《调整中学语文教材中的诗歌部分很有必要》和《诗歌教育与大学生的诗歌创作》中，提出诗歌教育直接关系到当代诗歌的创作与诗歌未来命运的问题。我写的有关诗歌教育的两篇文章，还产生了一定的影响，《星星》诗刊上发的那一篇，为许多文章所提及；《江汉论坛》上发的那一篇，为一些刊物所转载，看到这种情况，我自己也觉得有一点意外。

至于上述六个方面的意见，是不是能够构成所谓的理论体系，那就不得而知。因为我是在长达十多年的时间里思考这些问题的，并不是在一个集中的时间内回答所有的问题，上述的观念并没有构成为一本书中的重要内容。

至于说提出过什么新的理论术语，我想主要有这样四个：①提出过"大中华诗歌"的概念，用于指称在21世纪汉语诗歌的一种新形态；③抒情诗艺术的"八字标准"，用于概括抒情诗歌在艺术上的讲究："情真"、"意藏"、"象美"、"言凝"；③以"意象形态"，考察诗歌中"意象"存在的整体特征；④"民间诗潮领先论"，用以说明不论中外，诗歌艺术的变革，首先是从民间或者地下开始的，而不是从正统诗坛开始的。

在自己的诗歌批评实践中，我用得比较多的术语是"艺术"、"意象"、"结构"、"语言"、"张力"、"空间"、"时间"、"形式"、"情结"、"精神"、"文化"、"历史"、"民间"、"世纪"、"东方"、"西方"、"辩证"、"自然"、"宇宙"、"内在"、"外在"、"向度"等。你也许可以从中悟出一点什么。

杨：那么您在诗歌研究上有哪些创新？而这些创新又具有什么样的意义呢？

邹：(1)对诗进行了重新定义。有人认为"诗歌的本质是抒情"，提出诗歌的抒情说;有人认为"愤怒出诗人",提出了诗歌的政治说;有人认为诗歌的本质在于它的"符号性",提出了诗歌的象征说;有人认为"诗歌的本质在于叙事",提出了诗歌的叙事说;有人提出"诗歌的戏剧化",提出了诗歌的戏剧说等等。其实,我认为诗歌是以意象为核心的文体,离开了意象来讲诗,无异于缘木求鱼。假如诗歌中缺少一个具有独创性的意象,那这首诗歌就会受到很大的损伤,如臧克家先生的《有的人》和白居易的《卖炭翁》,从诗歌的"政治说"与诗歌的"叙事说"来说,都没有问题;而从诗歌的"意象说"来说,就存在一些本质性的缺失。在诗歌的主题上,他们可能有很强的现实意义和批判色彩,但是在诗歌美学和诗歌艺术的建构中,确实缺少鲜明而独特的意象创造。我曾经不止一次地讲过这个问题,臧克家先生的《有的人》哲理性很强,但诗性不足;如果诗中没有"等着地下的火烧"、"到处是青青的野草"这样的诗行,那整首诗也许就没有什么诗味。白居易写过《长恨歌》《离离原上草》等许多杰出的诗作,但《卖炭翁》只是一首注重事件的诗,并且是一种平面叙述,没有深度,也没有情感,特别是那样一种深化的情感。如果诗人在诗中以意象的创建为核心,那写出来的诗往往就诗意充实、诗味十足,如李白的《将进酒》《梦游天姥吟留别》《长相思》等。什么是诗,我有这样一个定义:诗歌是以一种意象化的语言抒写人生内在情思的一种文学体式。它是诗人以敏锐的感觉在生活中发现诗美(或情绪、意念、思悟、生命感),并将其兑换为质感的、精致的、弹性的意象,对诗美加以呈现和暗示,创造出的一种有节奏、意味、张力的完美的艺术结构方式。(《现代诗的意象结构·本体篇》,国际文化出版公司 1997 年版,第 32 页)

(2)对小诗的文体特征有准确把握。我把诗歌文本按照篇幅长短,具体分为以下四种:30 行以上的为长诗,11 行到 30 行为短诗,5 行至 10 行为小诗,4 行以内的为微型诗。有了这样的量化区分,在研究诗歌的过程中,就有一个比较明晰的把握,也能迅速地对诗歌文本进行分类与批评。在对诗歌文本的分析上,我尤其强调对小诗艺术进行美学研究。我认为诗歌还是要以小诗为主体,长诗很难形成整体性的诗意诗味;短诗也不如小诗,微型诗则太小,有点像日本的俳句了。其实,我也是写过微型诗的,那就是"对联"。我写过好些对联,并且认为对联就是一种微型诗。它跟小诗一样强调构思的重要性,如诗歌意象的美感性、艺术构思的精巧性、艺术表达的完整性等。同时,小诗也要注意自己表现角度的选取、意象的选择、结构的安排、语调恰到好处的把握等等。小诗虽小,但它往往是一个活泼的生命体和情感的自足体,更是一个很丰富而耐人寻味的宇宙本体。要认识诗歌的文体特征,要认识到诗歌艺术传达的本质,就可以从小诗来分析。人们可能会注意到,我对于诗歌的批评与研究,主要关注的是抒情性的小诗;关于长诗的批评也有,比如对蓝海文的《中华史诗·神话与传说》、胡鸿延的《屈原诗传四部曲》、李瑛的《我的祖国》和纪宇的《97 诗韵》等,我都进行过批评与研究,写出过长篇论文;对其进行批评的时候，我也很注重其抒情性内容，注重其构成的诗的成分。其实，好的长诗，也是由精妙的小诗所构成的。

（3）批评诗歌的八字标准，即："情真"、"意藏"、"象美"、"言凝"。我曾经在相关的报刊发表过一些文章，反复讲过这样的观点，当时主要是针对诗歌究竟要如何写的问题，因为当时的诗坛存在比较严重的问题：有的人"为赋新诗强说愁"，虚情假意、无病呻吟，那样的诗当然无法卒读；有的人直抒胸臆，将自己的所有情感和盘托出，有的甚至大叫大吼，让诗意全无；有的人将诗写成散文，不讲究语言的提炼与精警，在诗中只是讲述故事、议论政治，其生命力也就无从长久；有的人将很丑陋的东西故意写进诗中，并不像波特莱尔那样以丑为美，给人的只是一种"丑感"与"恶感"。因此，我才提出上述的"八字诗艺标准论"。当然，后来又成为一种许多人采用的诗歌批评标准，这是我没有料到的。

杨：哦，这个标准听起来非常精简，那么这八字标准的具体内涵是什么呢？愿闻其详。

邹：我可以讲述一下，可能并不十分准确。

（1）"情真"。所谓"情真"，就是在诗歌中要表达的情感是真实的，是诗人自我的淳朴情感的真实外现。无论是新诗还是旧体诗歌，如果不能够让人感受到一种情感的真实性，那它就很可能没有读者，也自然就被读者所抛弃；而一首真正的好诗，你能够感受到诗人那颗跳动的赤子之心。诗歌是要抒情的，所叙述的事件要有真实感，表达的情感要真挚，诗人的态度一定要诚恳，这样才能让我们的诗所表现的内容，具有深厚的生活与情感的基础。

（2）"意藏"。所谓"意藏"，是指诗歌的表达方式要有自己的独到性，即诗歌的表达要有隐藏性，往往不能直接将诗人自己的思想与情感端出来，而要一点一点地、曲折地进行艺术的传达。主要包括三个方面的内容：①诗中必须有诗人独特的发现，即通过自己的心灵感觉出来的与前人不同的思想；②要将诗的主题兑换成诗的意象，用一个或一组意象来表达诗人要表达的一切，让诗歌的表达尽可能地做到生动而含蓄，直观而可感；③诗的意象不能过于晦涩，要明朗清晰而同时也要有自己的内涵。因为诗是一种比较内敛的艺术，并不是展开的艺术；诗是一种立体的艺术，而不是一种平面的艺术；诗是一种情感的艺术，而不是一种生活的艺术；是一种内在的艺术，而不是外在的艺术。因此，以意象的方式来表达，就是可以隐藏的了。我是反对诗人在诗中大吼大叫的，我也反对诗人在诗中叙事，一定要让诗中的一切成为一种符号，这才具有象征性；诗歌有了象征性，才有艺术魅力与生命力。

（3）"象美"。所谓"象美"，首先是诗中要有"象"，即意象。一首好的诗歌，其意象或者意象的有机组合，即"意象群"应当是美的，能够给人带来一种独特的感觉。意象作为诗歌构成的最活跃因素，表明诗歌往往用意象说话；没有独特的意象创造，没有富有创造性的有机组合的意象群，就没有诗歌的审美现实，因为文本本身没有能够提供诗歌的审美对象，如在张若虚《春江花月夜》中，“春”、“江”、“花”、“月”、“夜”五大意象群体构成了诗的主体。在日常生活中，我们对这些个体的意象都很熟悉，甚至对其中的某些意象的组合，也有过接触。从表面上看起来，这些意象群并没有什么新鲜感，但是在唐以前，能够把这五大意象群有机组接并融合的诗歌，基本上是少有的。张若虚在诗中不仅让各种意象进行组合，从而创造出一种独特的意境，同时把这些意象置于有限和无限、时间与空间、真实和虚幻的结构中，产生了一个饱满的诗性宇宙。如果说“意象”是诗歌艺术的核心，那“象美”就是诗歌审美的重要标准。

当然，我们在这里也要特别说明，所谓“象美”并不是说只有美的物象才能入诗形成意象，而是说诗人所要表达的是美的思想与意蕴；有的时候诗人可能是以丑为美，有的时候是美与丑的物象结合以形成特定的意象结构。

（4）“言凝”。所谓“言凝”，就是诗歌艺术的表达要简洁、简化，诗歌艺术要力求以少胜多、以一当十。诗不能与其他文体比体积，只能比张力。众所周知，语言是文学的载体，语言是文学作品的直接外在形式。文学作品对语言有独特的要求；而作为独特文体的诗歌，对语言的要求，则更高更强。诗歌不仅要求语言有文学性，同时在其结构和组合上，更要凝练和丰满。用精练的语言表现其丰富的情感和内容，使语言能够最大限度地发挥其张力，这才能突出诗歌的美学内涵。我比较认同诗歌的“张力”说，即诗歌艺术的力量在于其本身所体现出来的张力，在一定的限制里装进更大的内容，让其有限的体积形成丰满与纷繁的形态。我在讲柯勒律治诗歌艺术空间的时候，提出其诗中存在的种种对立性的因素，认为那样的种种对立因素，就构成了其诗歌的张力。从语言表达来说，“言凝”也更容易形成一种艺术的张力。

同时，我们也要强调，无论是作为对抒情诗创作的要求，还是对抒情诗的评价标准，上述四个关键词都不便于单独使用，而应当统一起来。“情真”、“意藏”、“象美”、“言凝”的统一，才能成为真正的好诗，成为有生命力的大作品。我们回顾一下，中外诗歌史上那些杰作，往往都做到了上述四个方面的统一。如果缺少一个方面，那肯定不是完美的诗作。

杨：中国的古典诗歌往往非常讲究对于意象的创造，中国古代诗人特别注重对诗歌的意象艺术的经营，这种艺术格局与中国文化有什么独特的联系呢？

邹：“意象”在汉语的语言思维中是有独特内涵与意义的。西方诗人往往注重所谓的“形象”，因为它的文学传统是以叙事为主导的；当然，在西方也是有诗人注重意象的，如美国诗人庞德把某种观念看成意象，并受到中国唐诗的启示而形成一个意象主义运动。但是，从本质上说，意象是中国古典诗歌的特产，是与中国传统文化有密切关系的一种艺术要素，它来自于中国古人特有的“象思维”。中国人大抵是以直观的、直接的、具体的物象进行思维的，因而在诗歌中往往以具体的物象入诗，与诗人的情感思想相融合，而形成具有多重性的意象。

我对“意象”有自己的理解。我曾经在《现代诗的意象结构 · 本体篇》中给“意象”下过这样一个定义，就体现了自己对于“意象”的独到理解：意象是诗人的主观情感意念与自然社会的客观物象相互交融和渗透所产生的新的生命体，是诗歌艺术中情景相合而形成的一种最活跃的基本艺术元素，是包含着诗人的心理时间与空间的一种富有表现力的空筐结构。

这样的定义，为后来许多诗人和批评家所重视。我认为，意象是诗人主观和自然物象的客观相碰撞而产生的一种新的生命体，是作为诗歌主体的诗人的生命之水和作为客体的自然，与世界中的某一种具体的物质性的东西不自觉地交流而产生的结晶。在意象中，“意”与“象”两者是紧密地融合在一起的，已经分不清哪是“物”、哪是“意”而哪是“象”。而意象的这种相统一与融合的特征，正切合中国人传统的“天人合一”这种认识世界的方式和“物我感应”这种思维模式。可见“意象”与中国的传统文化有着深厚的渊源关系，同时也是汉语诗歌把握和认知世界的独特表现。我们也并不否认西方有的诗人是讲求意象的，如华兹华斯的一些诗作，往往是以抒情的方式来叙事的，但其诗中的意象与中国传统诗歌中的意象之本质与组合方式都并不相同。他诗中的自然风物与诗人自己是分离的，而像陶潜笔下的自然风物与诗人自己则是融合一体的。华兹华斯笔下的“水仙花”意象与陶潜笔下的“菊花”意象，是有相当距离的。

杨：既然您认为意象对于诗歌艺术这么重要，那我们是不是可以说一首诗的成败，就直接取决于意象的新颖性与创造性？

邹：我认为意象是诗歌艺术创作中最活跃的艺术元素。它的独创性能够成为衡量诗歌艺术的重要标准，当然并不是唯一的标准；因为评价诗歌有多种多样的角度，并且也有多种多样的方式。就诗歌意象本身而言，也不是非要具有独创性和鲜明性不可。诗人创作诗歌的高明，不仅在于发现和创造了意象，更重要的是体现在诗人组合和结构意象的技巧；意象结构的方式和类型，更能展示诗人的才情。在《论诗歌意象的结构方式》一文中，我对诗歌意象的结构类型作过详细分析，探讨了诗歌意象结构的11种方式，及其每一种方式的美学张力，比如说，“意象脱节”这种方式，是指通过不在同一时间和空间上，甚至似乎不存在某种逻辑联系的意象组合，给读者带来充分的想象空间，同时也让诗歌本身作为一个开放性的文本，有不断被创造的可能性。

杨：我们都认为诗歌应该是想象的，缺乏想象力的诗歌不能称其为杰出的诗歌，因为它很可能是缺乏诗意的。不知您是如何看待这个问题的？

邹：我认为想象力是一个诗人必具的能力。诗人可以缺少理论思维的能力，也可以缺少观察能力，但不能没有或者缺乏想象能力。我个人非常喜欢李白的诗歌，李白的诗歌想象力非常丰富，天上地下无所不能，都可以出现在他的诗中。其诗中实写的部分很少，议论的成分也很少，主要是情感性的、想象性的事物，其诗中的时间与空间都是在想象的基础上建构起来的。李诗即使是叙事性的作品，也给人以巨大的想象空间。其实，李白的诗，即使是一种实写，它给我们的印象也是想象性的。从前，我读李白的《赠汪伦》："李白乘舟将欲行，忽闻江上踏歌声。桃花潭水深千尺，不及汪伦送我情。"当时总以为这个"桃花潭"是李白想象出来的，后来我到了当涂的青山李白的墓园才知道，汪伦是实有其人，"桃花潭"也是真有其地。以写实性为主体的作品却给人以如此的想象，真不愧为一代"诗仙"。相比较而言，我觉得杜甫的诗歌，想象力就没有李白那么强；杜甫的"三吏"、"三别"，就写得不是那么好，而其《秋兴・八首》就很不一样。白居易的《卖炭翁》如常人空口说白话，没什么诗味，而其《琵琶行》与《长恨歌》，就完全不一样。由此可见，想象力在其中所起的作用是巨大的，是其他能力所不能代替的。诗歌作品应该是审美的，它本身应该给人以审美享受；正是想象力在诗作中得以扩展的瞬间，我们才获得了意外的审美愉悦。而只有在想象力的作用下，意象才可能产生，意象群才可能形成一定的结构。当然，意象主要来自于诗人对于生活、自然与自我的诗意发现，来自于诗人的独到感觉；但想象的因素，却是不可不考虑的。

杨：是的，诗歌应该是审美的，诗歌教育也应该以审美为基础，不能纯粹地进行政治教化；诗歌的教育也不能只以传统为主，现代的诗歌也需要适当地选入。而现在，在这个方面还存在某种程度上的不足。邹老师，您作为一位诗歌研究者兼教育家，在这方面是否有自己的思考？您是如何看待现行的诗歌教育问题的？

邹：我个人认为不管是研究者还是一般的阅读者，都要有广阔的胸怀，注重容纳古今中外一切的优秀诗篇。因为任何民族优秀的诗歌，都是世界文学史上的艺术结晶，都是值得我们重视的。了解与学习这些优秀诗作，不仅对我们个人的艺术修养有巨大帮助，同时对人类文明与文化的发展进程，也会有深刻的认识。从前的中学语文教材中的诗歌部分，多强调选入现代的政治抒情诗，突出诗歌中的爱国主义精神，但对诗歌的形式教育和艺术欣赏，则有所忽视；同时，中学语文教材也偏重中国现当代的革命诗歌，而忽视纯自然山水诗歌；往往对所谓的主流诗歌特别重视，而对非主流诗歌则在一定程度上采取轻慢态度。我个人认为在这样的诗歌教育观念及其影响下的诗歌选本是不正常的，受到了特定历史文化形态的限制。而在改革开放和日益全球化的今天，这种情况将要得到比较大的改变。如果没有对西方诗歌的引进，没有对中国古典诗歌的借用，也就没有中国新诗的发展与繁荣；因此对于西方诗歌和在西方诗歌艺术影响下的中国新诗，要有足够的重视。总之，对于诗歌教育，不管是主流的还是非主流的，中国的还是西方的，古典的还是现代的，都要采取一种兼容并包与平等对话的态度。否则就可能会犯历史性的错误。

杨：听了您对于诗歌批评与诗歌研究的见解，真的让我们受益匪浅。可能许多人都认为您只是一位批评家，而不知道您也是一位杰出的理论家。作为一个批评家与理论家，您写有许多自然山水的诗歌，尤其是小诗和对联。根据您对诗歌的观察与体验，您怎么看待当下的诗歌创作，它呈现出了什么样的景观？不知您在今后的诗歌研究上，还有什么构想呢？还有，您认为自己的诗歌批评还存在什么样的不足吗？

邹：你前面问的一些问题，只有以后有时间再讲。我想回答一下你提出的最后一个问题。我认为我从事诗歌批评与研究，的确也是存在失误的，主要体现在以下两点：①对于所研究的对象缺少十分严格的选择，那个时候年轻，别人出了两本诗集，要请我写一个评论，只要能够发表，我就写；别人开一个作品研讨会，邀请你参加，做了一个即兴的发言，后来报刊要报道，就要求写成文字，那我也不得不写。所以，我的批评对象不完全是大家。也就是有一些应景之作，我是一个凡人，自然也不能免俗；易卜生那样的大家也有一些诗是应景之作呢，何况我辈？但这也有一个优点，那就是我的诗歌批评没有能够离开当前的诗歌写作的实际。②有的诗歌批评文章理论性不是太强，主要着眼于文本分析，着眼于对于诗歌中的艺术细节的评析，不是每一篇都能提出一个理论问题来讨论。当然，我说的是前十年的情况，这在最近十年得到了很大的改进。看一看我最近几年写的有关易卜生诗歌的论文与英国湖畔诗人诗歌的论文，就会明白。

最后我也要谢谢你的提问，谢谢你的采访。这种方式让我们有机会讨论这些问题，让我能够从容地回忆从前的一些思考与生活，让我看到自己从前的一些兴趣与爱好，在我来说自然是感到愉快与甚至幸福的，而你却比较辛苦与劳累。

（原刊“中外文学讲坛”2010年6月）

我们应当如何从事文学研究？

谭　永

谭永（以下简称“谭”）：邹老师，中国现在的文学研究从表面上来看进入了一个新的时期，出现了异常繁荣的局面，很多文学分支领域的研究成果发表远远地超过了以往任何时候。您作为华中师范大学比较文学学科教授，同时兼任中国著名学术杂志《外国文学研究》常务副主编，又长期从事文学研究特别在诗歌研究方面卓有成就，您是怎么看待这样一场文学研究的“盛宴”的呢？

邹建军（以下简称“邹”）：近些年来，中国的文学研究出现了繁荣活跃的局面，文学研究的各个分支包括中国古代文学、中国现当代文学、外国文学、文学理论与批评都可以说是人才济济，成果丰硕。从中国学术期刊网所收录的论文和国家图书馆所收藏的图书来看，数目之巨大，前所未有。这些成果的取得是中国文学研究界同仁努力的结果，是20世纪80年代以来，所推行的学术自由政策与形成的学术开放风气所取得的成果。新时期以来的文学研究，有许多值得总结的成功经验，当然也有值得思考的教训，其中最重要的一个问题，正如许多外国学者所指出的：中国做学问的人很多，但是真正做出学问来的人又很少。我想外国人并不是嘲笑中国人，他们说这样一句话的时候是认真的、严肃的，值得引起我们中国文学研究工作者的深思。

谭：您所指出来的问题，其实也是现在很多人都很关注的问题，比如聂珍钊教授就曾经指出中国的外国文学研究存在一种理论空洞化的倾向，他将之概括为“理论自恋”现象。那么，从中国近三十年来的文学研究的实际情形来看，您认为我们的文学研究究竟主要存在哪些方面的具体问题呢？

邹：我们的文学研究确实存在非常严重的问题。根据我的观察，主要存在以下三个方面的问题。

（1）急功近利、胡拼乱凑、草率粗糙。由于我们的科研评价体制不科学，评职称、上院士、获学位都要求论文数量，而且需要达到一定的指标。所有的高校不分类别、不分层次、不分学科的差异，在科研的数量上都有统一的规定，因此逼迫许多本来不具备科研能力的人或者也不需要从事科研工作的人，硬着头皮写文章或者出书，因此才造成上述情况。许多论文作者不研究原著，不收集原始材料，只参阅一些现有的研究成果就开始写文章，有些甚至直接从网上下载资料，从别人的论文中一段一段地截取，进行高级的拼贴，于是一个高级裁缝的角色代替了艰苦卓绝的科研，造成许多学报，特别是中等城市高校学报所发表的论文质量不高，甚至存在种种比较严重的抄袭和剽窃现象。科研工作本来是一件非常严肃、严谨而崇高的事业，做学问的本质是为了求得真知、探求真理，而有的人只是为了自己的职务、职称和学位，为了某种经济利益的驱使而写论文，显然违背了科研工作的本质，也不符合科研工作的规律。当然，我们也应该指出，在文学研究与文学批评领域所存在的这类问题，远不如经济、教育、思想、政治等领域那么严重。这是我们首先要看到的，在关注的一种现象。

(2)不讲学术规范。有的人对学术论文及学术著作应当遵守的学术规范不了解；有的人虽然有所耳闻，但并不清楚具体的内容。高校的本科生没有开设学术规范的课程，往往只是在写作课中做过简单的介绍；研究生往往也没有接受过专门的学术规范的严格训练，特别是对于学术论文的写作，在体例、格式、注解等方面的要求也不甚了然；许多在改革开放以前接受大学教育的人，本来的学术积累不够，对于学术规范的来源、内容、要求、目标和意义没有根本的认识；甚至有的人认为，学术规范束缚学术自由，因此是可有可无的。此外，中国学术界对学术规范的阐释存在多个系统，目前主要有中国学报研究会所制定的学术规范、中国学术期刊网所制定的学术规范，以及各种学术期刊所自行制定的学术规范。因此，学术论文发表所采用的学术规范标准不统一，出现了五花八门、各自为政、相互矛盾的情况。有不少论文作者引述前人的科研成果不打引号；有的只部分地打了引号；有的虽然打了引号，但并不详细地注明出处；有的引用没有标明原作者的名字，对原著作权人表现出不尊重的态度；有的论文作者全篇论文没有注解，只在文末注出“参考文献”，而所谓“参考文献”是一种典型的“虚引”而不是“实引”。因此其中的大部分成为一种“伪文献”，因为它只是表明写作此论文时所受到的一些启示，而不能够表明在哪些方面对前人文献进行了合理而有效的借鉴，当然也就不能够表明“参考文献”与论文主体的直接联系，所以它是不能还原的；不能还原的文献，我们都只能称为“伪文献”。

(3)理论的空洞化倾向。这是我们聂珍钊老师多次提到过的。我认为，所谓理论的空洞化，主要是指以下三个倾向：首先，我们的很多文学理论都是从国外直接翻译和引进过来的。外国的文学理论是国外一些专家，根据各自的民族文学作家所提供的文本进行研究而得出来的，它本来是来自于对以作家作品为主的文本观照和分析，而我们有的人所关注的只是其结论，而没有能够将结论还原于其产生的历史语境中去。如果我们只是平行地移植这些理论,它很有可能就只能成为一种空头理论,像我们这些年来所引进的“结构主义”、“解构主义”、“女性主义”、“新历史主义”、“叙事学”等等,著作出了不少,文章发了很多,可是有哪些称得上是自己的学术观点呢,我们中国学者自己的创造性又体现在哪些方面呢?这种理论的引进虽然重要,但存在的严重问题也值得我们深思。其次,20世纪后半期以来,高校语言文学学科的文学理论或文艺学学科受到少有的重视,在中国文学各学科中,文艺理论得到了一种膨胀性的发展。文学理论或文艺学的队伍非常庞大,许多省都有所谓的文艺理论家协会,文学理论的研讨会开了一个又一个,研讨班开了一届又一届,看起来异常的活跃和繁荣,实际上有多少文学理论观念和文学批评方法是属于自己民族的呢?不管从学科设置还是教学体制,还是从研究生和博士生培养方面来看,文艺理论都是一门显学,而学者们与未来的学者们所制造出的理论著作、理论文章,其中许多都是理论的泡沫,这就是曹顺庆教授所说的“失语症”的由来。再次,文学论文往往东拼西凑、五花八门,充斥着许多新名词、新术语,一些论文其实只是许多生硬的材料堆砌,不要说有自己的创建,一些人连对前人材料的融会贯通都做不到。我们一些关于西方文论方面的著作,许多内容作者或编者自己可能都没有弄清,就开始大讲特讲;读者读来自然也是云里雾里,就看不明白,理解起来更是一塌糊涂。这就是文论拼凑和对理论的生搬硬造的结果。可以这样说,从前苏联移植过来的文学理论,加上20世纪80年代以来从西方引进来的文学理论,表面上看起来博大精深,有的的确也是不错的,对于我们的文学理论建构也是有重大意义的,但是如果我们丢掉了它们产生的历史语境来进行理解,就会显得浅薄、别扭,不符合中国当代文学创作的实际,与中国传统文论也很难适应,更不要说共同发展了。我们的目的是要发展共同诗学,首先是要发展本民族的文学理论;西方的文化虽然有普适性,但是不是都符合中国文学批评与文学史的需要呢?因此,我认为中国三十年来的文学研究成就不少,但问题不少,需要我们改进的、改变的方面很多;今天我们只是提出来这些问题,供大家进一步讨论、研究。

谭:您上面谈的这三个方面的问题,一针见血地指出了当前文学研究存在的不足之处,这可能跟很多人不能清楚地认识到文学研究的对象的特殊性有关,也与不能明确地认识到文学批评的范畴有关。您能简要说明一下文学研究的具体对象、性质和范畴吗?

邹:我认为文学研究属于人文和社会科学领域内的一个重要方面,它应当遵循人文和社会科学的规律,即它需要在材料基础上的分析与考证,需要提出一些理论问题来讨论,需要揭示事物的本质与规律。但是,由于它所研究的对象是文学,而文学从本质意义上来说是人学,因此它与人类的情感、心理、思想、哲学,与作家的感悟、想象以及对艺术体式、手段的选择有着密切的关系。因此,文学研究有它的独立性与特殊性。我认为文学研究主要包括:作家作品研究、文学史研究、文学批评研究和文学理论研究这几个主要的方面。但无论研究哪个方面,最基本的都是作家作品研究,或者是以作家作品为基础的研究。文学史研究、文学批评研究和文学理论研究都不可能脱离作家作品而成立,更不可能与作家作品研究相分离。因为文学史是由作家与作品所构成的,没有作家作品就没有真正的文学史;文学批评的对象是作家作品,只是研究文学批评本身实际上就是研究镜子的镜子,意义是相当有限的;文学理论是对作家作品的分析与研究而得出来的,如果脱离作家作品本身而单独研究文学理论,也是本末倒置而没有前途的。我们承认文学史上的材料、文学批评本身与文学理论本身也是值得研究的对象,也是文本,但那只是一种学术性的梳理而非本质意义上的文学研究。

谭:那么依据您个人的经验,您认为从事文学研究主要应当注重哪些方面呢?我们通过怎样的途径,才能寻求到文学研究的康庄大道,才能让我们中国的文学研究达到一个更高的境界呢?

邹:我并不否认中国近三十年来的文学研究与文学批评所取得的成就,并且我认为这三十年是20世纪以来中国文学研究与文学批评最为活跃的时期,也是最有成就的时期。成就是成就,问题是问题;我们不能以成就回避问题,也不能以问题而忽略成就,我们要有辩证的观念和科学的头脑。我们有的学者就是没有辩证观念,所谓好就是绝对的好,所谓坏也是绝对的坏,好像没有中间与过渡地带。我们对于中国文学研究的评价不能采取这样的态度,不然我们也可能会犯错误。我认为,无论从事哪个方面的文学研究,都要注重以下四个方面:

(1)注重文本。文本是文学研究的主要对象、基本内容以及重要目标。那么所谓文本,最主要的就是作家提供给我们的、已经成为物质形态的作品以及与作家的创作、作品的欣赏相关的附属产品。比如说日记、回忆录、传记、访谈、序跋、批评等等;其中最主要的文本当然是小说、戏剧、散文、诗歌等具有鲜明文体特征的作品。有不少人研究文学不谈文本,研究作家不看作品,研究作品不了解其故事情节、人物形象、意象以及艺术细节,研究作家不读作家的传记、日记、回忆录。有的人还写出了所谓"体大虑周"的文学理论专著,如果问他这些东西从何而来,他也许会说是他研究出来的;如果再问是从哪里研究出来的,他会说从前人的研究成果中分析出来的。我认为,只是根据前人文学研究成果而从事文学研究,显然只会有两个结果:一个是对前人成果的抄袭,另一个是对前人观点的整合;所有这些,从根本上来说都是不符合学术规范的。这种炒剩饭的研究,也不是真正的文学研究,是没有前途的。因此,我们华中师范大学比较文学与世界文学学科以及我们《外国文学研究》杂志,一直以来都特别强调对经典作家作品的深度研究;强调对作品的重新阅读和重新阐释;强调以作品为基础来研究作家,以作家为背景来研究作品，在文学研究界树立起了注重文本、一切从文本出发进行文学研究的旗帜。另一个方面，要强调从文本出发来研究文学。有些人是从文本出发来研究文学，但是研究的目标不是文学，提出的问题不是文学的问题，追求的目标也不是寻求文学构成的基本原则与文学发展的基本规律。例如，有的人研究《红楼梦》，运用统计学的方法统计林黛玉一天一共吐了多少次血，用来探讨《红楼梦》中的疾病和医学问题；虽然这样的研究是以文本为对象，研究的结果却远离文学；这样的研究，有的学者还美其名曰：文化研究或跨学科研究，其实我认为这是文学研究走入了歧途的表现。从文化的角度来研究文学、从跨学科角度来从事文学研究，本来可以开拓文学研究的新天地，但是如果我们不研究文学性，不探讨文学问题和艺术问题，那么也会造成严重的问题。从文本出发来研究文学，这就是我们要强调的最为主要的一点，也是在我们近些年来的文学研究中最为缺少的一点。

(2)注重体验。对文本的注重，除了其他一些材料外，就是要注重对作品的阅读和欣赏。如果只注重作品以外的材料，其结果可能就像法国的影响学派所做的比较文学研究一样，只是对一种历史现象的考察和整理。这样的文学研究也不是说毫无价值，但不是真正的文学研究；也许这种说法比较绝对，但是文学之所以称为文学，主要在其情感特征、精神形态、艺术形态、美学形态，因此纯粹从文学作品之外的资料来进行的研究，不可能真正进入文学艺术的殿堂，也不可能抵达作家所经营的艺术的堂奥。真正的文学研究，应该是以对作品的阅读体验和美学欣赏为前提，能够将自己的情感融会到作家的情感里面，让阅读的过程发生情感的碰撞，闪现思想的火花，产生强烈的共鸣，与作品中的人物能够进行情感的交流和平等的对话。因此，我很同意法国批评家弗朗斯的一个观点："批评是灵魂在作品中的冒险。"有没有这样一个冒险的过程，也就是有没有批评的可能；只有有了批评的可能，才能进入真正的文学研究之门。文学作品不是一堆死板的材料，而往往具有活的灵魂；一部杰出的作品往往凝聚着作家一生的心血，悲欢离合、酸甜苦辣、爱恨情仇都能在作品中得到反映，因此一部作品往往是情感信息、心理信息、思想信息、美学信息的融合，作家一切的感悟、感觉、想象，对生活与艺术的理解都深深地潜藏在艺术文本之中，批评家和研究者的责任就是从中发掘出种种信息，并提出相关的问题，进而进行分析、阐释和探讨，揭示本质、探讨规律，最后建立起共同的诗学，也就是钱钟书先生所说的"共同的文心和诗心"。但这一切都是以批评家和研究者对作品的了解、理解为前提，如果没有真切的阅读体验，没有反复的阅读过程，没有对作品中的细节的挖掘和把握，是不可能发现文学和艺术的问题的，也不可能提出与解决这些问题。我认为，对小说的研究主要应当研究艺术形象、情节结构、艺术语言和艺术形式，这些都要求我们对小说进行欣赏和理解；对戏剧的研究，主要应当研究情节冲突、艺术形象的心理和艺术形象的性格、人物与人物之间的关系、人物的独白与对白、戏剧情景与舞台艺术，因此如果没有阅读剧本和观看演出的过程，没有对上述细节的亲密接触的过程，就不可能进行艺术分析和理论探讨；对诗歌的研究，主要应当关注抒情和叙事的视角、意象的艺术、语言的艺术和形式的意味。如果没有欣赏的过程，以上所述都无从把握。因此，我认为文学研究的起点应当是对文学作品的阅读以及在阅读过程中所产生的种种丰富而真切的体验。有的人不重视文学批评，只注重所谓文学理论的研究，这样往往让理论成了无源之水、无本之木。在文学研究中，我认为从"文学阅读"到"文学批评"、"文学史"、"文学理论"，应当是一个逐渐上升的过程，是一个由基础到升华的阶梯型的框架。理论认识虽然很重要，但是要以对具体作品的批评作为最坚实的基础。因此，没有文学阅读就没有文学批评，没有文学批评就没有真正的文学史，没有真正的文学史就不会有具有普适性的文学理论，更没有博大、科学、充满生命活力的文学研究。

(3)关注理论。对于理论既要重视，也要正确地认识它。西方文论史上所提出的一整套概念及其所代表的观念，中国古代文学史上常常运用的一整套概念及其所代表的观念，都是人类认识文学、研究文学的重要成果。中西文论虽分属于两个文学传统与思想体系，虽存在着巨大的差异，但是也存在着诸多相通之处，因此我认为都很重要。但是这些理论对于我们从事文学研究究竟有什么意义呢？我认为最大的意义，就是给我们提供研究的视角和方法。我们平常说世界观和方法论两者是有机统一的，世界观也就是方法论，方法论也就是世界观，那么我们是不是可以说"理论"也就是"方法"，"方法"也就是"理论"呢？我们不能把前人所总结出来的文学理论当作高不可及的宝塔，当作一种人类共有的文化遗产背在身上，而应当把它当作一种观念、基本的立场、基本的方法来运用。首先，理论能够成为我们所研究的文本。中外文论史上那么多的著作和论文，其实都是客观的文本，都能成为我们考察研究的对象，从中我们可以总结出文学构成的基本原则与文学发展的共同规律。有的人蔑视、仇视理论，认为它很空洞、虚无，不将其当作一种物质文化形态的文本来看待，这显然是错误的；其实，文学理论也应该成为文学研究的一个重要方面。其次，近年来刊物上发表了许多文章，将西方文论的一些观念与作家作品生硬地结合起来，于是成为某作品的某种解读，将有关的理论作为帽子戴在某作家作品的头上；这当然也是文学批评的一种选择，但不是一种明智的选择，因为它不是真正行之有效的文学批评和文学研究的方式，它只是初学文学研究的人从事学术训练的一种形式，训练以某一种理论来观照某一类作品，看是否有一些新的发现。对这类人来说，这类文章的写作是可以的，他们也是把理论当作一种武器，但是就有一个在操作过程中适不适用的问题。以现有的作品来印证前人的理论，其结果还是前人的理论，最多对理解具体的作家作品有所帮助而已；因此，有关的文学理论与作家作品的生硬拼贴，是我们文学研究中存在的一个很大的问题。如果是将文学理论当作一种批评方法，能够了无痕迹地在具体作家作品研究中进行化用，其结果才是真正的文学研究。再次，文学研究的重要目标是要发现和总结新的理论，一个世纪以来我们都在引用和消费西方的理论，现在应该转为生产理论的时候了。在某种程度上，我很认同曹顺庆教授所提出的20世纪中国文学批评的“失语症”，那么多的批评家和研究者往往都用西方的文学理论来阐释中国的作家作品，而很少用中国的文学理论来阐释西方的作家作品，也很少用中国的文学理论来阐释中国的作家作品。不会说自己的话，没有自己的学术系统和批评观念，没有自己的基本立场和批评方法，当然就是严重的“失语症”。有的人对此反感，以至于提出尖锐的批评，是没有道理的。西方的理论不是不能用，而且我认为也非常重要，关键是我们中国的文学批评和研究要赢得西方学者的认同和尊重，还是在于我们有没有自己的文学理论和批评方法。因此，文学研究首要的不是运用别人的理论来解读我们的作品，而是要从我们对作家作品的研究中，包括对世界各民族的作家作品的研究中总结出新的理论，要像巴赫金研究拉伯雷的《巨人传》，总结出“狂欢化”理论一样；也要像他研究陀斯妥耶夫斯基的小说，总结出“复调”理论一样，我们要提出自己的有中国特色的、成系统的文学理论来。文学研究的根本目标就是要总结，提出新的文学观念用来指导我们的文学阅读、批评、文学创作，在这个意义上来讲，理论是非常重要的。

(4)关注问题。我们从事文学研究、总结文学规律，首要的是要发现问题。问题的提出标志着我们对事物的新的认识，新的认识来自于我们的观察、阅读、分析和思考。如果不能发现问题，文学研究就会停留在文学批评阶段，停留在阅读、记录和经验总结的阶段。当然，这里讲的“问题”是具有学术性、理论性、本质性的问题，比如说对易卜生诗歌的研究，我写了三篇文章：《易卜生诗歌的伦理主题》《易卜生诗歌中的政治情结》《易卜生诗歌写作的三种向度》，真正发现问题的是后者；关于比较文学，我写了四篇文章：《比较文学的教材建设问题》《论实践环节在比较文学教学中的核心地位》《论高校比较文学教学内容的“文学史化”》《中国比较文学学科建设的三种运行模式》，真正发现问题的是后两者。可以这样说，问题意识应当是文学研究者的主导意识，也应当是文学批评者的核心意识，是文学研究最为重要、最为关键的一个环节。我们有一些人倾其一生努力从事研究，发表了不少论文，提出了几个问题呢？有许多文章都流于作品解读、情节分析、语言欣赏和文本细读的阶段，一个问题都没有发现，更何况理论观念和批评方法的运用与发现，这种现象既是他们个人的悲哀，也是整个中国文学批评界和文学研究界的悲哀。

谭：邹老师，您刚才提出来的从事文学研究的这四个方面的意见很有意义、很有价值，并且很有可操作性，从实践层面提出了解决问题的办法。作为年轻的研究者，我们好像很难独立地发现问题。对此您有什么好的建议吗？

邹：当然，在文学研究中要发现问题也不是那么容易的，它需要长期的学术积累、深厚的理论修养、敏锐的艺术感觉和强大的思辨能力，首要的还是要有学术的积累。因此，从事文学研究真正要有所成就，在比较年轻的时候是很难做到的。伴随着个人人生阅历的丰富、对中外文学作品的长年阅读、对世界范围内之学术问题探讨的参与，以及研究者主导意识的确立，才可能建立起深厚的问题意识，才能让自己的研究上升到一个新的台阶，进入到一个全新的境界。对此，我们只能说任重而道远，我们只有在老师的指导下认识到文学研究的真谛，认识到我们的文学研究所存在的问题，从而有意识地回避这些问题，我们就会少走弯路，能够直接进入文学研究的正常轨道，早日取得真正的成功。

研究生读没读书、读了什么书，其结果是不一样的，有的甚至差距很大。在今年研究生硕士论文答辩之后，我们再来看一看优秀的论文和一般的论文，其间的差距是相当于本科生和研究生的论文之差距。我相信这样的情况并不是由于导师所造成的，而主要是由于自己的努力与不努力所造成的。不光是读书，做其他的事也是一样，比如说在许多人在一起的时候，先与谁打招呼、先给谁敬酒，都是有讲究的；不然别人就会认为你的修养不够、水平不够，就会得罪人，给自己造成没有想到的严重后果。当然，这也许是我们平时训练不够、讲得不够所造成的。

谭：邹老师，非常感谢您在百忙中接受我的采访！您从一个学者的角度，非常专业地分析了当前文学研究繁荣局面背后存在的问题，并指出了它的前途与出路，这具有极强的现实指导意义。可以看出来您是一个有着极强责任感和使命感的学者，您不仅是把文学研究作为自己的一项工作，更是作为自己一生的事业来做，所以才会有这么多深邃的思考。但愿今后我们的文学研究之路能越走越顺利，希望这条路上能有更多像您一样的名师指引我们。最后，衷心祝愿您：工作顺心，身体健康，桃李满天下！

（原刊《中外论坛》2008年第2期）

比较文学研究生有什么“必要”？

胡朝霞

胡朝霞（以下简称“胡”）：邹教授，我从南华大学前来贵专业访学是有所选择的。虽然我认识到了华中师范大学在国内高校的地位，比较文学与世界文学专业在国内同类专业里的排名，然而对于贵专业的历史与特色，并不是很熟悉。您能不能总结一下华中师范大学比较文学与世界文学专业有哪些传统与特色？

邹建军（以下简称“邹”）：华中师范大学比较文学与世界文学专业是本校特色鲜明、影响较大的学科，是湖北省重点学科，也是同时拥有两门国家精品课程《比较文学》与《外国文学》的学科，同时还拥有国家精品课程的资源共享课《比较文学》。在这所百年高校里，本学科有雄厚的学术基础，并且曾经产生过很大的影响。在华中大学时期，就有薛诚之、胡雪等著名学者在本学科任教；在华中师范学院时期，有王忠祥、周乐群、宋寅展、戴安康、彭端智等学者在本学科任教，这些学者在英美文学与东方文学方面都相当活跃。1978年创办的《外国文学研究》，成为我国改革开放以后第一份外国文学专业期刊，在中国比较文学与世界文学专业建设中发挥了重要作用。20世纪90年代以后，随着一批骨干力量的退休与调离，本学科的学术力量有所削弱，但时间不长；进入新世纪以来，比较文学与世界文学再次延续了过去的辉煌，并有了新的更大发展，聚集了王忠祥、聂珍钊、胡亚敏、邹建军、李俄宪、杨建、罗良功、苏晖等一批学者；在比较文学、英国文学、美国文学、日本文学、东方文学、北欧文学研究方面，发表了大量优秀论文，出版了一批高质量著作，在国内外学术界产生了重要影响。

我个人认为，华中师范大学比较文学与世界文学学科，经过数代学者一百年左右的建设，已形成了以下四个方面的特点：①学科意识深厚。我校一直以来都十分注重学科建设，所以教学是以教研室为单位而进行落实，而科研则是以学科为单位而进行组织与规划。自改革开放以来，比较文学与世界文学学科作为中国语言文学之下的二级学科，一直非常注重学科队伍的建设，建立了一支以教授、副教授、讲师为主体，参与人员众多、各学科方向齐全的学科队伍，在全国的排名相当靠前。自本世纪以来，我们又以杂志为平台加强了比较文学与世界文学学科建设，目前位列国内高校前三名是没有任何疑问的。我们研究方向相当齐全，并且都是著名学者作为学术带头人，比如比较文学方向就有胡亚敏教授与邹建军教授，北欧文学方向就有王忠祥教授，英国文学方向就有聂珍钊教授，美国文学方向就有罗良功教授与苏晖教授，日本文学方向就有李俄宪教授，东方文学方向就有杨建教授等。②能够准确认识比较文学与世界文学、东方文学与西方文学之间的关系。由于历史原因，许多高校本专业没有发展起来，一个很重要的原因是没有处理好“比较文学”与“世界文学”两个方向之间的关系，有的重视世界文学而排斥比较文学，有的重视比较文学而排斥世界文学，而有的只重视所谓的外国文学，而排斥比较文学与世界文学，所以自己给自己造成许多困扰。而我们学科所有的学者，不论年纪大小、层次高低，基本上都能够平等看待比较文学与世界文学、西方文学与东方文学之间的关系。我们认为外国文学在某种程度上说就是比较文学，没有世界文学就没有比较文学，比较文学是外国文学研究的高级阶段，所以比较文学与世界文学研究都取得了重要进展。我们认为西方文学与东方文学都取得了伟大的成就，古代的东方文学是西方文学不可相比的，近代以来的西方文学有了长足的发展，然而东西方文学是可以并列并且受到同等重视的，所以我们的西方文学与东方文学研究都得到了很好的发展。③以办好期刊为本学科最重要的目标之一。在本学科的历史发展进程中，学术期刊的创办与建设是十分重要的内容。1978 年创刊的《外国文学研究》，主办者本来并非华中师范大学一家，还有武汉大学与武汉师范学院，经过了几年的发展，后来却只有华中师范大学一家将主办杂志的任务承担下来；并且与其他学校体制不同的是，《外国文学研究》一直是放在外国文学学科主办，而且一坚持就是三十多年的时间。在这样一个历史进程中，所有本学科学者都参与了期刊的编辑，所有本学科研究生都参与过期刊编辑出版与发行工作，特别是 2005 年又创办了《世界文学评论》，2013 年又创办了网刊《东林诗刊》与《南海学术》。在这新办的四种刊物中，硕士研究生、博士研究生、访问学者都发挥了重要作用，他们往往成为编辑工作的骨干力量。由于众多力量投入到了期刊编辑工作中，一个方面是办好了自己的刊物，同时也极大地促进了专业人才的培养与成长。④注重培养高水平的研究人才。本专业之所以能够在国内高校排名前三，与我们一直以来注重杰出人才的培养有很大关系。所谓杰出人才，如果只是看在校期间的表现还是不够，最主要的还要看他们离开母校以后，是不是有了更大的发展。自 20 世纪 80 年代开始比较文学与世界文学硕士生招生以来，我们学生成为各高校比较文学与世界文学专业的教学与科研骨干力量的大有人在。自 2002 年开始招生博士研究生与访问学者以来，我们的学生成为各高校与科研机构的重要力量者大有人在，一些人做了外语学院或文学院负责人，许多人做了学科带头人。从华中师范大学出去的许多学生与学者,成为杰出学者与教授的也不在少数,如余虹、陆扬、鲁萌、朱宪生等。

胡:在信息化时代,学术交流与学术对话是相当重要的,比较文学与世界文学本来就是具有国际性的专业,因为它的研究对象与工作对象是整个世界范围之内的。我们看到华中师范大学文学院经常有一些国际交流活动,这对比较文学与世界文学的研究生来说,有什么重大意义?

邹:"国际化"是我校与我院提出的重要目标,这个目标与我们专业有很大的关系。比较文学与世界文学专业在中国语言文学各专业中,与国外的联系是最为紧密的,也是最有责任从事国际化方向改革与发展的。因此,我们比较文学与世界文学专业,我们《外国文学研究》杂志与《世界文学评论》,一直以来比较注重加强与世界各国的联系,包括文学界、批评界与学术界、高教界的联系。最近十年以来,我们与外国语学院联手,请了许多西方与东方国家与地区的一流学者,包括美国的、英国的、德国的、日本的、挪威的、中国香港与台湾的、新加坡的学者,来我校从事学术与文化交流,仅文学院与比较文学专业每一年举办的讲座,都在20场以上。文学院还聘请了校外专家讲学,国内的专家主要是文艺学与民间文学专业请的,国外的主要是比较文学与世界文学专业请的。有的学术讲座座无虚席让演讲者激动,有的学术讲座全场爆满以至于无法关门,如德国汉学家顾彬教授关于"当代中国文学与德国"的讲座。这样的学术交流与学术讲座,对于我院研究生的成长与发展,具有十分重要的意义。①开阔了学术视野。如果一个学生只听本校老师的课,也是可以成长起来的;如果能够有机会听一听来自于世界各国学者们的讲座,则可以大大地开阔自己的学术视野,最大程度地了解学术前沿,促进自己的学术思维。②可以建立学术联系,以求双方在未来都有更大的发展。我们与美国、德国、日本、中国香港的学术机构建立了经常性的学术关系,已经在马来西亚、韩国、中国内地,与他们合作主办了多场国际学术会议。最重要的是在学生交流学习方面非常通畅,许多博士与部分硕士都有对外交流的经验与出国留学的经历。他们或者以访学的方式,或者以讲学的方式,或者以访问与考察的方式,或者以交换生的方式,实现了这样的交流。这样的环境让我们的学生实现了求学无国界、学术无止境的目标,为以后更大的发展,打下了相当坚实的基础。③为学术创新提供了基本条件。学术研究,可以关起门来坐十年冷板凳,可以在一个小圈子里产生有深度的影响;然而,在信息社会里,学者们走出国门与引进国门都是必需的。许多新的学术批评方法的产生,与这种交流是分不开的。聂珍钊教授所提倡的文学伦理学批评方法,我所提倡的文学伦理学批评方法,都是在对诸多外国作家作品的具体研究中产生的,并且与在国外所进行的学术考察与学术交流,存在着密切的关系。我们的学生通过多种多样的对外交流方式,对西方文学批评方法与文学研究前沿相当了解，并且了解得相当深入，因为他们是直接通过外文文献查阅的了解，或者直接与西方学者进行面对面的交流。这样的交流对于研究生的学位论文撰写、项目申报以及科研任务的完成，都是必不可少的。

胡：在研究生的招生过程中，存在双向选择的问题，学生可以选导师，导师也可以选学生，但最终主要是导师选学生，因为决定权在导师组。那么，我想请问一下，您在招收研究生的过程中，更看重学生哪些方面的能力？你对自己选的学生满意吗？

邹：现在，我们在研究生培养过程里实行的是双向选择制，学生可以选择导师，导师也可以选择学生。在研究生考试之前是不报导师的，但是在进来之后的第二周，导师与学生的双向互选要求在两周之内完成，这个过程说起来简单，操作起来还是比较复杂的，因为学生有各种各样的情况，他们有的是因为某一个导师才来报华中师范大学的，有的是因为想当教师才来报华中师范大学的，有的是因为想来南方读书才报华中师范大学的。基础好的学生，并不一定报我，我也不一定能够都能选择到优秀的学生。但是，我选学生也许有一些与别人不同的讲究：①他的出身，即是什么学校毕业、学什么专业的。如果是211学校的，或者是某一个省里最好的学校，虽然是跨专业的，是学地理与历史的，也还不错。如果又不是重要的学校，专业上也没有什么与我研究方向相关的优势，那就不太愿意选取。②他的口才与人生态度。如果其人生态度比较上进，踏实肯干，与他人交流比较顺畅，我认为是可取的；如果与此相反，则是不可取的。③心态。有的人急功近利，有的人浮躁势利，有的人斤斤计较，我则不太喜欢。如果一个人能够比较安静，比较沉稳，比较进取，有自己的兴趣和追求，则可能在未来成为一个真正的学者。我们看到一种事实，有的研究生在三年时间里没有很好读书，总是出去代课啊、做生意啊、看电影啊，到头来没有学到什么真正的本事，哪里还说得上有一个学者的素质呢？④学外语的与学中文的要搭配一下。如果我们可以招收三个学生，最好是一个是学外语的，一个是学中文的，一个是学相关专业的，这就是比较合理的最佳结构，因为他们在研究生三年里讨论的时候，可以做到互补与互证。⑤写作能力。一个人在本科阶段，你要他们写好学术论文，是相当困难的；然而，如果通过复试，发现有的学生写作水平比较高，不论什么样的文章包括诗与散文，都可以看出写作能力。当然，开始的时候很难看出他具有什么样的能力，只是一种感觉而已。然而如果发现他们有什么特别的才能，自然会相当地惊喜。有人推荐人才，说他这也好、那也好，我说有什么可以证明呢？说现在还没有什么可以证明。过了半年，发现他作赋很好，写诗很好，散文也写得不错，终于认识到这还是相当有才之人。不过，有教无类，什么样的人都有成才的可能，所以我在选学生的时候不是太挑剔。

胡：学士、硕士、博士，总是达到了一定的学术水平才可以得到相应的学位，

不同层次的学生到了毕业的时候，总是有共同的标准。但人才总是多种多样的，我们的教育目标也应当是多种多样的。那么，请问您在培养研究生的时候，注重培养学生什么样的能力呢？

邹：我是1998年开始指导研究生的，至今已经15年，还是有一些经验与体验的，对于学生当然有自己的要求，比较注重培养学生以下四个方面的能力：文献调查的能力，语言表达的能力，策划与组织的能力，论文写作与学术创新的能力。本科生一般不具备文献调查能力，不论是对于某一个专题的网上文献，还是某一图书馆内的文献查阅，无论是社会调查还是民间田野考察，都是如此。然而，研究生因为要从事专题学术研究，首先是要圆满地完成硕士与博士论文，如果对于文献调查的方方面面不精通的话，往往无法完成这样的任务。所以，在他们以自己的兴趣选定了作家与作品的基础上，就要求他们尽快进行全面的文献调查，并进行准确的整理与鉴别。结果就是"研究的研究"，这是课题展开所必需的前期准备，任何人都不可缺少。如果文献工作做得扎实，重要的材料全部据为己有，那后面的工作就好办了；如果文献调查没有做好，什么都谈不上。语言表达能力，包括口头语言与书面语言表达的能力。我们有常年坚持的"中外文学讲坛"学术活动，人数不是很多，但每一个人都有说话的机会，都有发表自己意见的权力。我所指导的研究生具有超强的口头语言表达能力，就是在这样的条件下炼成的。在这个过程里，如果有谁不能顺畅表达，我就让他先不要说话，给他以压力，他才有克服困难的动力。在"中外文学讲坛"的每一次活动中，我们都设有主持人、主讲人、讲评人、辩论人，每一种身份的人，都可以从不同角度发言，从而经受起不同要求的训练。书面语言表达能力，主要是通过做简报、写听会报告、写策划方案进行提高。他们写的东西不一定很长，然而都有一定的要求，因为每一篇都会发表在"中外文学讲坛"博客，以及"中外文学讲坛"与文学地理学研究中心两个群的群共享里。每一名研究生的组织与策划能力，也不是仅凭空想就可以造成，而是要在实际实践里才可以得到提升的。每一期"中外文学讲坛"专题学术研讨会与网上研讨会，及其所主办的学术会议与诗歌朗诵会，往往都是提前半年就有策划，时间、地点、人员、提纲，及其相关的组织机构，都有精到的安排，这就是一种策划。主讲人、主持人、讲评人、辩论人，他们都是有一定身份的人，他们各司其职，充分地完成了各自的任务，就可以让整个活动达到最佳形态。所以，三年下来，每一位研究生虽然只可以在"中外文学讲坛"上主讲一次，然而做主持人、讲评人与辩论人的机会却相当多，这样的过程就是领导能力获取的过程。同时，我们所主办的期刊与杂志，也提供了让研究生的策划才能得到提高的机会。我们每一届研究生，有的参与了《世界文学评论》的编辑工作，有的参与了《中国诗歌》的编辑工作，有的参与了《东林诗刊》与《南海学术》的编辑工作，有的参与了"中外文学讲坛"新浪与网易博客的编辑工作,有的参与了“中外文学讲坛”网上研讨会的策划,以及海报设计的工作,这些都是让研究生得到全面提高的机会。最后是写作水平与学术创新的能力。学术论文的写作,是每一个研究生都必须要过关的,你可以写诗、散文与小说,但你必须学会学术论文的写作。学术论文的规范与学术论文的结构,你都必须全面掌握。从前我们要求研究生在正式刊物上发表论文,现在虽然没有这个要求,然而必须高质量地完成自己的硕士论文。硕士论文属于学术论文,如果没有平时的训练,也很难完成,所以每一名学生从一开始读研,我就要求他们坚持写一些小论文,论文虽小但必须是学术论文,并且要能够得到发表。每一篇论文包括课程论文,都必须有所创新,没有创新就没有必要写论文。首先是要求他们就自己选择的题目写出研究综述,让他们知道本专题研究到了什么程度,已经有了哪些学术成果,前人提出了哪些学术观点。如果真的做到了这样一点,他们就比较清楚地认识到什么才是学术创新;而且我长期以来一直坚持课程论文也必须是全面创新的;如果存在抄袭,则以零分计。高标准与严要求,三年下来,不成长起来也不行,许多人就是这样成为了优秀的人才,受到了社会的好评与专业人士的肯定。

胡:随着人类社会与科学技术的发展,学科分类越来越细,对于人才的要求也越来越是综合性的,对于比较文学这样的研究型学科,您是否鼓励您的学生都去考博呢?他们都考上了博士吗?

邹:比较文学与世界文学现在是一个学科,在我们看来,世界文学就是从前的外国文学,比较文学则是世界文学的更高阶段,没有世界文学就没有比较文学,而没有比较文学的研究,则没有真正的世界文学。然而,从事比较文学研究是很难的,如果只是读个硕士学位而要一生都从事比较文学研究,虽然也是可以的,然而如果能进一步深造,则可望打下更为雄厚与坚实的基础。20世纪80—90年代毕业的学生,现在从事比较文学与世界文学研究而取得成就者,许多都只有硕士学位;然而新世纪以来,许多从事比较文学与世界文学研究而取得杰出成就的中青年学者,基本上都有了博士学位。因此,自我开始指导硕士研究生以来,一直鼓励他们去报考博士,直到最近几年,这种情况才有所改变。所以,我真的还创造了一点奇迹:我指导的硕士研究生与访问学者,考上博士得以继续深造的,有将近30位,现在他们绝大多数已经毕业,成为了各高校本专业的学术骨干。为什么到了最近几年有所改变呢?我开始指导博士生以后,发现硕士生直接考上博士是相当难的,因为指标越来越少,要求也越来越高。所以,有的时候为我当年向有关导师推荐自己的学生,而他们往往能够容纳,而深有感慨。他们之所以能够如愿,也许是学生们真的比较优秀,也许是朋友们对我很是关照,相信我培养的研究生具有攻读高学位的潜能。今天,如果不是特别优秀的话,我很难向其他高校的导师们推荐自己的学生。考博是一条正确的学术深造之路,然而也是一条艰难的路,因为国家对于博士的要求越来越高，许多人因为达不到要求而不能按时毕业，一些人放弃了自己的学业，而从事实际的社会工作。因此，对于硕士生考取博士，我是鼓励的，然而每一个人也需要根据自己的兴趣与水平，而进行不同的选择。

胡：比较文学在中国是一门重要的学科，然而也总是受到一些传统学者的质疑。您认为比较文学学科发展的当务之急是什么？

邹：比较文学研究在中国是一门新兴学科与边缘学科，参与者众多，原来从事中国古代文学研究、现当代文学研究、民间文学研究，以至于从事文艺理论研究的学者，到了后来往往都会上升到比较文学层面，进入比较文学研究领域，这是中国文学研究界存在的一种比较普遍的现象。所以，每两年主办的中国比较文学学会年会，参与的学者也许是中国所有的学科里人数最为庞大的，受到关注的程度也是最高的。然而，中国的比较文学研究也是存在问题的，无论是从与其他学科的比较，还是从与其他国家的比较而言。存在的问题主要体现在以下三个方面：①比较文学学科建设的"空洞化"倾向；②比较文学研究的"泛化"倾向；③比较文学基本理论与西方不能实现对接。比较文学学科的理论"空洞化"倾向是在比较文学"中国学派"提出之后所出现的，如果一批杰出学者从事比较文学学科理论建设是无可厚非的，然而许多根本没有资历从事比较文学学科理论建设的学者也在写相关的学术论文，所谈的完全不在点子上，许多意见流于玄想，没有很大的意义。比较文学究竟研究什么？国与国之间的文学关系包括不存在影响事实的美学价值关系，自然是比较文学关注的重要对象；国与国之间文论的比较研究即所谓比较诗学研究，可以认识到世界范围之内文学构成的基本规则与文学发展的共同规律，是很有意义的。然而，既不存在影响也不存在美学价值关系的两种民族文学现象，也有大量论文发表；同时，比较文学的跨学科研究被无限扩大，凡是与文学有一点关系的，都可以作为双边关系而被纳入研究的对象，就存在很大的问题。真正的比较文学跨学科研究，只研究其他相关学科及其理论对文学所产生的影响，而不研究文学对其他学科所产生的影响。如果我们可以把任何文学现象作为比较文学研究的对象，那就让我们的学科没有了自己特定的研究对象，从而消失了学科的独立性。中国比较文学学者少有自己原创性的理论，或许有自己的理论，而没有得到世界范围内的承认，所以，中国的比较文学理论，主体上还是从西方舶来的。那么，中国的比较文学理论特别是比较文学"中国学派"的理论，从本质上来说就没有实现与西方理论的对接与对话。不过，比较文学"中国学派"在世界上产生了比较大的影响，中国比较文学研究还是取得了巨大成就的，这一点我们也要认识到。比较文学学科的当务之急，还是做扎扎实实的具体研究，特别是中国文学与其他各国文学关系的研究，中国文学理论与其他各国文学理论之间的比较研究，其他学科对文学产生影响的历时之研究。的确是要突出中国特色与中国立场，突出自己的主体精神与主体风格，然而“求实”与“求是”是最为关键的。

胡：读书的最后方向都要指向就业，比较文学的研究生一般在哪些行业就业呢？你在培养研究生的时候，是否考虑他们以后的就业呢？

邹：读任何方向的研究生都要指向就业，因为人总是要求生存与发展的，要有自己的事业，因为没有事业，一切都谈不上。然而，我认为比较文学与世界文学方向的研究生，首先考虑的不只是就业。如果他们考虑的首先是就业，就没有必要来读比较文学方向的研究生，并且没有必要来读研究生，他们读一个职业技术学院，就可以找到很好的工作。比较文学与世界文学在中国语言文学的各个专业中，是比较具有先锋性与学术化的一个专业，因为要求知识面广阔，理论意识深厚，他们要同时观照不同民族与国家的文学，把整个世界的文学当成一个整体来研究。这样的学术目标对于学生素质的要求是相当高的。相比于中国现当代文学、中国古代文学、民间文学与文艺理论专业的研究生来说，其综合性、前沿性与实践性是显而易见的。正是因为有了这样的要求，我们专业研究生就业一直都是比较开阔的。除了考上博士的以外，主要的去向是：①高校教师，前几年的湖南第一师范学院、长江师范学院、湖北师范学院，去年的河北第二民族师范学院等；②媒体出版机构，如湖北教育出版社、武汉出版社、新浪总部等；③行政事业单位，如中国科学院病毒研究所、中国农业科学院武汉油料研究所等；④中学与中专教师。我认为比较文学与世界文学专业的研究生，就业面广，有很好的用人单位，他们对我们专业研究生的评价是相当肯定的。之所以我们并不需要考虑他们的就业，是因为我认为只要有了本事，就可以找到好工作，就会有好的出路；如果你没有本事，只是想到就业啊就业啊，也没有什么很好的效果。对于研究生的要求是综合性的、全方位的、思想与品质的，至于实际的工作能力倒在其次。所以，我认为就业是他们自己的事情，而学问与人的素质则是导师的事情，只要有了严格要求与强化训练，未来总是美好的。

胡：最后想请教一个问题，您怎样看待中国作家莫言获得诺贝尔文学奖？莫言获奖对中国文坛有怎样的影响？

邹：莫言在2012年获得诺贝尔文学奖，我认为是实至名归，水到渠成，是中国当代文学得到世界承认的一种标志，是当代中国文学进入世界视野的一个机会。并不是说诺贝尔文学奖就如何了不起，它的政治因素与意识形态色彩也是比较浓厚的；然而，它毕竟是当今世界最重要的文学奖项之一，也是具有世界影响的文学大奖，与它相提并论的文学大奖，世界其他国家基本上是没有的。除了高行健之外，没有一个本土中国作家获得此奖，所以莫言先生的获奖，获得中国社会各阶层赞赏，与文坛上下的强烈反响，是理所当然的。当然，一个作家的获奖，对于当代中国文坛会产生怎样的影响？就目前而言，我认为主要有以下三点：①提升了当代中国作家从事文学创作的信心;②让世界其他国家的学者认识到当代中国也有高水平的作家与高质量的作品;③让中国读书阶层认识到文学交流与文学传播的重要意义。历史的事实是自从鲁迅开始,后来有沈从文、艾青与北岛等,都有可能获得诺贝尔文学大奖,有的被提名,有的在西方获得很好的评价,然而到了最后都没有能够获得,与世界级文学大奖失之交臂。因此,一些中国作家在从事文学创作的时候,本来没有获得大奖的愿望,因为从来没有中国本土作家获得过这样的大奖;然而,莫言获奖以后,情况就不一样了,许多作家从莫言身上看到了希望,于是努力于创作、专心于艺术,争取在自己的有生之年,拿出最好的作品。世界其他国家的批评家与学者,从前对于当代中国作家作品的评价是不高的,有的学者甚至直言当代中国文学是垃圾;然而,当莫言获得了诺贝尔文学奖之后,也许再也不会有人敢说当代中国文学无足轻重了。有许多人已经认识到,与莫言属于一个级别的中国作家,其实还有一大排,比如说王安忆、余华、阎连科等,而莫言之所以能够获奖,一个方面是其作品的确是高质量的,另一个方面是因为有了很好的翻译,让西方学者与作家能够认识到莫言及其作品的价值。所以,对于莫言获奖的重要意义,我们要有充分、全面、辩证的认识。他的获奖对于中国的比较文学与世界文学的研究,也是一种机会与挑战。什么样的作家才是世界一流作家?什么样的作品才是经典性的作品?什么样的翻译才是真正有效的翻译?什么样的奖项才是真正的世界性的奖项?西方世界如何看待当代中国作家与作品?莫言的作品与西方文学存在什么样的关系?他是如何认识西方文学与东方文学的?莫言获奖的意义,大矣!

(原载《求学考研》2013 年第 3 期)

诗歌写作与批评

关于汉语十四行诗的写作与翻译问题

覃　莉

覃莉（以下简称“覃”）：邹老师，您是什么时候开始十四行诗写作的呢？

邹建军（以下简称“邹”）：我是从七年以前的中秋节，开始这种诗体写作的。2004年中秋，我回到了久别的故乡，一个人在家乡的青山绿水间呆了三天。这是我大学毕业以后第一次在家过中秋，所以感触特别深刻。当时，我已经到华中师范大学工作，各个方面都有了新的开始。于是，我想继续我在大学时代的诗人梦，于是以诗的形式表达我所见所闻的一切，诗中表达的自然只是我自己的一些人生发现。但是具体用什么样的体式，必须是有所选择的。我当时已经开始在创作以现代汉语为基本媒介的古体诗，一共写了111首；但是我发现这种诗体局限性很大，难于表现更为广阔的时代生活内容与人的精神世界的延展性；用古歌行体这种容量更大的体式来进行创作，似乎也是可以的，但并不是太容易；于是，我想到了现代中国诗人冯至、卞之琳等人从西方引进的十四行诗体，长度不短，也不太长。从那个时候开始，我有多种机会到各地开会与游历，开阔了我的视野。所以每到一处，我都注意观察与感悟，如果有所获的话，就形诸笔墨为汉语的十四行诗。到2011年为止，我初步统计了一下，我创作的十四行诗已经有了三十多组，二百多首。就是我自己也没有想到，我会在业余时间里，创作如此多中西结合的格律体诗作。我认为这是我最近几年来的重要收获之一。

覃：邹老师，请问您认为在中国用英语创作十四行诗有无必要呢？

邹：我个人认为，在中国创作十四行诗是可以的，也是很有必要的。如果我们的诗人有兴趣，可以用世界上任何一种语言从事诗歌创作，那是个人的权利，我们任何人也没有必要加以干涉；但是，作为一个中国人，自己的语言都用不好要去用他种语言，用自己的母语创作诗都不会，要用他种语言来创作诗，就有一点本末倒置的味道了。当代中国诗人首先还是要用自己的母语来进行创作，以体现作为一个中国人的责任与使命。查阅20世纪中国诗歌史，许多人写过十四行诗，但基本上都是用汉语进行写作，用英语和其他语种的极少，也许就是这个原因。如果有人愿意用英语创作十四行诗，并且能够取得很高的成就，那也是令人高兴的事情；因为西方诗人与学者会认为，中国诗人了不得，可以创作出与西方一流诗人相提并论的十四行诗，这自然是为中国人争光不少。但是我们要注意一个事实，绝大多数的中国读者是汉语读者，能够直接欣赏英语诗歌的人是极少的，也许只有大学以上文化程度的同时也是喜欢诗的读者；如果承认读诗的人主要是读英语诗歌，那当代中国这一大批英诗的中译者，就可以金盆洗手了。在中国，目前还没有专门发表英文诗歌的刊物，诗歌刊物与报纸上直接发表英语诗歌的，基本上也不存在。所以，你用英语创作了十四行诗，也只能到国外去找发表的阵地，别人愿不愿意发表一个中国诗人所写的英语十四行诗，也很难说。

覃：邹老师，您认为用汉语创作十四行诗，需不需要遵守英诗十四行的规则呢？如果不遵守英诗十四行，别人会不会对汉语的十四行诗存在的合理性表示怀疑呢？

邹：我认为如果用英语创作十四行诗，自然应按照已有的规则来进行，但也可以有自己的创造；而用汉语创作十四行诗，则可以不按照或者不完全按照英语十四行诗的规则来要求。①在西方，十四行诗也有多种多样的语言进行创作，如彼德拉克的十四行诗，可能就不是英语写的，用法语、德语、西班牙语与俄语写作十四行诗的大有人在，并且出现了许多一流的诗人；我们为什么一定要遵守英语十四行诗的规则呢？②就是用英语创作的十四行诗，也存在多种多样的体式，如莎士比亚、华兹华斯、白朗宁夫人、弗罗斯特等人，他们的十四行诗都是完全不一样的，那你是按照哪个诗人的标准来要求中国人用汉语写作十四行诗的呢？批评家与理论家总结出来的一些东西，每一个人的看法也是不一样的，那你是按照哪一位理论家对于十四行诗的结论来要求中国的十四行诗的呢？③汉语与英语的构成要素是完全不同的，比如说汉语平仄在英语中是不存在的，英语中的音尺在汉语中是不存在的；汉字是单音独体的，而英语是一种典型的多音节词汇；英语的押韵方式与汉语的押韵方式也是不一样的，因此，凡是从事过创作的人都知道，用汉语是无法按照英语的要求来写十四行诗的，因此只有在原来的基础上有所变通。④自20世纪初期以来，中国有一些诗人从事过汉语十四行诗的写作，并且取得过相当的成绩，公认的有冯至、屠岸、卞之琳、徐志摩等一流的汉语十四行诗人，有《中国十四行诗选》《十四体在中国》等诗选与专著问世。这样的一流诗人，是不是按照英语的十四行诗来写自己的汉语十四行诗呢？显然不是，他们甚至直接强调利用汉语的音韵构成形式，来改造西方的十四行诗体，为中国新诗创立一种新格。比较公认的结论是，只要研习英语以及其他十四行诗的艺术规律，比如说韵式构成的方式、艺术结构上的方式、语调的雅致与蕴含等，与中国古典律诗对于诗艺格律的探讨相结合，就可以形成汉语十四行的特点。只要有自己的特点，在艺术上与英语十四行诗相通，也就可以了。⑤诗人的创造对于诗歌写作来说是特别重要的。如果对英语诗歌亦步亦趋，那写出来的作品可能是不伦不类的，既不像英语的十四行诗，也不像汉语的十四行诗，这样的只是模仿的作品，不可能产生一流诗歌，也不可能产生一流诗人。所以，如果能够突破英语以及其他语种的十四行诗的艺术规律，同时结合中国古典律诗的优秀艺术质素，在现代汉语语境下，根据汉语构成的基本质素，在诗美发现与诗意构想的基础上，进行全新的创造，汉语十四行诗才有前途。

有一种说法，好像是没有按照英语十四行诗的规则来写作的，都不能算是十四行诗。这是一种可笑而似是而非的认识。如果用英语进行十四行诗的写作，没有按照英语十四行诗的规则来，不是英语的十四行诗，这样说法也只有部分的道理。因为20世纪英美国家的诗人创作的十四行诗，许多名家名作也没有按照莎士比亚十四行诗来，而重新有所创造，你能够说后来这些诗人创作的十四行诗，都不是十四行诗吗？每一个时代的诗人都需要有自己的创造，在十四行诗的格律上也都要有自己的突破。只要是真正的艺术探索，都要有更大的容纳空间。对于汉语十四行诗写作，没有必要怀疑，更没有必要反对，相反我们要有坚定的自信，中国诗人用汉语写十四行诗是一种创造，并且可以是全新的创造。因为这种真正的艺术探索，也许可以为中国新诗开创出一条新路。

覃：如果将汉语的十四行诗译成英语，可能会遇到一些问题，比如说如果直接翻译，可能不符合英语十四行诗的要求？

邹：可能会有这样的问题，就像我们将英语的十四行诗译成汉语，同样的问题也会出现。我们的先行者如何处理英译汉十四行诗的问题，我们也可以如何处理汉语译成英语十四行诗的问题。首先，我认为没有必要完全按照英语十四行诗的要求来要求汉语的十四行诗，道理我已经讲过了。其次，可以按照汉语的十四行诗在艺术上的讲究，转化成英语十四行诗的相关艺术要素，融进英语的十四行诗里去。如闻一多先生在处理英诗汉译与汉语格律诗创作的时候，就提出了“三美”理论：“音乐的美”、“绘画的美”、“建筑的美”，其中“音乐的美”中的“音节的美”，就是从英语的音尺概念来的。再次，可以用英语十四行诗的方式来译汉语的十四行诗，这就是信达雅中的“雅”，因此汉语的十四行诗中的艺术要素，也是可以在另一种语言境况下加以讲究的。

我近年创作的汉语十四行诗可能不太好译，因为相对于我比较讲究内在的诗美发现与艺术结构上的意味，而这一部分往往只可意会而不可言传，具有相当的抗译性。

覃：邹老师，您认为对于诗人来说，一首诗之所以好，最为重要的是什么？

邹：一首诗是不是真正的诗，首先不在于其形式，而在于其内容。最好的诗是形式与内容的有机统一。如果诗人没有自己的诗美发现，在艺术上与语言上再讲究，也是没有很大意义的。所谓诗美发现，就是诗人对于自己所面对的对象的感觉与思考，有了灵感与想象，在一瞬之间光的闪亮。如果只是人云亦云，没有自己的人生感悟与人生见解，这样的诗就只能是顺口溜、打油诗，是不可能有生命力的。中国在20世纪上半期，有许多这样的作品，只是过眼云烟。十四行诗有其形式上的讲究，这是公认的；有的人认为十四行诗之所以称为十四行诗，就是因为其形式上最大的特点是十四行，其实这种理解也是存在问题的。因为在西方诗歌史上，有的十四行诗名作也只有十三行，有的还只有十二行，但人们认为它也是十四行诗。当然，在中国诗人看来，十四行之所以称为十四行，还是因为它是十四行，即在英语中标准的十四行还是在于行数上的讲究。但是，十四行诗在艺术形式上最为重要的不在于十四行，而在于这样两个方面：一是韵式上的讲究，二是艺术结构上的起承转合讲究，层层上升又层层下降，反反复复，曲曲折折，有一种玲珑精致之美。如果通过汉语的质素，达到这样的艺术境界，我认为就可以说承接了英诗十四行的体式。一首好的十四行诗，还远不止于此，最重要的还是在于诗人独特的诗美发现与诗意想象。我最近两年所写的汉语十四行诗，就是在诗美发现与诗意想象的基础上进行的。因此，我很自信一部分作品达到了当代中国诗歌创作的较高境界。

覃：邹老师，您认为您创作的汉语十四行诗有一些什么样的讲究呢？

邹：我认为主要有以下七个方面的讲究：①题材。不是所有的题材都可以进入十四行诗这样的诗体，正如不是所有的题材都可以进入五律与七律一样。我比较关注的题材是自然题材、山水题材、爱情题材、人生题材与艺术题材。政治题材、军事题材、经济题材、商业题材、侦探题材，显然无法用十四行诗的形式进行表达。十四行诗讲究儒雅典丽，上述题材符合这样的标准，也方便于自我的讲究。②韵式。我的诗一般是采用ABAB、ABAB、ABAB、CD这样的韵式，但也有变化。比如为了照顾中国读者的习惯，有的时候采用ABCA、ABCA、ABCA、AA这样的韵式，与中国古典律诗的押韵方式更加接近。③音节。在音节方面，我的诗不是等同划一的，如果句子比较长，则音节多一些，如果句子比较短，则音节少一些，但在同一首诗里，每一行的音节数是基本相等的。正是在这样的讲究的基础之上，才形成了一种和谐的节奏，适合于朗诵。④结构。拙诗中有一些反复的句式，或者一些反复的词语，分别用在组诗的不同位置，以形成一种回环往复的艺术结构。从开头到结尾，考虑到了几个关节点，以形成一种起承转合，有一种曲折反复的艺术效果。如果做得好的话，可以形成层层上升而又层层下降的曲线，这是英语十四行诗特别讲究之处。⑤意象的创造。英语十四行并不讲究意象，意象却是中国古典诗歌最重要的特点。因此，我许多时候先是讲究意象的呈现，而不是讲究音韵的构成。

一首诗中，如果有新鲜的意象被发现了，则从根本上立足了；如果没有意象的发现，再好的音韵也许只是徒增形式之美。现在回头来看，拙诗之所以让读者觉得很好，我想主要是诗情与意象之美。⑥色彩的搭配。一首诗如果没有任何的色彩是不可能的。我们承认历史上有素淡的好诗，质白的语言也可以是好诗，但我更欣赏张若虚《春江花月夜》那样富于色彩的诗。因此，拙诗往往通过意象本身讲究色彩的构成，同时更讲究通过色彩词讲究全诗的色彩搭配。⑦组诗形式。这是我汉语十四行诗的最大特点，我没有写出过一首一首的十四行诗，一经写出就是一组，有一个整体的艺术构思。也许这正是我与从前的诗人们在十四行诗的创作上最大的区别。显然，组诗的容量相当于长诗，也可以说是由一首一首短诗组合起来的长诗。长诗并不是史诗，因此不能说我的诗具有史诗的性质。

覃：邹老师，众所周知，学术界与诗歌界对于诗的看法往往不一样。您是看重诗歌界对您的诗的看法还是重视学术界对您的诗的看法？

邹：其实我都不看重，我看重的只是自己的作品，至于什么人对我的诗有什么样的认识，那是他们的认识不是我的认识，他们有评介任何文学作品的自由，我也有创作上的自由。如果过于重视他们的看法，可能会影响我的心情，从而影响我的创作。柯勒律治一生追求文学之梦，主要是诗歌之梦，但他在生前基本上没有得到多少正面的评价；直到他要离开这个世界的时候，也是如此，因此可以说他是满怀失望地离世的；然而，今天谁也不能否认他是英国乃至全世界最杰出的诗人之一了。诗歌界与学术界对于我的诗有争议，但辜正坤教授、张永健教授、古远清教授、赵国泰编审等对我的诗是肯定的，翻译界的一些名流对我的诗也是高度认可的。有反面的意见其实也是好事，会促使我思考更多的问题，在汉语十四行诗的思想与艺术方面做出更多的探索。

覃：邹老师，都说诗歌与哲学是近邻，您在创作十四行诗中是如何拿捏抒情、议论与哲理思考的？

邹：我认为真正的诗都是抒情的，因此，我自己定义近年来的诗歌是“十四行抒情诗”。诗如果离开了抒情，就失去了生存的基础。中国古典诗歌基本上是抒情的，叙事诗也有，但很少，并且也具有抒情的性质。有的具有史诗性质的长诗，如杜甫的“三吏”、“三别”之类的，也是以抒情为主的。我国各少数民族的创世史诗与西方的史诗，从本质上来说不是真正的诗，倒像是小说。我认同华兹华斯关于诗是强烈情感的自然流露的说法，这是一个世界一流大诗人自我创作的体会，不是随便乱讲的。但诗歌也离不开哲学，“诗歌与哲学是近邻”这样的说法我并不反对。但诗歌中的哲学往往是作为抒情的背景与总体上的一种存在而发挥作用的，并不是说每一句诗与每一节诗都要有哲理，或者每一首诗里都要有哲学意味。从我的十四行抒情诗来说，一组诗里有对于某种哲学问题的思考就不错了，并且也是很有意义的。比如说《向往春天十四行抒情诗》里就有一种人生哲学，那就是东方人为何向往春天，东方的中国人过春节其实是有着反思自我与回首看历史的倾向，这就是哲学。《海洋与高山十四行抒情诗》中，就有对于人与自然、男性与女性、自然世界的构成等问题的哲学思考。不过我要强调的是，哲学问题不能直接存在于诗里，对于哲学问题的思考也不能直接以议论的方式直白地存在于诗里，诗里的一切都要以意象的方式进行呈现。诗里的每一句、每一行、每一节与每一首，都是一种诗意化的存在，一切都需要是美的意象与美的情感。哲学是以理性的方式进行表达，而诗则要以诗意与感情的方式进行表达；理性的方式是非诗意化的，哲学本身并不就是诗；但诗中的哲学却更加宽阔。在这个意义上，真正的好诗都是哲学，真正的诗人都是哲学家。

覃：邹老师，我发现您的创作具有中国戏曲传统的宽可走马、密不透风的神韵，诗中往往是自由意象游走于讲究音律的十四行诗体里。您是如何看待这种经典中式的创作定律在十四行诗中的影响呢？

邹：你对我某些十四行诗的评价是有道理的，我自己也有这样的感觉，就是整组诗是自由开阔的，然而每一首与每一节又是相当讲究的，许多意象与语言是经过反复打磨的。在西方，十四行诗是一种具有相当限定性的诗体，不仅有行数、韵式、结构与音节的限制，也有题材与主题的讲究；如何在这种有限的形式里表现开阔的思想与情感，就需要诗人个人的才力与功底；我对于中国古典诗歌十分喜爱，对于当代名家的一些诗词如毛泽东诗词、艾青的诗歌与余光中的诗歌等也十分向往，对华兹华斯的诗歌与柯勒律治等西方诗人的作品有一些研究，所以自认为对于诗的理解超过许多人，比起一些读者对于诗的理解，超前三十年是没有问题的。正是在这样的基础上，我建立起了对于写诗的自信。我大概一共创作了三十三组十四行抒情诗，从一开始就对自己提出了要求，那就是每一组诗要有自己的艺术构思与整体考量，每一组诗都要力求超过前一组诗，有哪些好的句子，有哪些具有新意的意象，这组诗采取的是一种什么样的语调，是一种什么样的韵式，是以问句为主还是以叙述句为主，要有什么样的小标题，如此等等，都考虑到了，才开始写。我写诗一般是在下午，充足午休后起来，开始形诸笔端，放几天再修改，三五次再定稿。许多时候初稿与定稿相比较，差别很大，几于天地之间。中国古典诗词与西方十四行诗的有机统一，中西诗歌要素的融合与再造，形成全新的汉语的十四行诗，这就是我的追求与探索。

（原刊《诗歌：无限的可能：第三届青海湖国际诗歌节诗人作品集》，
青海人民出版社 2011 年 8 月版）

十四行诗：美丽的圆环与神秘的声音

周亚芬

题解：十四行诗，又译“商籁体”，为意大利文 sonetto、英文 sonnet、法文 sonnet 的音译，是欧洲一种格律严谨的抒情诗体。最初流行于意大利，彼特拉克的创作使其臻于完美，又称“彼特拉克体”，后传到欧洲各国。由两节四行诗和两节三行诗组成，每行 11 个音节，韵式为 ABBA，ABBA，CDE，CDE 或 ABBA，ABBA，CDC，CDC。另一种类型称为“莎士比亚体”（Shakespearean）或“伊丽莎白体”，由三节四行诗和两行对句组成，每行 10 个音节，韵式为 ABAB，CDCD，EFEF，GG。Sonnet 在汉语中早期被音译成“商籁体”，后来被意译的“十四行诗”代替，但新的译法有不准确的地方。首先，sonnets 通常是十四行，但也有变体，如莎士比亚的 154 首 sonnets 中的第 99 首是 15 行，而第 126 首只有 12 行。另外，“十四行诗”的称谓也没有涵括 sonnets 的其他特点。这或许也反映了用汉语翻译一个外来诗歌体裁时面临的处境与取舍吧。Sonnet 这个词可追溯到拉丁文 sonus（声音），于是跟英语单词 sound 和 song 的词根 son 有近亲关系。它直接从意大利语 sonetto 演化而来，也与中世纪法国南部普罗旺斯语（Provencal）中的 sonet（短歌）有关。简单地说，sonnet 是指一种抒情短诗，一般来说有 14 行，每一行有特定的韵律，而行与行之间有固定的押韵格式。

裴新颜：邹老师您好！关于十四行诗，我的确有一些问题需要向您请教。最早引进中国的十四行诗叫商籁体，我们觉得商籁体的翻译，比十四行诗的翻译更精到一些，sonnet 应该是商籁体的翻译，译成十四行诗，但是有一些并不完全是十四行。就是说十四行诗最普通的形式就是十四行，但是有一些十四行诗可以不是十四行。

邹建军（以下简称“邹”）：你讲的是关于彼特拉克。彼特拉克不是用英语写的，他是意大利十四世纪的风格。你看的他的英文版也是翻译过去的。“商籁”就是十四行诗，十四行诗就是商籁，只是翻译不同的问题，没有什么区别，是闻一多他们把它译成商籁体的。在十四行诗中有一些变体，有的是十二行，十三行的也有。但彼特拉克不是，他还早一些，他是十四世纪的。商籁体有的是十二行，有的是十三行，有你说的这种情况，并不是十四行才是十四行诗。所以你的发言，还要进一步提炼，要更准确。

赵义华：我的问题是：十四行诗为什么能够流传这么久而长盛不衰。十四行诗从彼特拉克开始，十六世纪到英国后形成兴盛时期，然后流传到美国去了。它为什么这么长时间一直被人们喜爱并形成一个体制？有两个原因：第一是体制和篇幅的原因。因为诗歌的功能本来是叙事的，像叙事传奇就是史诗，但是后来叙事诗被传奇和小说所替代，因此诗歌的形式转变为专为抒情的体裁。我们可以想象一下：大约在十二三世纪左右吧，传奇开始正式替代史诗或者是韵文故事，也就从那时候开始，诗歌开始成为一种专门用于抒情的体裁。抒情的体裁需要一个合适的篇幅来承担情感的内容，而抒情和叙事需要一个很长很大的篇幅来容纳很多艺术单元，但是情感有时很单一很严格，因此它需要一个比较小的篇幅来容纳这样一个情感内容。那么说十四行诗，十四行，每行大约是十个音节吧，因为它是抑扬格嘛，一抑一扬、一重音一轻音，十四行可能正好适于抒发一个完整的情感内容，因此我认为十四行诗之所以能够流传，第一个问题是因为它的体制比较合适于抒发情感。第二个问题是十四诗的格律和节奏的问题。十四行诗在格律上还是比较严整的，因为十四行每一行有什么功用是确定的，前八行分作两个部分，前四行后四行和后面的六行分得是比较严格的；另外格局是一抑一扬，一个重音一个轻音交替，使得十四行诗的整个格局很和谐。我看过一些材料说抒情诗的节奏最好的是抑扬节奏，就是一重音一轻音，反复交替，其次是声音长短，再次是中国的平仄。因此十四行诗的抑扬节奏可能有益于从声音角度来抒发这种情感内涵，也许因为有这么多优势吧，所以被很多诗人所使用；另外它也是押韵的，有各种韵脚，形式不一。其他一些外语诗歌据我了解，押韵形式并不是这么严格的。押韵严格和格律严格是不是就有利于十四行诗的流传呢？我想这也涉及诗歌的形式和内容、情感的关系问题。我想诗歌既然专为抒情，还是需要一个严格的确定的格式的。有的时候可能好的诗歌不是很受形式限制，容易突破形式的约束，但是即使是这种诗歌它还是需要一个底板，一个大体框架在里面，然后可以拓宽一下，不管是十四行诗的变体也好还是中国的歌行也好，都是在一个固定的比较确定的框架范围内来突破这个框架进行抒情。总而言之，我认为十四行之所以能够永久流传，第二个因素是它的诗歌的格律、节奏和体制比较适合于这个抒情的本质。

邹：十四行诗为什么能够流传，从意大利流传到英国、法国、德国、俄国，然后又流传到美国，弗罗斯特在美国写十四行诗是写得最好的；后来就流传到东方到中国。你就因为它适合于抒情？十四行适合于抒情，那么十二行、十六行呢？我看十八行照样适合于抒情，呵呵，为什么一定是十四行诗才适合抒情呢？所以这个问题还值得去进一步的思考。我觉得从大的方面来讲主要是两点：一方面是十四行诗在形式上非常讲究，有一个起承转合的艺术结构，它在十四行或者十二行、十三行这么小的篇幅里面显得很曲折委婉，很复杂，结构上很讲究；音节上也很讲究，抑扬顿挫，抑扬格律，每一行都是十音步的基本格式，不管是读起来还是听起来都富于音乐的美感；还有就是押韵，并不一定是在每一行的末尾才押韵，中间也很讲究，有的时候一行诗就分作两句，中间断掉，并不一定是第一行和第三行、第二行和第四行押韵。从押韵这个方面来说，十四行诗花样繁多。总之，十四行诗整个来说是匠心独运的，好的十四行诗是富于匠心的，诗人的心血和艺术上的讲究也体现在韵律方面，所以艺术上的这种讲究，还值得一般的读者、一般的诗人去实验。一般人的才力是不够的，要去写十四行诗也是写不好的，因此才有许多人要写，把自己的才气和体验、对艺术的追求、对形式美感的讲究都集中发挥在十四行诗的经营上面。这是一个问题，主要是因为大家觉得这个东西是很珍贵、很高雅的一种艺术形式。另一方面是因为有人写得好，影响大，像彼特拉克、莎士比亚、弗罗斯特这些世界一流的诗人，还有斯宾塞、雪莱、华兹华斯包括柯勒律治的十四行诗都写得很好，也就是因为历代都有那么一批人从事十四行诗的写作，写得好，有影响，因此它才不断地流传下去，才有更多的人要来做实验，因为他喜欢十四行诗，他能写得好啊！

诗写得好最主要的不是形式问题，还看有没有感觉——诗的感觉和诗美的发现，这是最基本的。如果没有这种诗美的发现、没有这种基本的诗的素质，再怎么讲究形式也不会好到哪里去，这是我的一个体验。我就讲这么多，赵义华还是一个比较有思想的人，对十四行诗还是有自己的思考的。对于十四行诗为什么能够流传他提出两个观点，一个是它适合于抒情。不是否定你这个观点，我觉得你还要更进一步地去思考，为什么十四行诗适合于抒情，十二行、十六行就不行？像白居易的《长恨歌》那么长，《赋得古原草离别》又那么短，抒情抒得很好啊！不过你讲的十四行诗的起承转合的结构适合于抒发某一种感情，是不是这个意思啊？因为十四行诗一开始要提出问题，然后要展开，最后要回答，简单地说是这样。从这个结构来说，它是适合于抒发某一种感情的，但是你要用十四行诗来表达某一种时代之情，像贺敬之那样大喊大叫行不行呢？好像不行啊，是不是？

十四行诗是很值得研究的，你要研究西方的诗歌你不可能研究所有的诗，你肯定得研究特定的对象。前两天我看了一本书——《中国意象诗探索》，我一看觉得写得好差，看不下去，都是一些常识性的介绍。把从盘古开天地直到现代的诗全部纳入他的研究对象，这怎么可能？厚倒是不那么厚，但是有哪一章哪一节是写得好的？没有！你只能研究一个特定的时段或者几个特定对象，不可能研究所有的历史。作者是搞古代文学的，研究意象诗，但你不能把中国所有的诗都叫意象诗呀！你要用意象诗来概括中国的所有的诗，分一个类别，这是不科学的，你不能说哪一类是意象诗、哪一类不是意象诗，因为意象在真正的诗歌里面都存在，真正好的诗歌里面没有哪一首不存在这种新颖鲜活的富有个性的意象，失去了这种意象它就没什么意义，诗歌就不能成立，所以你不能说哪一类诗是意象诗，其他的就不是意象诗。意象是构成诗歌生命的一种最基本的元素，它不能称为诗歌的一个类别。当然我也不会写文章去批评这个人，我只是在给大家讲一讲而已。继续讨论，要有思考，能提出一些问题进行讨论。

王博：关于十四行诗在中国的传播，有的就谈到了十四行诗与中国旧体诗的格律有相通之处，我对这个很有兴趣，有人说中国现代的新诗是在对西方的诗歌的借鉴与模仿当中诞生和发展起来的，然后我们就很自觉地想到把西方的诗歌引到中国。早期的自由白话诗对西方的借鉴主要是一种自由精神的借鉴。我们对十四行诗的引进比较注意格式和形式上的美感，在这当中就会有一些问题，开始的时候人们对它抱有三种态度，有否定的，有怀疑的，当然更多的人是持一种赞同的态度，认为它对于中国诗歌的改革是非常好的。然后就有人进行一种很自觉的比较，这方面有很多先驱，像屠岸老师、王力老师、闻一多先生，他们在一些著作当中很自觉地将十四行诗跟中国的律诗进行一种异同比较，特别是王力老师的书中比较好的一点就是他每列举一首西方的十四行诗，马上就会放一首中国新诗诗人的创作，像梁宗岱、卞之琳还有很著名的冯至先生的作品也列进去，两相对比，反映这种对十四行诗的流变与借鉴，让我们感受到了十四行诗是真正地中国化了，有一种中国人的自觉的学习在其中。

我们说它们有相通之处，第一点就是对偶，也就是说它的英语的偶联与汉语的颈联是有相通之处的，比如我们汉语中的那个“悲莫悲兮生别离，乐莫乐兮心相知”就是对偶的；第二点就是四行的分段，十四行诗是有很多变体的，有很多种形式；第三点就是像刚才邹老师讲的起承转合。在一些论文当中，就有把李白的“李白乘舟将欲行”——起，第二句“忽闻岸上踏歌声”——承，紧接着“桃花潭水深千尺”一转，荡开那个离别的主题，最后又回到离别的主题“不及汪伦送我情”，与前面形成一个合的结构，拿来与十四行诗的分期结合在一起进行比较，从我们中国的立场出发就会有一个更好的接受与理解。邹老师推荐聂珍钊老师的书，他的意思也就是把它作为一种教材，包括广大的本科生学习的一个教材，可不可以将十四行诗中国化作为一章？因为之前的十四行诗中国化也就是在20世纪40年代有一些研究，已经有些陈旧了，将现代的一些新诗的接受进行整理，也就能够更加深刻地认识十四行诗中国化的这样一个历程，能够更加地深入浅出一些，更加能够深入地了解十四行诗。

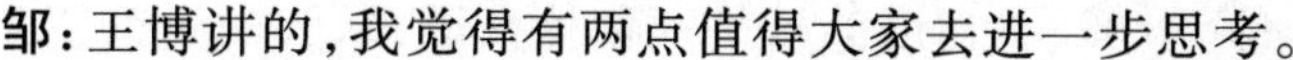

邹：王博讲的，我觉得有两点值得大家去进一步思考。

(1)西方的十四行诗和中国的古典律诗，主要是唐诗里面的五绝与七绝、五律与七律这些格律诗的代表有什么相通之处？艺术上，不说格律，说格律太狭窄，有什么相通之处是值得研究的。有人确实曾经研究过，但是有的人写文章，因为思想水平、思想境界达不到一定高度，因此写的文章还是有问题的，也就是说这个问题还应该进一步地去思考和探讨。为什么中国的诗歌最高峰在唐宋，主要还是在唐朝，唐诗的代表最主要的还是律诗。西方诗歌史上的十四行诗，也是成就很高影响很大的。但是一流的诗人或是想做伟大的一流的诗人的诗人，都一定会在两个方面有所关注：一个是史诗。西方人认为，诗人要想在诗歌史上留下一席之地的话必须要写长诗，要写那种大的题材，表现一个民族的变迁，一个规模很大的历史事件以及杰出的历史人物，还要把它的神话传说结合在一起。这是一种倾向，像拜伦、雪莱，都有那么长的长诗、史诗；华兹华斯的绝大部分都是短诗，也有一些长诗；柯勒律治为什么写《老水手行》，那么长，一共七部，《忽必烈汗》本来是做梦写到两三百行，结果只写了五十四行，但是还是想写长诗的，这是一种倾向；另外一种倾向就是写十四行诗。因为十四行诗对诗人的艺术上的挑战是很大的，一般的人写不了或者写不好十四行诗，所以西方有很多诗人在写作十四行诗方面倾注自己的心力，倾注所有的才气。主要是因为它在艺术形式上非常讲究，所以大家要思考一下，为什么西方的抒情诗格律诗也就是十四行诗，当然还有其他的，十四行诗是最突出的影响也是最大的，中国的诗歌的最高峰也是格律诗，在形式上非常讲究，两者有什么相通之处？这个要作为一篇硕士论文，甚至作为一篇博士论文去研究都是可以的。所以王博讲的第一我觉得很有意思也很有意义。

(2)十四行诗的中国化的问题。十四行诗在五四以前就开始进入中国，西学东渐，这么大的历史潮流里面不可能忽略西方这种典型的律诗。整个20世纪不少的人都写作十四行诗，只是取得高的成就的人不多，有那么几个人，像冯至、卞之琳、牛汉、屠岸，不过当代也有不少人写十四行诗，不过没有多少人把它排出来，也有中国学者去研究，编了《中国十四行诗选》《中国抒情十四行诗选》《十四行体在中国》，这样的专著还不少，大概有十几种。但是中国20世纪的十四行诗和西方的十四行诗有什么差异、有什么相似，也是一个值得研究的问题。当然也有学者认为20世纪中国诗人写作十四行诗是不成功的，没有学到西方一流十四行诗人写作的精髓，不管是主题上的，精神上的、情感上的、美学上的，还是形式上的，都没有学到他们的精髓。但是我对这种看法不是完全同意，我觉得像冯至、屠岸他们的十四行诗还是一流的，你就是把它们和莎士比亚、斯宾塞、彼特拉克这些诗人的诗放在一起也不会逊色多少。因为语言和语言是有差异的，用英语写十四行诗和用汉语写十四行诗在艺术上的讲究是不相同的，汉语和英语是两种典型的差距很大的语言(当然我对语言学研究不多,不知道英语是一种什么语,从大的语系上来说是一种什么语系),连它的构成方式都不一样,一个单词那么长,有的又很短,占的空间都不一样,每一个单词又由很多音节、很多音素构成,而汉字每个字占的空间都是一样的,当然有的字有多种读音,但是这和写诗、和诗歌里面的语言表达没多少关系,因此用汉语写作十四行诗要进行评价的话,不一定要按照用英语写十四行诗的标准来进行评价,否则就有问题。当然我也认同这样一个观点,就是20世纪中国诗人写作的十四行诗因为时间比较短,只有一个时期,把它和西方一千年写作的十四行诗进行比较,这是不科学的,也是没有道理的,是不是?就是把中国20世纪的十四行诗和英国十六世纪的十四行诗进行比较也是不科学的,没有可比性。因为每一个民族文学发展的历史时段,它所呈现的状态和要达到的目标是不一样的,但是我想要是二十一世纪有更多的人,像我一样,能够集中精力来写作十四行诗,那说不定也会留下一些精品。怎么讲到这里来了?就是王博讲的对十四行诗中国化的评价的问题,如何比较两者的相似和差异的问题都值得去进一步地思考,不能够凭感觉、凭印象,还得看很多的作品、很多的材料。

总之,我觉得中国的十四行诗是值得研究的。我昨天看了陆耀东老师写的《冯至传》,里面关于冯至的十四行诗这一章我还是深有感触的,我觉得陆老师还是很了不起的一个人,整部书前言后记还有关于他的童年这一章和最后一章我都看了,这本书还是一个高水平的学术著作,是2003年才出版的,陆老师到了60岁以后才写的这本书,他对冯至的十四行诗还是有真知灼见的,他的分析给了我很多启示,和我读莎士比亚的十四行诗所得到的收获是不一样的。可惜冯至的十四行诗只有27首,如果像莎士比亚一样能写154首,那可能就不一样了啊!好,我就讲这些。大家继续讨论吧。

安安:我在读十四行诗的过程中,觉得有一个不可避免的问题就是翻译的问题。十四行诗最主要的一个特点就是抑扬格、五音步,在翻译的过程中不可避免地流失了,它翻译到中国之后,即使是一些很著名的翻译家翻译的作品,比如说莎士比亚,他的十四行诗和叙事诗像《鲁克丽丝受辱记》,我觉得以我的水平看不出它们之间有什么区别,在押韵和格式上面,除了叙事诗比较长,十四行诗只有十四行,我觉得没有什么质的区别。我觉得就是现在的翻译问题是不是能够体现出十四行诗的这样一个特点,或者说我们所读到的是不是就是真正的十四行诗?诗歌它不像小说,比如我们中国的律诗,要翻译成新诗肯定也会不一样了,那简直就是第二种创作,完全就是一种改写。因此我们所谓的中国化的十四行诗,到底是中国化的十四行诗还是它就是中国的十四行诗?什么叫作中国化的十四行诗,难道写成十四行就是十四行诗了吗?所以我想问它到底有一个什么特点,如何面对翻译中不可避免的特点的流失的问题,尤其在我们现在研究十四行诗的过程中,

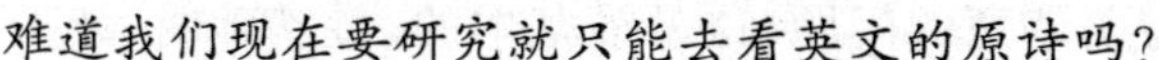

难道我们现在要研究就只能去看英文的原诗吗?

邹:这有两个问题,一个问题就是诗是不可翻译的。诗本身具有抗译性,真正的诗不管是格律诗还是自由诗,都是不可翻译的;另外,翻译也是一种创造。不能说翻译的诗就不如原诗,有的翻译不仅延伸了原诗而且发展了原诗。第二个问题就是没有所谓真正的十四行诗。因为十四行诗在西方也是多种多样的,有彼特拉克体、莎士比亚体、有斯宾塞体,还有很多的变体,还有弗罗斯特体,都是不一样的。因此我们不能去追寻哪个是真正的十四行诗。你说莎士比亚的诗是真正的十四行诗,可是还有彼特拉克在前面,他写的也很好,在彼特拉克前面还有很多没有出名的诗人也在写,大家都在写,还有民歌,就是这样发展起来的。就像聂珍钊老师书里面所讲的,有着多种多样的诗体,还有变体。中国诗人写的十四行诗也不能说它不是真正的十四行诗,因为根本不存在一成不变的十四行诗,每一个时代的诗人都有自己的创造。

十四行诗不一定非要有十四行,就像刚才有同学讲的,有十二行、十三行,也有十五行、十六行的,也叫十四行诗。所以十四行诗不是行数的问题,而是在艺术上的那种独特的讲究,那样的一种追求:起承转合,回环往复,层层上升又层层下降,开头、中间和结尾多个地方照应,在艺术上所形成的变化和圆融的艺术境界,我的理解主要是这个。也不要低估中国的诗人写的十四行诗。因为我看了屠岸先生写的十四行诗,屠岸先生现在还健在。冯至、屠岸,还包括闻一多、徐志摩,以前只是发掘得比较少,他们实际上对十四行诗还是比较了解的,也取得了比较高的成就。像徐志摩,他的诗歌艺术成就是很高的。第十二期的《诗歌月刊》“新诗经典”这个栏目就是我写的关于徐志摩的介绍,他们看了以后都说我写得很不错,呵呵。徐志摩的诗就是以前没有选的我也选了,选的十首诗都是他诗歌中的精品。徐志摩的诗歌在艺术上是很讲究的,我觉得实际上就是受到西方的十四行诗的影响,当然他是不是研究了很长的时间,也不一定,因为他的艺术感觉,艺术感受力很强,悟性很高,可惜只活了36岁,如果再活三十年,活到66岁,那徐志摩还是一个了不起的人,不过现在也了不起。

当然如果我们研究十四行诗的话,比如说要去研究莎士比亚的十四行诗,当然要读原文,不然你就没有办法说。但是他也有多个版本,因为莎士比亚写十四行诗的时候用的英语和现在的英语是不一样的,差距很大。当然作为研究来说,你要研究莎士比亚的十四行诗,要研究形式就不能离开语言,因此你只有读原文才能够研究形式。比如说像有的人研究他的同性恋主题、爱情主题、自然主题、生死主题,都要尽量地读原文,如果不能读原文读翻译的也可以。但是翻译的也有各种版本,像梁宗岱先生翻译的和方平先生所翻译的之间的差距就很大。

诗的确是不可翻译的。诗这种文体和小说、戏剧、散文差距很大,主要是在形式上的讲究。除开形式之外还有诗美诗意的问题，这是最基本的、最基础的，诗美诗意是很难翻译的，它一定要附着于特定的时间和空间，离开了特定的时间和空间转移成另外一种东西，它就失去了、就消散了，这只是问题的一个方面；另外一个方面就是有的好的翻译也有超过原文的，所以也不能否认翻译过程中的创造性。翻译叫什么？什么叫翻译呀？上海外国语学院就专门研究文学翻译，叫译介学。这是一门学问，是很大的一门学问，它把翻译叫作“创造性的叛逆”，当然我不太清楚“创造性的叛逆”是什么意思，但是我能够感觉到翻译本身就是一种创造。你以为那个原文就是最优美的、最精粹的、最深刻的？那不一定。它存在多种多样的情况，所以作为我们研究来说，要根据这种事实来研究。

程梦雨：作为一个初学者，我在阅读莎士比亚的十四行诗过程中遇到一些困难，希望邹老师能够给予解答。第一个就是，十四行诗是分五个韵律、十个音节，为了保持音节上的完整性，有的就采用了音节的省略：像 often，可能就省略 e 和 n，只写作 oft；还有 over 中的 o 和 e 就省略了，为了保持音节上的完整性。这也是一个语言现象，我们在研究的过程中、在学习的过程中是不是要还原当时的那个语言现象？也就是说要有深厚的语言基础才能够进行学习？再一个问题就是我觉得十四行诗可以说是一种贵族体，可能像我这种平民是无法解读的，还有一个就是它的抑扬格。它的重读和轻读并不是语音意义上的一个重轻读，而是根据诗人的情感的喷发来决定它到底是重读还是轻读的，所以我觉得这个对我们研究者来说有难度，就是不清楚到底哪个应该重读，哪个应该轻读，因为它不是按照语音意义上来决定的，这是我的一个疑问；还有一个疑问就是十四行诗这种诗体形式上非常讲究，在音韵上也非常讲究，而且我们知道诗歌最大的作用就是抒情，抒发自己的感情，那么这种形式上的过分讲究会不会影响情感的抒发呢？另外还有一个，邹老师也是写作十四行诗的，我想问一个问题，您有没有因为韵律的需求而放弃一些原本能够很好地表述您自己的思想感情的字词？

邹：你讲得这么多，我都记不到，呵呵。第一个是说读莎士比亚的十四行诗的问题，是吗？这个阅读是你想怎么读就怎么读，就像说“一千个读者有一千个哈姆雷特”一样的，每个人读的都是不一样的。当然你要尽量了解莎士比亚写作十四行诗的时候的英语，应该是叫古英语啊，了解那时候语言表达的特点，一些习惯的表达以及他在这些诗里面做了一些什么改变，当然就更好，如果不了解也没有关系。你如果要去研究莎士比亚的十四行诗在语言上的讲究，在语言上的成就，那当然要去了解当时的语言和那个时候英语的使用情况。但是作为一般的读者来讲，可以根本不用管这个问题，你想怎么读就怎么读。现在的版本应该有注解的。作为一般的读者来说读不懂也没关系，你读不懂那就再读，多读几遍“其意自现”啊。这个也是各人理解的问题。你怎么知道莎士比亚写这首诗的时候要求你是重读还是轻读呢？他已经死了。这是一个仁者见仁、智者见智的问题。你只要知道十四行诗有轻重音的讲究，有音节的讲究，有押韵的讲究，仔细去体味、体验诗人的艺术上的构思、艺术上的讲究就可以了。你怎么还原呢？他已经死了那么年了，也没办法去问他，你要打个电话他也可能不接电话，呵呵。而且这些评论和研究，包括研究莎士比亚，也是各人说各人的，并不一定以哪一个人的为标准。学术嘛，本来就是争鸣的问题，你说他这里写得好，他说他那里写得好；有的说你这里讲错了，他说他那里讲错了，这都很正常。这有什么问题啊？

我觉得莎士比亚的十四行诗基本上没有英文汉译的问题，也就是说读起来很顺畅，没有这种语言上的睚眦、切割、破碎、分裂的情况。我觉得他的十四行诗最大的特点还是语言的表达有一股气在里面，很顺畅，有一种很流畅的东西。我自己的十四行诗是写着好玩，不能和莎士比亚相比。如果我说我的十四行诗可以和莎士比亚相比，很多人就会认为我是一个疯子，哈哈，这本来还是实验阶段嘛。当然我写十四行诗完全是凭感觉，而且在艺术上没有那么多的讲究，比较能够表达自己的感觉，能够表达自己的感情，表达自己的一种兴会、一种诗意，我觉得这样就可以了，当然以后我修改了可能更讲究了啊。人们对我的十四行诗也有不同的看法，有的人说写得不好，有的人说写得很好。明年第一个月还是第二个月的《诗歌月刊》的一个栏目“探索频道”，要发我的三组诗。用汉语写十四行诗，到底应该怎样写？探索嘛，探索就是为了引起讨论，一组是写西湖的十四行诗，这组诗在《诗刊》发表过的，“中外文学讲坛”博客上就有。还有一组是写草原的，完全是非常自由的体式，虽然它没有很严整的格律，但还是有人说它很好。还有一组是写成都的，地震以后，我有一组关于地震的组诗。过了一段时间我又读，觉得写得不太好，情感比较外露，当然有的还是很有意思。聂珍钊老师他们编的那本汶川地震诗集就选了那组诗中的两首，翻译成英文的。对那组诗我是不太满意的，后来又写了一组关于成都的十四行抒情诗。成都实际上是我的老家，但是我的老家并不在成都主城区，离成都主城区还有160公里，在它的南面。那组诗我觉得我的感觉还是可以的，那个里面的我的故居，就是我的老房子，在地震发生的时候，那些动物植物，老房子上面的一些雕梁画栋，完全是一种想象和感觉；高山上的一些大石头，悬崖峭壁啊，山谷啊，包括那些风水宝地啊，我觉得我的感觉还可以。

周钢山：邹老师，听您刚才说的我感觉您的十四行诗写得不错。我想向您请教一个问题，就是您觉得用汉语怎么才能从形式内涵上写得像标准的十四行诗呢？

邹：大的框架就是我刚才说的那几条，我总结一下，大家可以记一下。十四行诗，不管是彼特拉克、莎士比亚的，还是弗罗斯特的都是不一样的，有的差距很大，但从总体上来说都讲究如下几条：

（1）结构。即艺术结构上的起承转合，怎么样开始，提出一个问题，然后再展开，然后再回答，再进行总结，再回到开头，这个结构不是一两句话可以讲清楚的。中国也有一些诗歌很讲究结构上的起承转合。不管什么样的十四行诗，什么样的起承转合，都有这样一个抒情的线索，这叫艺术结构、抒情结构。

(2)音韵上的结构。比如说十个音节，里面有几个音步构成，轻音重音怎么对照？轻重音、抑扬格，音节的构成总有它特定的结构；还有押韵，我把它总起来讲叫音韵结构。韵律并不是说在每一行的结尾来押同一个韵，韵是可以转变的：有押尾韵的，有押间韵的；有的单行和单行押韵，有的双行和双行押韵。就是说在音韵上有它特定的结构，不仅是完整的而且是变化的，总是会形成那样一种相对性、对照性。这是音韵上的讲究。

(3)在语言上非常讲究。语言和音节，韵律是不太一样的，不是一个概念。一般的十四行诗都是语言简洁凝练，高度压缩，特别精粹，讲究语言的色彩、冷暖、感觉的相通，也就是通感。因此它就在一定的篇幅里面，形成一个自成一体的艺术格局，一般来说不能是一个片断。

(4)十四行组诗，它是十四行诗的扩大版。十四行组诗并不是说就是每首十四行诗的叠加，在总体上它是有构思的。比如说前一首的最后两行作为后一首的头两行重现，以作为开头；第一首的前面两行作为最后一首的最后两行，由于这种反复就形成了一种结构。中间还有各种各样的对照、照应，就使得整个十四行诗组诗形成一个整体，具有整体性和整一性，成为一个自给自足的艺术生命体，体现在艺术上就是非常的讲究。所以，十四行组诗和每一首十四行诗是不一样的。

(5)十四行诗最大的讲究是什么呢？它最大的讲究还是这种抒情的方式。就像我刚才讲的起承转合，循环往复，还有层层上升又层层下降，重重叠叠高高低低，呵呵，实际上就是山重水复。我讲得很抽象，大家要去体会，要读一些作品才知道。

十四行诗的结构可以用山重水复来形容，它这样的一种抒情方式特别适合抒发一种含蓄蕴藉、曲折和多彩多姿的感情，因此读起来就很有味道。它肯定不是一条直线，不是一个敞开的平面，也不是一块儿整个露在阳光下的石头，它是非常丰富、非常曲折的，是非常讲究的。同时它也是一个自足的拥有生命的艺术个体。打个比方，就像一棵树的年轮，如果把它从中间锯开，那么哪一年生虫，哪一年干旱，哪一年下雨，哪一年下雪，从那曲曲折折的年轮里面都是能够看出来的。一首十四行诗或者一组十四行诗也是这样，你能够看到诗人在写作这首十四行诗的时候的情感脉络，看到他一丝一丝的心血都流注在每一行每一节里面；或者像一颗宝石，看起来闪闪发光，你可以通过这枚宝石看到里面，就像整个桂林山水熔铸在整个宝石里面。这是最重要的，抒情方式就是这样讲的。我在这个方面做得还很不够，我只是对十四行诗有点感兴趣而已。这是我的一点体会，并不是说每一首十四行诗都能够达到这样的程度，每一个写十四行诗的诗人都要达到这一个程度，那不一定。本来艺术创作都是个性化的，每个人都有自己的特点，是不一样的，没有一个统一的标准，学术探讨没有唯一的标准，只有不断探索的这样一个过程，有的时候是没有结果的，你不要想取得结果，要想取得结果那可能就会被累死，它的意义和价值就体现在不断地去探索不断地去追求，我觉得研究十四行诗能够给我们很多的启示，不管是艺术上的启示还是人生上的启示，很有意思。可惜我们这个专业研究诗的人太少，你们的硕士论文、博士论文写诗的选题的基本上没有，都去写小说，连我也去写小说，呵呵，实际上诗是很值得研究的。不过一般的人研究诗的确不是太容易，它不仅仅是一个语言基础的问题，也是艺术敏感力的问题。有的人对小说敏感，有的对诗敏感，对诗敏感的人是很少的。像我和我的妻子是大学同学，那个时候我就知道，她对散文比较感兴趣，读一篇散文你要说哪一点好，好在哪里，她知道；你要说一首诗哪里写得好，她就不太知道，是认识不到。但是我对诗就比较敏感，我一看就知道它好在哪里，不好在哪里，一眼就可以看出来，不需要怎么思考的，就是一种感觉，所以研究诗是不容易的。我很同意聂珍钊老师的这种看法。不光是你们，整个20世纪对西方的诗歌研究都是远远不够的，包括对十四行诗的研究。聂珍钊老师的这本书对十四行诗的介绍也是不够的，很多问题还要进一步地去思考。就像刚才王博同学讲的，在学术期刊网上搜索的有多少？130多篇，里面很多的文章写得莫名其妙？我很反对要求一般的人都去做学问，那怎么可能呢？一个民族里面只有少部分人是做学术的，是搞创作的，不能这样去要求别人，别人愿意写就去写，愿意研究就去研究，不能要求所有的人，包括中专、高中的老师、职业技术学院的老师都要去写多少篇文章，这怎么可能呢？呵呵，今天就是聊天，讨论啊，我觉得还是很有意思，呵呵。

张文：谈到十四行诗的创作，我想一开始写作没有必要依照结构、韵律、字数什么的，只要能把握一个大的方面就行了。比如说一共有四段，前三段每段有四行，第四段是两行，当然我只是说莎士比亚的是比较典型的一种，真正要写的时候保持这种框架就行了，写多了，写到一定数量的时候再研究那些结构、韵律，再把握那些很深层的东西，开始就是要放开写，我的感受就是这些东西。最后我想问邹老师一个问题，我觉得您作为一个很了不起的学者，也是一个了不起的诗人，您刚刚讲了十四行诗怎样创作，我有一点想弄清楚，您能不能讲一讲自己创作十四行诗的经验让我们有一个比较感性的认识？

邹：关于莎士比亚的十四行诗，你谈到了对他的印象，我觉得你读书还是很善于思考一些问题的。像莎士比亚的十四行诗里面的时间问题、情人问题，有的是同性恋，其实也不一定是同性恋，还有真善美的问题，是吧？关于这点莎士比亚在作品里面明确讲是美善真，他不讲真善美，他把美放在最前面，是不一样的。当然你是说王老师他们写的文章吧？

我很同意你刚才讲的，就是写十四行诗的时候（莎士比亚我就不讲了，关于他有人专门写过博士论文，研究他的十四行诗，而且不止一部），根据我的经验还是要凭感觉来写。你一开始就要这里押韵那里押韵，这里一个音节，那里一个音节，好像不太现实。一般我写的时候是凭感觉，自己觉得很有意思才去写，想怎么写就怎么写，把自己的感觉通过语言的充分表达留在诗里面，这种感觉是非常新鲜的，非常真切的。每一个人的感觉肯定都是不一样的，如果在你的诗里面不能留下你的感觉的话，那你可能就是模仿别人的，或者说是一种抽象的东西。诗绝对不能是抽象的东西，诗都是非常具体的，就是我以前所讲的，诗是要用意象来表达的，包括莎士比亚也是一样，当然他的诗有些也是议论，我的诗里面基本上没有议论，每一行都是一个具体的意象的呈现，整个连起来是一重意境，形成一个结构。

诗这个东西，包括十四行诗，有的是讲不清楚的。从总体上来说，我认为诗就是一种感觉，想象和出乎意外的一种体验，而且我认为对诗来说这是最宝贵的，也是最重要的。有的人一看了我的诗就说，哎你这是莎士比亚体呀，我说我是按照自己的方式来写的，和莎士比亚没什么关系。我也不模仿莎士比亚，也不模仿弗罗斯特。我还是上大学的时候写过诗，后来在中南民族大学工作十九年，就没有写诗，2003年到华中师范大学，现在是第六个年头，在华中师范大学才开始写诗的，最开始是和聂珍钊老师他们一起到江西的庐山，江西师范大学邀请我们到那里去玩，写的是旧体的五言诗，这是最早写的。我写诗完全是凭感觉，想写了就写一点，这个不能勉强啊，你不能“为赋新诗强说愁”啊，有了感觉就写一点，没有感觉就不写，这么长时间我是一首也没写了，但是我还是在积累一些东西，比如说我到日本看到的一些事情，对我影响很深，包括这次到龙泉山，我不知道你们的感觉怎么样，反正我对龙泉山的感觉很深，到一定的时候我还是要对龙泉山写一部组诗，但是不太容易。我觉得龙泉山还是很有意思的，要仔细去考察一些事情，比如说那个楚昭王，他想占樊哙的墓地，说那是块风水宝地，叫人埋了一块石头在旁边，说已经埋了三百年了，就说这里是楚昭王的墓地，要把樊哙的墓迁到旁边去，他自己占了这块地。我觉得作为一代楚王，这个事做得很不像话，同时我觉得他这个做法也是很讲究的，故意埋了那么一块碑，说三百多年前埋的那块碑就说是我的，不然他也不好把别人的墓迁走，对不对？这就是丰富多彩的，形形色色的人生啊！还有天马峰对面的那个山上哪个王的墓被盗了，当代的人从山顶上打了这么大的一个洞，一直往下打，像打井一样进入那座墓里面，把金银珠宝盗跑了，这也是很有意思的一件事情啊，人哪，为了钱都不怕鬼了。

再回到正题，我觉得汉语里面不好讲究轻音重音，但是起承转合的结构在开始写的时候还是要有所考虑的，是不是？十四行组诗通过这种方式让它形成一个整体，反反复复、重重叠叠，有些波浪、有些闪亮的地方，这是在一开始写的时候，也就是进行艺术构思的时候就要想到的；后面讲到押韵哪，音节哪，像刚才张文讲到的，到后面再去把它调整。我的诗改动就很大。我不喜欢在电脑上写，喜欢在我的专用稿纸上面写。我的这种稿纸是十几年前印的，它很好写，因为它很薄，很软，我一般都是在这上面写了，让办公室的小郑帮我打出来，然后再到电脑上修改，修改老半天哪，有的时候修改几天才能把它完成，但最后还是不满意，不满意我也没有把它扔掉，有的是扔掉了，有的是草稿写出来就觉得不行就把它丢了，烧了再重写。我的体会就是写诗还是很有意思的，这是人生的一种方式。能够通过每天的所见所闻所思所想，留下一点自己这种真切的感觉、体悟和认识，用一种特定的方式把它留下来我觉得还是很有意思，到了自己七老八十的时候，走不动的时候，再来看一看，至少还是很有纪念意义的；如果把它发表了，更多的读者读到你的诗，别人也觉得是一种审美享受，还是很有意思。前几年我把上大学的时候写的诗拿出来一看，连我自己都觉得脸红啊，呵呵，觉得写得不好啊，那个时候是少年情怀，是一种很浪漫的想象和感情，所以我把它修改了一遍，后来又修改了一遍，让比你们高几届的几个学生把它翻译成了英文，搞了一个英汉对照的“早年抒情诗66首”，直到现在我也觉得写得不好，但是也不忍心把它丢掉，丢掉了好像又有点可惜了，我想以后到了要出文集的时候还是要把它收进去的。

（原刊“中外文学讲坛”2011年9月）

创建当代中国自然山水诗派的理论构想与现实意义

丁世忠

丁世忠（以下简称“丁”）：邹老师，您好！近年来您提出了两个重要的学术主张，一个是文学地理学的建立，一个是自然山水诗派的建构，表明您作为当代中国文学批评家对中国比较文学学科建设与中国诗歌写作所做的最新思考。关于文学地理学的提出与意义，您已经专门谈过两次，我们读了以后也受益良多。今天，您能不能谈一谈当代中国自然山水诗派的建构问题。首先，想请您给本刊读者谈一谈当代中国自然山水诗的创作状况，好吗？

邹建军（以下简称“邹”）：好的，当然可以。当代中国的自然山水诗创作，我认为是存在重大缺陷的。20世纪以来，伴随着世界全球化进程的加快，人与自然的关系不是越来越密切而是越来越疏离，因为生活在乡下的人总是向往城市，所以越来越多的人生活在城市；更多的人不是从事农业的生产，而是从事工业以及其他集约化产品的产业。不管是从世界范围内来讲，还是从中国的情况来看，几乎都是如此。从整个世界来看，城市越来越多，越来越大；从中国来看，小城镇的发展是一个重要方向，城镇化的建设水平越来越高。这种情况，导致了两个结果：①人与自然山水的联系越来越疏远，而与城市、工业的联系越来越密切，这对人性的异化产生重大影响；②人们越来越注重自己的利益，注重更加舒适的与现代化产品更加密切的生活。从整个世界来讲，伴随着工业化进程的发展，人们对自然山水的破坏越来越严重，由此引起的生态问题以及生态灾难的问题日益严重。这种走向，是从英国工业革命开始，就产生了的整个世界的趋向。

人类选择的这样的历史进程，既有积极的一面，也有消极的一面。所以，到了19世纪末20世纪初，各国的思想家以及关注人类自身发展的一些学者，提出了人类不得不面对的生态问题；从事文学研究与文学创作的人们，也受此启示提出了文学的生态批评和生态创作问题。最为明显的问题是，工业生产所产生的大量的废气，破坏了大气层、臭氧层，于是阳光直射下来，导致很多人患上皮肤癌等疾病。于是，在人类自身的生存空间也产生了环境污染问题、空气质量问题、河水污染问题，等等。世界其他国家的学者包括他们的政府，对于此类问题相当重视，现在则越来越重视，采取了一些必要的措施。但是，当代中国的作家和诗人，对近三十年来中国改革过程中所产生的、与世界其他工业化国家在开始工业化过程中所产生的生态现象与问题，并没有引起足够的重视；他们关注的仍然是自身的利益，我们的经济是有很大的发展，但主要是靠失去资源与开发初级产品而得到的。也许正是因此，当代中国的生态文学或者说生态诗歌，不是说不存在，但是的确是很不发达的。如果你问我们的作家哪一个是生态作家，哪一个诗人是生态诗人，也许没有人能够回答。从总体上来说，从当代中国诗歌的创作来看，有关自然山水题材的作品不仅数量少，而且质量不高。我们能够回想起来的好像只有贺敬之的《桂林山水歌》、闻捷的《天山牧歌》、严阵的《江南曲》等，而其他诗人涉及自然山水题材的，则越来越少。即使是贺敬之《桂林山水歌》这样的作品，虽然其中有对自然山水的歌颂，但主要还是关涉政治的主题，表达一个时代性人物的政治情怀；闻捷的《天山牧歌》这样的作品，虽然有对中国西部地域民俗风情的描写，但主要是表现当代军人在那个时代所特有的爱情生活；严阵的《江南曲》这样的作品，虽然有对江南水乡风情的关照，但主要还是表现一种个人的小小情趣。更重要的是，当代中国的这些自然山水诗歌，缺少对自然山水本身的发现，没有能够与特定的自然山水进行心灵的交流和灵魂的对话，因此，它们不能算作真正的自然山水诗歌。当然，如果有人专门去做一下梳理的话，也许可以找出一条关于自然山水诗歌历史发展的线索，也可以找出一些关注自然山水的诗人及其作品。但是，相对于中国传统文学对自然山水的重视，相对于西方文学对自然山水的关注，当代中国自然山水诗的创作真的是非常薄弱的。与中国及世界各个国家的人所面临的自然生态环境破坏问题联系起来看，这种创作现象是不正常的。由此我们也可以想到，当代中国的小说、散文、戏剧以及包括电影、电视作品，对于自然山水的表现，不仅是非常有限的，而且往往是扭曲的。当代中国的作家与诗人，没有能够真正沉浸到自然山水里面去，也没有能够做到对自己国家的自然山水景观有所发现、有所欣赏、有所关照、有所建构。对于自己国家的自然山水是这样，那么对于其他国家的自然山水，也同样是如此。并不是说我们没有关注自然山水的诗人与作家，文学作品中这样的题材也是有的；但是，像英国诗人华兹华斯、柯勒律治的作品，像美国作家海明威、杰克·伦敦那样的作品，在当代的中国是如何之少？从东西方文学作品最为主要的几种主题来讲，人与人的关系、人与社会的关系是我们中国诗人与作家最为关注的，因此，从其作品中分析其社会学、政治学与伦理学的意义并不是那么难；当代中国诗人与作家对于人与自然关系的关注则很不够，并且我们所需要的不是那样的关注。我曾经说过，人与自然的关系是生态问题，生态问题说到底也就是人与人的关系问题，有的人根本不能理解；其实并不难于理解。为什么呢？因为生态问题的出现，并不在于自然本身，最为根本的还是在于人类自身。这样的观点，也许在于我对当代中国的文学与艺术的总体评价都不高有关；如果我们关起门来，就会认为中国的作家与诗人是如何了不起；如果我们放开自己的眼界，将世界各民族的一流作家与诗人纳入我们的视野，我们就会发现其实我们只是世界文学艺术的一个很小的部分。这次的北京奥运会，有许多精彩的看点，中国得的金牌也是最多的，但我们是不是世界体育大国与体育强国呢？我们的几个大球如何呢？我们的体育教育、体育的群众性如何呢？如果这样考虑的话，问题也就很清楚了。这是我对当代中国作家与诗人不关注自然山水的批评，也是我对当代中国文学中自然山水问题的基本估价。也许我的这种说法是比较偏激的，但并不是没有道理的。

丁：20世纪，伴随着全球污染问题的日益凸显，人们对生态问题的关注将会日益重视。自然山水对于人类的生存与发展具有什么样的重要性？如果没有自然山水，人类是不是不能生存或者说不能很好地生存？我们中国人是不是没有认识到这样一点？您能不能也谈一谈这个问题？

邹：我认为，自然山水是人类生存的基础和条件。一个世纪以来，越来越多的人喜欢在大城市里生活，交通方便、通讯发达、信息量大，有良好的文化环境可以进一步提高我们的生活质量；但是，当越来越多的人集中在大城市里，人们的生活内容及其方式就会产生重大变化，更多的人越来越关注自己的内心世界，越来越关注自我利益的获得，他们往往热衷于在滚滚红尘中、在喧嚣的尘世里取得自己的生存与地位。从人的本性来讲，人类之所以能够出现并得到进一步的生存和发展，最初是在自然山水所提供基础上的进化。比如说，地球上如果没有水的话，那么生命就会消失；地球上如果没有山的话，那么也许就没有水。因此，自然山水是人类生存的前提和基础。正是有了山，才有了风雨与雷电；正是有了水，才有了原始森林、江河湖海等景观。自然山水是一体化的，它们中的种种要素相互依存、相互支撑，共同组成一个大地生命共同体，让人类自身有一个生存和繁衍的大家园。我认为人与自然对抗是没有前途的，人与自然的共存与共生才是正道。因此，我很认同中国古人所提倡的“天人合一”的哲学观点。“天人合一”，当然不完全是指人类与自然的关系；但是，人只有和自然和谐相处，人类自身才能得到生存和发展。表面上看起来，自然似乎是一种客观的存在；但就本质而言，自然界的万事万物都是有生命的。自然界的一切事物，本身作为个体是有生命的，它们组合和统一所形成的大地共同体，也是有生命的；同时，它们相互之间也能够自然、自由地存在和发展。从更大的范围来说，天地运行、日月星辰、山川湖海所构成的宇宙也是有生命的。从文学艺术产生的来源上讲，人类只有和自然万物、天地宇宙进行交流和对话，才会有审美投入和审美发现，作家、文学才得以产生。因此我认为人类只有与自然和谐共处，人类本身的生存和发展才有前提。毛主席以前说“人定胜天”，要看这个“天”怎么界定？“人定胜天”，如果是用来说明人的能动性、说明主观力量的重要性、人的意志的坚强的重要性，当然是有意义的；如果把“人定胜天”理解为人类一定要战胜自然，就像以前说的“要让高山低头，要让河水改道”，如果这样的话，那是没有必要的，也是没有道理的。在某种层面上来讲，人类应该顺应自然发展的规律，不要也不能对自然进行肆意破坏。我的老家，在20世纪60年代以前本来有大量的原始森林，八九个人也合抱不了的大树随处可见，自然生态环境相当优越。就是在我小的时候，还经常看见一些大树，看见白鹤在田野山谷里飞翔，各种动物（除老虎和豹子以外）四处出没。可以说，那个时代我老家的自然生态环境是相当好的。但是，在1958年所倡导的那样一场“大炼钢铁”、“大跃进”运动中，人们疯狂地砍伐树木，一大片一大片的原始森林被无情地砍伐掉了。前两年我回老家，照了一些照片，“中外文学讲坛”上都有；从那里大家可以看到，只有山顶上才有一点树，整个山上基本上都是梯田。这样的生态环境，与60年代以前的生态环境相比较，谁更适合人类的生存呢？我曾经问过我的父亲：我们当地人口并不是很多，难道非要在山上开垦土地吗？需要砍掉树木来种植粮食才能维持人们的生活吗？实际上根本不是那样。近几年来，外出打工的人较多，于是种田的人少了，又形成了很多荒地，里面长满了野草；如果要恢复以前的树木，需要很长的时间，没有五十年的时间是不可能的。所以，如果我们继续对抗自然、破坏自然，人类是没有前途的。可以设想，一个国家的森林覆盖率只有5%或者10%，那这个国家人们的生存就会受到很大威胁，风沙就会肆虐，洪水就会泛滥，天气就会越来越热，也会越来越冷，人与自然和谐相处的境界，就从根本上来说不可能出现。

我们中国人与自然和谐的传统，与西方是不一样的。让我感到奇怪的是，西方人看待人与自然的关系是分离的而不是和谐的，但是西方国家包括美国、加拿大、日本等国的人，对自然生态的保护却又是非常好的。中国的传统是强调人与自然的和谐，这种和谐是人与自然和平共处、共同发展；但是，从当代中国的现实来说，人与自然的关系又是处理得最不好的。当代中国的自然山水与自然环境遭到了极大的破坏，就是在最近三十年里，城镇越来越多、工厂越来越多，工厂排放的废气、汽车所排放的尾气，极大破坏了自然生态环境，让人们生活在越来越恶劣的空气质量里，生活在越来越差的自然环境里。对于这种情况，西方国家以及日本、韩国等东亚国家，对我们是有所批评的。我曾经在《参考消息》上看到这样一个报道：中国的沙尘暴，不仅在中国大陆肆虐，而且还吹到了日本、韩国、台湾地区等，让那些地方的人的生活也受到严重的影响。因此，他们特别是日本想与中国政府合作，探讨如何解决人类生存环境的问题。

面对这种情况，当代中国的诗人与作家，应该关注中国的自然山水所存在的问题,关注中国人所面临的生态环境问题,写出更多更好的关注自然山水的诗歌,让我们的人民自觉地认识到自然山水对于中国人的重要性,自然山水对于整个人类的重要性。我们长期关注中国的诗歌写作,往往总是从诗的角度来考虑问题,所以我就提出建构当代中国的自然山水诗派的问题。其实,这就是我们提倡创建当代中国的自然山水诗派的最直接与最根本原因。

当然,我们也应该比较辩证地看待这个问题。不是说整个的自然都产生了严重的问题,好像人类已经不能生存了。但问题的严重性,也许我们有的人还没有认识到。整个地球的生态环境在最近几十年有很大的变化,我们知道海平面不断上升,北方越来越干旱,风暴越来越严重。像今年年初所发生的冰冻灾害,影响南方大部分地区,北方更不用说。紧接着,发生了震惊世界的汶川大地震,给中国西部的四川造成极大破坏。还有最近在中国南方各省发生的洪涝灾害,等等。所有这些都说明,今天我们所生活的地球,存在严重的问题。这是整个地理空间的演变所造成的气候变化与地理变化。另外,我们也应该看到,改革开放三十年来,人们总结了1958年以来中国自然生态灾难的教训,对于生态问题也有了越来越清醒的认识。从小平同志开始就强调植树造林、保护自然,通过全国人民代表大会的立法,每年都有植树节;因此,就局部而言,中国的生态环境是有所改善的。另一方面,国家要工业化、现代化,我们要生产更多的产品销售到国外换取外汇,这也是中国人生存与发展的需要。结果是城市越来越大、城镇越来越多,每一个大中城市都设立有自己的开发区及科技园,引进外资以建立自己的工业基地。这是一个总的趋势,同时也是一对矛盾。如何在工业化进程中保护自然生态环境,使人们有一个安居乐业的家园,这是考验中国领导人与所有中国人的智慧问题。这就是为什么我们提倡当代的中国诗人要尽可能地关注自然山水,要尽可能地有对自然山水的感悟和发现,要从自然山水的关注中来表达自己的思想,并以此来关注人类的未来和世界的命运。因为自然山水和每个人的生活、与国家及民族的命运、与世界的前途有着非常密切的关系。我们可以说一句绝对的话:如果自然山水遭到了严重的破坏,比如南极或北极的冰雪消融、海平面上升,淹没了大部分陆地;那么,人类绝大多数就只能在海面上生活。当然,也不是说人类不可以生活在海洋上,不是有的科学家认为未来的人类是要生活在海里面的吗?但是,海洋生活的环境与以前生活的环境相比较,已经发生了巨大的变化;我想,绝大多数人对此是不适应的。又比如说,伴随着工业化的发展,废气的大量排放破坏了自然环境,围绕地球的大气层遭到严重的破坏,太阳的阳光直射到地球的表面,改变了地球的气候,而且使人类患上各种疾病;那么,人类的生存和发展也就受到了严重的威胁。所有的这些问题,都值得当代中国作家、诗人去关注、去思考。这样的关注与思考能够使他们创作出更多的作品,也能够促使我们去保护生态环境,使我们的家园能够保持自然生态的和谐。这样的期望，自然是一个很高的境界，一般的人也许在许多年后也是达不到的。

丁：据我们所知，在中国古代的文学作品特别是诗歌作品中，就存在很多对自然山水的描写。请问邹老师，这些宝贵的文化遗产，对于创建当代中国的自然山水诗派，有什么样的价值？

邹：中国文学史上有写作自然山水诗的传统，也有十分宝贵的文学遗产。《诗经》虽然主要写人事，但也有对自然山水的描写。在我的印象中，中国的自然山水诗写作达到一个新的境界，是从魏晋南北朝开始的。那个时代，由于佛教的东传、道教的兴起，于是玄学形成风气；同时，由于当时政治的腐败和政治争斗的残酷，很多知识分子（包括作家和诗人）沉醉于自然山水之间，啸傲山林，他们喜欢与自然山水相伴。他们或登临高山，或嬉游江河，因此，很多诗人在自己的作品中对自然山水有独到的欣赏与感悟，于是他们一起创作出了大量的有关自然山水主题的作品。本时期自然山水诗的创作，有一个重大的变化，那就是他们在对自然山水的描写里面，表达了诗人自我深厚的情怀，传达了自己独到的审美情趣，抒写了自己政治上的挫折、官场上的失意、对复杂人世的逃避等等。当然，更多的诗人是把自然山水当作能够与之对话的朋友。因此，不少诗歌里面有大量的问句、感叹句，表达了人与自然山水的契合、人对自然山水的审美发现。因此，在他们的作品中，山水意象并不仅仅是诗人们思想的隐喻或象征，而往往具有自己独立的品质，体现的是诗人的哲学观、宗教观和宇宙观；在那样一些作品中，人的主体性得到凸显，而自然山水本身也绝对不只是作为客体而出现，往往也有其独到的精神地域和主体空间。到了唐宋时期，中国诗坛上则出现了一大批杰出的自然山水诗人：李白一生崇尚道教，遍游名山大川，其《蜀道难》《梦游天姥吟留别》《将进酒》《赠汪伦》等，虽然不能说都是自然山水诗，但它们与自然山水有着密切的关系。由于能够将自己与自然山水紧密联系在一起，因此，其诗歌所表达的思想情感往往就是独立于人世之外的，与人世的纷争则保持着一种远离的姿态。李白的族叔李阳冰，在读了他的一些诗歌以后，感叹其诗中有一种浓郁的仙气。那么，这种仙气来自哪里呢？主要是来自两个方面：①来自他对道家思想的崇尚，对道教的推崇和他本身所具有的宗教情怀；②来自于他所见到的自然山水本身。我曾经到过武当山，在武当山的金顶上，看到周围的高山与河谷到处云雾缭绕，完全就是一种神仙的境界。而自那里产生的道教，作为中国传统意义上的宗教，主张修炼成仙，与自然山水相伴；因此，李白诗歌所呈现的这种境界，是与自然山水相统一并共同生长的。到了宋代，我的老乡苏东坡，也是官场失意、多次被贬；但是，他每到一个地方，都游历于自然山水之间，把自己的情趣与那些自然山水统一起来，写出了很多自然山水诗篇。《浪淘沙・赤壁怀古》，不仅写历史，更多的也写自然；《水调歌头・明月几时有》也是人与自然的对话。这些作品，把自己的感情和思想寄托在自然山水之间，并且从自然山水里面发现人生的哲理，表达了一种非常深刻的思想。

中国古代有着非常丰富的自然山水诗歌遗产，除李白、苏东坡以外，还有谢朓、陶渊明、曹操、阮籍、嵇康、王维、孟浩然等，都写出了大量的自然山水诗篇。更早的，还有郦道元的《水经注》、徐霞客的游记、柳宗元的《柳州八记》等，虽然就形式而言，它们并不是诗歌，却富有诗情画意。因此，从本质上来说，它们也是有关自然山水的诗篇。中国古代自然山水的文学渊源非常深厚，但我们当代中国诗人对此的研究与借鉴非常不够。也正因为如此，才造成了当代中国自然山水诗创作的薄弱。目前，世界各国思想家、学者与诗人作家，都很关注人类前途的问题、关注生态环境的问题。因此，在西方才出现了生态文学和生态文学批评，也出现了生态诗歌的写作。在所有的文体里面，诗与自然山水的关系是最密切的；因为诗是一种高度个人化的创作。因此，诗人对于自然山水的描写与关注，相对于其他文类而言，更能引起人的关注，也更能发挥它的主体作用。

丁：据我所知，您不仅是建立当代中国自然山水诗派的提出者，也是自然山水诗的实践者。我在“中外文学讲坛”以及一些报刊上读过您的一些自然山水诗作，很受感染。您自己是不是写过很多关于自然山水的诗作？您能不能谈一谈自己创作自然山水诗的体会？

邹：近几年来，我利用各种机会到各地游览，每到一处，总要游历名山大川，与大自然进行对话。说实话，我与自然山水之间的关系有如情人。结果就是我创作的三部诗集：《岳奇山水对联88》《岳奇山水诗草111首》与《岳奇山水十四行抒情诗100首》。在这些诗里面，主要抒发自己到各地游览时对自然山水的印象，同时也表达对当代中国社会问题的一些思考。从现在看来，这些作品所表达的对自然山水的情感是非常真诚的，其中对自然山水的关照应该说是独到的，有的诗作的境界也是相当高的。当然，由于整个中国诗坛的演变，一首诗或一组诗，要引起文学界的轰动是很难的。但是，我对自己创作出好的自然山水诗歌，直到今天并没有失去信心。在今后，我不仅要关注中国的自然山水，而且要关注世界的自然山水，关注人类生存在的整个宇宙空间。

大家知道，我对诗的要求应该说是很高的，不是一般的写一写，好玩。因此，在某一段时间，我往往就比较集中地探索某一种文体。前几年，主要写古体诗；近几年，主要是通过十四行诗的形式，来表现自己对自然山水的审美发现。自然山水诗的写作，并不是我最为主要的追求；我最主要的追求，是要建立一个当代中国的自然山水诗派。因此，我联络了一些朋友，让他们也来参与这样一个构想。在我们的“中外文学讲坛”上，开设了一个“自然山水诗派”栏目，先后有十几个诗人都奉献了相当优秀的诗篇，已经引起了人们越来越多的关注。一种事业的成功、

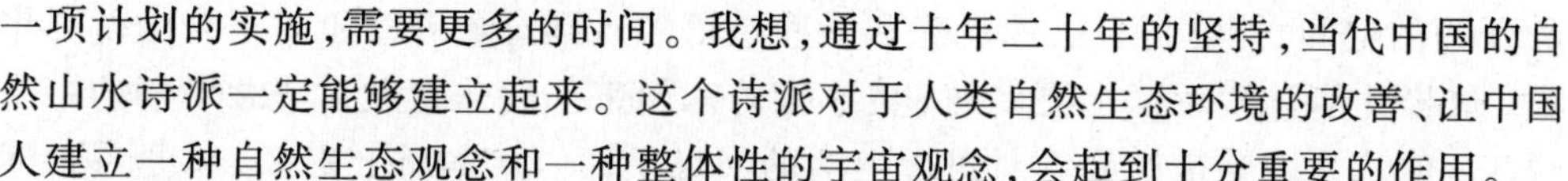

一项计划的实施,需要更多的时间。我想,通过十年二十年的坚持,当代中国的自然山水诗派一定能够建立起来。这个诗派对于人类自然生态环境的改善、让中国人建立一种自然生态观念和一种整体性的宇宙观念,会起到十分重要的作用。

丁:看来您是有长远目标与远大理想的一个学者与诗人,是我们一般的人无可相比的。那么,我想要问的下一个问题是,创建当代中国的自然山水诗派,需要具备哪些条件或者需要注意哪些问题呢?

邹:建立当代中国的自然山水诗派,并不是轻而易举的事情,不是某个人登高一呼,就可以马上建立起一个诗派了;更不是某一个人一经提倡,大家就来写,就可以写出好的作品,名垂青史,成为不朽了。我想先讲一讲自己从事自然山水诗创作的一些体会,以及对未来建立自然山水诗派的一些想法。要建立起一个完整的当代中国自然山水诗派,我认为要注意以下几个问题:

(1)对自然山水进行审美投入式的欣赏。在我们的作品中,要有深入到细节的自然山水感。正如我们所知道的那样,对于诗歌创作来说,想象非常重要;但是,对于自然山水诗的创作来说,细节更加重要。我们到一个名山大川,如果只是走马观花,得到了一些表面印象就开始写诗,不是说不可以,但写出来的东西其生命力应该是相当有限的。如果能够以自己敏锐的眼光,捕捉到前人没有发现的东西;或者说,前人虽有所发现,但还不够细致深入的地方,这样写出来的作品,往往就能够为后世的读者提供一些新的东西。因此,我在自己的几组十四行自然山水诗里面,都有自己独到的观察与体悟。每一首的标题,往往都是一个地名,这就是我对自然山水进行观照的一个点,从那里我往往开掘出一个新的意象。比如,我写的《长江三峡十四行抒情诗》里面,写到神农架下的元渡头、写到人们在三峡大坝下面的船等,都是根据自己的回忆,在自己的脑海中展现出来的印象深刻的画面。在这些精彩的画面中,我们往往有自己诗意的发现。因此,我的每一首诗都是有来历的。我的诗往往不只是写一些表面的印象,而是抒写审美的闪光点。就好比照相一样,我们也不能随意乱照,而是要选择一个恰当的角度,才能展示其美妙的图景。因此,我觉得自然山水诗要写好的话,要有自己真正的发现,要有一些深入到细节的真实。

(2)有自己的独到的艺术想象。诗人没有想象力,就写不出好的诗歌。我们对自然山水的观照和描写,不能过分拘泥于事实,不能照相机式地反映生活。诗歌与照相有很大的区别,诗歌主要是表达诗人的一种感悟,是虚和实的结合。因此我们要说诗中只有细节的真实还不够,要在真实的基础上充分发挥诗人想象力,需要把事实进一步虚化、抽象化,这样才会产生一个灵动的空间,从而把我们的精神、品质、情怀寄托于其中。在这样一个前提下,就要尽量使呈现于诗歌里的自然,具有一种隐喻或象征的品质。读者读到我们的自然山水诗的时候,能够领略到一种开阔的空间，能够把自己的思想和一些感悟加入到意象和意象的组合的境界里面，这样才能让读者读出更多的、更丰富的东西来。我非常欣赏华兹华斯的一个说法，他认为诗歌是产生于对过去生活的回忆里面。从本质上来说，诗是一种回忆的产物。我的诗歌往往不是在游览自然山水的时候写作，而是在游历了自然山水以后的半个月、一个月甚至半年、一年以后，再来回忆我对自然山水的观照所经历的那种过程的时候，才产生意外的一种感悟。想象的作用，就体现在回忆的过程中；那么，回忆本来就加入了诗人自己的情思、自己的感悟、自己的思考，所有这些都能在艺术之间呈现出来。这种呈现与回忆，可以说也有想象力的作用；如果没有想象力的推动，回忆是很难达到很高的境界的。而想象正像鸟的翅膀，它能够把回忆、伴随着回忆而产生的景象煽动起来，能够进行重新的调和、重新的组织，使我们的思想上升到一个新的高度，使我们的情感上升到一个新的境界。我认为真正的好诗，就是这样产生的。因此，我并不认同那种照相式地反映自然山水。我认为写得差一点的诗，就是因为想象力不够；写得好一点的诗，往往是因为想象力比较丰富而有意外的收获。

(3)强调人与自然山水的契合、人与自然山水的对话。中国传统的哲学观念，就是强调人与自然的和谐。人能够从自然山水里面发现自我；同时，也能够使自然山水自主地呈现出来。“停车坐爱枫林晚，霜月红于二月花。”在这里，表现的正是人与自然相看两不厌所达到的一种境界。中国传统哲学史上的“泛神论”的思想，就是认为自然界的每一个物体都是有情感的，都是一个神灵；那么，它能够使诗人与自然产生交流和对话，更能够导致情感的投入。有许多杰出的诗人，不管是中国还是外国的诗人，都是泛神论者。我们所知道的歌德、泰戈尔、惠特曼、郭沫若，包括中国古代的哲学家庄子。在自然山水诗的创作里面，人与自然的和谐、统一、交融境界的达成是至关重要的。如果只是把自然山水当作一种客体进行描绘，这也不能说没有意义，但它只起照相的作用，很难突出诗人的主导性、很难抒写诗人自己的情怀，从而表达诗人对自然山水的发现，就更难表现出诗人的人生观、哲学观和宇宙观。那么，这样的诗没有自己的想象、审美发现与自己的思想，其意义就是非常有限的。因此，人与自然山水的交流与对话，是产生诗情、诗意的基本前提。有许多人喜欢旅游，现在的中国人到国外旅游的也不少，笑话说在世界各地看到的主要是中国人，不论是在欧洲等西方国家，还是在日本等东方国家。但是，当旅游结束以后，多数人都未能创作出自己的作品，这是为什么呢？我想主要是因为他只是把一路上看到的自然山水当作一个客体，并没有将自然山水视为一个有生命的物体，因此也就没有投入自己的审美情感，更没有与自然之间进行审美对话，当然也就不能写出自己的作品。我们认为人类的每一个成员都是大自然中的一员，从本质来说，人类的生命和大自然的生命具有同一性质。我很认同将我们所生存的“大地”当作一个生命共同体这种生态观念。如果能够把我们所生存的“大地”当作一个生命共同体，谁也不能离开谁，人不能离开自然山水，自然山水也不能离开人，那将是非常有意思的，并且具有重大的伦理意义。因为人毕竟是这个地球上迄今所发现的最有智慧和才华的动物，离开了人也许就没有独特的文化。如果我们由人类的灵性而推及到整个宇宙，包括太阳、地球、月亮以及木星、水星、火星等，都是大地或宇宙生命共同体的一个部分，那我们的诗人何愁写不出好诗来呢？比如说，如果没有月亮，那么在地球上生存的人类就会缺少很多情趣：人们看不到月亮，就引不起人们的回忆；晚上看不到月亮、星星，我们只有生活在黑暗中，那就没有什么意思。同样，如果白天没有太阳，那么地球就属于乌云遮盖的状态，那人类还有什么意义呢？按人类现有的科学发现来说，没有太阳就没有生命；没有太阳就没有植物，没有植物就没有动物，没有动物也就没有人类的存在。因此，我倾向于把整个地球、整个宇宙当作一个生命共同体。诗人作为人类群体中最具有灵性的动物，我们具有一种责任，那就是对人类生存的环境，即人类所生存的地球甚至宇宙空间，要有审美观照和审美发现，要以我们敏锐的眼睛去捕捉生活中独特的瞬间，去感悟整个大自然的神秘与神奇，去发现大自然中那些与人类心灵相通的东西。如果不是这样的话，那我们再有才华的诗人也不可能写出杰出的作品。所以，诗人要有一种观念，泛神论的观念是一种必为诗人作家所重视的观念，它对于作家诗人的重要，有如某一种宗教对于整个人类的重要。如果一个诗人能够信仰一种宗教，那么他就可能更具有一种审美投入，更具有一种想象力，更具有一种终极情怀，对自然山水诗的欣赏与发现就会产生一种更大的推动力。人与自然一定要进行对话，人离开了自然也许与虫子一样；而自然离开了人类的观照，自然也许会失去自己的光彩。

(4)诗人要关注人类自身的命运、关注人类与整个宇宙空间的种种联系。自然山水是人类生存的基础和前提，没有自然山水，人类也就无法生存。自然山水遭到破坏，人们的生存环境越来越差，人类是没有前途的。因此，在自然山水诗歌的写作里面，要把关注自然山水本身和关注人类的前途、命运密切联系起来。人类是不能脱离自然环境的，要想活下去，就要善待自然。从前，我们经历了什么样的曲折、有些什么样的惨痛教训、有什么样的丰富经验，等等，都要与自然联系起来进行思考。人类的命运与前景是与以自然山水为主体而构成的人类生态环境相关的，也是与整个宇宙空间所构建的整个生态环境是密切相关的。今年在我的老家所发生的汶川大地震，应当引起我们更多的思考。这次地震也许说明我们所生活的这个地球及其运行，的确是已经出现了非常严重的问题。在发生了一次地震以后，又发生了上万次的余震，搞得大家人心惶惶，就是我们没有生活在那个地区的人，也不得安宁，因为我们毕竟是中国人，我们也是人类的一个成员。从地球科学发展的规律来讲，地球既然有它产生的历史，也就会有它毁灭的那一天。这并不是一种危言耸听的说法，而是有其科学根据的，每一个人都应当认识到这一点。因此，从事自然山水诗创作的诗人，在观照和描写某一个局部的自然山水时，要把它和人类的终极命运联系起来，这样才有利于开拓出诗歌开阔的视野、阔大的空间、广博的情怀，这样才可以让自己的作品不局限于某一种事实的描绘、某一种自然风景的观察，而让它上升到隐喻、象征的这种高度，至少能够上升到人与自然的对话这种境界。只有这样的作品才能够让我们有一种历史感、沧桑感、命运感，甚至于神秘感与神奇感，只有这样我们所创作出来的作品才能给读者一种新鲜的审美快感。人是世界的主体，自然界也是世界的主体，两个主体具有平等的地位、共同的命运，并且它们总是相伴而生、相互依赖的；缺少了任何一方，这个世界不仅是不完整的，也是不能存在的。所以，我们只有将自然提高到与人一样的地位，将自然与世界同一化，我们的诗人才有自己的审美投入与重要发现，当代中国的自然山水诗派才能完整地建立起来。

丁：创建当代中国的自然山水诗派，无论对于当代中国文学的丰富与繁荣，还是对于人类的自然生态环境的保护，都具有十分重要的意义。邹老师，您能谈一谈当代中国自然山水诗派的发展前景吗?

邹：人类具有深厚的历史，自然则具有更长远的历史。人类发展到21世纪，各种各样的问题都呈现在我们的面前，如经济发展的问题、人类和平的问题、宗教冲突的问题、国家与国家边界划分的问题、人类的信仰问题，如此等等。但是，我认为其中最重要的问题，还是人类生存的环境问题。人们反对战争，人们抗击地震，人们逃避风暴，人们呼吁减少废气对大气的排放，如此等等，都是为了让我们的亲朋好友有一个良好的生活环境。我想，也许没有哪一个人想生活得越来越差、没有哪一个人想破坏大气中的臭氧层、没有哪一个人想故意地排放废气，人们都希望地球永恒、太阳永照、月亮永亮，天上的星星也永远是那么美丽，人们都希望我们的周围有更高的大树、有更多的鸟群，人们希望有更多的动物与我们和谐共处，有更好的空气、有更好的公路、有更好的居住环境，也许每一个人都是这样的想法；当然我们也不排除有一些神经不正常的人，他们想与人类为敌、与自然为敌，整天都神经兮兮地与人为敌，就像有的人总是要造出病毒以攻击人类的电脑，这种败类总是有的。但是，人类的主体部分也总是怀有一种良好的愿景。希望有更好的生存空间、有更好的空气质量，这是人类的一个根本心愿，也是人类从过去到现在所达成的广泛共识。作为诗人，作为一个中国诗人，能够为创建当代中国的自然山水诗派而努力，是一项光荣的职责与任务。如果我们能够让当代中国的自然山水诗派成为当今世界引人关注的群体，能够为世界生态保持平衡贡献出自己的力量，能够为人类的未来发展提供助力，就是再好不过的事情了。这可以说是当代中国诗人的心愿，也是人类多数成员所关注的一个问题，体现了地球上的人类共同的心愿。当代中国的自然山水诗派能够建立起来，我们当代的中国诗人能够写出与古代诗人遗存相提并论的杰作，能够在中国文学史乃至世界文学史上留下自己光辉的一笔，这是非常了不起的事情。这自然是一个美好的构想，也是提倡创建当代中国自然山水诗派的一个根本原因。我们为什么不提倡自然山水文学呢？是因为我们长期致力于诗歌创作和诗歌批评，我们最好是从自我出发，从自己的立场来关注人类和世界所面临的问题。诗是文学宝藏中的明珠、是文学金字塔的塔尖，这是许多学者的共识。因此，我们希望能够以诗歌创作为突破口，来建立当代中国的自然山水诗派，并希望我们的这个构想与众多诗人的创作实践，能够引起更多的人来关注生态问题、来关注人类生存与发展的问题、来关注人类的终极命运问题。说起来好像很空泛，其实也就是关注大地生命共同体所出现的问题。如果能够如此的话，我们当代中国的自然山水诗派一定会有美好的发展前景。

丁：邹老师，我想再问最后一个问题，那就是我们所提倡的当代中国的自然山水诗派现在进行的状态是什么呢？我们为当代中国的自然山水诗派的建构做了一些什么没有呢？

邹：我认为你问了一个很好的问题，一个十分现实的问题。近两年来，我也一直在思考这个问题：当代中国的自然山水诗派如何建立与发展？我可以这样告诉大家：我们也做了一些工作，但成效并不是很显著。主要的工作是：①在“中外文学讲坛”的博客上，专门开辟了一个栏目“自然山水诗选”，发表具有原创性的有关自然山水的作品；另一个栏目是“自然山水诗十四家”，发表了来自美国、新西兰、澳大利亚、加拿大、中国等国家与地区的诗人的自然山水作品，引起了人们的关注。②我们展开了对外国的自然山水诗歌作品的研究，如对华兹华斯、柯勒律治、雪莱、拜伦等人的自然山水诗歌做出了自己的分析，有多篇硕士论文都是这样的题目。③我本人在这几年从事自然山水诗的写作，有一定的收获，有了《岳奇山水对联88》《岳奇山水诗草111首》，以及我最近完成的《岳奇山水十四行抒情诗100首》。一种理论上的构想的提出，并不是很难；而要得到完全的实现，则需要比较长的时间。但我坚信，只要我们长期坚持，众多的诗人参与到我们的理论讨论与创作实践中来，我们的目标一定会实现。借用毛主席所说的一句话：我们的目的一定要达到，我们的目的一定能够达到。

（原刊《世界文学评论》2012年第2辑）

筑起大中华诗歌体系的大厦

李庆福

李：邹老师，近年来，您辛勤耕作，成果丰硕，在文学创作与研究上颇有建树。年过三十，就出版了好几种著作，在国内外报刊上发表学术论文近五十篇，并提出了一系列的理论主张，在海内外诗坛上享有盛誉，还被称为"风云人物"。我想请您谈谈您的诗歌理论主张是建立于什么目标之上的？

邹：这些年来，我几乎把全部的精力都用在了诗上。你知道，我这个人没有其他爱好的，在几近隐居的书斋生活中，除了教书就是读书。也就是始终不懈地研究新诗，关注着海内外华语诗歌的发展。文艺界和学术界对我的论述，也的确有比较高评价：说我扶持过一批中青年诗人的成长，在诗学研究的某些领域具有开拓性的贡献。在我自己看来，是评得有些高了。我的理论目标不在于这些，而在于最终建立大中华诗歌体系。现在还很难说已有什么理论体系，而只是提出了自己的不同于他人的见解而已。我的一切主张，都是建立在建设大中华诗歌体系这个总目标上的。

李：请您具体谈一下，什么叫"大中华诗歌体系"？

邹：中华新诗是"五四"运动前后，主要受到外国诗影响而发展起来的。20世纪80年代前，我们所谈的新诗，仅仅是局限于中国大陆上的新诗。其实我国的台湾、香港、澳门以及海外的新加坡、印度尼西亚、菲律宾、美国、澳大利亚、北欧等国家和地区，也有不少用汉语创作的新诗。因此，改革开放以后，中国新诗的内涵得以扩展和延伸。新诗不再是一个地域性的概念或一个种族性的概念，应统称为"华语诗歌"为妥。华语诗歌不单是指中国人写的诗，也不单是指天下华人所写的诗。凡是居住在地球上的人，不管他是什么政治主张、宗教信仰、生活习惯，只要他是用方块汉字创作的诗，就是华语诗歌。目前，用中文写诗的，当然以中国大陆和台湾及香港地区为主体，这是华语诗歌发展的中心和基础。在新加坡、菲律宾、马来西亚、泰国、美国、加拿大、北欧及澳大利亚，都有相当数量的华语诗人在创作自己的诗歌。他们创办有不少华语诗报，如新加坡的《赤道风》，菲律宾的《千岛诗刊》，美国的《诗象》《一行》《新大陆》诗刊。华语是被地球上五分之一人口所广泛运用的一种语言。在运用的广泛程度和被各国人口所认同的程度上,恐怕只有英语可以与之相比。各自独立的生活、社会、风俗、文化,以及各民族道德、价值观、审美观的差异,就使不同地区的汉语在词汇、语意、语调、语式方面都产生了一些奇妙的变异。我们从近十五年来各地华侨的文化交流中，可以明确地感觉到。我想，如果各国华语诗歌文化相互之间进行广泛的交流,互为激荡,取长补短,共同开拓诗歌的表现领域和形式规则,那么整个世界华语诗歌的大体系就会形成并显出相当的威力。我深信,21世纪是中国人的世纪。中国政治、经济、军事、文化走向世界已成定局。21世纪的华语诗歌也必然是世界性的诗歌。历史要求我们,不这样走也不行,因为这是一种必然的历史潮流。我们将世界各个角落的华语诗人联合起来,维系在中华民族这面旗帜下,团结在汉文化这座宝塔下,共同组成华语诗歌创作和理论研究的文化大家庭。如果各国的华语诗人们相互呼应,共同发展,我中华诗歌定会更加昌盛,更加辉煌。这就是我所倡导的“大中华诗歌”的基本概念。

大中华诗歌并不是某个人的心血来潮和异想天开。它是基于这些事实:①华语诗歌已不是一族一国之范围，而且有了以语系为分界的可能。由于长期的历史变迁,华侨相对集中地散居在世界各国,并形成相当的社会文化势力。近百年来,已有相当数量的华语诗人创作了大量诗歌,并形成特色。②十五年来我国的改革开放政策,促使各地华语诗人之间频繁交流,并形成了良性循环,已产生了初步的成果,打下了建立华语诗歌大体系的基础。③21世纪中国的目标要求中国从各个方面进一步同目标接轨，中华诗歌必将是一种开放型的、多层次性的世界性的诗歌。大中华诗歌的建立不仅符合发展的趋势,而且也符合中华民族的根本利益。我们在建立政治经济大国的同时，也需要建立一个文化大国；而文化的力量将会更巨大和永久。因为文化有时是无国界的。大中华诗歌的核心是维护中华民族的统一和强盛，是建设中华东方文化的精神家园；它的落脚点在于诗歌的现代化，包括思想意识和艺术体式要和国际公认的标准同步发展；它的实现途径是广大华语诗人的多层次的、长期的广泛交流和共同开拓。我认为大中华诗歌是天下所有用汉字写诗的人们都能共同接受并拥护的一面精神旗帜。

李：邹老师，您这真是一种具有大气魄、大眼光、大力量的诗歌和文学主张。目前，这个理论见解已经引起广泛的认同和较大的反响，我为您感到高兴，也为我们的中华诗歌而感到高兴。为了建立大中华诗歌体系,您的具体实现方式有哪些呢?

邹：为了建立大中华诗歌体系，我曾提出了一系列具体的主张。我首先注意大陆诗坛,因为它是主体,我提出了“重建真诗标准”的主张。一段时期以来,诗坛比较混乱无序,诗的价值标准也如此。人们弄不清什么是真诗、假诗,什么是好诗、坏诗,无所适从。诗的本质在于从生活中发现具有独特性和独到价值的诗美。诗要讲究技巧,但技巧的作用不是让情绪无阻碍、无限制地宣泄,不是让自我在那里疯狂地大喊大叫。真正的好诗要让思想感觉蜕变成精致的意象,用意象的组合来含蓄而饱满地说话,让语言有节有度的艺术布置来形成美的节调、美的结构、美的形体。真正的诗,是新鲜充沛的诗和高度精致化的艺术体式的完美统一体。诗是一个人的生命哲学、人生宗教和性格精神。它是一个人的心灵的艺术凝聚和艺术造型。它是以感觉为芽、以生活为根、以情感为脉、以技巧为枝、以意象为叶的灵感之树。所以我认为真诗的标准就是真、善、美的统一,只不过需作进一步的解释。我觉得抒情诗,更靠近诗的本质。抒情诗讲究"情真"、"意藏"、"象美"、"言凝",这是我近年给好的抒情诗提出的要求,可以标为抒情诗艺的"八字标准"。"情真"即意识严正,内容真实,情绪纯粹,情感真挚;"意藏"即以象运情,情在象中,情意相融,明朗含蓄;"象美"即意象精当,深具美感,读者品之,醇厚诱人;"言凝"即言少意丰,语警义精,语调平正,洗练可铸。

李:您的这个"八字标准"真是太好了。您的这个八字原则,我曾在您的好些论文里读到过。我认为这两年出版的《中国朦胧诗纯情诗多解辞典》以及三套21本的世纪诗丛,也就是按此原则编选的吧?

邹:不错,我是尽力按照自己所提出的这个标准来选诗,不过要严格以此来要求的话那还不够。因为诗集的出版还有一些非诗的因素,靠我一人之力还无法排除。不过,《中国朦胧诗纯情诗多解辞典》一书,我是尽了自己的最大努力,现在的反响也相当不错,很受欢迎。三套世纪诗丛中有四位海外华人的诗集,也可以说是实践大中华诗歌的主张吧。我自己认为这套丛书以比较整齐的步伐追求青年性、纯粹性、先锋性和现代性,是对目前华语青年诗歌的一次有组织的集体展示,诗作是具有相当水平的,一流诗作也有不少。为了建立大中华诗歌体系,我又提出建立严正科学的学院诗歌批评学派。

李:愿闻其详。

邹:假冒伪劣产品的出现,主要原因在于缺少真正的严肃公正的诗歌批评。我认为我国当代的诗歌批评有对诗人毫无原则地吹捧、在引进外国优秀诗歌理论上生吞活剥、无背景无视觉的批评较多、专横武断地大批判四个弊端。为改变诗歌批评疲软的状态,扶正诗坛风气,我提出了"建立学院诗歌批评的五大纲领":①以批评家的人格修养为核心,将有无公正平和的人格、有无严肃不苟的批评心态、有无对诗歌艺术的神圣的献身精神,作为区分真假诗评家的标准;②以作品作为判断诗人贡献大小的唯一依据;③以思想和艺术的创造性作为评价的主要标准;④广取博收的大家气象;⑤要创作出体系化、理论性和艺术化的新的学院诗歌批评。我认为学院诗歌批评以公正性、严肃性、科学性、神圣性和建设性为最高境界。如果国内诗坛不在未来几年内真正建立起这个学派,那建立大中华诗歌体系就将好梦难圆。

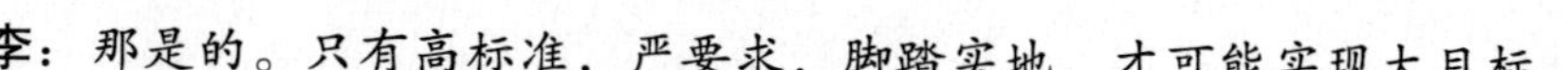

李：那是的。只有高标准，严要求，脚踏实地，才可能实现大目标。

邹：考察近几年国内诗坛阴盛阳衰的现状后，我提出要建立一种大诗。我对大诗有独特的解释。有人认为大诗就是长诗，或认为大诗就是大喊大叫的诗，或认为大诗就是政治抒情诗。其实这都是误解。我认为诗坛历来有两种诗：大诗和小诗。为个人写出来的诗，谓之“小诗”；为人类和民族写出来的诗，谓之“大诗”。诗是人类精神世界的一个窗口，更是一个民族灵魂的镜子。我提倡诗人们多写反映时代主体精神、抒写人间疾苦、引导人向光明处走的诗歌。大诗必定是出自内心深处的灵泉之水，让人感受到一种温度；必定是出自于情之所动，让我们感受到一种温度；必定是出于对生活现实的深层发现，让人感受到一种咸度；必定是出自对人类命运的深切关注，让人感受到一种广度；必定是出自于具有哲学智慧和文化底蕴之头脑，让人感受到一种深度。同时，大诗也必定是出自对语言有极强的驾驭力和对抒写方式有适度把握功夫之手，让人感受到一种诗的力度和幅度。大诗在外形上的特征是客观化和陌生化。大诗是一种表面平静冷峻，内里波涛汹涌的诗。大诗具有四大特征：①反映一个时代存在于人民中的主体精神；②关注民生疾苦，勇为时代代言；③具有哲学和宗教的深奥；④在艺术体式上具有开创性，能引导一个时代的诗艺潮流。

李：对此我也深有同感。

邹：要建立大中华诗歌体系，我认为必须注重扶持民间诗歌力量，提出了“民间诗艺领先论”，所谓民间诗歌是相对于省、市文联专业诗人的诗歌而言的，首先要关注民间诗报，大陆目前公开出版的诗歌报刊只有十余种，而民间自己创办的诗报刊有百种以上。其中比较有影响的有《21世纪·中国现代诗人》《现代汉诗》《太阳诗报》《东方诗报》《诗研究》等20余种。这不仅从数量上绝对超过公开出版发行的诗报刊，就是在诗歌创作与理论研究方面，民间诗报刊似乎都有超过正统诗报刊的贡献。而且已涌现出一大批像谢崇明、冯杰、安民、张修林、杨远宏等这样有作为的诗人及诗论家。尽管民间诗人诗论家作品不够纯正，理论不那么准确、公正与科学，但可以肯定地说，中国新诗的明天来自民间。民间诗人是诗坛最具活力的生力军，建立大中华诗歌体系绝不能忽视。诗坛不能分什么正统与在野。

李：今天听了您独树一帜的诗歌主张，使我大开眼界。我相信通过您的提倡和研究，通过全体华语诗人诗论家的共同努力，大中华诗歌体系的建设目标一定可以在21世纪实现。

邹：但愿如此。

《原载《中国诗人报》1994年第3期》

诗歌之树不会消亡

王　娜

王娜（以下简称“王”）：我看过您每期为《文学教育》杂志写的一些关于诗歌写作的文章，非常独到而深刻，说明您对诗歌是十分热爱的。您对诗歌的这种热爱，不知是出于怎样的感情与经历呢？

邹建军（以下简称“邹”）：谢谢大家关注我写的一些诗歌批评文章，《文学教育》有一个栏目叫《新作快评》，选取重要文学与诗歌杂志上发表的原创性作品，主要是组诗，做一个实际的批评。编辑部请我做这样的固定栏目的点评，对于我来说，真是不得已而为之。但并不是说我对诗歌就没有兴趣。其实，我有生以来发表的第一篇论文就是关于诗歌的，是《论鲁迅旧体诗的凝练美》，发表在我的母校所主办的《四川大学学报》1985年第2期上，用的是笔名“耿秋”。当时我们那一代人发表作品，好像特别喜欢用笔名，不像现在这么功利，发表文章好像只是为了评什么职称、获什么奖，必须用本名。二十多年来，我的科研工作一直也是以从事诗歌批评与研究为主的。在所有的文体中，我对于诗歌的确是有感情的，甚至可以说是热爱的。要问我为什么热爱诗歌，也许可以提到这些因素：①我从小对于中国古典诗词和毛泽东诗词是喜欢的。毛泽东的诗词三十多首，我当时能够一口气全部背诵出来；唐诗与宋词，一百多首，我也能够一首一首地进行背诵。我对于古典诗词和毛泽东诗词的喜欢，就像现在的年轻人喜欢唱歌一样。像毛泽东的《沁园春·长沙》，我不仅能够背诵，而且也能够理解那种意气风发的少年诗人的心情与志向。可以这样说，从小所接受的文化教育决定了我对于诗歌的爱好。②我认为在中国来说，在各种文体中，最为精粹的就是诗词；在英国，最为引人关注的也是诗歌。在中国古代文学史上，小说与戏剧出现是比较晚的；虽然有一定的成就，但还是不如诗歌。从研究的角度来说，如果研究过诗歌再来研究其他的文体，往往可以迎刃而解。因为诗歌的形式感是最强的，诗歌对于文体本身与艺术形式是最讲究的。因此，我对于诗歌的这种认识也使我对于诗更有兴趣。③我在成长的过程中所接触到的一些人物，以诗人与诗歌批评家为主，特别是就我在从事文学批评与研究之后的朋友圈子来说，尤其如此。在四川大学中文系读书的时候，我的老师尹在勤教授的诗歌评论在当时是很有影响的，他的《新诗漫谈》《何其芳评传》《新月派评说》等书，我很喜欢读。来到武汉工作以后，陆耀东教授、古远清教授、赵国泰先生等诗歌学者，对于我的影响也是比较大的。④最为主要的是我自己的个性与气质。我自小就是比较敏感的，大概是看到太阳落山、鲜花凋落会伤感的，看到别人哭自己也想哭的那样一种类型。总之，我对于诗歌的兴趣是自小开始的。

王：请问在诗歌的品读与感悟中，你所采取的最为独到的方法是什么？

邹：因为诗歌是一种内在化的文体，并且是一种特别讲究形式感与艺术要素的文体，因此我认为对于诗歌，的确是需要品读与欣赏的。我主要采取一种文本细读的方式，力求从文本中读出其中所蕴含的味道来，读出自己的体会来。俗话说“一千个读者就有一千个哈姆雷特”，毕竟每一个人心中的哈姆雷特是不一样的。如果我们没有自己的哈姆雷特，那我们就没有必要写文章。因此，我对臧克家先生的名作《有的人》有自己的评价，对于白居易的《卖炭翁》也有自己的看法。可以这样说，我从事诗歌批评的基础，就是对每一首诗歌文本的阅读，对其细节的发掘与发现。因此，我比较注重对诗歌的艺术批评，比如意象批评、形式批评与美学批评，特别注重诗歌的结构、音韵、节奏、语言、手法与技巧。对于英国莎士比亚十四行诗的批评，从前的学者总是从同性恋、宗教、自我、哲学的角度进行讨论，而我在去年写过一篇文章，专门探讨莎士比亚十四行诗的艺术技法，一直也没有正式发表过。这次，我可以让你们的刊物首次发表。我的思考不一定很成熟，的确是从莎士比亚十四行诗中品读出来的，是我自己的发现。我的诗歌批评与诗歌研究之所以能够引起别人的关注，就是因为我论文写作的起点是自己的阅读，并且是一种注重文本的细读。我不太注意别人的研究，我看前人的论文，只是了解他们研究到了什么程度，已经有了一些什么样的观点。我认为这样的批评方法非常重要，是我们从事文学研究最为基础性的工作。

王：除了长期坚持阅读和思考外，您认为要做一个诗人，最需要的是什么样的精神和什么样的能力？

邹：在所有的作家中，我承认诗人是最值得重视与研究的一种类型。为什么呢？因为要做一个诗人是最难的，诗也是最难写的一种文体。如果哪个小说家具有一定的诗人气质，如果哪一个戏剧作家也具有一定的诗人气质，那他极有可能是杰出的小说作家与戏剧作家。要做好一个诗人，不是那么容易的；因为诗人要有一种天生的气质与品质；经过后天的努力成为大诗人的也有，但不是很多。也许有人认为我是在鼓吹“天才论”。其实，写诗的确是需要天才的:①诗人要有对于生命的体验能力，如果对于自我的生命都没有感觉，那他没有办法听到自己内心的声音,也没有办法听到同时代人内心的声音。诗人如果没有时间与空间概念，听不到时间流逝的声音、看不到空间的自然延展,那他就不可能产生诗的感觉。世界是由时间与空间所组成的,没有时间与空间,人类就不可能生存,人的灵魂也就无所寄托。②诗人要有穿透历史的眼光。如果诗人对于历史上的事件不感兴趣，对于历史人物没有任何兴趣,特别是不能够从历史事件与历史人物身上读出与众不同的东西来，眼中没有历史风云的涌动，那他将无法与历史进行对话。诗人的眼前也许是活动着的事件与人物，但他能够透视事物的本质，把握历史的脉搏的跳动。③诗人要有意象思维的能力。从前说诗人要有形象思维,其实,这种说法是没有独到地把握诗歌创作的规律。所有的文学创作，都是需要形象思维的；而写作诗歌与写作其他文体如小说、戏剧的区别,就是诗歌讲究的是意象,而不是一般意义上的形象。意象是主客交融而形成的新的生命体,既不是单纯主观的也不是单纯客观的，而是主客一体化的。由于诗歌文体的内视性和集约性，决定了它是不可能展开的与平面的，因此诗歌中的一切应当是立体的，而意象正是一种立体的创构。好的诗歌都是由意象组构起来的；不讲意象的诗，肯定是没有深度与味道的。④最为重要的是诗人要有独立精神,不能依附于任何一种势力。他要独立思考,以真诚的态度感悟人生,不能说假话。诗人要敢于批评时政、敢于揭露丑恶的现实与人生，绝对不能只是歌功颂德。从历史的事实来看，歌功颂德的诗人是最没有出息的。自由思想与独立人格，是成就诗人的最重要条件，也是最可宝贵的一种人格。

王：我们也读过您的一些诗作，您写的诗情感真挚而细腻，很受读者的欢迎。但我们在阅读的时候，也觉得有一些诗不是太好读懂。您认为诗是不是一定要人读懂呢？我们要如何才能提高对诗歌的感悟能力呢？

邹：我写诗是从学生时代开始的,当时主要是写在日记里,并且也少有发表。当时，四川大学在成都附近的彭山有一个农场，我们年级的学生在那里实习了一个月,也就是种地。那里的自然风光比较独特,又是典型的川西农村;加上当时我正处在恋爱阶段，于是当时写的好几十首诗，就是以那里的生活为背景的。诗中的意象也是以树、花、草、石、云为主体的。那时写的主要是新体诗。后来研究鲁迅的旧体诗，受到一定影响开始写旧体诗，但并不多。在中南民族大学工作十九年,基本上是一首诗也没有;到华中师范大学工作后,又开始写旧体诗,共一百多首,我的学生罗俊容将其编成《岳奇山水诗草 111 首》。同时,与诗歌写作相关,我写了将近一百副对联，主要以老家的风光与我所游历的自然风水为主要对象，编成一个对联集，有人认为我的对联比诗写得好。最近两年，我开始以汉语写十四行诗组诗，主要以自然山川为对象，大概也有四十来首，有的诗受到好评。因此，你说我的诗作往往自然真挚，是抒情性的，我很认同。我不会为写诗而写诗，因为我并不是要靠写诗来挣稿费，也不靠诗来评什么职称、得什么荣誉，而是以自然天真的心情来写诗。有了自己的感觉才写诗，没有感觉就不写。我写诗纯粹是自己的一点兴趣，也就是自己的爱好，就像你刚才说的我对于诗歌好像是“热爱”。

至于说有的诗不好懂，我想主要是有的时候，我喜欢运用一点象征性的意象；并不是直抒胸臆，可能就要费一点脑筋。诗当然要写得让人懂，不过，这有一个程度的问题，并且是不是要求所有的人一听就懂，也是需要考虑的。诗有各种各样的类型，如李白的《静夜思》，当然好懂；而他的《长相思》《将进酒》，也许并不是每一个人都可以懂。如果我们愿意读诗，费一点心思才能懂的诗，也许更有味道。如李贺、李商隐的诗，可能不好懂，但我们不能据此认为他们的诗不好。至于我们如何才能提高对诗歌的艺术感悟力？我认为主要有两条：①多读好诗。经典性的作品，不论中外，都要多读与精读。读诗不比读小说，小说主要是故事情节，当然好读一些；诗是诗人的感觉与情感，本来就是朦朦胧胧的，迷迷糊糊的，自然就不太那么容易懂。但是，如果经典作品读多了，就会培养起一种诗感，一读就自然会从心理、意象、象征、反讽等方面进行考虑。②可以多了解相关的艺术形式，如绘画、音乐、雕塑、影视。从表面看来，诗是比较单一的；其实，诗与其他艺术有着多种多样的联系。从其他艺术与学科的知识出发来理解诗，对于诗的解释也许就会有很大的不同。这种种解释，当然有助于我们对于一首诗的整体理解。

王：请问在北岛、海子之后，有没有为您最为欣赏的当代中国诗人？您认为中国还会不会产生北岛那个时代的辉煌时期？为什么？

邹：如果说北岛的诗，标志着20世纪80年代的诗歌写作；那么，海子的诗则标志着90年代的诗歌写作。朦胧诗一代，还是有许多的杰出诗人，并不止北岛一个人，如舒婷、江河、杨炼、顾城等，我们不能只是提到北岛一个人，那对于其他人来说是不公平的；海子一代，也有西川、于坚、韩东、翟永明、欧阳江河等，并不只是海子一个人。我虽然对于近十年来的诗歌写作成就评价不高，但我也认为的确有一批诗人是不错的，只是因为写诗的人比较多，人们的文化消费样式越来越多，诗不像从前那样引人关注了。我觉得20世纪中国新诗的代表，在前五十年就是徐志摩与艾青，在后五十年就是余光中与郭小川。不要小看徐志摩，他的诗情是独到的，他的诗艺也是高明的；艾青的自由体是独创的，他的诗情忧郁而开阔。郭小川并不只是一个政治抒情诗人，虽然与政治有关，但他的诗情还是个人性的居多，并且在诗的艺术上颇有探索。余光中的诗是中西古今的融合，并且了无痕迹，有着自己的创造；他的诗也代表一代中国人的感情，并且他是爱国家、爱民族的。我并不认为北岛的诗代表着中国诗歌的一个辉煌时期，因为他的诗政治性过强，在语言上少有自己的个性与独创，在形式上也不甚讲究。当然，我也承认他是一个不错的诗人。中国诗歌未来的命运，我当然不敢预测，但我可以肯定地球不会倒着转，中国诗歌会自然而然地发展，好的诗人也自然就会涌现出来。要将所有的诗人放到历史中来看，现在看来了不起的诗人，在历史上能够占一席之地的必然较少，任何人都只是历史长河中的一滴水。

王：在当今的中国诗坛，写诗的人好像是不少，但喜欢读诗的人却越来越少，看起来诗歌的魅力显然是减弱了。您认为中国诗歌生存与发展的瓶颈在哪里？

邹：我的看法是，当今中国写诗的人不少，读诗的人也不少。中国是一个诗的国度，历来就是这样讲的；当今的中国也是一个诗的国度，放在整个世界各个国家中来看，也是如此。中国的诗歌刊物不少，好几十家，还有许多诗歌网站；在所有的文学网站中，诗人创办的网站是最多的，也是最有影响的。从我了解的情况来看，中国人自小就与诗文化相接触，"熟读唐诗三百首，不会做诗也会吟"，讲的就是这种情况。许多中学生、大学生，开始写作的时候，选择的文体基本上都是诗。读诗的人也不少，只是相对于小说来说，诗歌的读者少了一些；只是相对于从前来说，读诗的人少了一些。从前，我也认为这不正常，现在看来是一种很正常的现象。现在的人，消费观念发生了很大的变化，读小说比读诗自然好受一些。从前，在文学作品中以诗为最；而现在，各种各样的文学作品层出不穷，有了更多的选择。诗歌的魅力也并没有减弱，好诗还是好诗，真诗还是真诗；只是诗歌在所有文体中所处的地位不一样了。

中国诗歌发展最重要的问题，我认为主要在于三点：①诗人的心态不正常。有的人好像从事诗歌写作，就是为了改变自己的命运，就是为了得到一个什么，因而心态比较浮躁；而诗歌的写作是需要沉静下来的，如果不能沉静下来，绝对写不出好的诗作。②我们的哲学水平不高。中国人比较现实，也讲究享乐，对于世界的本原、人类的未来、人生的终极意义之类的问题很少关注，这直接影响到了中国诗歌的境界与高度。如果能够提高中国人的哲学水平，才能从根本上提高中国诗歌创作的水平。③中国诗人要有世界眼光。中国诗人要对世界上各民族的诗歌以及所有文学艺术作品有所了解，并转化为自己艺术修养的一部分。德国汉学家顾彬批评中国作家小气、没有独立性、相互瞧不起，我认为是有道理的。我们的中国诗人一定要注意这一点。

王：请问邹老师，在这样一个喧嚣、浮躁的时代，作为一个诗人，应当怎样坚持自己独立、自由的思想而从事诗歌创作呢？

邹：在这样一个时代，诗人要坚持自己的独立性与自由思想是不容易的。但作为诗人来说，自由思想与独立品格又是必需的，这就是一种矛盾。如何才能解决这样的矛盾呢？我认为主要是这样两点：①诗人要有自己的个性与气质，不能为外力而改变自己的意志；②我们的社会要容许诗人有自己的独立性，对于文学不要强加干涉，文学艺术创作的自由要有保障。诗人特别敏感，容易受到伤害，如果我们没有特别的保护措施，诗歌写作也许会受到影响。

（原刊《华年》2007年冬季号）

我们应当如何从事诗歌批评?

张武进

张武进(以下简称"张"):邹老师,您好!感谢您在百忙之中接受我的采访。您在诗歌研究上取得了卓越的成就,成为中国当代引人注目的、杰出的诗歌批评家和诗歌理论家。那么,您是怎么走向诗歌批评与研究道路的呢?

邹建军(以下简称"邹"):首先,我认为是与我的第一篇论文发表有关系。从我在《四川大学学报》1985年第2期上发表第一篇学术论文,到今天已经有22年的时间了。22年来,我一直都是围绕着诗歌进行自己的学术建构的。记得我那篇论文叫《论鲁迅旧体诗的凝练美》,也是我本科毕业论文里面的一节。当时我已经毕业来到了武汉,把文章投到了《四川大学学报》,而编辑冯宪光老师与我联系,说论文可以发表,其实当时我并不认识他,只是知道他的名字而已。他现在已经是四川大学文学院与新闻学院的教授与博导,主要研究文艺美学,也是一位很有影响的学者了。他很看重我这个青年人的第一篇文章,这让我很受鼓舞。这正是我从事诗歌批评与研究的一个起点,也是我从事学术研究的一个机遇。从此以后,我所从事的学术研究或者说文学批评,基本上也都是围绕诗歌展开的。所以,直到今天,我对冯老师一直怀有一种感激之情。

其次,与我的第一本书的出版有直接关系。1988年,我和诗人黄邦君编著了中国新诗史上第一部大型工具书——《中国新诗大辞典》,而当时我只有25岁。这也是我从事诗歌研究的一个新起点,对于我来说有重要的意义,因为在此以后的诗歌批评,我都是在此基础上分支掘进的,并对某一个方面进行集中清理与深入的开掘。而那样一本书,在中国新诗发展史上产生过比较大的影响。如果我当时没有与诗人黄邦君先生合作,也许我对于中国诗坛的情况就没有那么系统的了解;如果我们没有编著这样一部书,那我就没有时间去积累那么多的诗歌史料,没有与那众多的诗坛朋友交往,对中国新诗发展的基本线索也就没有那么清晰的认知。

再次,与我的朋友交往有重要关系。我在四川大学中文系读书的时候,对尹在勤老师的文章与著作比较感兴趣。我听他的课,看他的文章,也和他在一起开过会，因此可以说他的诗歌研究与诗学研究对我产生过一定的影响。他的《何其芳评传》《新月派评说》以及后来写的《诗人的心理构架》，我基本上都读过。他的文笔非常简洁、流畅，对于一些问题有自己的见解。来到武汉以后，与当时的青年诗评家程光炜、赵国泰、龙泉明以及诗歌研究者古远清、陆耀东先生都有比较密切的来往，常常在一起讨论一些诗歌方面的问题。特别是与古远清先生的交往，让我对台湾的诗歌理论产生了兴趣，于是撰写了后来收在《台港现代诗论十二家》中的系列论文。我想，如果在我的生活中没有这样的一批老师和朋友，没有他们及其著述伴随我成长，那在我的人生长途中，也许不能发展出诗的萌芽与诗歌的学术之树。“近珠者赤，近墨者黑”，说的也就是这样的道理。

最后，与我的审美趣味有直接关系。我对于诗歌的兴趣，是在我从小的文学阅读与接受中培养起来的。我记得相当清楚，我从小所接受的文学与文化主要就是中国西部的民间歌谣与民间故事，当然还有中国古典诗词，尤其唐诗宋词我是相当熟悉的。在当时，特别流行的一个本子——《毛主席诗词》(36首)，对我影响也很大。毛泽东的诗词，我小的时候好像是每一首都可以背诵，并且可以一口气朗诵完。有时候，一个人静心地阅读，发现自己的记忆能力相当好，能把诗歌背诵得一字不差。另一个方面，我对当时流行的电影主题歌及插曲歌词也很喜欢。像“八个样板戏”中那些唱词，甚至《洪湖赤卫队》中那样一些长的歌曲，我都能唱。因此，我在我们当地远近闻名。大家都以为我未来极有可能是一名歌唱家。

22年以来，我所写的诗歌批评与研究论文不少于200篇。在中国学术期刊网上所能查到的，也有100篇以上；有一些论文在中国学术期刊网上是查不到的，因为中国学术期刊多，对有的报刊没有条件收录，像海外的一些报刊，如美国的、新加坡的、香港的、台湾地区的。我在台湾地区报刊上发表的关于台湾诗歌艺术、台湾诗歌发展史、台湾诗人诗作等方面的论文也不少，有的具有相当的影响力。我这样说，好像有一点自吹自擂的味道，其实这是真实情况。《中国新诗大辞典》是香港中文大学研究生的必读书目，《台港现代诗论十二家》也是中国大陆第一本同类著作。现在回想起来，虽然学术方位几经转折，但我的诗歌批评还是有个性、有风格、有影响的。

张：22年前，也就是您25岁的时候，就和诗人黄邦君出版了《中国新诗大辞典》，即中国新诗史上第一部工具书。作为您从事诗歌研究道路上第一部学术著作，也是在学术界影响很大的著作。这部书，在您本人以后的诗歌研究道路上，产生了什么样的影响呢？

邹：中国新诗史上第一部大型工具书——《中国新诗大辞典》，是我25岁时和诗人黄邦君一起编写的。该书的出版，引起了学术界的关注，有许多文章做出评价。在该书的编写过程中，我们所用的基本上都是第一手资料；许多有关诗人、诗作、诗史与诗论方面的资料，都是从当时还健在的诗人手中直接获取的。对资料的出处和资料中标点符号的使用，都进行过认真的辨别。在编写过程中，我们特别着眼于从当下视角来观照这些文献，并力求发现其中新的意义与价值。在今天看来，这样的工作是费时费力的，甚至可以说是非常辛苦的。在本书出版后大约十年的时间里，我还陆陆续续地主编或参与编写了一些诗歌方面的辞典，如《唐诗精华辞典》（朝华出版社）、《中国朦胧诗纯情诗多解辞典》（长江文艺出版社）、《台港澳暨海外华文新诗大辞典》（沈阳出版社）。编写辞书和文集，根本不像有的人所想的那样简单，好像只是一种对资料的收集工作，或者说只是一种学术材料的整理，这样的说法是一种想当然。我们可以看一看《中国大百科全书》《汉语大辞典》《辞海》是一种什么样性质的书，就可以知道中国诗歌辞书的意义。这种具有相当权威性的辞典，是中国20世纪90年代诗人了解世界与中国诗学史与诗歌史的基本读物。编著这样的辞书，需要学术鉴别与学术考证，需要花费很多的时间和精力。所以，我曾经给我的研究生们说过，我是从学术资料的积累与整理开始我的学术之路的。从而，我也认为所有的学问都不能离开实际的学术资料，甚至我们可以说对学术资料的收集与整理是学术研究的起点和基础。没有学术调查与学术资料的分析，是不可能写出高水平的论文的。因此，我们的《外国文学研究》杂志才明确规定，本刊所发表的每一篇论文，要有十条以上的引用文献，其中还要有三条以上的外文文献。因为我们的任何学术研究，都是在前人所做研究的基础上进行的，许多论文都只是在前人的基础上“接着说”。从零开始的学术研究非常少，基本上是没有的。而我所从事的诗歌批评与诗歌研究，就是在编撰诗歌辞典的过程中，开始学术资料的积累与学术理念的建构的。

张：是的，在当时您能够秉着如此勤奋和不倦的精神编写这部诗歌辞典。我想它对您以后诗歌研究影响是巨大的。您能不能谈谈22年来您对诗歌的研究，具体包括哪几个大的方面呢？

邹：我只能简略地讲一讲这个问题。回顾起来，我所做的诗歌批评与研究，主要集中在以下四个方面：

（1）对20世纪中国诗学的研究。所谓20世纪中国诗学，是指在西方影响之下所发生与建构起来的整个20世纪中国的诗歌理论与批评。我写过三本这个方面的书。第一本是我与武汉大学中文系龙泉明教授合作撰写、湖南人民出版社出版的《现代诗学》，这是我们共同完成的一个原国家教委博士点基金项目：“中国新诗理论研究”。北京的《文艺报》《中华读书报》《人民日报》《江汉论坛》等报纸与期刊，都对这本书发表过评论，该书也曾获得中南地区优秀图书奖。这本书的主要内容是对20世纪前半期中国的诗人、诗论家的诗歌观念及诗歌批评方法进行梳理与总结。现在看来，学术界很重视这本书，在中国学术期刊网上，可以看到很多文章引用过。这本书前后花了我两年的时间。第一章是龙泉明老师撰写的,而其他部分是由我执笔的。第二本是由长江文艺出版社出版的《台港现代诗论十二家》,主要关注的是港台地区的诗人和理论家,对其诗歌批评观念及其批评观念的西方来源进行评述与分析,包括余光中、洛夫、覃子豪、李春生、文晓村、黄维梁等,其中有九位是台湾的,有三位是香港的。这种研究,现在看来当然还是比较初步的,但是其中所涉及的材料却相当丰富,在考察问题的学术视野上也具有相当的宏观性。看了这本书,就可以了解我国台湾、香港这两个特殊地区的诗歌批评、诗歌理论研究及诗学建设所取得的成果。这也是我国第一本有关香港与台湾诗歌理论在中国大陆的介绍与研究。第三本是《中国新诗理论研究》,是对整个20世纪一些重要诗人、诗歌理论家、诗歌批评家如鲁迅、闻一多、罗念生、沈从文、陆耀东、吕进、吴思敬、古远清等诗学观念与诗歌研究的剖析。我曾在武汉大学做过一年的访问学者,课题就是"20世纪中国诗学",导师是陆耀东教授。从原始材料出发,扎扎实实地从一个一个的个案开始,进行诗学思想的考辨与诗歌批评特点的把握。而这种从最基本的东西做起的研究工作是非常辛苦的。如果只是从别人的研究出发,来提出一些莫名其妙的问题,或者进行理论的思辨,那样反而会简单一些。在此我要说明的一点是,对20世纪中国诗学的研究,其实也就是对比较诗学的研究;因为整个20世纪中国诗学,都是在西方诗学的整体影响下产生和发展起来的,离开西方诗歌与西方诗学来讲中国现代诗学是不可能的;离开了西方诗学与诗歌,中国现代诗歌与诗学是不可能存在的。因此,就像聂珍钊老师所说的"外国文学就是比较文学"这样一个命题一样,如果我们说中国现代诗学的研究也就是比较诗学的研究,这样的命题也是有道理的。

(2)对20世纪的中国诗人及诗歌作品的剖析与研究。因为我的研究往往是从个案入手的,因此就不可能避开对一些中国诗人及其诗作的批评与研究,这恰恰也是我所从事的诗歌批评的重要方面。我所涉及过的主要诗人,现代的有郭沫若、闻一多、徐志摩、鲁迅、戴望舒、朱湘,当代的有余光中、洛夫、叶延滨、陈有才、李瑛,少数民族的诗人有晓雪、席慕蓉、栗原小荻、刘小平、韦启文,湖北的诗人有谢克强、田禾、梁必文、阿毛、剑男、鲁西西、周瑟瑟等。对这些诗人,我几乎都写过专门的批评文章。这样看来,有影响的诗人,我认为可以进入我的批评视野的,都得到了说明与阐释,并让他们进入当下读者的阅读视野。可以这样说,是我扶持了一批诗人,也正是我发现了一批诗人。要知道,在当下这种文化环境里,一个诗人要成名成家是何其艰难,一个作家要想成名成家也是同样的不易。所以,有人称我为湖北诗坛的"首席批评家",对此我也并不否定。

(3)对当代诗歌思潮的分析与研究。最近几年,我在湖北20世纪90年代诗歌方面有一系列论文发表,主要有《湖北九十年代诗歌简论》《湖北九十年代诗歌的关键词》《湖北九十年代诗歌的几种走向》等，其实就是对湖北诗歌思潮发展的一种分析。同时，我也写过《中国诗坛"第三代"先锋诗的重新出发》《华语诗歌向何处去？》《中国大陆诗坛的四种文化现象》《中国第三代诗歌纵横论》等长文，是对中国当代诗歌思潮的一种宏观把握。20世纪80—90年代，中国诗坛都处于不断的演变之中，处于无序甚至可以说是混乱的状态；中国当代诗坛出现了许许多多的问题，值得我们进行分析与探讨。我以自己的批评文章参与了这一历史进程，发表了自己的意见。我认为我对于在90年代重新出发的几个诗人及其诗歌，如李瑛、叶延滨、陈有才、谢克强等诗人的研究，是具有代表性的成果；我对中国当代一些少数民族诗人的分析，如晓雪、席慕蓉、刘小平、南永前、栗原小荻等诗歌的批评，具有相当的影响力。我往往是将他们放在那种文学思潮里、诗歌演变的历史进程中进行考察。这种从文学思潮的角度思考问题的方法，影响了我后来的学术研究，我现在给研究生讲的《中西文学思潮》课程，就是源自于这样的思考。

(4)对西方诗歌的研究。到华中师范大学的五年来，我对于中国当代诗歌的研究相对少了些，对于中国诗学研究的论文也少了点。这几年，我所发表的论文，主要集中在四个方面：①对英国19纪诗人诗作的批评与研究，包括对华兹华斯、柯勒律治、雪莱诗作的分析；②对易卜生诗歌的研究，包括《易卜生诗歌的伦理主题》《易卜生诗歌中的政治情结》《易卜生诗歌写作的三种向度》；③关于文学伦理学批评，包括《文学伦理学批评的三维指向》《文学伦理学批评的独立品质与兼容品格》《文学伦理学批评的实用性与有效性问题》；④有关比较文学的论文，包括《中国比较文学学科建设的三种运行模式》《文学间性：比较文学学科存在的前提》《人文风雨：文学流传实现的几种方式及其动因》等。有的论文看起来与诗歌无关，其实我所有的学术思考都没有离开诗歌。诗是我心中的灯火，离开了诗歌，也许我就不能生存与发展。

张：是的，诗就是您心中的灯。而中国的文学批评也是以诗歌批评为起点与基点的，并以印象式的批评为主，都是一些诗话、词话、曲话等。这是中国诗歌传统批评模式。那么在建立中国现代诗学上，您是如何融合中国传统批评模式与西方诗歌现代批评模式的？

邹：首先，我的诗歌批评是建构在阅读印象的基础上的。我早年就对中国古代的诗话、词话有很大的兴趣。对于中国当代一些诗人所写的诗话，也都用心地去阅读，并深有体会。其实，我最早写作的一本书，就是诗话形式的，书名叫《假如你想做一个诗人》，那还是在读大学的时候，自然也就没有机会公开出版。而其中的一些内容，作为单篇的文章是在相关的文学刊物上公开发表过的。长期以来，我注重对于诗人个体的分析与评价，而这种评价都是以我自己对于诗作的阅读为基础的。我的阅读体验往往就是我的评价。因此，我的诗歌批评从来不说违心的话，对于所批评的对象，既不夸大也不缩小。而受人之托、却之不恭的情况虽然也有，比如我为中国当代三十位诗人的诗集写过序言，但我自认为其中并没有多少溢美之词，仍坚持“好处说好、坏处说坏”。这样的直来直去、真诚为之也成为我诗歌批评的一种独有的风格。在我的诗歌批评中，一般不对当代诗人诗作做出价值判断，只尽量地做出思想与艺术的分析。2006年、2007年，我每期发表在《文学教育》上的诗歌的新评论，也往往就只是一种分析与说明。法国文学批评家弗朗斯说“批评”是灵魂在作品中的“冒险”；我的诗歌批评，就是我对诗作的阅读经历的一种记录，也是我的情感与诗作产生共鸣的一种记录。

其次，我的诗歌批评也有对于西方文学理论与批评方法的运用。中国传统的诗话、词话式的批评，也是有局限性的。那就是往往停留于对作品的一点印象批评，只谈自己的一点艺术感觉，而不能据此充分展开，进行有条有理的探讨。因此，我往往有意识地回避这种倾向。我的诗歌批评，往往将两者有机地统一起来，既发挥印象批评的优势，也有对本质问题的讨论，上升到一种理论层面进行总结，从而让自己的诗歌批评上升到一个全新的高度。我将西方结构主义批评方法运用于张若虚《春江花月夜》的分析中，对其艺术结构的多重性做出了全新的分析与阐述，取得了非常明显的效果。此文先后在《名作欣赏》和《阅读与写作》上得到发表；我对陈有才诗歌的研究，运用弗洛伊德的心理分析法，对其因车祸受重伤以后的诗歌写作，进行认真的探讨，在《诗探索》等发表的三篇论文，都受到有关人士的好评。当然，我非常注意不生硬地搬用西方的理论，而是以其观念将古今中外的东西融会贯通，做出自己的评价。我认为在我早年的诗歌批评中，可以看到一些西方批评方法的影子；而在中期的诗歌批评中，则很难发现西方批评方法的痕迹了。一切都只是以自己的方式来进行，一切都是自己的看法、自己的见解。

最后，我的诗歌批评能够更进一步地探讨诗作特点与诗人风格背后的成因。我的诗歌批评被人认为是能够非常准确地揭示诗人诗歌创作特点的，并且能够从艺术风格的层面进行挖掘。比如我写的《回族诗人木斧诗歌的艺术风格》《个性化的抒情——李瑛的抒情诗“我的祖国”》，曾经得到诗人本人的高度评价。当然，一般的诗人是不能从艺术风格的角度进行讨论的，特别是青年诗人。一个诗人为什么能够形成自己的艺术风格，我往往能够结合社会、时代、个人与文化等种种因素，进行细致的艺术分析。艺术风格的形成特别是独到的艺术风格的形成，是诗人走向成熟的一个标志，也是认识一个诗人的诗歌写作的一个重要角度。当然，诗人的写作风格并不是一成不变的，如果有了转变，那我们就要进行实事求是的评价，并进行新的揭示与总结。对于李瑛与陈有才的诗歌的评论，就达到了与时俱进的程度，诗人们对我的诗歌批评深表认同，并且认为我们的诗歌批评发诗人之未想、说诗人之所未说，独到、深刻、准确并且科学，具有很强的学术性与理论性。

张：这些似乎都是要有很厚实的功底才能去做的，对一般人来说恐怕是力不从心的。而我们还必须从单个作家的作品开始研究，那么您可否谈谈我们如何去研究具体的诗歌文本，并注意哪些问题呢？

邹：首先，要有感悟诗歌艺术之美的能力。诗歌艺术是一种注重形式本身的艺术，这种文体有自己独立和独特的文体特征，即它不能像小说那样一件一件地展开叙事，也不能像戏剧那样从容地展示事件的过程及人与人之间的种种矛盾。它只能采取以少胜多、以一当十的艺术策略，不然就可能是一种失误。成功的诗作往往都是高度内敛的，并且在许多方面都非常讲究。在前不久举行的太原诗歌论坛上，我讲了一个观点，那就是诗是不能随意写的，要有对于诗歌艺术形式之美的讲究。而我们作为诗歌批评工作者，就要能够充分地欣赏诗作的艺术之美，甚至比诗人自己还要细致地看到那些诗作的优点与缺点。如果诗人不将诗作当成艺术创造，如果批评家不能将诗作当作艺术品来欣赏，那就是一种失职。诗歌的行与行之间、节与节之间是一种什么讲究，诗在节奏上、语言上、艺术形式上、艺术技法上有什么样的讲究，诗在艺术色彩上、构图上与层次上有什么讲究，等等，都是可以考虑并且应当考虑的。对于诗歌的批评不讲清这些又讲什么呢？讲不清楚这些又能讲清楚一些什么呢？有的人说诗之为诗主要是诗性与诗质，这当然也不错；诗人如果在生活中有自己的审美发现，有自己独到的艺术敏感与艺术灵感，那写出来的也许都是富于诗意的；但是，诗在艺术表达又与其他文体存在什么样的区别呢？这种艺术形式的讲究正是我们作为批评家首先需要感知的、发现的、了然于胸的。

其次，要有对于诗歌艺术细节的发掘。诗歌艺术是由细节所构成的，我们所谓的对于诗歌艺术的讲究，主要就在于对于艺术细节的讲究。没有细节的诗歌就没有血肉，可能就只有一个框架。一个比喻、一个声调、一个意象、一个语汇，也许都是诗人的故意为之。即使不是诗人的故意为之，作为批评家也可以从自己的阅读中发现出来，并对它进行认真的欣赏与细致的讨论。我在《华兹华斯诗歌的意象形态》中对于华兹华斯诗歌的意象形态的分析，就非常独到而细致，所有的内容都是我从其诗中读出来的；我们的前人，不论是西方人还是东方人，都从来没有过那样的研究；我对于易卜生诗歌的“三种向度”的提出，也是建立在对诗人诗作分析的基础上，所以很有说服力，被认为是一篇关于易卜生诗歌研究的好论文。其实，所有的文学研究，包括小说、戏剧、散文作品，都需要我们对作品进行认真的、详细的、深入的阅读，力求从中发现一些没有被人发现的细节，并提出来进行讨论；因为那是最为真实的、可信的，因而是最重要的。聂珍钊老师在美国的时候，发现《哈姆雷特》中有一个从来不受人重视的角色尼鲁，于是有了一个重要的学术发现，进一步说明这是一出伦理悲剧，而不仅是命运悲剧与性格悲剧。这个学术发现就是从作品的细节的关注开始的。

最后，在此基础上要有一种理论发现与理论言说的能力。对于诗歌文本的分析，也不能只是停留在细节的分析层面，而要有一种理论的概括能力与理论言说的能力。我们不能只是运用一种理论来分析一个作品，那样就有生搬硬套的嫌疑；我们也不能以对作品的分析得出现在已有的、公认的结论，因为那样的研究是没有多少意义的；我们对于诗歌文本的分析与探讨，目的是为了得出与前人不一样的结论。现有的理论是从何而来的？是我们的前人对作家与诗人的作品进行分析之后，进行总结才得出来的。我对此有非常清醒的认识。我在自己的诗歌批评中，很注意从文本分析中得出一种比较理性的意见。我通过对席慕蓉诗作的分析，得出她的诗之所以受到中国大陆广大读者的喜爱，主要是因为她的诗讲究意象的精致、情感的深致与艺术表达上的别致，并且在所有这些方面都与中国传统诗歌艺术实现了接轨。正是由于她的有意为之，其诗才和受中国传统诗词培养起来的中国读者发生了心灵上与审美上的共鸣。我通过对郭沫若与闻一多诗歌体式的分析，认为郭沫若在诗体的创造上与闻一多是不能相比的，郭沫若是一个诗体的“自然创造者”，而闻一多是一个中国新诗诗体艺术的“有意构建者”。郭沫若与闻一多都是中国新诗艺术史上的里程碑，但闻一多是一座更高、更闪光的里程碑。

张：邹老师，众所周知您被评为十大青年诗歌评论家，您独特之处体现在什么方面？您的诗歌批评是否形成了您独特的批评风格呢？

邹：我从事诗歌批评多年，的确对诗歌批评乃至所有的文学批评与研究有一些比较独特的认识。从事诗歌批评的时候，我认为，一般要注意以下六个方面：

(1)注重对诗歌文本的分析。在充分阅读文本的基础上，对诗歌作品在内容和形式的特点形成了一定的判断。我认为对诗人的有效批评，也应当是建立在对诗歌文本的具体解读过程中的。没有紧扣文本和对其深度解读的基础，我们是无法进行诗歌批评的。这也是我长期以来注重研究诗人与诗作个案的直接原因。如果我们不对诗作进行充分的欣赏，那我们确实不会知道他的诗究竟写得如何，好在哪里，妙在哪里，不好在哪里，不妙在哪里。这也许是和从事小说批评、戏剧批评、散文批评等不一样的地方。形式的张力是诗歌的固有特点，集中精致的美是诗歌之美的重要特征，因此我们不能不注重诗歌的文本力量。

(2)对诗歌要有很强的艺术感悟力。从文本出发，就要求对诗歌有独特的欣赏、感悟、审美与鉴赏能力。一首诗歌，首先呈现在你眼前的是形式和体例。如是小诗还是长诗，是叙事诗还是抒情诗；诗歌中词的组合、语言的对偶、颜色的搭配、空间的建构和时间的过程等等，你在进行第一阅读的时候，就应该有一个全面的把握。无论研究哪位诗人及其作品，都必须从此出发，关注诗歌对人的内在向度的体悟，关注其外在的艺术传达。不能仅仅关注诗歌作品的表层，也不能本来就没有对于作品的深刻体悟，就对它做出一种价值判断。如果是这样的话，就很容易走向从理论到理论的诗歌阐释，使诗歌的批评与研究产生一种“空洞化”倾向，最终陷入如聂珍钊老师所说的“理论自恋”之中。

(3)注重对诗歌艺术形式的研究。这么多年来，我基本上是从诗歌的艺术上来研究诗的，因而比较关注诗歌的形式在诗歌美学建构中的意义。诗歌作为独特的文体，其独特性也就表现在其形式的美学意义。倘若我们消解了诗歌的艺术形式，那诗歌和其他文体也就没有区别。因为在内容上，诗歌要表达的内容其他的文体也能表现，有的甚至比诗歌表现得更加充分和丰富。因此，对诗歌艺术形式的研究，是诗歌如何为诗歌本体命题的重要方面。所以，我的《现代诗的意象结构》就是对于现代诗的意象艺术的分析，意象的本质、意象的类型、意象的结构等等。

(4)对诗歌作品持一种比较尖锐的态度。从文本出发，也就是要认真鉴赏和评价诗歌，在此基础上才能够对诗歌艺术做出客观的判断。是优秀的就说是优秀的，是不好的就说是不好的。不能因为是谁的诗歌，而因人说话，从而做出一种比较主观的判断。也不能因为是熟人和名人，就对诗歌艺术做出一种含糊其辞的论断。我们要力求在客观公正的基础上，力求做到诗歌批评的尖锐性和批判性。这样才能有利于诗歌艺术的发展。在前些年，有些批评家质疑胡适的早期诗作，我就这个话题写过批评文章《胡适算不得诗人吗？》；在20世纪90年代初期，我就诗人的人格构成与诗歌的纯洁性建构问题写过批评文章《诗人的人格构成》，尖锐地批评了有的诗人不讲人格修养而又想写出好诗来的奇怪现象；在20世纪90年代末期，我在《星星》诗刊发表《重选中学语文教材中的诗歌部分很有必要》，提出中国学语文教材所存在的“过于传统化”、“过于政治化”等问题；同时，我写的发表在《读书》杂志上的《诗歌年鉴的体例与编法》，都对诗歌发展过程中存在的问题提出了一些比较尖锐的意见。当然，这只是我一部分的诗歌批评，其实我大部分的诗歌批评都具有尖锐性，许多人看了都认为很有力度，都能触动人们的神经，让人感到舒服和不舒服。其实这正是我要达到的艺术效果。

(5)用比较的眼光研究诗歌的演变。在现代，从事文学批评与诗歌批评，如果没有世界的眼光与比较的视野，是没有前途的。中国传统文论批评，是我们从事诗歌批评的起点，也是诗歌批评本身的重要部分；如果我们对自己的批评传统不了解，全都以西方文学理论进行批评，那我们可真是“失语”了；西方文学批评也很重要，但西方文学批评是在西方文化语境下产生的，是不是都适应中国的诗歌创作呢，很难说。因此，从学术理论的来源上说，应当是中西兼容、古今贯通，从而具备一种东西方一体化的学术视野与艺术观念。对于诗歌艺术的研究，我们应该有一个比较的视域来进行观照。只有把中国的与西方的、古典的与现代的融合起来并进行整合，才可能发现诗歌的真正价值，才有可能像钱钟书先生所说的让我们的文学批评与研究找到共同的“诗心”和“文心”。在我的诗歌批评实践中,这个方面的追求是比较显著的,如我写的《民族性与当代性的统一——一个中西诗歌共融共生的话题》《6 + 4:中国新诗诗体重建的基础》等,都具有这种特点。其实,我在《现代诗学》《现代诗的意象结构》等著作中,也都是将中西诗歌放在一个共同的艺术框架中进行讨论,从而具备了一种比较的视野。

(6)对于诗歌批评文体要有自己的讲究。人们读我的诗歌批评,觉得很好读,有自己的独到见解,语言很流畅,逻辑性很强,语言很有味道,这其实正是我的诗歌批评在写作上的追求。①要将自己阅读过程中发现的最具有闪光品质的那一点提出来进行讨论,一篇文章不可能讲所有的内容,只能讲一个问题,能够讲清楚一个问题就不错了。因此,我的诗歌批评在一篇之中往往只集中讲一个问题,这样就会有一定的深度,如我讨论张若虚的《春江花月夜》,只讲其多重艺术结构;讲陈有才的现代诗,只讲其艺术的演变。②我的诗歌批评对于具体作品的分析比较精到,即为别的人所未能发现和不能发现之处,我往往就讲得比较多;一般的人能够想到的与发现的,我往往就略去不讲或少讲。我基本上是按鲁迅先生的要求,文章写好以后,自己读两遍,尽量将可有可无的字、句、段删节,留下来的就是最精华的部分。③我比较讲究诗歌批评语言,要尽可能地有滋有味,不要老是讲那么一些人人皆知的大道理,将自己最深刻的人生体验放到自己的文章中来,让所有的人能够分享你的人生趣味。④诗歌批评虽然属于学术研究,但它毕竟与诗的关系紧密,因此其文体上讲究如诗那样的精练、如散文那样的开阔,结构要完整,史与论要有机地融合。我有一些写诗的经验,所以往往将诗歌批评如写诗那样进行经营,具有一种诗的艺术结构。如何开头、如何结尾、如何照应,都有自己的讲究。

张:邹老师,您从事诗歌批评那么多年,并且取得了为一般人所难以企及的高度,的确是我们后学的楷模。您认为要从事诗歌批评,最为关键的一点是什么?

邹:我认为最为重要的一点,就是要认识到从事诗歌批评的重要性。中国传统文学批评中,诗歌批评占据了十分重要的地位,五分之三都是诗话、词话和曲话。中国的文学理论是建立在诗和诗歌批评的基础之上的,也就是平时我们说的是建立在抒情文学基础之上的。诗历来是文学中最为核心和最为精粹的部分,而其他文体中最为人关注的部分也往往是因为具有诗的品质与素质。诗歌批评与理论研究的功用是不一样的,它往往具有对于大众的诗歌阅读实用性,对于诗人的诗歌创作具有尖锐性与批判性,对于当下的诗歌艺术的发展具有指导性,同时在这整个过程中都具有审美性。诗歌之美靠谁去发现?靠谁去建构?靠谁去发展?我认为主要就是在读者大众的基础上靠诗歌批评家的工作。而目前,由于特定的文化环境,诗歌创作并不像古代那样景气,诗歌批评也并不受到古代那样的重视,这种情况是没有道理的。其实,在所有文体的批评中,真正有美学含量与学术含量的还是诗歌批评。湖北省的文学批评，像陆耀东、古远清、赵国泰、龙泉明、程光炜和我本人的诗歌批评，是具有全国甚至国际影响的。我还是那句话，我们可以看一看中国学术期刊网上的引用数据。我在这里并没有其他的意思，是说我们要重视诗歌批评，乃至文学批评的历史意义与学术价值。诗歌批评是诗歌研究的基础，没有对于诗歌文本的批评，哪里来的诗歌理论呢？没有对于所有文学文本的批评与分析，哪里来的文学理论呢？

张：听了您关于诗歌批评的回顾，我真是很受启发。这些意见对我们认识中国当代诗歌批评的特点与历史，对我们从事文学批评与研究，都会很有帮助。我们期待着您在学术上取得更大的成就，早日成为中国文学批评界的大师、中国学术界的先锋。最后，十分感谢您接受我的采访！

（原刊《美中教育评论》2007年第8期）

哲学文化批评

当代中国生存与发展的十大问题

海　阔

最近，邹建军教授利用出席中国比较文学年会的机会，接受了我的采访，第一次谈到了他所关注的当代中国所面临的十大主要问题。邹建军，字德明，文学博士，华中师范大学文学研究所副所长、文学院教授、博士生导师，《外国文学研究》副主编，《中国诗歌》与《华中学术》副主编，《世界文学评论》创办者，英美文学与比较文学研究专家，当代中国最杰出的学者之一。

海阔（文学博士，上海大学影视艺术学院副教授，以下简称"海"）：中国在现代化进程中，如何处理好经济发展与自然环境的保护问题？

邹建军（以下简称"邹"）：自然是人类赖以生存与发展的基础，没有大自然就没有人类自身。人类生存与进化的基础是大自然所提供的。现在的地球，是经过多少万年才进化到现在的程度。根据科学家们的探索与发现，在整个宇宙中，也只有这一个地方适合人类生存。因此，人类如果不爱护地球，照此经济规模与老路发展下去的话，我们的子孙将无处生存。最近一百年来，人类对于地球的开发与利用越来越呈加速度的方式进行，人类对地球的破坏越来越严重；而在地球上居住的许多人，却没有自觉地认识到这一问题的严重性。这就是人类最大的可悲之处。在世界上所有国家中，中国古代的人们对于自然环境的保护意识应当说是较为强烈的；但是，最近三十年来，中国人在对自然环境保护上所造成的问题却越来越突出、越来越严重。如果不强调对自然环境的保护，并在所有工作中进入实质性的对自然环境进行大力保护的阶段，一直采取最为强有力的措施，当今中国人的生存也是一个非常重要的问题，就更谈不上未来的发展。中国人给自己的子孙留下的生存与发展空间，已经不是很大了。

海：在21世纪新的世界格局之下，我们如何处理好国家统一与民族关系问题？

邹：中国是一个统一的国家，是一个多民族统一的国家，是一个具有五千年文明史的古老国家。由于中国从南到北、从东到西的自然地理所呈现出来的统一特征，由于中国的多民族性与各行政区划边界的不明确性，中国作为一个统一的国家是不能分离的。包括现有的台湾地区、香港特别行政区与澳门特别行政区，也是不可能与中国大陆相分离的。在中国大陆，各民族之间是一种互助、融合与共生的关系，早已经是一种“你中有我、我中有你”的关系；同时，中华民族也具有一个统一的、没有间断的文化传统。因此，现在与未来的中国只能是一个统一的国家，而不能是多个国家。中国只有作为一个统一的多民族国家，在世界上才有自己的一席之地；如果分裂开来，则很可能会在自己的内部就产生那样一种无休无止的争战，中国则只能成为别人的鱼肉。因此，我只能够坚持地做一个坚定的爱国主义者、一个国家的统一论者、一个民族的复兴论者。我深爱自己的国家、民族与文化传统；同时，我也不排斥其他国家、民族与文化传统。在这个世界上，人类各民族与各国家是平等的，本身并没有高低与优劣之分。

海：我们如何体味和处理好中国与周边国家的关系问题？

邹：中国要长期保持一个统一的、强大的、发展的多民族国家，就要处理好与周边国家之间的关系，在一种和平的环境中进行持续数百年的经济建设与自我发展。因此，中国与周边国家的良好与和平关系，对于中国自身的发展至关重要。在北方，要利用俄罗斯的自然资源与科技力量，为我国北方经济与国家重大科学技术的发展服务。我国在航空、航天、轮船、桥梁技术方面的进步，可能还得借助这个北方大国的力量。在东方，要利用日本与韩国的经济实力与治国经验，为我国整体上的经济体制改革与社会发展服务。日本在许多方面仍然领先于中国，特别是在环保技术、电气技术与高等教育方面，在对于自然的保护、对于资源的节约方面，我们都需要全方位地向他者学习。在南方，要发展与东南亚各国的传统友谊，加速形成统一经济区，有效地开发南海石油与天然气资源，保护自己的战略利益。在西南方，要加快与印度的边界谈判，保护中国传统边界的土地与自然资源。中国传统的藏南地区对我们来说十分重要，那些地方并不是不毛之地，即使是不毛之地，也是不能丢失的。因为在现在的地球上没有不毛之地，表面上看也许没有重要的农作物，地下的资源却是相当丰富的。要以正确的方式告诉印度，两者之间发生边界冲突事件是没有意义的。中国可以在适当的时候以适当的方式，全面收回东段与西段的传统领土。所以，从总体上来说，中国要有长远的战略上的考虑：一方面，中国与周边国家要加强交往，加深相互了解与相互理解，尽量不要与他国发生大规模的边界冲突；另一方面，国家领导人要深谋远虑，一直不出现国际纠纷是不可能的，如果出现了重大的纠纷，最好能以不战而屈人之兵的方式加以解决。现存的一些问题与未来可能出现的问题，都最好如此。不到万不得已，不要诉诸武力。比如，南海问题，也最好是如此解决。中国海洋石油公司应当尽快到那里开采石油，开采的力度越大越好；近海的石油开采可以先放一放，对陆地的石油可以采取不开采或保护性开采。我认为可以考虑成立中国南海石油公司、中国东海石油公司，加快远海甚至远洋石油的开采，以适应中国经济建设与国家发展的需要。

海：如何认识中国人的宗教信仰问题？

邹：当代中国许多人并没有真正的宗教信仰，这是社会问题频频发生的重要因素。中国古人还算有自己的信仰，比如说许多人信仰佛教、道教与儒家思想。中国人要有自己的宗教信仰，要有一个让灵魂安息的居所。中国并不是一个完全没有自己宗教传统的国家，中华民族的各民族也有自己的宗教信仰；不过，宗教在社会生活中所占的比重比较小。中国传统的宗教——道教虽然有自己的优势，但存在严重的缺失：顺其自然是好的，但清静无为则不可取；禅宗有自己的特点，但也存在一些问题：不易传播，不易理解，有的时候具有一种神秘主义的倾向。因此，可以改造中国现有的传统宗教观念，对西方的宗教加以研究与吸取，以形成一种中国人自己的宗教：让传统的儒道佛合一的走向继续发展，如果能够成为中国人自己固定的宗教信仰，那也是一件好事。宗教信仰自由作为一项国策是不能改变的，每一个人都有自己的思想自由、言论自由、集会与结社自由，任何人都不得违背宪法在这个方面所做出的规定。自由是每一个人与生俱来的，不是别人给予的；自我的权利要得到保护，每一个人都要有生存权、发展权与自我实现的权利。只有这样，社会才有活力，国家才有动力，民族才有生气，人民才有前途。

海：当代中国的政治建设根本上是一个什么样的问题？

邹：改革开放三十年来，中国在政治上有了明显的改进，民主与法制建设取得了长足进展，人民有了一定的参与民主政治的权力。但是，与世界上其他国家的政治建设相比较，中国明显是落后了。我们需要建立一个政治观念与政治体制改进的时间表，许多事情可以从基层做起、从现在做起、从自身做起。如果能够这样，我想用五十至一百年的时间，就能够建立一种与世界各主要民主国家接轨的政治体制，让中国社会获得长治久安的法理基础。从历史上来看，中国发生社会动乱与政治事件的次数与规模是世界所有国家中最为严重的，中国人受此之害最为惨烈，许许多多的生命就这样不明原因地消失在黑暗的深处。为什么会如此呢？根本原因就是政治建设与政治观念的问题。英美国家为何能够在最近的两百年保持长期的社会稳定，基本上没有发生过内部动乱与边界战争，其政治的稳定性是最为关键的。看一看周围国家，看一看世界格局，我们感到时间紧迫、任务艰巨啊！中国如果没有政治建设上的巨大进步，经济再发达也是很难长期保持稳定的，到一定时候也许是要出问题的。我认为，未来三十年的中国在政治上取得适度的进展是最为重要的。

海：高校体制改革存在的问题主要是什么？

邹：中国的高等教育规模在最近十年得到了极度的扩张，在一定程度上适应了中国经济建设与社会发展的人才需要。但是，最近十年来中国高等教育的危机也是有史以来最为严重的。其中最为引人关注的就是以原有的官僚体制来办高等教育，浪费教育资源与教育费用，缺少教育公平与教育公信度，没有从根本上建立起一种高素质、高效率、高产出、呈良性循环的教育体制。不要把学校办成衙门，而要办成一个真正的学术机构与教育机构。校长就是校长，院长就是院长，不是什么副部级与正厅级之类的。学校里最受人尊重的应当是教师，其中尤其是教授与副教授，因为他是做学问的、追求真理的。行政人员是为教师服务的，后勤部门是为学生服务的。而现在却成了一种相反的现实。其次，每一个高校成立教授委员会，有关学校发展与学院发展的重大事情，要经教授委员会讨论，不能只是由什么"长"说了算，以体现学术的力量与学术的公正性。再次，各大学校长、副校长等是不是可以不由教育部任命，而由各高校教授委员会自行选举产生，并严格地实行任期制；如果干得不好，教师有意见，三年一期，到期自己辞职，再另外民选。我可以斗胆地提出，如果中国高校的体制得不到改革，再投入"985"、"211"之类的多少经费，也不可能办出世界一流大学。现在，世界百所名校，中国大陆一所也没有，其原因主要就是这种官本位的高校体制。没有学术体制，就没有高校的真正发展；没有由全体教授参加的教授委员会，就没有建成世界一流大学的可能。

海：*您认为如何才能建立合理的学术评价标准？*

邹：目前，中国的学术评价标准存在严重问题，必须改革。首先，不能对所有的学校、学科与专业做统一评价。不能以一个标准来要求所有的高校，一个职业技术学院不可能与清华大学来比，一个上海的高校也不可以与西部的一个中等城市的高校来比。也就是说，虽然都是高校，或者说都是本科院校，都是专科院校，其实他们不是一样的。因此，高校评估不能只有一个指标，一个标准。其次，不能要求所有学校的教师都要发表论文，不能要求所有的人都来做学问。如果这样的话，就有一点像20 世纪50年代的时候，要求所有的人都参加炼钢铁，那是十分荒唐可笑的。可以将高校进行分级，一级如北京大学、复旦大学、华中师范大学这样的高校，其教师特别是教授与副教授，要求发表论文与出版专著，讲师与助教则不需要；二级如职业技术学院、中等城市的高校教师，则不需要发表论文，在这类高校里也可以不设教授，只设副教授与讲师。更为严重的是，现在各人事与教育部门要求我们的中学、小学老师，都要发表论文才能评职称，这是没有科学性与必要性的。中小学的教师，能够将课上好、教出优秀的学生就可以了，不能要求他们也要在什么级别的刊物发表论文。再次，不能以发表论文作为学术评价的唯一标准，更不能以项目、获奖与科研经费作为学术评价的标准。在学术评价里，学术论文的发表是其中的一个标准而不是唯一的标准，应当包括教学效果、培养本科生与研究生的质量、出席学术会议的发言、科学考察与政策咨询报告，自然也包括出版的学术专著。学术评价要注重成果，而不要注重过程，项目与经费只是过程与条件，而获奖的情况则是相当复杂的。最后，在学术评价中主要看代表作与学术反响。代表作就是3—5篇具有代表性的论文和1—2部具有代表性的著作，以专家的评价为标准，也就是说其质量可以由同行专家进行鉴定。学术反响主要看引用率，文科要以十年为限；同时也要看重评价率，主要是同行专家的评价，体现在书评与研究综述里。中国高校目前所存在的问题，影响极大，关系甚大。如果不加以改变，害人不浅，并影响到未来中国的社会发展。

海：您认为中国人文社会科学领域学术职位的设置有没有问题？

邹：现在，只有中国科学院与中国工程院设有院士，人文科学、社会科学与艺术科学方面，做得再好、成就再大，都没有当院士的可能。不能只设中国科学院与中国工程院院士，文科也应当设立院士，可以叫作“中国人文社会科学院”院士。英美等国家也有这类设置。如英国有学术院，法国有法兰西学术院，美国也有人文与艺术科学院，许多国家都有院士这一类的设置。我记得有一些中国人士，也曾经当过法兰西学术院的院士，并引以为荣。一个国家的人文与社会科学不发达，会造成非常严重的问题。一个没有人文艺术底蕴的民族、一个没有探索真理热情的民族，是没有前途的。在当今社会与时代里，科技理性与人文理性同等重要。当然，近几年也有人认识到这个问题的重要性，一些高校自主设立的杰出教授、资深教授，包括中国社会科学院设立的所谓的“学部委员”，也都有此意义。不过，中国社会科学院自己设立的“学部委员”只是内部的一种评价，缺少一定的权威性，所以社会上并不认可。如果全体高校参与这样的学术体制，才可以在学术界得到全面的认可。我认为中国科学院、中国工程院、中国社会科学院并列，可以设立院士；但中国社会科学院的院士，90%应当由院外人士当选，这样才会产生实质性的意义。

海：您认为中国比较文学建设与世界和平问题之间的关系是什么？

邹：中国比较文学是值得大力提倡与加强建设的一门学科，因为比较文学所探讨的问题都是学术前沿问题，都是与人类的生存发展有关的重大问题，都是与国际接轨的重要问题。无论是中国还是外国，对作家与作品的研究、文学史的研究与文学批评的研究，发展到一定的时候，必然走向比较文学；没有比较文学的观念与方法，许多文学现象无从解释、许多文化问题无法解决。同时，发展比较文学与人类的和平、世界的稳定也有着密切的关系，比较文学研究可以促进人类各部分之间的平等对话与相互理解。近百年来，世界历史上发生的战争与冲突，往往与国家之间、民族之间的不能了解与理解相关，许多重大事件都是由于误会与误解所造成的。而从文学的角度来加强各民族与各国家的联系与对话，则是世界和平与人类发展的基础与前提。中国比较文学是在外国比较文学的影响下产生与发展起来的，中国比较文学在最近三十年取得了前所未有的进展，中国学者们提出了许多理论主张与学术见解，集中体现在“比较文学的中国学派”的提倡与建设上。但是，拿中国文学与世界各国文学的关系、中国文化与世界各国文化的关系来讲，中国比较文学的发展是不能适应国家与民族的需要的，是不能适应世界文学研究与文学理论建构的需要的。中国比较文学研究也存在“空洞化”、“概念化”与“抽象化”的毛病，存在概念不清、术语过多、理论过于混乱的问题，要引起相关学界的重视。因此，发展中国比较文学学科、建立中国自己的学术平台、加强中国的世界文学研究，就显得特别重要。

海：*您认为中国人的学术立场是不是存在问题？*

邹：有人说中国做学问的人很多，但真正做出学问来的人又很少；有人说中国学者没有自己的独立性，在外国学者面前得了“失语症”。说实话，我比较认同这样的看法。中国学术为什么不能得到真正的发展呢？除了体制方面的原因以外，我认为主要就是中国学者的学术立场存在问题。我们是站在什么立场来从事学术研究？是外国学者的立场还是中国学者的立场？是人类的立场还是文化的立场？我想只有站在中国学者的立场来考察所有的文学与文化问题，才有可能与外国学者的学术研究区别开来，才可能为自己国家的人文与学术事业服务，也才能做出更大的学问来。我们研究的是一些什么问题？我们在研究这些问题的时候运用了什么方法？我们的研究究竟得出了什么样的理论性的结论？这样的结论对于当今中国社会与文化有什么意义？这些都是我们需要回答的问题。不能为了学问而学问，不能为了写文章而写文章，更不能为了评职称而写文章，那是没有什么出息的。中国学者要有开阔的眼光、宽广的视野、开放的观念、现实的态度，以自己的研究解决中国社会所面临的实际问题，要为中国的文学与文化发展献计献策。我们要做大学问，但什么样的学问才是大学问？我们要做大学者，但什么样的学者才是大学者？我们要做真正的学者，但什么样的学者才是真正的学者？我们不排斥其他人的学术研究，但我们要有自己的主体性、创造性与体系性，我们一定是要作为一个当代的中国人来观察学术、探索真理与解决问题。

（原刊于“中外文学讲坛博客”2009年9月）

当代中国人的宗教信仰问题

罗勇成

最近，邹建军教授利用出席中国比较文学年会的机会，接受了我的采访，第一次谈到了他所关注的当代中国所面临的十大主要问题。邹建军，字德明，文学博士，华中师范大学文学研究所副所长、文学院教授、博士生导师，《外国文学研究》副主编，《中国诗歌》与《华中学术》副主编，《世界文学评论》创办者，英美文学与比较文学研究专家，当代中国最杰出的学者之一。他认为最近三十年来是中国历史上经济发展最快的时期之一，城市与乡村的面貌得到极大改观，人民的生活水平得到了很大提高，中国的经济与社会发展取得举世公认的成就。然而，当代的中国并不是不存在问题，有的时候问题还相当严重。在所有这些问题中，最重要、最关键、最急迫的，就是一些中国人的信念缺失与信仰危机问题。

罗勇成（文学硕士、中国指数研究院华东分院总经理，以下简称“罗”）：您认为中国人有没有自己的信仰？

邹建军（以下简称“邹”）：在当代中国，从前许多人相信马克思主义与共产主义，现在也有不少人相信；但是，有的中国人却没有自己的理想，更没有自己的信仰。有的中国人只重物质利益，一生就是讲吃讲花，就是求富与享受，除此之外并没有其他人生追求。那么，他们一天的生活，除了吃饭就是喝酒，然后就是打麻将、打牌，除此之外，也许再也没有其他的爱好。有的人除了跳舞就是唱歌，然后就是吃喝玩乐，除此之外也没有其他的追求。这样的一些人，他们活在世上是为了什么呢？自己是从哪里来的，又是要到哪里去呢？他们也许从来就没有思考过这样的问题，甚至从来就没有想起作为一个人一定要考虑这样的问题。或许，有的人会认为，一个人如果考虑这样的问题，是吃饱了饭没有事干，因为提出这样的问题本身，就没有意义。崇尚物质主义、金钱主义的人群，在当今的中国似乎并不在少数，有的地方似乎还占有人群中的大多数。除了金钱与物质之外，他们没有别的什么信仰，没有可敬畏的东西，没有可寄托的东西。那么，这样的人群与动物究竟有什么区别呢？我们认为没有很大的区别，或者说没有本质上的区别。

20世纪以来，许多中国人相信马克思主义，特别是一些共产党员，他们本身就是因为相信马克思主义而参加共产党的。但随着改革开放以来，中国意识形态的多元化与中国人意识形态思想的淡薄，对于前辈人那样的信仰已经大不如前。共产主义也是我们这一代人年轻时候的人生理想，所有的共产党员也是宣誓要为共产主义奋斗终生的，我们还是承认有许多人相信共产主义，但由于国际共产主义处境的变迁，对于共产主义信仰程度与方式已经发生了变化。因此，从总体上来说，当代中国人的信仰真的是出了问题。如果我们对中国社会里的信仰问题进行调查，估计有许多人会自认为没有信仰，有的人自认为有信仰，但他们的信仰也会成为问题。首先要申明一点的是，本文所说的“信仰”，并不是指一种观念，也不是指一种理想，而是指一个人在哲学与宗教上的根本观念与信念。也就是说一个人是信佛教还是道教，是信基督教还是伊斯兰教，或者其他的什么宗教。以此而言，当代中国人的信仰问题，值得引起我们的高度重视。

罗：如此的观念是不是真正的信仰？

邹：并不是说当代所有的中国人都没有信仰，并不是说中华民族是一个没有信仰的民族，那样说可能会失去自我，不能给中国人民以信心。但是，因为我们是一个积极进取的民族，讨论这个问题的目的在于加强中国人的凝聚力，所以将问题看得严重一点，也许是有好处的。我们认为并不是所有的中国人都没有信仰，有的人还是很有信仰的。

首先，有的人相信金钱。有的人明确地认识到有钱就是爷，有钱能使鬼推磨，有钱就有一切，只有钱是真的，其他什么都不是真的。那么，这一部分人一天到晚讲的就是钱，追求的就是钱，崇拜的就是钱；在他们的眼里全是钱，除此之外没有人情、没有父母、没有儿女，更没有朋友。有的人也有朋友，但那只是钱的朋友，只是酒与肉的朋友，并不是真心实意的友情。以钱作为自己的信仰，作为自己的一生所追求的目标，考虑所有的问题都从钱出发，并以钱来判断世界上所有的人与所有的事物，这种观念是存在问题的。无可否认，在当代商品经济社会里，金钱是人们首先要考虑的问题，因为一个人首先要生存，只有先求生存才能在此基础上再求发展，如果没有钱许多事情也的确难办，况且一般的中国人也并不富裕；但是，在社会主义初级阶段，金钱虽然重要，但与金钱同样重要的东西也有很多，比如说信仰与理想，比如说人的精神与品格。一个人眼里如果只有钱，那就会走向歧途，因为钱是不是自己该得的也是一个问题，财也要分有义之财与无义之财。我们也并不十分高贵，没有哪一个人在一生里面都视金钱如粪土；但如果以金钱作为自己的人生观与价值观基础的话，那样的人生也并不幸福，那样的人对于社会究竟是福是祸也很难说。

其次，有的人只相信权力，认为权力就是一切，有了权力就有了钱；有的人认为有了钱，也就会有了权力，权力与金钱是密切相关的。在他们的眼里，权力是人生中最为重要的，他们一生的目标就是为了追求更大的权力，就是为了要比别人有更多的权力，而有了权力以后，就是为了让自己与自己的家人获得更大的利益。正是在这一点上，当代中国的许多人特别是有权力的人出了大的问题。中国石油化工集团公司的老总，在很短的时间里就获得近2亿的不义之财，就是因为手中有了大权，就整天为自己牟取利益，不为人民办好事，不为国家谋利益。这样的人在当代中国社会实在不在少数，要引起我们的高度警惕。我们要认识到这样两个问题：①你手中的权力是从何而来的？②你手中的权力的性质是什么？在当代中国，权力是人民给的，权力也是为人民而用的。如果背弃了这两点，那权力再大也没有什么意思，反而会出很大的问题，到头来成为中国历史上少有的悲剧角色。如果我们的权力观不加以改变，如果我们的权力的构成方式与来源方式不加以改变，就会给中国社会的发展造成极大的危害。

再次，有的人是标准的自我主义者，拥有一种极端的自我主义思想。他们只相信自己，不相信别人，在他们的眼里只有自己，除此之外再没有其他任何人。自我主义并不完全是坏东西，但是极端的自我主义从本质上来说与他者是有严重冲突的，与社会利益往往也是存在冲突的。如果一个人眼里只有自己，那他就是一个极端的自我主义，那么他的言与行就会显得怪异，他也许就会与我们的社会格格不人。个人的自由是需要保障的，但自我主义的人生观念与态度，特别是极端的自我主义，则不是不可取的。中国历史上许多时段缺少自我主义，个人没有独立性与自由性，人的价值与权利不能得到基本的保障，那是没有合理性的，也是存在问题的；但是，自20世纪初以来，从西方引进了大量的自我主义与自由主义思想，改进了中国人的思想结构与人性结构，对中国社会的改进与发展是有益的；但是，由于特定时代的西方思潮的影响与中国社会的不平衡发展，有的人走向了极端自我主义，因而造成了一部分人思想与人生态度存在毛病，并成为一种社会问题。在公汽上有的人给老人与小孩子让座，有的人从来不愿意给那样一些讨口的老人一个硬币，肯定体现了一定的思想观念与社会问题。

最后，有的中国人相信鬼神。"鬼"与"神"并不是一回事，但在一些中国人眼里却相混淆，分不清"鬼"与"神"的区别，他们认为"神"就是"鬼"、"鬼"也是"神"。其实，"鬼"的问题也许是属于妖术，而"神"却是一种信仰。所以，在当代中国的民间社会，一旦将"鬼"与"神"相混淆以后，将"神"也当成"鬼"了。中国民间特别是南方有所谓的巫术，一个核心的问题不是认为民间是不是有鬼的存在，而是存在两个不同的世界：人间是阳间，在人间是没有鬼的；与此相区别的阴间生活，在阴间生活的就是鬼了，虽然在那里也许与人存在相似的生活方式与生活内容，只是我们对此并不十分了解而已。由于当代中国人的主体仍然是农民，他们长期处于一种日出而作、日入而息的生活状态，所以对于“鬼”的相信是相当普遍的现象；只是到了近代城市文明兴起以后，更多的人聚居在一起，“鬼”产生的基础受到了削弱，对于鬼神的迷信才有所减弱。但是，民间对于“鬼”与“神”的信念程度也许是我们所不认同的，但并不表明中国人就没有神鬼观念。这样的观念有没有科学根据呢？当然是没有，但是，世界上许多东西可以运用科学的方式来认识，也有一些东西是目前的科学所解释不了的，比如说“鬼”与“神”的存在与出现。

当代中国人的信仰出了问题，但并不是说当中国人什么也不相信。以上四种情况，只是一种抽样式的分析。

罗：我们的信仰存在什么问题？

邹：中国人的信仰存在很大的问题，这是三十年来中国社会总是出现这样那样的问题的根本原因，也是未来一百年中国社会可能会出现重大问题的最终原因。因此，作为当代中国的知识分子，我们不得不认真地提出与思考这个问题。

我们的信仰存在两个问题：①一些人没有信仰；②在一些人那里存在种种可笑的信仰。虽然上面我们已经提出并做了一些分析，此处拟再做集中论述与深化论述，以求教于方家。

首先是一些人没有自己的信仰。所谓信仰，并不是他没有可相信的东西，而是说他没有精神上的追求与寄托。当代一些人为了生计而到处游动，特别是那大量移动的农民工，他们是为生存而奔波，一直处于社会的底层，虽然经过多年的奋斗，许多人的生活处境仍然没有得到根本的改变。底层的人民相信什么？工厂的工人们相信什么？那些做生意的人、经商的人相信什么？中国的知识分子相信什么？当代的公务员们相信什么？那些出国留学归来的人相信什么？百万留在国外生活与工作的高级专门人才们相信什么？千万大学毕业生相信什么？当然情况各有不同，但从总体上来说，他们的信仰也都是存在问题的。在当代中国，相信基督教的人有多少？相信伊斯兰教的人有多少？相信道教的人有多少？相信佛教的人有多少？相信中国式的佛教——禅宗的人有多少？信仰与宗教也许不是一回事，但是具有密切关系，是一个问题的两个方面。从政策层面而言，中国人有宗教信仰的自由，其实一些人并不相信任何宗教，甚至没有任何的政治与宗教信仰。那么，这些人其实就是行尸走肉，因为他们不相信灵魂，因而他们就没有灵魂；他们没有灵魂，自然就没有任何信仰。这就是中国人的问题所在，这就是中国社会存在隐忧的根本所在，这就是中国社会难于长治久安的根本原因所在。最近几年来，中国社会出现了许多不可思议的问题，贵州的“瓮安事件”、湖北的“石首事件”、西藏的“拉萨事件”、新疆的“七五”事件，如此等等，说明中国社会表面上是繁荣的，却并不十分稳定。为什么会出现这样的问题？就是因为中国人的精神出了问题，不然就不会因为一件具体的小事，而闹出那么大的一些事情、那么严重的一些事情来。一个社会不出问题是不可能的，但是要看是什么样的问题，它们具有什么样的性质，它们的后果是什么，要思考为什么会出现这样的问题，它们之间是不是存在一些联系。

其实许多人存在一些可笑的信仰，其实那些实在称不上信仰，只是说明他们还是没有自己的信仰。正如上面所述，有的中国人相信金钱，认为金钱万能，其实金钱的作用与意义都是有限的。在这个世界上，金钱是最为现实的一种东西，没有任何精神的内容可言；并且在许多时候，金钱正是害人的利器。当代中国许多人正是因为金钱而失去了人身自由，因为他们的金钱来路不正，不是贪到人民的血汗，就是得到别人的不义之财。一个人有钱用也就可以了，能够满足自己的吃饭、穿衣等基本的生活需求，也就可以了。但是，有的人为了自己的欲望而大力掠夺别人的财产，大肆夺取人民的财富，最后得到的只是一个财去楼空的可悲下场。所以，我认为金钱不能成为信仰的对象，相反，如果用得不当的话，可能会引火烧身，得不偿失。相信金钱的力量，算不得一种真正的人生信仰，更谈不上是一种具有宗教性质的信仰，因为那只是一种自我欲望的投射而已。

有的人相信权力，认为权力可以为自己办事，为自己的亲朋好友办事，为自己的欲望服务；但是，他们就是没有想到权力是人民给的，是要为人民办事、为人民服务的。一些中国人特别是手中有权的人，对于权力的信任是如此的肯定，因为在当今的中国正是一个权力膨胀的社会，因为权力总是过于集中地掌握在少数人手里；同时因为这些权力往往是从上面得到的，而不是从人民的支持里得到的。他们是如何得到这种权力的呢？方式也许多种多样，有的是凭自己的才能，有的是凭自己的基础，有的是凭自己的家庭背景，而更多则是以金钱的方式。如果是以最后一种方式得到的权力，那么他就会以相同的方式来得到回报，不然，他就会认为以这样的损失而得到的权力，其实没有产生什么意义。从具有民主政体的国家来说，各种权力之间相互制约，因此他们并不相信权力能够有如此的神通，因为如果那样运用手中的权力的话，很快就会失去。因此，我们认为权力本身并不能成为人们的信仰，更不能成为一种精神寄托。因此，有的中国人相信权力，并将其当作一种信仰，则是非常可笑的。

有的人相信自我，认为只有自己才是真实的，只有自己才能实现人生的价值，除此之外没有意义。因为自我的身体都不存在了，那所谓的生活与地位也就失去基本的意义。在西方资本主义社会里，强调自我的权力与自我个性的独立，认为个人价值的实现才能保证群体价值的实现，每一个人在社会上都是以个体的方式而发挥作用的。从基本意义上来说，这种自我主义的理论与观念，是有道理的、存在合理性的。但是，在当代中国，正是这样一种自我主义的思想，才导致许多社会问题的产生。如人与人之间的冷漠、个人利益与个人利益的争执，人欲横流无度，人性江河日上。特别是那样一种极端的个人主义，成为社会不稳定的重要因素，美国与印度等国家，每年都有许多人死于莫名其妙的枪杀案。所以，只相信自我或者心中只有自我，也是一种不太健全的心态。自我主义是一种信仰，但并不是一种具有彼岸意识的信仰，更与宗教没有密切的关系。自我主义在特定的社会阶段能够解决一些问题，但对自我主义要有一定形式的约束，“自我主义”要与“集体主义”相统一。

一些人相信鬼神，其实只是相信“鬼”，而不是真正意义上相信“神”。我们暂且不讨论鬼神无有的问题，因为这个问题涉及面太广，一时无法得出科学的、最后的结论。从唯物主义观点出发，人间社会里是不存在怪鬼的，并且认为那样的观念只是一种封建迷信，是一种莫须有的东西在心灵中的反映。唯心主义者认为鬼神是存在的，因为人的灵魂是存在的，那么在人的肉体消失以后，灵魂却并没有消失，只是到了另一个世界，不被人们所见与所闻而已。所以有的时候，特别是在时间与空间的交界地带，有的人常常发现“鬼”的出现，老家就有一些人说亲眼见过鬼，长成什么样子、说了什么话，都一清二楚。有的人说他所看见的鬼是什么样子，在世的老人就会说那是谁，讲得活灵活现，似乎不由得你不相信了。如果我们认可这样的说法，那么中国人相信鬼，算不算一种信仰呢？我个人认为是可以算的，但也有许多不可信的成分。有的人自已也是将信将疑，就是那些声称看见过鬼的人，后来也觉得自已当时是不是产生了幻觉？为什么不能将“鬼”与“神”扯在一起？因为“神”与“鬼”不是一回事。中国人老是将神与鬼、妖与魔、佛与道扯在一起，而产生一种神秘主义的文化传统。“神”是人间所造出来的，“鬼”在很大程度上却只是一种子虚乌有的东西，多半是人自已吓自已而产生的一种非物质形态的东西，是一种神秘主义观念的体现，是人类对许多东西无法认识与解释而产生的现象。如果将“鬼”当成一种信仰，那这样一种信仰是没有物质基础与科学道理的。

那么，以此而言，当代中国人的上述四种信仰本身就是存在问题的。共同的问题，就是这些东西都谈不上宗教信仰，它们只是构成相信的一种对象而已，而这种对象本身并没有理想性、彼岸性与彼在性。也就是说，所有这些东西都不是一种真正的信仰，只是种种心理欲求与精神投射而已。那么，中国人应当相信什么？

罗：当代中国人应当相信什么？

邹：首先，当代的中国人一定要有自己的信仰。正是由于中国人没有自己的信仰，或者说中国人缺少真正的信仰，所以在历史上中国社会是一盘散沙，人心存在着诸多毛病，在外敌到来的时候，往往无所适从，没有组织起统一的、像样的、具有强大打击力量的抵抗战争。在世界上，中国人没有统一的形象、统一的标志：中国人的性格是什么？中国人的气质是什么？从前有的人说中国人民勇敢顽强，我看并不见得；从前有的人说中国人民不怕死，我看也不见得。在抗战时期，在中国的广大土地上，除了共产党与国民党军队之外，还有多如牛毛的“汉奸”。我认为这正是中国人缺少信仰所造成的问题。因为中国人没有信仰，他们认为一个人死了以后，就什么东西都没有了，就进入了漫无边际的长夜，就进入了历史的黑洞。因此，他们认为，在世一天就享受一天，“当一天和尚撞一天钟”，“今朝有酒今朝醉，明日愁来明日忧”，这样的思想观念比较普遍地存在。所以，我们认为最根本的一个目标，要让中国人有“明天”，要让中国人有“来世”，这样才能给每一个人以希望。所以，无论如何，当代中国人一定要有自己的信仰。

中国人究竟应当信仰什么呢？这个问题太复杂，一时可能没有完美的答案。我认为最好的方式，是要建立一种以中国传统的儒、道、释思想相统一的宗教观念，同时，加上西方基督教思想里的一些有益的观念，形成中国人自己所特有的一种新的宗教。中国传统文化史上的任何一种宗教，西方文人传统中的任何一种宗教，都不能解决中国人的问题，也不可能让所有的中国人都相信；只有将各种现有和东西重新综合成一种东西，才可发挥其历史与现实的作用。

在中国传统的儒家思想中，祖先崇拜是有一定意义的，它可以让中国相信我们的祖先虽然不在了，但其灵魂还是存在，并且有可能时时与自己生活在一起。中国古代的风水观念，就表明祖先所在的地理与环境，所得到的地脉与灵气，会直接影响到后代的发展；如果后代不成器的话，会受到祖先的诅咒与惩戒。同时，儒家思想中积极入世、建功立业的思想也是有一定意义的，它可以让中国人关注现实与现世，以自己的努力为世界做出自己的贡献，为社会的发展与民族的进步多做工作。儒家思想中的群体意识，以国家与家族利益为重的思想，主体内容也是有益的，因为中国是一个多民族的大国家，如果过于强调个体的价值与意义的话，对于国家的统一与民族的团结不利。儒家思想当然比较复杂，有许多消极的东西，如过于保守、过于克己、歧视妇女、不重个体等，在历史上所起的主要是消极的作用，但儒家思想中也有许多积极的东西，值得当代中国认同、吸收。

在中国传统的道家思想中，关注自然山水本身、重视自然山水在现实生活中的地位的思想是有意义的。在道教思想里，总是离不开名山大川，一个人在大自然中加强修炼，最后是可以得道而升天的。这种思想至少可以让中国人喜爱自我所在的自然山川，从而对保护环境产生积极的影响。同时，道教中的仙界思想是有意义的，因为在所有的中国传统文化中，只有道教的神仙思想创造了一个彼岸世界，具有真正的宗教的性质。如儒家、法家、名家、纵横家等学说中，没有彼岸世界，从而不能构成一种标准意义上的宗教。当然，道教中清静无为的思想、消极避世的思想，似乎没有多少积极意义，因为它可能导致人的无所作为，从而不想改变自己的处境、自己的世界；而同时我们也要认识到，道家思想中的顺其自然的观念，也许是有意义的，因为它可以让人们变得不那么功利，而趋向于宁静与自然，得到自己应有的东西就可以了。所以，对于中国道教思想的主体内容要进行分析，继承其有益的部分，剔除其不良的部分，以与儒家思想等结合起来进行比较分析。

中国传统的佛家思想是一种具有宗教性质的思想，它本身也是从印度传进来的、日益中国化了的一种宗教。首先，佛家思想中的“善恶有报”的观念，与生死轮回的观念是有相当意义与价值的：一个人只有做好事，才会得到好报；一个人如果做坏事，就一定会有恶报。也许自己这一生得不到好报，但我们的子孙们也会得到好报。这也就是中国民间所说的一个人要“积阴德”。其次，“生死轮回”也是一种重要思想，人间社会就像天地车轮一样，今天去了明天还会再来，一个人的一生之童年、青年、中年与老年，与这个世界的春夏秋冬的演变是一样的，在人间社会里人与人就是生生死死无穷尽也。这样一种观念正是生死轮回的主要内容，也是彼岸世界产生的前提。有没有另一个相对于人间世界的存在，这一点至关重要；如果没有那样一个世界，人的精神与灵魂就没有寄托。再次，佛教讲究人的修炼，德性、品性与境界都来自于这种修炼，如果不能修炼或者说修炼不到位的话是不可能成佛的，这对人间的个人成长与思想水平的提高，都至为重要。人不是生来就可以成佛的，人除了前生前世所作所为所产生的影响之外，还有后天的努力，这也是符合辩证法的一种观念，并且接通了前世与今生。但是，佛家思想中苦海无边的思想、立地成佛的思想，也许值得我们做进一步的思考。从总体上来说，佛教对于中国影响甚大，有的时候并不亚于中国自己的儒家思想，但两者的根本区别在于，佛教思想中有来世，而儒家思想中没有来世。

西方的基督教思想中，有许多东西也可以进入今天的视野，可以融合在新的宗教思想中。首先，基督教教义中的有关三重天的思想，也是有一定积极意义的。人生在世所做的事，与死后的待遇是密切相关的：积德的人可以上天堂，为恶的人肯定下地狱，做了大坏事的人进入炼狱进行考验，这样的构想让人间的善恶在进入阴间的过程中得到了体现。其次，基督教教义里的反思与忏悔思想，也是有积极意义的，它可使中国人时时反观自身而时时反省自己，让自我的心灵得到洗礼，让自我的灵魂得到净化。一个人如果没有反思的态度，那他不可能发现自己的罪孽深重，也就不可能有所进步。再次，基督教教义里的众生平等的思想，是现有的西方民主思想的来源之一。无论是在古代还是在今天，众生平等的意识都具有现代性，也是永远要坚持的一种基本观念。最后，基督教教义里的上帝创造了世界与人类的思想是一种基本的思想，也是基督教之最具有独立意义的思想。世界从何而来？世界要到何处去？这是人类关心的一个最为根本的问题。对此人类有各种各样的解释，科学解释只是其中的一种，宗教解释是另一种权威的解释。如果没有上帝，人类也就没有精神的寄托，那么每一个人离开这个世界以后不知要到哪里去？所以有关“上帝”的思想，并不是消极的，反而是积极的。

重新认识世界上几大宗教及其主要的思想，对于我们如何认识当代中国人的信仰、如何让当代的中国人建立一种合理的信仰，具有十分重要的意义。因为既然我们现在没有信仰或者有种种不科学的信仰，那么就有必要建立一种或几种新的信仰，那新的信仰是不可能凭空产生的，因此，总结中国与西方传统文化史上的几种主要的宗教及其教义中合理的成分，对于促进我们的思考有重大意义。

罗：*是否可以建立一种新的宗教？*

邹：根据中国人的现实处境，结合历史上的种种教义，我认为在当代中国要建立起一种新的宗教是有必要的，也是有可能的。

我们不可能照搬西方的基督教，也不可能全民信佛而照搬印度的佛教，中国的道教也不可能在现代全面地复兴，那么，综合以前的几种宗教而创立一种新的宗教——东神教，是有必要的，也是有可能性的。

基本思想观念包括：

(1)生死轮回。人世间的每一个人都是有前世、今生与来世的，世界上的人是不会灭亡的；如果说有生与死的话，那也只是一种肉体的消失，而没有灵魂的消失。当一个人因病因祸而离开这个世界的时候，他不是进入了无边的黑洞，而只是暂时进入了另一个世界，上帝会根据你在这个世界上的表现，而安排你去到不同的地方，从而享受不同的待遇。前世、今生与来世如一个一个的圆形的链环，它们从来没有间断过，只是人生形态的改变与人生境界的变迁而已。生死轮回就像生物界的链条一样，自从上帝创造了这个世界与人类本身以后，从来就没有间断过，并且以后也不会间断。在人类社会，生生死死无穷尽也。

(2)善恶有报。这是建立在“生死轮回”思想基础上的，并且通过“生死轮回”而发挥其作用。有的人是在当世就会有报应，有的人是当时就会有报应，有的人的报应是体现在儿孙身上，有的人是到来世才会有报应。因此，一个人只有做好事、为他人谋利益，才可能得到好报，下辈子才可能做得更好，你的儿孙才会有更好的运气。正如《增广贤文》中所说的：善有善报，恶有恶报；不是不报，时候未到；时候一到，立即就报。善与恶是通过什么发生影响的呢？就是通过万能的上帝发生作用的。

(3)上帝创造世界与人类的思想。这个世界是从何而来的呢？这个世界是由什么所构成的呢？这个世界要到哪里去呢？如果只是用科学的方式来解释似乎没有什么意义，有的时候可以将唯心主义与唯物主义结合起来看世界。所以，上帝创造世界就可以成为一种合理的解释。我最近到恩施峡谷去看了一下，那里的山川可以说是鬼斧神工，自然的造化是很难达到那样的天衣无缝的程度，也不可能达到如此高超的艺术境界。如果与上帝联系起来，可以说明上帝对待东方自然并不薄，东方的中国也有如此自然山川，也有如此的艺术气韵。在人们的心目中，上帝是至高无上的一种存在，他不仅创造了这个世界与人类万物，并且一直主宰这个世界，并且将永远主宰这个世界与人类。因此，人类只有敬畏上帝与依赖上帝才有前途，上帝才是这个世界的最大力量，上帝才是人间的生死祸福的来源。

(4)万物有灵的思想。泛神论是中国古代哲学思想中的一种重要思想，也是西方哲学中的一种重要思想，其主体内容是认为世界上的任何事物都是有其灵魂的，树有树神、花有花神，世界上的一切都是神，人们都可以与之进行对话，灵的本通与灵的交流成为可能。这样的思想源远流长，对中国古代的老子与庄子，对印度古代的婆罗门哲学与两大史诗，对西方古代的哲学与思想都产生了不可低估的影响。对于当代来说，更重要的是如果认为自然山水都是有灵之物，那么每一个人对之都应当产生一种敬畏之心，从而爱护自然，并且对这个世界产生一种爱心。同时，这种理论认为世界上的种种事物都是有灵之物，那么它都与上帝有一种直接的关系，则会产生对自然界的敬畏之心，让自己时时能够得到上帝的启示，而不致得意忘形而自失。人与自然的关系出现了严重的偏向，如果不将自然作为人类要征服的对象，如果将世界上万物都当成神，而神是不得侵害的，那么对于自然的保护就会成为一种当然的行为，因此，我们认为这种思想是没有消极性的，无论如何都是有利的、以美与善为目标的。

(5)世界上存在“三重天”的思想。这个世界是由上帝创造的，但是上帝并不只是创造了人间社会，也创造了天堂与地狱，用以解决前世、今生与来世的问题。根据现有的科学发现，在整个宇宙里只有地球是有生命的，其他任何星球都无人居住，并且是没有任何生物的。这样的情形并不是无缘无故的。那么，在我们人类所生活的地下一层，存在一个鬼与怪的世界，生活在那里的，正是因为在人间的行为而在黑暗中受苦受难的人们，他们在世上做了坏事，死后只能到那里；在我们所生活的天上一层，还存在一个天堂世界，那里有阳光与月光，也有星星与彩虹，更有与人间一样的春、夏、秋、冬四季，所有的生活与人间差不了多少，而且远比人间神奇与优美，在人世间做了好事的人，死后才可以到达那里，过上更为舒适与安逸的生活。

以上五个方面的思想分别来自于中国传统的道教、印度的佛教、西方的基督教与中国传统的儒家思想，是一种统一与综合的结果。不过，以上只是一种学术讨论的内容，并不是一种宗教的形态。如果要成为一种让当代中国人相信的宗教，还有很长的路要走，并且我相信也不是以这样的方式就可以建立一种新的宗教。

最近三十年来，中国的经济与社会发展都是中国历史上最为关键的时期之一，它让中国人看到了光明前景，让中国人感受到了做一个中国人的荣耀。这是有目共睹的，也是举世公认的。我们讲当代中国所存在的问题，是要以此为前提的。因为离开了这个前提，也许我们的议论就失去了基础与意义。但是，当代中国并不是不存在问题，有的时候问题还相当严重。许多中国人由于过于实在，过于关注眼前的利益，不相信世界是由前世、今生与来世所构成的，所以他们没有自己的固有的信仰，不相信天也不相信地，并且还可以战天斗地、其乐无穷。与此相适应，中国人就更不相信上帝的存在，不相信地下的黑暗、天上的光明与今生的种种联系。这样的结果是什么呢？我认为就是人心不古、人心不稳、人与人的关系紧张，人人都没有羞耻感、没有忏悔意识、没有反省精神，人人都没有为他人而活的气度，社会混乱、矛盾重重，那么，这个社会要清明纯洁与有秩序是不可能的。未来的五十年是整个中国历史上极为重要的发展时期，对于中国的长治久安与快速发展至为重要。因此，中国人有没有信仰、要不要有自己的信仰，就不是一小的问题，而是一个极为重大的问题。

（原刊于“中外文学讲坛”2010年9月）

当代中国哲学存在的问题及其对策

杜雪琴

杜雪琴（以下简称“杜”）：邹老师，我想请教的第一个问题是什么是哲学？哲学这个词听起来很是高深，好像与社会上一般的人没有任何关系，其实我们每一个人每一天都生活在哲学之中。什么样的问题才是哲学问题呢？

邹建军（以下简称“邹”）：哲学问题的确是一个重要且重大的问题，表面看起来也是非常高深的问题，其实却是人人都需要面对，且每一天都相伴其间的问题。当然，如果我们每天只知道吃一点米粉与面条，而不对我们所生活的世界与社会进行思考，如果我们每一天只是喝一点水、挖一下土而没有任何的想法与意见，自然不存在什么哲学问题，因为哲学与对于人生与世界的思考相伴相生。与此相反，如果我们面对世界与社会进行思考，面对人类与人生进行探讨，就一定会遇到哲学问题了：水是从何处来的？土是从何处来的？米粉是从何处来的？面条是从何处来的？中国古人金、木、水、火、土的五行观念，认为世界上一切的物质都来自于五种简单的东西，这就是金、木、水、火、土。五行理论是中国最古老的哲学命题之一。推而广之，我们自己是从何处来的？我们又要到哪里去？世界上最初的生命是如何产生的？我们所居住的大地，它是从何处来的？谁是我们的祖先？世界上有没有上帝？这样的一些问题，也许就是真正的哲学了。中国的古人所选取的生活方式是很哲学的了，他们很喜欢思考的问题就是哲学问题：古代伟大的哲学家老子说世界上存在“道”，“道”是什么样子的呢？“道”又是从何处来的呢？他认为“道”生一，一生二，二生三，三生万物；那么，“道”最开始的时候生于何处呢？他说“道”生于“无”。约二千载以后，王阳明认为“道”生于“有”，不生于“无”，宇宙之间充满阴阳之气，万物就是生于阴阳之气及其无穷的变化之中。因此，老子与王阳明就这样成为了中国古代最杰出的哲学家。凡是我们的思考超越了物质的层面，达到了精神与本原的层面，那这种思考就可以称为哲学的思考，我们就与哲学相距不远了。

杜：您作为当代中国问题的观察者与思想家，您认为当代中国人身上是不是存在非常严重的哲学问题呢？如果是，您认为当代中国存在的最主要的哲学问题是什么呢？

邹：我认为当代中国存在许许多多的问题，包括了人类有史以来一直所面对的重大问题，在中国人这里都存在，并且有的问题越来越严重了。有的人认为中国古代没有真正的哲学；有的人与此相反，认为中国古代有丰富的人生哲学，只是与西方的哲学形态存在区别。中国古人的哲学主体内容是人生哲学，并非思辨哲学，所以中国古代的哲学，往往都是回答为人处世道理的，并没有思考那些远离人间的根本与实质问题。近代以来，虽然我们有了许多的思想家，却少有真正的哲学家。有的所谓的哲学家，其实对于物质世界的构成与来历并没有真正的解答，对于人的精神世界的构成与去向也没有揭示。到了现代与当代，中国人的哲学越来越贫乏，研究哲学的人虽然不少，却没有真正的哲学家。因此，中国在各个方面的发展都受到了影响，这就是哲学的影响。哲学对于一个人、一个民族与一个国家的发展而言，是起制约与规定作用的。如果一个民族的哲学境界很低，那它的经济发展与人的素质，也高不到哪里去。

当代中国的哲学，存在以下八个方面的问题：

(1)重死轻生的哲学。一些人不重视在世的人，却重视那些已经去世的人；有的人在世的时候生存与生活无人过问，去世的时候却被隆重地纪念；有的老人在世的时候从来没有人去看一看，离世的时候儿女们却在那里大哭大闹，犹如演戏一般。真的是要做样子给活人看吗？真的是舍不得老人离开自己吗？真的是真情与厚德的表现吗？其实非也，这正是一种民族劣根性的外在形式。如果让这种哲学倾向继续发展，那么就让在世的人才得不到重用，在世的人生得不到幸福，让社会风气更加虚伪。这样的行为对不住死去的人，也对不住活着的人。正确的选择应当是重生重养，同时也要重死。面对过世的人，如果我们能够从精神上进行发掘与纪念，让他们的精神品格发扬光大，以利于社会的稳定与人类的和谐，那是当然的了。然而，与此相反的另一种情况，似乎也是存在的：有的人追求生前享乐，每天寻求感官刺激，整天在歌舞娱乐场所里混，整天以追求女性或者男性为乐事。这同样是重死轻生哲学观的体现。请问他们为什么要这样呢？我个人认为就在于他们没有自己的信仰，没有精神上的寄托，所以“今朝有酒今朝醉”，过一天就算一天，生怕自己死了以后，就什么都没有了。真正的生是要生得高洁，真正的死是要死得其所，并不是说你生前什么都享受了，好像就生得丰富与充实了。有的人很清贫，有的人很自然，有的人很自律，有的人一天就是萝卜白菜，照样是生得快乐而死得光荣的。一些中国人没有良好与完善的生活观与生命观，他们往往没有将生的意义参透，也没有把死的意义看清，更没有对死后世界的准确把握。

(2)重实轻虚的哲学。一些中国人只重物质利益而不重追求真理，所以许多人到了年终的时候，只看自己得了多少钱，而不看做出了多少贡献；只看自己获得了多少利益，而不看自己付出了多少努力。那些重视精神上充实的人呢？那些重视人类道义上平衡的人呢？虚与实是一对矛盾，同时也是可以高度统一的元素；虚与实是对立的，同时也是统一的；虚与实是相悖的，同时也是相生的。虚寓于实之中，实寓于虚之间，才是一种美好的境界。许多中国人只看实利而不看虚义，似乎自古以来都是如此。不过在长期的封建社会里面，仁义道德却深入灵魂，于是社会上有了许多规则，大家都需要讲究；然而近代以来，反帝反封建的思想却超过了仁义道德本身，许多人丢掉了原有的“道”与“本”而逐“末”，于是就造成了问题。看得见摸得着的东西才是真实可信的，这就是势利的中国人的哲学。这种倾向导致了严重的后果，那就是让中国人与真正的哲学越来越远，与道越来越远，与上帝越来越远。真正的哲学不是实的而是虚的，真理往往是抽象的，道与义往往是抽象的，如果没有抽象的能力，也许成不了一个哲学家。过于重实轻虚，让中国人远离了哲学思维，这正是造成近代以来中国哲学贫乏的重要原因。

（3）见利忘义的哲学。“利”往往是实在的，所以俗话说让人民获得实实在在的利益；而“义”往往是虚化的形态，所以在《三国演义》“桃园三结义”之后，人们对于什么是“义”，却不容易把握，有的人只是理解为“义气”而已。在当今世界各地发生了许多针对华人的事件，也许与中国人的哲学有关。许多中国人之所以不受当地人的敬重，而更多地受到排斥，自然有许许多多的原因，多半是因为有的中国人见利而忘义了，也就是利益必得，而不论是不是自己的东西。为了获得最大的利益，有的人可以大量地造假，所以说当代中国假货盛行；为了获取最大的利益，有的中国人可以不讲诚信，靠不正当手段与同行进行竞争，大量的利益也许是得到了，可是自身的信誉扫地，以后再也没有人愿意与你打交道了。当代的中国也有儒商，但比起那大量的奸商而言，却是少之又少的。记得笛福在其《鲁滨逊漂流记》第三部里写道，主人公一路上所见到的中国人，基本上都是为他所不认可的人物，其中就有一些商人。与此相关的是，一些中国人没有独立的人格追求，总是随大流，跟着别人起哄；为了自我的利益，而不论公共的利益；为了自己家族的利益，而不顾国家与民族的利益。只要不是自己的东西，为什么要据为己有呢？为什么在“义”的前面许多人不敢露面呢？为什么在“利”的前面，许多人总是削尖脑袋往前钻呢？一看见别人得手，就以为这样做是可以的了，为了得到那么一小点利益，他们什么手段都可以使出来。这难道是一个知识分子所为的吗？可见，见利忘义的中国人，不是从现在开始，而是一种普遍现象，也体现了一种人生观念与人生哲学。在一段时期内，这种人生哲学有所抬头，严重破坏了中国社会风气，让外国人看不懂，也看不起。

（4）重眼前轻长远的哲学。中华民族并不是一个短视的民族，但有一些中国人却相当短视，无论在中国人看来还是在西方人看来，都是如此。许多人包括知识分子都只看到眼前的利益，做学问也是急功近利。二十年来所通过的项目、获奖与发表的论文，究竟有多少是真正有价值的东西？这些东西浪费了国家多少钱财？许多地方的开发也是如此，政绩工程、形象工程，有多少可以在历史上站住脚的？许多城市一个新的领导上台，就主张开发新的项目，东挖西挖，在我所处的城市就曾经出现这样的案例：一个数十年的展馆，是这个城市重要的标志之一，领导人一说拆就拆了，市民们骂声一片。你要修新的展馆可以选郊区一点的位置，为什么一定要在旧的展馆上重修呢？现在证明这个形象工程是失败的，远远不如从前的展馆实用与气魄。最近正在进行的洪山广场地铁改建工程，本是数年以前花了巨资修建的本地最重要广场之一；然而，现在又将其撤掉修地铁。地铁是不是非要经过此地不可呢？为什么地铁一定要修在大道的正中央呢？我们是不是可以看一看西方国家的地铁站，是修到哪里的呢？关键是浪费了如此多的钱财，这些都是人民的血汗钱啊！这样的改建工程，有谁进行过科学的论证程序呢？向什么样的机构与权威人士进行过咨询呢？人民是不是投过票表示赞成呢？从哲学意义上来说，这就是短视的哲学，什么事情都没有长远的考虑。因此，有的人才说中国的建筑究竟管得了多少年？设计的时候是需要管多少年的？西方的土地是管九百九十九年，而中国只管七十年；你的土地只管七十年，他为什么要建那么好呢？到了七十年的时候，再大的树也就没有了，因为这以后就不属于他了。其实，许多中国人的短视行为都是人为造成的。学术研究上的急功近利也是如此：每一个事业单位都要以学术论文与学术成果来评职称，并且总是要求有一定的数量，于是大家就想方设法发表论文，而不论其有没有创造性，其实数量是不说明问题的；同时，有没有必要设那么多的高级职称？有的学校就可以不设教授，有的学校就可以不设博士点。我认为学校要分级别，有的学校只培育本科生，有的学校以研究生为主，这样所有的高校人才培育就会有一个合理的结构。不能对所有的学校都一刀切，不能要求所有的学校实行统一的学制。如果我们培养的人才都是一个模式，这是中国教育史的最大悲哀。早在两千多年以前，孔子就说过“有教无类”，人才的多样化与人才的个性化是社会发展的需要，对于中国社会来说尤其如此。比如说建筑，中国地面上为什么没有历史呢？也许有的人认为是因战乱频繁，其实并不完全是这样；如果我们的私有土地是管九百九十九年，或者只管三百三十三年也可以，其森林面积与历史建筑就完全不是我们今天所看到的这样了，外国人会说中国有很久远的历史，因为到中国来一看就知道，就像我们到西方国家一看就知道一样。如果人人都只重眼前的利益，那整个民族就是一个短视的民族，大的灾难与大的事件就会在前面等着我们。南海问题早在20世纪早期就出现了，为什么没有人去关心与解决此事呢？钓鱼岛问题早在20世纪50年代就出现了，70年代以来越来越严重，当时的政府为什么没有关心与出面解决此事呢？现在让问题越来越复杂，我们就难于下手了。由此可见，这些重大问题的出现，从根源上来说是体现了中国人身上存在的哲学问题：中国人没有长远眼光，没有全局意识。有多少中国人看到两百年、八百年以后的中国会是什么样子，八百年以后我们的子孙将如何生存与发展？为什么中国人中有越来越多的近视眼？这不是一个科学的问题，而是一个哲学的问题。

(5)重人类轻自然的哲学。中国传统文化中有许多说法是很有意思的：一是说“民以食为天”，一是说“以人为本”。这两种说法本身并没有问题，一是说老百姓关心的是自己的生存问题，一是说当政者要以人为本，关心人民的生死，不要自以为是、无限地搜刮民脂；然而，我们中国人中与人相对的自然观念是比较淡薄的；在涉及人的生存与发展的时候，往往没有自然的地位。从哲学上来说，没有自然就没有人类，自然界是先于人类而存在的；从现实的角度说，没有自然界提供的物质基础与生活条件，人类就一天也生活不下去了。然而，中国人过于重视自己的生存，而不重视自然本身的承受能力；只图自己的享受，而不论自然的忧伤与存亡。人类与自然应当是一种和谐共生的关系，没有自然人类无法生存，没有人类自然照样生存，因此这个世界上只存在人类只有感恩自然的道理，没有自然感恩人类的道理。为什么黄河是那样的黄，并且成为一种灾难的象征？为什么长江成为了第二条黄河？长江是什么时候成为第二条黄河的？为什么中华民族的生存环境越来越差？为什么中国历史上所发生的灾难是世界上所有国家中最频繁的与最严重的？为什么西北的沙漠面积越来越大？今天的中国自然环境与汉唐时代相比有什么样的变化？为什么在 1958 年大炼钢铁的年代，中国大陆大部分森林被无端毁灭？从哲学的角度而言，远远不是国家一时政策所造成的问题，从根本上说还是中国的哲学观念出了问题，那就是无视自然。如果我们没有把自然当成朋友，而是相反地把自然当作敌人，或者当作与自己无关的一种无生命的对象来对待，那就是自然无用论。如果你认为它没有生命，那你就犯了一个历史性的错误，因为自然是有生命的，达尔文的进化论就是有关生物自然的进化论理论，由此可见达尔文是将其看作与人类一样的有生命之物的。与之相比较，中国人的生命观念却存在很大的问题。现在的中国人什么都可以吃，没有把动物当动物，没有把自然当自然。蛇、穿山甲、大雁，什么都可以成为宴席上的珍品，太可怕了！这是对自然界生物的最大不敬，同时也就是对自然的不敬！如果你的眼里没有自然，自然的眼里也就没有你！这是天经地义的道理。

(6)以官为本与以民为本哲学的对立。中国传统的文化观念里存在严重的官本位的哲学，虽然也有以民为本的思想，却从来没有落实过。中国人有一句口头语，就是“官本位”，从表面上看来只是一个政治问题，其实是一个哲学问题；因为中国自古以来就是"官本位",从来就没有改变过,许多人从来就没有想到要进行改变。最少是政府与官员本身并不想改变这样的传统。中国历史上所发生的大规模农民起义为何如此众多?有人专门做过统计,自陈胜吴广开始,中国历史上所发生的农民起义在世界各国里是最多的、其规模往往也是最大的,世界上没有其他民族与国家在此方面能够与中国相比。这是为什么?我认为也许存在诸多方面的原因,但最为重要的原因就是体制里的官本位思想存在重大的缺失。以官职为本位,什么都是官说了算,人民到了生活不下去的时候,那就只有铤而走险了,那就是农民起义;如果以民为本,所有的官员是由人民选举出来的,那么人民也可以用手中的选票将自己的选择改变,那么人民也就没有必要以极端的手段造反了。中国传统的官僚体制真是要不得,只上不下,干好干坏一个样,只对上负责不对下负责,形成了很坏的官场风气,许多坏毛病都是由此而来的。如果真正的以民为本,那就要改变以官为本的体制,在这个问题上只是劝善是没有效果的。两千载的哲学,是不是可以改变呢?哲学的改变是一种根本性质的改变,所以我认为是可以靠哲学解决问题。首先是观念的改变,其次是体制的改变,再就是结果的改变。中国的科学不发达、学术不发达、艺术不发达、文学不全面发展,我以为与这种官本位的哲学都存在很大关系。如果以民为本,就可以最大限度地调动人民的积极性,发挥人民的创造性,并且让社会长治久安,人民幸福永远。

(7)家族主义与个人主义哲学的对立。在中国传统的观念里,无疑是少有个人主义内容的,明代的李贽等人提出"童心说",提倡个性主义,在庞大的中国封建社会里其实只是昙花一现,在偌大的中国没有产生多少冲击力。中国人首先是讲家族利益与家庭利益的,所有的个人权利都与家族和家庭相关,每一个知识分子的生存都与家族相关;在那样一个时代里,如果只是为自己而生活的话,你是不可能得到承认的。那么,家族主义的观念与组织形式是不是有利于中国社会的稳定呢?自然是这样的,然而并不是有利于中国社会的进步与国家的发展。为什么呢?因为这种家族共荣共生的体制,让中国传统社会总是处于超稳定的状态,数百年甚至千载都没有变化与发展,所以西方许多哲学家都认为中国社会还是停留在原始阶段,说西方人也许会在想象里认为中国是一个东方美女,具有十足的魅力,然而走近一看,才发现她已经是一个衰老的东方美女了。这种家族主义的哲学观导致了中国人往往循规蹈矩,对于新的事物不容易接受,没有探索真理的勇气,人们很少有原创性的思想,所以钱学森到了要离开这个世界的时候,提出近代以来中国的高等教育是失败的结论,引人深思。我们的高校是一个模式的,对于学生的要求与对于教师的要求都是一个模样。如果我们用一个尺子去衡量所有的对象,差异性与创造性体现在哪里呢?中国的科学技术每年颁了那么多的大奖与奖金,中国科学院那么多的院士,中国工程院那么多的院士,究竟有多少创造发明是能够与世界其他国家的专利发明相提并论的呢？如果什么都与个人无关:娶妻与个人无关,家长说了算;比如说财产与个人无关,家族共有,那么个人还有没有力量去进行抗争了呢？所以,从哲学的角度来说,集体主义或家族主义的哲学是存在根本问题的。那么当西方的个人主义哲学引进中国以后,问题是不是就完全解决了呢？自“五四”运动时期开始大规模引进中国的西方尼采哲学等,让中国知识分子看到了个人主义的人格魅力,于是个性解放、恋爱自由、婚姻自主成为时代性的口号,让一百年间中国社会发生多次的离婚潮流,离婚的人难以计数。然而,西方原始意义上的个人主义或者个性主义,是不是中国人所理解的这种个人主义呢？西方的个人主义思想是建立在古希腊民主制度基础之上,也是建立在绝大多数人拥有的宗教信仰的基础之上的,每一个人都是具有独立性的,也是受到宗教观念的制约的;而中国是一个没有民主传统的国家,中国也是一个基本上没有宗教信仰的国家,所以当代中国的个人主义往往是一个极端的个人主义,而不是一种健全的个人主义;因此这种个人主义是西方个人主义的变体,并不符合中国实有的国情。有的人自以为是太严重,什么都是自己说了算,容不下别人一点点不同的意见,总是老子天下第一,别人什么都不是;自己提出来的就是好的,别人提出来的就是坏的;自己的学生都是好的,别人的学生都是坏的,这其实就是西方个人主义思想的怪胎。自我中心主义在新的一代中国人中间发展得很厉害,他们的心中只有自我而没有他者,没有天与地而只有自我一个人,没有人类的生存与发展而只有自己一个人。中国是一个非常传统的国家,所以许多时候并不允许自我中心主义存在,于是许多年轻人受不了,就以为是专制压制了民主与自由,于是只有自绝于天地了。西方式的个人主义也是有局限性的,并不是一个人自己只要想干什么就可以干什么。所以有的学者指出,由于长期以来中国是一个专制体制的国家,民主与自由有的时候真的不能解决问题,那么作为一种哲学思想的个人主义,也不可能解决中国的根本问题。如果以民主自由与个人主义思想相统一,将中国传统的哲学观念进行适度的改造,经过三百年左右的时间,中国自然会有自己的哲学家,中国人的哲学观念会得到全新的改进,那么中国才有前途,中国社会才会长治久安。

(8)斗争哲学与共生哲学。许多中国人至今还持有一种斗争哲学,而少有一种共生哲学。有的人就说过,与天奋斗,其乐无穷;与地奋斗,其乐无穷;与人奋斗,也是其乐无穷,这是当代中国人典型的哲学观念。也许正因为如此,“文化大革命”这样荒唐的事情才有可能在中国发生,并且走向极端造成大难。直到今天,有的人还抱着斗争哲学不放,如果没有对手的话,他还休息不好,这是非常可笑的一种人格,也是中国古代人格的现代版。为什么中国社会总是不安宁,为什么总是有人在做那些偷鸡摸狗的事情,就是因为他们认为“好人命不长,坏人活千年”呢？

有的中国人就是喜欢“窝里斗”，自己斗自己，家里、族里、院里、校里，大家一起斗；如果没有斗，也可以找出一些话题来，说东道西的，这样的人是大有人在。可是一旦需要与外来的敌人进行斗争的时候，一些人又没有基本的斗志了。这就是中国国民性的劣根性所在。不然，为什么抗战时期有那么多的汉奸呢？对于恶人我们只有用非常规的手段来对付，而对于好人我们则只有善待他们。与此同时，中国也有以和为贵的传统观念，那就是一切都要和谈、人民都要和平，只有和平才可能搞建设，只有和平才有幸福可言。只要有了“和”的概念，那就会有共生与共存的观念。因此，共生哲学也是中国人所持的一种哲学，是与斗争哲学相对立的。从美学上来说，中国古代有“中和”之美的观念；从国与国之间的关系来说，中国古代有“和为贵”的传统；就文学而言，中国古代有和谐之境界的追求。当代中国真正持斗争哲学的人不在少数，但有越来越不占主体的倾向。如果在和平年代里人与人之间关系的处理上，能够放弃斗争哲学而采取共生哲学，对于中国的发展、人与人之间的关系处理则可以提供一种新的哲学支撑。同时我们也要强调，当一个民族与外民族发生严重冲突的时候，斗争哲学也是不能放弃的，因为自己民族里的人们生命都不能保存，与敌人讲“和”是没有意义的。

杜：邹老师，您对当代中国存在的八大哲学问题的思考，是相当准确与重要的，您认为当代中国八大哲学问题存在的原因，主要有哪些呢？

邹：我认为主要有以下四个方面：

(1)战争历史的遗存。近代以来中国发生了许多次大的战争，抗日战争长达八年，解放战争也长达五年，时间之长、规模之大在世界战争史上也是少有的。因此，战争思维一直在现代中国人思想里占主导地位。为了自我民族的生存，为了人民不再生灵涂炭，当时的一些中国思想家与政治领导者深刻地认识到“以战止战”的重要性。当代中国的斗争哲学，也许与此有密切的关系。在和平年代，是不是需要强大的斗争哲学，这是需要讨论的。

(2)对西方学术的生食。自“五四”以来，一些西方新的哲学思潮进入中国，被当时许多知识分子所接受，其所发生的影响是巨大而深远的。然而，许多从西方传进来的新思潮，并没有与中国传统文化结合起来，所以个人主义、自由、民主等思想，到了中国以后基本上还只是一种外来的形态，而没有成为现代中国文化的自我独立形态。因此，我们可以说中国人一直没有很好地理解外来的种种概念与观念。所以，有的人自以为“个人主义”就是意味着一切都是个人的，所有的他者都只能是自己的附属，没有平等观念与对话观念。生吞活剥西方的东西是近代以来中国人的严重毛病，有的人甚至认为只要是西方的东西都是好的，因而没有自己的立场。如果大家都是这样的话，在面对世界与人生的时候不出问题那才怪了。正如中国的东西并不都是好的一样，西方的东西有的时候也是存在问题的，在哲学方面同样是如此。

(3)对天人合一观念的忽略。中国自古以来存在“天人合一”的传统，一般的中国老百姓总是怕上天的惩处，相信天是有其灵魂的，它本身是一种权威力量的体现；然而自近代以来，特别是“文化大革命”以来，许多中国人不再相信任何东西，包括不怕天、不怕鬼、不怕神，有的人还相信“好人命不长、坏人活千年”这样的说法。如果一个人连鬼都不怕，那么他还有什么可怕的呢？如果一个人连天都不敬，那么他还有什么可敬的呢？“天人合一”本来是一种很有价值的哲学观念，可是许多当代中国人在实际的日常生活里将其放弃了。如果一个人不能与天意相通，那他自然可以随心所欲地砍树、断水、挖山、填湖了，他什么样的坏事都干。当代中国自然生态所受到的严重破坏，看来并不是无缘无故的。

(4)官重民轻的传统。中国传统文化中有许多可贵的东西，但从历史发展与结果来看，也存在许多不合理的内容，面对这些东西，我个人认为是可以抛弃的了。不论是西方学者还是中国学者，都有许多人认识到中国传统文化里的“官本位”思想是其害无穷的。世界上每个人都是独立的，人与人之间都是平等的，每一个人都有生存与发展的权利，这就是人权；相应地，国家由人民选举有才能的人来治理，决定权在人民手里，而不在官员自己手里。因此，权利应当是来自于人民，是由人民所赋予的；那么，人民为重而官员为轻。官员的权力既然来自于人民，那么你就要对人民负责。然而，中国历代的科举考试以及相应的官员的任命都是自上而下的，一切的政策与决定都是自上而下的。所以，当代中国人的只重眼前利益的哲学就是由此而来，家族主义的哲学就是由此而来，斗争哲学也是由此而来。

当代中国的哲学问题之所以出现与存在，有的问题还越到后来越严重，这并不是无缘无故的，相反却是深有原因的。所以，真要解决当代中国的哲学问题，也并非那么容易；因为“冰冻三尺，非一日之寒”啊！

杜：*邹老师，您认为如何才可以解决当代中国人在哲学方面所存在的问题呢？*

邹：既然当代中国哲学的确是存在严重的问题，我们就可以进行思考与探讨，也可以提出解决自己有效的应对对策与解决方案。我们可以从以下五个方面进行讨论。

(1)重拾东方优秀传统并将其普及到全民。以中国文化为根基的东方世界，在西方学者眼里曾经是一片乐土，孔子、老子与庄子，都曾经是他们眼中的圣人。古老的中国文化中有许多东西是非常优秀的，特别是中国古代的一些哲学思想是相当有价值的，直到今天也可以为我所用，比如“天人合一”的思想、“以人为本”的思想、“仁义道德”的思想、“经世致用”的思想、“厚德载物”的思想、“上善若水”的思想，如此等等。这样的一些思想与哲学在当代中国丢失了，真是令人痛心疾首；如果能够将其进行发掘与发扬，对于当代中国的发展与当代中国人的生存，是有极

大意义的。中国社会之所以在早期就达到了比较完善的地步，与此种种优秀的哲学思想分不开。

(2)提倡共生共存以利万民利益。人与人之间是共生共存的关系，而不是相互离弃的关系；古人都知道“远亲不如近邻”，又说“兄弟相害，不如友生”，就知道人与人之间的关系总是从近处开始的。每一个人都有生存的权利，每一个人都有发展的权利，特别是当今世界人口达到基本饱和的时代，由于我们这个世界上的资源是有限的，人与人的共生与共存就显得特别重要。如果不能共生与共存，人类的某一部分与某一部分之间发生战争，在现代战争条件下，其后果是不堪设想的。现代的战争与古代并不相同；同时，人类的生存环境，已经到了恶劣的地步。只有共生共存共渡难关，人类才能自保，世界才有永久的和平。

(3)提倡言论自由以保障人权。人与动物的区别之一就在于人会说话，而动物只能叫喊。所以，发言是人类最重要的生存权利之一。言论自由是最基本的自由，所以当代中国在已经改革的基础上更要广开言路，让人民拥有更多的办报、结社与集会的自由，如果可以让新闻独立于政党之外就更好了。果真如此，经过一段时期的努力，就建构起一种真正的民主体制。果能如此，未来的中国就可以长治而久安了。我们不要怕别人说话，不要怕别人投票，因为从学理上来说每一个人都有表达自己意见的权利，每一个人都有投票的权利，每一个人也有被选举的权利；果能如此，官与民就可以平等了。“官本位”的哲学基础一改变，新的“民本位”的哲学就建立起来了。

(4)加强吏治真正做到以民为本。当代中国的法制与民主虽然得到了加强，但从总体而言都存在一些问题，近些年来许多高官都出了问题，武汉大学两名校长与书记被审判，铁道部长刘志军最近也出了问题，许多省部级官员都被开除党籍与公职，这就是证明。据估计，现有的裸官数量惊人，已经引起国家高层的重视，说明党和政府惩治腐败的决心，也说明当代中国的吏治存在严重问题。各级纪委是不是发挥了作用？各级监察机关是不是形同虚设？同一级的纪委与监察如何检查党与政府的主要负责人？任何一届有出息的政府都是以清廉为目标的。如果自身不清廉，再大的经济成就与社会发展，也会被人民忽略不计。

(5)延续经济发展并建立新的信仰。三十多年来中国在经济建设方面取得的成就是举世瞩目的：人民的住房条件的确在改善，人民的生活水平的确在提高，人民的幸福指数的确在提升；然而，一位历史学家也有“当代中国没有经济神话”的说法。经济神话也许真的不存在，然而当代中国的经济规模的确是得到了极大的扩展，当代中国的社会事物也得到了实实在在的改进。农民不用再交税了，更多的人走出国门，国家与国家之间的交往更加密切，如此等等就是证明。当代中国缺失的是人的信仰，许多人没有可信的东西，他们有了钱但并不幸福，他们有了房但并不幸福，他们有了家但并不幸福。一个民族如果没有信仰，是一件非常可怕的事情。所以，当代中国人有待于建立自己的信仰。如果有人愿意信仰西方的各种宗教也是可以的，如果有人愿意相信东方的各种宗教也是可以的，如果有人愿意以自己的努力建立一种自己的宗教，只要人民愿意接受也是可以的。信仰并不一定就是宗教，宗教却一定是人间的信仰；一个民族有了自己的信仰，则有了前进的信念与生存的保障。

杜：邹老师，今天您对当代中国的哲学问题发表了许多真知灼见，是我们平时在课堂上所没有听到过的。您视野开阔、思路清晰、层次清楚、逻辑性强，您提出当代中国人哲学方面所存在的八大问题切中肯綮，您对存在这些问题原因的分析极为深刻，您提出的解决当代中国哲学问题的办法富于哲学的辩证性，并且具有相当强的可操作性。您作为当代中国问题的观察者与思想家，从您的论文、论著与访谈里，我可以深切地感觉到您天地一体、古今相通的人生理念与哲学思想。

（原刊“中外文学讲坛”2010年10月）

当代中国知识分子的人格魅力

白英丽

白英丽（以下简称“白”）：邹教授，您好!我们都知道从古到今，知识分子在社会上扮演着重要的角色，但是对于知识分子概念的界定，可谓纷繁杂陈，往往都是一种自我定义，没有或缺少科学性。请问您对“知识分子”这个概念是如何理解的，“知识分子”能够呈现出怎样的人格魅力？

邹建军（以下简称“邹”）：“知识分子”是一个特定概念，读书人也许能成为知识的拥有者，也许可以成为某一专业的学问家，但不一定能成为真正的“知识分子”。“知识分子”是一种具有独立人格的人，除了对某一专业问题有自己的了解和理解外，更应该在有关人生、社会、实践等根本问题上有自己的独立思考。不论中外，在社会发展的某一阶段，正是这样的知识分子起着一种社会神经中枢、人类精神核心、社会发展的中流砥柱的作用。每一个民族的每一个时代，真正的知识分子都在思考他所处的这个时代所存在的问题，他所处的社会所面对的问题，他所处的民族的命运及其前途等问题。知识分子对社会事物具有敏锐的观察力，对人类的历史、现在和未来具有强大的洞察力，对有关人类生命、哲学、宗教等方面问题也有深刻的思考，而且对整个人类精神、文化具有更强的建构能力。因此，知识分子往往表现出一种迷人的人格魅力。

白：现今社会是一个充满各种机遇和各种诱惑的社会，面对时代的风云变幻，知识分子往往表现得困惑而无所适从。您认为他们主要面临和思考哪些问题？

邹：在今天，当代知识分子往往面临着很多困惑，许多问题。毫无疑问，我们今天所生活的这个时代是中国有史以来少有的，是一个正处在动荡和建构中的时代，当然也是一个充满希望、充满机会、充满魅力的时代。面对这样一个时代的风风雨雨，中国的知识分子往往处于迷惑和无所适从之中。我认为主要面对以下问题：

（1）面对消费社会而重构自我观念的问题。在我们这个时代，传统正在被消解。在从前看来，非常崇高、美好和严肃的事物正日益失去它的光彩，许多从前被认为是非常重要的事物变得越来越不重要。许多传统道德价值观念正在被颠覆或者说已经被颠覆,许多公认的社会行为准则被一些人无情地抛弃。那么,一些知识分子也一直在思考这些问题,在这个过程中,往往就伴随着许多困惑、迷惑和困难。

(2)金钱社会中的自我失衡问题。在对传统文化的解构中和现代观念的重建过程中,金钱起到了非常重要的作用。表面看起来,金钱、经济利益似乎成为我们社会生活的中心,许多人都整天围着钱转,为了钱而生存。许多人为了钱而不顾基本的道德准则,而甘愿抛弃很多美好的东西。许多人把金钱作为评判一切的唯一标准,甚至作为评判人与人关系的唯一标准,那些在知识界工作的人,也不例外。是自我的独立性、自我的尊严、自我的人格、自我的精神世界重要,还是金钱重要?生不带来、死不带去的处于外在东西的金钱,是我们的人生、我们的社会的主宰?这的确是值得我们思考的问题。不过金钱也是个很现实的问题,因为它牵扯到人们的住房、私车、儿女上学、父母安度晚年等现实问题。但金钱能不能处于社会中心?能不能代替生活中更美好的东西?在人生中有没有和金钱不一样的东西?许多当代知识分子都在思考和探索。

(3)中西文化的冲撞与融合问题。20世纪以来,在整个西学东渐的大时代背景下,西方文化浪潮一股一股地冲击着传统文化的彼岸,渗透厉害,影响巨大。这是由于东西方格局演变造成的,不是哪个知识分子能扭转乾坤的。并且,我认为这也是一种非常重要的历史文化现象。一个民族的文化只有在开放中才能够发展,只有在和其他民族文化冲撞、交流、联系与融会中才能得到发展。但是,中国传统文化中许多优秀的因素、卓越的智慧、宝贵的精神没有能够保存下来。所谓没有保存下来,是指在我们生活中,在伦理道德传统和社会准则系统中被无情地抛弃。传统中那些优秀、宝贵的因素,无法存在于学术中,只在一些古典文献中成为死的知识。当然,也有一些知识分子着重于挖掘传统的东西为当代所用,如刘心武重讲《红楼梦》、易中天重评《三国演义》等。他们虽然作了一些努力,但总的来说成效甚微。是要维持中国传统文化的体系,还是要抛弃它而走西化的道路,许多知识分子存在诸多困惑,因而表现得很茫然、很无奈。

(4)民族复兴和国家统一问题。最近五十年是中华民族发展最为关键的时期,也的确是几千年来中国人所面对的十分难得的发展机遇。最近十年的发展所引起的国际震动,就有力地说明了这一点。制约中国发展的因素有很多,其中最重要的是台湾问题。台湾问题可以说是中华民族身体内的毒瘤,随时可能发展为癌症,可以说是中国发展前进道路上的定时炸弹,随时都可能被引爆。如果台湾问题处理不好,有可能会使一百年来中国人的努力付诸东流,有可能会使三十年来改革开放的成果毁于一旦。那么,是用传统的保守观念还是用现代的包容观念看待和处理台湾问题，是用打压和毁灭方式把它看作敌人，还是用融合、消化、化解的方式把它当作中华民族的一部分来处理，极为关键。但是如果台湾方面一些人敢于越雷池一步，那也只有采取断然措施，并且保证不损失整个国家与民族的利益。面对台湾问题许多知识分子忧心忡忡，虽然也有人出谋划策，但争论厉害，更多的人面对困难、复杂的局面无所适从、手足无措，甚至有人不敢面对，只想逃跑。

白：通过您的分析可以看出正确面对和思考这些问题，对当代知识分子人格的建构有着非常重要的意义。那么，您能不能举例谈谈在我们这样一个时代，知识分子队伍中这种人格魅力是如何具体呈现的？

邹：在我们的知识分子队伍中，面对时代的风风雨雨，有许多人表现出崇高的人格魅力。我们不说遥远的历史，也不谈千里之外的异国他乡，在我们所接触的知识分子圈子里，就有许多值得我们关注、思考和探索的种种人格存在。正是这些人，在各自的工作岗位上，勤勤恳恳、踏踏实实、默默无闻地奉献着自己的青春与力量，参与到我们国家现代化进程的方方面面，才使得我们的国家面貌焕然一新，中华民族复兴大业成效显著。我们学科的老前辈王忠祥教授，像一头老黄牛几十年如一日地工作，76岁高龄还坚持给研究生、博士生上课，以自己渊博的学识、精湛的口才、多种多样的研究方法培养了一代又一代的人才，可以说“桃李满天下”。王忠祥教授的“任尔东南西北风，咬定青山不放松”的精神，很值得我们学习。他长期致力于西方经典作家作品的研究，在易卜生、莎士比亚、狄更斯等研究方面，发表了一百多篇学术论文，出版了十多种学术著作和教材，在中国比较文学与世界文学学术研究和学科建设方面取得了卓越成就。王忠祥教授为人宽厚、平和，以包容的心态来对待他的同事和学生。他的性格正像宽广的大海一样，有时虽然波涛汹涌，但有时很平静而辽阔，具有一种非常崇高的人格魅力！王忠祥教授治学严谨、扎实，又勇于发表自己新的见解。每一篇文章的撰写都建立在自己对原作的阅读体验上，几十年以后来读他的文章，都感到非常亲切和新鲜，比如他在1997年《外国文学研究》第2期发表的论文《读易卜生诗作札记》，对我们近几年来所从事易卜生诗歌课题的研究，就很有指导意义。他对本专业的硕士论文、博士论文的评阅，非常认真负责，别人写三百字，他往往写一千字；主要是肯定，同时也有自己不同意见的发表；他对学生的学位论文所发现的一些重要问题，还有一些批评意见，往往都放在私下与别人交流，体现了一位老学者对后学者的拳拳之心。

我们学科的聂珍钊教授，对于学术研究有着执着的信念，一旦发现了一个值得研究的重要目标，往往全身心地投入进去，多年都不改变。因此，他对哈代小说和英语诗歌的形式研究，都有独到的造诣。不仅在学科基金项目的评审上得到许多奖项，而且学术界对他评价很高。他对学术的热情，在当代中国知识分子中是少有的。他往往很长时间思考一个问题，因此一旦论文发表，都能产生反响。聂珍钊教授具有高远的战略目标，一旦选定所追求的目标就长年累月地进行思考，可以说许多时段都是寝食难忘。他把杂志当作自己的生命，为杂志的发展做出了巨大的努力，这种不怕牺牲、勇于付出的精神，是当代中国知识分子的楷模。

我们学科的胡亚敏教授学术视野非常开阔，在中西文论和文艺批评研究方面都取得了比较突出的成就。她往往在对古今中外的融会贯通中提出自己独树一帜的见解。她目光敏锐、思维活跃，具有一种机智灵活、有容乃大的人格魅力。她跟她的同事、学生能进行平等对话和交流，并为人热情厚道、实事求是，往往根据事物本来面貌做出自己的判断。她在担任文学院院长以来，全面实行开放、开明的阳光政策，树立了客观、公正、为人正直、勇于进取、不断开拓的领导形象，赢得广大师生的尊敬。

这些活跃在我们身边的知识分子不仅是某一方面的专家，而且是具有良心、具有灵魂、具有精神追求、具有人格魅力的知识分子。他们有着自己为人处世的原则，有着自己对待事物的方式方法，有着自己的世界观与方法论。正由于如此，在他们身上往往体现出种种可贵的精神品质，表现出高尚的道德情操。他们正是以自己的不同于他人的形象，像一盏灯一样照亮我们周围的人们，像一棵沉默的大树为自己的同事和学生阻挡风雨，默默地激励我们不断前行。

白：邹老师，您作为一名国内外知名的比较文学与世界文学学科的教授，还担任着《外国文学研究》杂志副主编的职务，而且您还喜欢写诗、写对联。您的研究生们都评价您是一位很有事业心、很负责、对学生既很严厉又很宽容的导师。您能不能评价一下您自己的人格追求？

邹：自我评价在我来说是很难的，因为我们很难准确地自己评价自己，并且我有一个主张，也一直是这样讲的。我们的一切最好是让后人去作评价，我们的好与坏最好是让历史去作结论，不过在一定的时段也可以自我总结一下，算是对自己的一种期许。

我对我自己往往充满着自信。我自信四十年多来一直都是一个有追求的人，一个有理想的人，一个不断往上走的人。我对自己也有一个客观的评价，民间有句话“平日不做亏心事，半夜不怕鬼敲门”。多年来由于我胸怀坦荡，往往能够从容面对世界风云，也能够客观公正地对待别人。我认为，在我的性格里面拥有以下六种因素：

(1)坚强。正由于坚强，所以无所畏惧。在我老家的崇山峻岭之中，往往散布着许多巨大的石头；在我祖父母的坟前，就有一块像一只青蛙一样的巨石。站在巨石上，能遥望那些遥远的群山，周围所有的群山都在它的视野之中。在我老屋后面的高山之上，一个又一个巨大的石头，构成巨大的奇石景观。我从小就和石头相生相伴，因此我的性格中存在诸多的石头因素，是很自然的。我的学生都知道我喜欢石头，老家的人也都知道我对石头有割舍不掉的感情。因此，有学生在广西买了一块十几公斤重的草花石，不远千里送给我；一个学生从鄂西买了一块菊花石，送到中央工艺美术学院，请专家雕了两匹奔马，送给我；老家的一位诗人，在沱江里面为我找到一块非常圆润的、质地很好的石头，专门从邮局邮寄给我。在四十多年的人生过程中，我也经历了不少磨难，比如12岁以前每天生病，比如少年时代没有鞋子和衣服御寒，在许多人生关口都面临着重大选择等，可以说经历了许多焦虑和考验。但我都能一步一步走过来，我觉得这与我身体中的石头因素关系密切。

（2）自信。我对于自己的理想和目标有很强的信心，在四十多年的人生历程中，我做成一件又一件事情。有人说，别人做得成的事你能做成；别人做不成的事你也能做成，这主要是源于我的自信。聂珍钊老师说，他发现我许多时候都不怕，在许多时候都能保持平静的心态，这也是源于我的少有的自信。我在1978年参加中考的时候，以优异的成绩考上了威远第一中学；当时我和我的二哥同时参加考试，他失败了，我却成功了。1980年参加高考，我又以优异的成绩考上了四川大学中文系，在班上同学中，我考上的算是一所最好的学校。1985年，我的第一篇论文在《四川大学学报》发表，成为班上学生中能在高水平学术刊物上发表论文的第一人。1988年，我和诗人黄邦君合编的《中国新诗大辞典》由时代文艺出版社出版，得到了非常可观的3 800元的稿费，而当时我们一个月的工资只有100元左右。1994年和1998年，我两次破格晋升为副教授和教授。2001—2003年，在担任中南民族大学女书文化研究中心主任期间，通过广泛宣传和中心专家的深入研究，将女书文化推向世界，引起世人强烈关注。2005年，经过聂珍钊教授与编辑部同仁共同努力，使得具有悠久历史传统的学术期刊《外国文学研究》进入美国AHCI，成为中国大陆第一家也是唯一一家进入美国AHCI的学术期刊。所有这些，我认为都来自我的坚强和自信。

（3）平等。可以这样说，我来到这个世界，一开始就有一种平等的精神。我从小和父母兄弟讲话时，都是以平等的、讨论的口吻进行。这一点，给我的小学和中学同学留下过非常深刻的印象。我对待一切都以追求真理为目标，在真理面前人人平等。我往往非常认真地去思考一些事物的本质问题，以一种追求真理的态度对待所有的人和事。上初中时，我发现语文老师在讲鲁迅的《故乡》时把“闰土”念成了“闺土”，我就私下找老师讨论这个问题，老师很乐意地接受了意见，在课堂上纠正了过来。有一次，我父亲把我狠狠地打了一顿，他们在外面挖红薯，说让我的兄弟回来叫我去背红薯，我没有去，原因是我兄弟并没有回来叫我。因此，我当时觉得很委屈，感觉到人与人不平等而受到的损害。所以，一直以来我认为不论一个人职位有多高、权力有多大、影响有多大、拥有的金钱有多少，人与人之间在人格上都是绝对平等的。我对一些以权谋私、以势压人的人，对那些不讲道理的地痞流氓，对一些自以为是、自傲自大、以手中权力损害别人的人，对那些以自我为中心、容不得别人而打压别人的人，往往比较反感，而采取蔑视和对抗态度。以前，我和妻子在街上散步时，遇到以强凌弱、欺负妇女与小孩的人，我往往都会出面干涉和制止，而妻子总是时时把我拖住。正由于天生的平等精神以及在这种精神制约下的心理，在学术界、在我们学科，我一直倡导和坚持人与人之间要进行平等对话和交流，各抒己见，求同存异，以求得实现共同发展的目标。我认为，学术从本质上来说是一种讨论的东西；在学术问题上，皇帝说了也不能算；在学术问题上，每个人都有发言的权利。正由于平等的精神，近十年来，我和我的研究生们能够进行平等交流和对话；我虽是老师，但并不强求学生认同我的观点，更不强迫学生服从我的意志。这也许是我培养研究生最成功的地方，而这种平等精神也是我传给学生们最宝贵的财富。

(4)进取。几十年来我一直有一种反省和进取的精神，我几乎是每时每刻都在反省自己，每时每刻都保持着一种进取姿态。我认为我的工作态度和工作能力正源于这一进取精神。因为在我面前总是有一个目标，让我保持一种理想。我总是不满足于现状，总想做成一件又一件和别人做的不一样的事情。我的确也是个很平凡的人，和其他人没什么两样，但是我的确有对生活的热情、爱好和兴趣，有自己的理想。因此，我的妻子总说我是一个理想主义者。我有时想法很多，开始这也想做，那也想做，弄得我筋疲力尽；后来我学会了选择，学会了放弃，放弃一些不太重要的事情；选择一些重要的事情和可操作的事情来做，一件一件都获得了成功。因此，妻子说我就是自己累自己的命。正是由于这种进取精神，我才没有在金钱社会沦为金钱的奴隶，没有在风花雪月中沦为风花雪月的奴隶，而保持着自己的尊严和超越的姿态。

(5)宽容。我觉得我们许多人都缺少宽容的心态，特别是年轻一代。独生子女从小是小皇帝，总以自我为中心，而不能容忍别人。特别是作为一个学者，更要有开阔的视野，开阔的胸怀，有容乃大的气度。不要自以为是，不要以自我为中心，特别是不要成为极端的个人主义者。不能认为自己总是对的，别人都是错的；不要什么都是自己说了算，别人的意见都不听。一个人的力量是有限的，个人的智慧是容易穷尽的，只有最大限度地宽容别人、接受别人，才能形成集体力量，也才能做成大事业。即使别人有缺点、有失误，也要原谅别人。何况别人的意见有很多可取之处，有许多宝贵的因素。学术问题更要能进行平等对话，相互讨论和探索，形成集体智慧。因此，我对自己的学生和同事都非常宽容，学生有什么缺点我会及时指出来，但并不老是说别人的缺点，我更多看到的是学生的优点，并随时发现优点，随时鼓励他们进步。因此，有人说我有许多很杰出的学生，都是被我鼓励出来的。

(6)超越。纷繁的世界生活，嘈杂的人生百态，繁琐的工作琐事，复杂的人世纠纷，让我们有时也感到心烦意乱。我之所以能保持一颗平静的心态，就在于我有一种超越精神。超越精神对我来说主要体现在喜欢旅游、喜欢自然山水，并与之建立一种和谐的关系；我也喜欢写诗和对联，与艺术建立起一种非常亲密的关系；我也喜欢与自己的学生在一种寂静的环境中讨论问题，同时也和自己的朋友建立起一种密切的联系。因此，我往往过一段时间就离开工作岗位去奇异的自然山水之间领略大自然的魅力，每次都有许多精彩照片保存下来。近些年来，我的摄影技术也得到很大提高，聂珍钊老师说其中许多照片有很高的境界，很有艺术价值。我有的时候也喜欢自我欣赏，说有一些照片可以获得一二等奖。近些年来，我还写了一本旧体诗集，一本对联集，一本《邹编增广贤文》，十四行诗也写了将近三十首。这些作品，正是我的超越情怀和超越人生历程的记录。有时，人如果不能超越自己，可能会感到很痛苦；而我的超越精神，往往能有效地调整我的心态，使我的精神达到平衡，从而建立起一种重新工作的基点。

白：那么，您认为研究生成长与当代知识分子的人格魅力的建构之间有怎样的联系？

邹：在我们的研究生中，每一个人都有自己的个性、气质和道德情操，我想这首先是父母的遗传因素和从小生活环境所造就的。同时也是不断学习、不断锻炼才发展到现在这样一个境界。不过研究生在人格建构方面还不稳定，还有自我改造的空间。只有不断反省和改造，才可能让自己成为真正的知识分子，而葆有永不褪色的人格魅力。我觉得人格的维度是多元的，在当今这个风起云涌的世界，我们也不要求所有人具有同样的人格，但是作为高级专门人才要尽量做到善良、真诚、客观、公正、辩证、科学，讲究协作，讲究和谐。其中最重要的是要有独立的人格。所谓独立人格，就是不要依附他人、盲从他人，不要无原则地听从他人的意见，要根据事物的本来面目进行自我观察，自我思考，自我判断，自主选择。以讲原则、讲方法、追求真理的态度来对待世界上任何的人和事。知识分子如果没有独立人格是不可能从事科学研究的，不可能对国家民族的命运有所思考，不可能对人类未来命运有所探索，对宗教、哲学、美学、文化甚至文学本身的研究有所贡献。我们每一个生活在这个世界上的人，都要有自己的个性，没有个性就不能生存；我们每一个人都是个体的人，都是有自己独立思考能力和发展能力的人。在人格上都是独立的，只有在人格上都是独立的，人与人之间才谈得上是平等的。

四十多年来我虽然时时反省自己，但我对知识分子人格的建构，甚至对自己的为人处世的原则都没有像现在这样系统思考过。去年有一个对我并不怎么熟悉的人，对我所做的简短的评价，引起了我的关注。他对我并不熟悉，但几次接触后，他对我说，在我身上既有“儒家的宽容”、“法家的严厉”，同时还有“道家的超脱”。我听了以后，感到很惊奇，一个不很熟悉的人怎么会对我有这样明确的评价？后来，我回想自己四十多年的人生经验，觉得他的评论很准确。儒家的宽容，让我往往表现出一种大家风范，不斤斤计较于小事和琐事，往往以长远的眼光和发展的眼光看待一切；法家的严厉，让我时时严格要求自己，同时到关键时候能够对自己的学生进行批评，促使他们上一个更高的台阶；道家的超脱，能够让我看清人间的利害、俯视人世的纠纷，能够在自然山水之间寄托自己的灵魂，寻找到另一片广阔天地。我觉得中国传统文化中的“儒”、“道”、“法”，在我身上得到了有机的融合，并让我的道德思想与人格魅力能够上升到一个更高与更新的境界。

白：听了您这番有理有据的谈论，我想我们对“知识分子”身上所应具有的人格魅力有了一个清晰的认识。“知识分子”历来被认为是“社会的良心”和“时代的代言人”，我们社会的前进与发展都离不开“知识分子”的力量。在我们生活周围就存在着一些具有独特人格魅力的知识分子，在您的身上所体现出来的人格魅力，使我们明白“简朴的生活加有意义的精神活动”才是当代知识分子理想的生活模式。我想，研究生们在这些具有光辉形象的导师的引导下，必定会学有所成，并形成有抱负、有理想、有创新精神、有忧患意识的独立人格。邹教授，再次感谢您在百忙之中接受我的采访，最后祝愿您写出更多更好的作品，以飨读者！

（原刊“中外文学讲坛”2009年8月）

湖南江永女书文化研究的意义和价值

贺夏蓉

贺夏蓉（以下简称“贺”）：邹老师，您好，我来自中国湖南“女书”文化所在地区之一——湖南省永州县，听说您对“女书”很有研究，并且担任过中南民族大学“女书”文化研究中心的主任，对此我感到很惊喜。请问您是什么时候开始接触到“女书”的？

邹建军（以下简称“邹”）：我最早接触到“女书”，是20世纪90年代初，当然，知道“女书”作为世界上唯一的女性文字，还要早几年。大概是在80年代中期，我当时所在的中南民族学院，有两位老师为了女书的发现权，而发生了很大的争议。他们都说“女书”是自己发现的，为此而闹得不可开交，有时把对方搞得像仇敌，不仅见面不打招呼，而且还要吵架。那个时候，我才知道世界上有一种女性专用文字。同时，我也觉得很奇怪，为什么两个男子汉，为了那么一点小事，就产生如此的对立？由于我当时在中南民族学院工作的时间不长，对两个人都不熟悉；后来才知道，其中一个人是我的老乡。我是威远县人，他是资中县人。有一次我故意问他：“女书到底是谁发现的？”他说：“当然是我发现的。”我就说：“为什么他又说女书是他发现的呢？”于是，他告诉了我关于“女书”从发现民间女书原本到研究鉴定为一种女性文字的来龙去脉。我说：“我认为你们两个都是对的，只是对发现的理解不一样而已。他说是他发现的，指的是他最早在江永发现了女书的原本，于是搜集起来，并且向世界加以介绍，所以他说女书是他最早发现的，也并没有错；而你说是你最早发现的，指的是你经过分析和研究，首次鉴定女书是世界上唯一还存活并还在民间使用的女性文字。因此，你俩的争议，仅仅是一种意气之争，而且还有可能是一种名利之争，而不是一种学术之争。”他听了以后，还是不太同意我的看法，仍坚持说女书是他最早发现的。我发现他过于固执，也就不再说起这样的话题。这可以说是我与当时女书研究专家的第一次对话。

贺：那么，您又是什么时候真正接触到“女书”的呢？是什么东西引起了您对“女书”的真正兴趣？

邹：我真正接触到"女书"是1992年，那是值得纪念的一年。台湾发行量最大的报纸《联合报》副刊的主编痖弦，是著名诗人，又是我的一个好朋友。他是河南省南阳市人，1948年到台湾，后来成为著名的诗人与报人。大概从1987年开始，我与诗人黄邦君应时代文艺出版社之约，编纂中国第一部有关新诗的大型辞书《中国新诗大辞典》，开始与他通信，他帮我们提供了许多有关台湾诗人诗作的资料。在那个时候，与台湾人通信还是需要勇气的，因为那个时候刚开放不久。有一次，他听说中国大陆发现世界上唯一的女性专用文字的消息，非常振奋，于是约请我为中国"女书"做一个详细的长篇报道。于是，我就近采访了我的老乡、当时已经比较知名的女书研究专家谢志民，不过，那个时候他好像还只是一个副教授。当时他详细地把他所知道的关于"女书"、他对"女书"的研究过程，以及学术界各派人物对"女书"的反应等，都为我一一地做了介绍，涉及有关"女书"许多人、许多事。这篇长达八千字的长篇报告文学作品取名叫《深闺里的字谜》，就是这篇文章，在当时产生了巨大的影响，还引起了一些风波。文章发表后，新华社在北京出版的、十分重要的报纸《参考消息》分两天选载了全文。由于《参考消息》的权威性，并且当时在中国大陆发行量巨大，在知识分子以及一般大众读者中都产生了很大影响；很多人由此知道中国湖南江永"女书"，而且认识到境外媒体非常关注"女书"，对于"女书"早期在国际、国内的宣传起到了重要作用，可以说成为早期"女书"宣传的一个小小的高潮。这也是我在首都大报上所发表的第一篇文章。后来，我在台湾的《联合报》《台湾时报》《世界论坛报》，美国的《侨报》等发表多篇报告文学作品，对中国大陆发现的民间文化、民间艺术与科学研究成果，都及时地进行报道。现在一般很少有人知道我是一个批评家、学者之外，同时还是一个不错的报告文学作家与诗人。这篇关于"女书"的文章，还成为了我的老乡晋升教授的重要因素。据说情况是这样的：文章发表的前后，正是当年湖北省职称评审的关键时期。本来，学校学术委员会因为人际关系，并没有通过谢志民晋升教授，已经送到省里的名单，也没有他的名字；他的职称评审材料已经进了学校的档案室。然而，当时学校的党委书记每天必看《参考消息》，他看了那篇文章后，感到非常惊奇，于是马上主持召开了党委会，他说："我们学校成立这么多年，还从来没有哪一个专家的科研成果上过《参考消息》；《参考消息》这么重要的新闻媒体，都长篇报道了谢志民和他的'女书'研究，真是了不起，也是我们学校的光荣。如果我们不把他的职称材料送到省里，学术界可能不会答应，在政治上也可能会犯错误。"于是，他的职称材料被派专人送到了省里，谢志民因此在当年就被评上了教授。这只是其间发生的一个故事，另外一个故事更为精彩：此篇文章中的部分内容，引起了当时的江永县文化馆的周硕沂先生的不满。不知为什么他看到了《参考消息》上的这篇文章，他说谢志民在这篇访谈里，指出的有些人介绍的"女书"不是民间的女书原本，而是自己造的“女书”，是说他所收藏的“女书”及其对于“女书”的研究，说这不是实事求是的一种说法，这损害了他人格与学术的声誉。他给我写了信，表达了自己的意见，并要求我再写一篇文章纠正错误的说法，不然他要到法院去控告。我当时就给他回了信，明确表示：①文章并没有写到你的名，因此最好不要对号入座；②关于“女书”的真假问题，可以进行学术争鸣与学术探讨，你可以通过适当的方式，发表自己的意见。你如果要到法院，首先只能是告谢志民，而不能是告我，我只是访谈者、记录者而已。即使那样的话有问题，对你构成了伤害，那也不是我的问题，因为那样的话并不是我讲的。于是，这场小小的风波就这样平息了。大概十年以后，当我到江永对女书文化进行实地考察，见到周硕沂先生时，我首先对他表示了歉意，他也没有什么，对我很友好，对谢志民也很友好。也许时过境迁以后，再没有了当年那种不满的情绪；而且，自那次事件之后，奇特的“女书”已将我们紧密地联系在一起了。这件事情的前后，可以说是我和“女书”的第一次亲密接触，并且也引起了我对“女书”的真正关注与研究的兴趣。在后来的十年，我发展了这样的兴趣，并引起人们的广泛关注。

贺：虽然您的研究领域颇为广泛，但您既不是搞语言学研究，也不是搞文字学研究的，为什么在中南民族大学时，您却能被选为“女书”文化研究中心的主任，并在短短的时间里取得成果。您个人认为，这主要是什么原因呢？

邹：从那时开始，将近十年时间以后，由于宫哲兵的调离和谢志民的退休，“女书”的研究，在中南民族大学来说，处于时断时续的境地。当时的社会上对“女书”的热情不减，有时候还非常关注，而且有的人有持久的热情，有许多海外学者来信询问有关“女书”的最新发现与研究情况，有许多人来信要求介绍“女书”文化的保护情况，有的人来信索取有关“女书”的资料，有的时候弄得学校领导无所适从。“女书”是一种什么样的文化？它是不是世界上唯一的女性专用文字？它究竟有多大的研究意义与价值？从开始发现的时候就一直存在比较大的争议。学校领导也不是学中文出身的，因此总是听到不同的意见，老是下不了决心，是要继续重视这样的项目，还是不管它，任它自生自灭？学校在召集了一些专家听取汇报后，决定成立“女书”文化研究中心。

至于本人为什么会成为这个研究中心的主任，我自己也不得而知。现在回想起来，还觉得有点可笑。我想，本人有幸成为中南民族大学中国女书文化研究中心的主任，是学校的领导和研究女书的专家对我的信任。我既不是搞语言学的，又不是搞文字学的，照说做这个主任是不太合适的。我的研究领域虽然比较广泛，但主要集中在中国现当代文学、诗歌理论与批评、比较文学和比较诗学；学校要任命我当这个主任，可能是因为：①我写过那么一篇关于女书的文章并且产生过相当的影响；②我和善的性格、宽容的态度，能够化解一些矛盾，至少能够使校内各方研究女书的人不会产生严重的矛盾;③别人认为我的事业心比较强,做什么事历来是有始有终,并且卓有成效。当然,具体是什么主要原因,我也不是很清楚,这样的说法仅仅是我的一种猜想而已。那么,正式介入女书的研究、宣传和女书文化旅游开发的设计,就是从这里开始的。

贺:据说您在担任“女书”文化研究中心主任期间,曾经策划了几件很重要的事,引起了女书专家、学界与媒体的关注。那么,您现在回忆起来,主要是哪几件事?您为什么要策划这样的事并且在那么短的时间里能够取得那么重要的进展?

邹:现在回忆起来,在我担任“女书”文化研究中心主任期间,的确是尽心尽力、勤勤恳恳,策划了几件引人关注的事情。现在回想起来,大概有这样几件事:①对“女书”文化进行了几次颇有规模的实地考察。那几年的“女书”文化考察,除了一两次没有去之外,其余都是亲自率团,到“女书”流传区,也就是湖南南部和广西北部广大地区,到过的地方包括湖南的道县、江永,广西的灌阳、江华、全州、桂林。我们到过这些县市的乡镇和农村,曾与女书老人、女书学校进行了多次交流,留下了许多文字和图片。我们的考察所取得的最为重要的收获,可能是重新搜集到了一些流传在民间的“女书”原本,为“女书”研究积累了宝贵的资料。当时调查发现,“女书”不仅是在湖南道县和江永流传,它的范围应该是湘南、桂北的十几个县市;另外,还发现“女书”与当地的瑶族有着密切的联系,无论是高山瑶还是平地瑶,在他们居住和活动的地区,我们都发现了“女书”的文本及其运用的情况。②与当地政府合作,提出了“江永女书文化旅游设计方案”,引起了当地政府高度重视。为此,江永县政府与我中心曾在武汉和江永举办了两次专题座谈会,每次会议都有详细的会议纪要。通过组织专家学者多次论证,最后才形成了这个设计方案。在这个方案中,最为核心的内容是规划了几条旅游线路,包括蒲尾女书文化旅游区、千家洞瑶族文化旅游区、桃川历史文化旅游区。现在,我不是太清楚江永女书文化旅游开发搞得怎么样,但我的印象是江永县政府对我们这样一个文化旅游设计方案是非常重视的。我相信,这样的方案会对江永的经济社会发展产生很大推动作用。③连续组织召开过好几次大型的女书学术研讨会,其中包括两次大型的国际学术研讨会:一次是在江永,一次是在武汉。我们作为主办单位之一,邀请了许多国外和国内的研究语言、文字、历史、民俗与民间文化的学者来参与,对有关“女书”的方方面面的问题,进行了认真讨论,其间产生了许多学术争论,最后达成了许多共识。当然,分歧也还是存在的。我们所主办的每一次研讨会以及座谈会,都有众多学者提交论文;学术会议之后,我们在《中南民族大学学报》开设了“女书”专栏,也出版了有关的会议论文集,取得了丰硕成果。④组织专家对“女书”进行了专题研究,提出了一些有意义的研究项目。首先,我们组织编撰了国内首部女书字典,以声像形式来进行组构,由华中科技大学出版社出版。这部女书电子字典，可以直接在各种排版系统中调用，既有学术性又有实用性。其次，我们着重对“女书”的文学价值与民俗学价值，进行了深度探讨。我们的研究论文，在《寻根》《中外论坛》《中国妇女》《中南民族大学学报》等刊物以专栏的形式得到发表，在学术界产生了较大的反响。有一篇文章被《新华文摘》全文引摘，掀起了“女书”研究的第二次高潮。⑤组织申报了一系列科研项目，得到了学校、国家民委和相关学术组织的课题资助。在此条件下，我们组织人员编写了《女书文化研究六人谈》《女书与瑶族民间文化》等著作，有的虽然尚未出版，但主体工程已经完成。⑥加强了对“女书”文化的宣传与普及工作。在每一次学术研讨会或是“女书”文化专题研究期间，我们接待了许多国内外媒体记者的来访；同时，我们自己也撰写过有关“女书”和“女书”宣传报道的文章，《人民日报》《光明日报》《中华读书报》、中央电视台、中央人民广播电台、中国国际广播电台、湖南电视台、《湖南日报》《大河报》《湖北日报》、湖北电视台等多家媒体，都对我们“女书”文化研究中心的工作和“女书”文化做过广泛的宣传报道，使“女书”在一段时间内成为家喻户晓、众人关注的文化现象。

贺：一直以来，中外学术界对“女书”的研究价值众说纷纭，莫衷一是，请问您今天是如何看待“女书”的研究价值的？它有没有重大的研究意义？如果有的话，它的重要性体现在哪些方面？

邹：我认为，“女书”研究的确很有价值，它为我们提供了语言学、文字学、文学、民俗学和历史学等多个研究角度，可以为我们现有的研究提供许多新的资料与有意义的研究视角。至于具体说到它究竟有什么样的研究意义，我认为主要体现在以下几个方面：首先，“女书”是一种文字，并且被认为是世界上唯一的、至今还活着并在使用的女性专用文字，这就可以体现其最为重要的意义。这种文字是从哪里来的？是来自于汉字，还是少数民族的文字？为什么男人不能用，男性也不认识？这许多问题的确值得我们的文字学家来研究。“女书”文字所反映的语言，到底是汉语方言还是瑶话？是文言文还是现代白话文？“女书”里面有大量语言学的积淀，值得我们的语言学家们来探讨。其次，用“女书”创作的许多书信、诗歌和故事，属于中国南方的民间文学，那么这种中国南方的民间文学与北方的民间文学有什么区别？由于它所表现的对象是女性的情感和心理，因此作为一种特殊的民间文学，也是值得我们的民间文学专家进行讨论的。但是，“女书”也有很多谜团没有揭开，因此，这让学术界一些人否定“女书”研究价值。这些谜团，主要是：①“女书”产生的历史年代。有的人认为它产生于春秋战国时期，与甲骨文是一个体系，甚至比甲骨文更古老；有的人认为它产生于近代，不会超过明朝之前，理由是从现在搜集到的“女书”文本来看，它所反映的内容没有超出明代以前的。“女书”所产生的年代，的确定关系重大；如果比甲骨文还古老，那么会牵涉到许多历史变迁和民族交融的问题，因此，研究的价值就非常大；如果它产生的历史不超过明朝，如果它只是南方民间表意符号所发展起来的不成体系的文字，那么它研究的意义也就比较有限。②"女书"究竟属于哪个民族，也关系重大。它是属于瑶族还是属于汉族？如果是属于汉族，而历史又比较短，就像中国南部山区有些地方在石头所刻的艺术符号一样，那么它的研究价值就很有限。如果是属于南方某一个民族，并且为这个民族所专用，那么就牵涉到这个民族的历史文化渊源，特别是有些民族本来没有文字，那么它的研究意义就很大。③"女书"是不是世界上唯一的女性专用文字，关系重大。有人说"女书"是世界上唯一的女性专用文字，有人说"女书"不是世界上唯一的女性专用文字，说在日本和朝鲜等国，都曾经出现过女性所专用的文字，只是现在已经没有人再用了。后来，有人改口说江永"女书"是世界上唯一还在使用的女性专用文字。那么，从现有的事实来看，"女书"只有女性才认识，只有在女性之间的交往中才运用；但是，如果说它的历史比较久远的话，那么在历史上的创造和使用过程中，男性到底参与过没有？当地的男性对"女书"究竟怎么看，这个也很重要。

贺：现在您已经不再担任"女书"文化研究中心主任一职，并且在学术上也有了较大的转向，在比较文学与中西文学关系方面取得许多成果。请问今后您还会关注"女书"的研究与发展，或者还会从事"女书"文化的研究吗？

邹：最近几年，我虽然离开了中南民族大学，不再担任"女书"文化研究中心主任一职，但是我对"女书"的研究，仍然比较关注。如果看到报纸上、电视上的报道，都有想听下去的兴趣。可以说，我对"女书"还是有深厚感情的，它毕竟是我在自己年轻岁月中，投入过自己的热情、精力，也花费过不少时间的一件事。这一段人生岁月，让我们产生许多美好的回忆，也许以后我没有时间来专门研究"女书"，但我会以其他的方式，来表示我的关注与支持。这什么会这样呢？我想主要有三个方面的原因：①我非常喜欢那里的自然山水，特别是江永的下层铺，离甲天下的桂林很近，那里的自然山水如画似诗，与桂林的山水非常相近，几十里如画山水现在还不时浮现在我的眼前。②我在中南民族大学工作了十九年，人生中最为重要的几分之一都与那里相关，我不可能忘情于那里的人与事，并且我也一直认为中南民族大学对我们这些外来的青年学者是不错的，给我们提供的环境与政策也是很好的，我从讲师到副教授、教授，都是在中南民族大学评上的；在中南民族大学，有我的许许多多的朋友与同事，并且对我都相当友好，至今我没有忘记与他们在一起的日子。③我现在所从事的专业是比较文学，比较文学是在文化的视野上对文学进行研究，而"女书"首先是一种独特的文化，同时也是一种文学，因此用比较文学的跨学科眼光来研究"女书"，的确也不失为一种选择。我相信，"女书"文化会引起越来越多的人的关注，越来越多其他学科的人会研究"女书"。

贺：作为永州人，我非常感谢您对“女书”的关注，同时也感谢您今天在百忙之中接受了我的采访！邹老师，我们欢迎您再次到美丽的永州进行考察，我们全体永州人都不会忘记您对永州文化研究与宣传所做出的贡献。

（原刊“中外文学讲坛”2008年9月）

答《中国社会科学报》记者所问的三个问题

一、经典是如何形成的？这一话题一直就有争议。请您以学术史为例，谈一谈怎样的文本应该被遴选为经典？

任何经典都是在历史过程中形成的，并且要有一定的时间距离，一般是一百至三百年。从文学史来看，有的作品在当时影响很大，但后来被历史证明是昙花一现，时过境迁，没有了生命力，这样的作品自然不是经典，也不可能成为真正的经典。因此，我反对说最近一百年以内的作品哪个是经典而哪个不是经典，如果有人这样说，我觉得他就像小孩子一样，只是说得好玩而已，不要当真就好。所以，当代有所谓“红色经典”的说法，我是不认同的，这样的作品到了一百年或者三百年之后，也许什么都算不上。而有的作品在当时没有什么影响，却被历史选择为经典，如杜工部的诗，数百年之后，才被认为是一流作品，人们才认识到它的重大价值，从而成为了经典。经典不是人为的，虽然经典也是动态的，不同的时代也有不同的经典观，然而历史是一只巨大而确定的手，任何个人与任何作品都不可能超越它而存在，所以个人主义的自高自大与自以为是，对于经典的产生与形成而言都是没有任何意义的。从中外文学史来看，能够成为经典的作品，总是在特定的时代与文化环境里产生的，总是在个人生活体验与生命感觉的丰富性，以及思想与情感深刻性的基础上产生的，它们往往具有博大的情怀、精粹的艺术、特别的体式、精湛的语言，具有与从前的作品不一样的那么一点神奇性与神秘性。经典自然也可以编选，如《百年中国小说经典》《世界百首经典诗歌》这样的选本也有其意义，然而只是供读者阅读的方便，节省一般读者的时间，为他们选出更好的适合阅读的作品而已，并非选入了的就一定是公认的经典，而没有选入的就不是经典。就是唐代的诗歌作品，现在多半已经过了上千年，是不是已经有了定论了呢？是不是选入了《唐诗三百首》《千家诗》里的才是经典，而没有选入的就不是经典了呢？并不完全是这样的。著名学者李元洛先生在2012年还编选出版了新选今读《唐诗三百首》呢！然而，是不是对于经典作品就没有一个公认的标准呢？标准还是有的，但不是固定不变的，不同的时代有不同的标准，不同的时代有不同的经典，因为人们的审美趣味与审美观念会随着时代的语境的不同而发生变化，对于小说与戏剧的认识，在最近三百年以来就有了很大的改变，诗文的正宗地位也受到了挑战。但是，真正杰出的文学作品无论如何是不可能成为非经典的，如张若虚的《春江花月夜》、李白的《将进酒》这样的作品，如果我们认为它不是经典的话，就会被时人与后人笑话，受损的是我们自己，而不是他人。

二、当代哲学社会科学研究强调创新发展，请您就您的研究领域谈一谈，经典研读有着怎样的学术价值？应该在研究中如何更好地发挥经典研读的作用？

当代哲学社会科学领域强调创新自然是可以的，也是必要的，然而创新要有基础，基础就是传统，包括文学的传统与学术研究的传统。我们的研究只有在前人的基础上进行，将前人研究的终点当成自己研究的开始，作为自己创新的起点，任何人的研究都不可能从零开始。比如，我们所提倡的文学伦理学批评与文学地理学批评，也同样是如此。文学伦理学无论是作为一个研究领域还是一种批评方法，在英美学术界早就存在，美国文学批评界与学术界还存在一个影响很大的伦理学派。文学地理学在19世纪的德国与法国就有了比较丰富的成果，到了20世纪的英美国家，也产生了所谓的地理学派。所以，所谓人文社会科学领域的创新，并不是自己想创新就可以创新，没有长期的学术积累而打下深厚的学术功底，创新是没有基础的。而在这个过程中，经典的意义是显而易见的。研究当代的作家与作品，它们虽然并不是什么经典，然而如果没有对于中国与外国文学史上大量经典的阅读，恐怕你也难于真正认识到它的意义与价值，古人说："观千剑而后识器"，虽然你也可以写文章进行评论，然而只是就事论事而已，只是自己的一点点体会而已，更不可能看透其本质，总结出有规律性的东西。当今的文学理论与文学批评理论，往往都是历代学者从对于经典作家作品的研究中得出来的，这就是所谓"共同诗学"的内容。对于经典的反复阅读与研究，既成为文学与学术传承的重要内容，也成为历史上一直没有间断过的经典选择与建构的过程。人类的文化与文学，历经数千年而不能够传之后世，并且将继续得到传承，就是因为它们从本质上来说是人类的生活记录与生命体验的记录，人类有史以来一切的东西都可以在其中得到保持，后来的人可以通过对于经典文本的阅读，了解人类的情感与思想、人类的精神追求与审美历史，从而为自我的发展与社会的完善提供动力与基础。文学与艺术之所以不同于其他的物质文化，就在于它们是精神产品与审美的物化，是人类区别于世界上其他动物与植物的最重要标志。所以，在当代人文与哲学社会科学研究中，对于经典的阅读与研究就特别需要与重要，因为它们不仅是起到一种链接的作用，并且起着最为基础与关键的作用。当代的作家与作品（包括学术著作与论文）虽然标志着一个新的时代，然而许多东西都是应时之作，其生命力还需要得到检验甚至是考验，眼下的人说了往往是不算的。因为我们当代的文学批评，许多都是应景之作的所谓"时评"，其本身的可靠性与说服力都存在问题。

三、经典与经典的传承构成了学术的进步。当代不乏学者叹息，大师与经典

的时代已经过去，现在的学术界和文化界呈现为碎片化意见很多，却显浮躁，精品少。您如何看待当前被称为“没有大师和经典”的学术时代？为何当代很难产生学术经典？您期待这个时代将产生怎样的经典，什么样的学者才可能成为大师？

任何当代都是没有经典与大师的时代，经典与大师都是在历史过程中形成的。如果眼下某人自称大师，那注定要成为历史的笑话，自封为大师，把自己的作品吹为经典的事，在当代中国时有发生，不论是所谓的“气功大师”还是“学术大师”、“科学大师”，都是如此。对于外国特别是英美国家的作家与学者及其作品与著作，也不可随意称为大师或者经典，因为它们在本质上与中国的作家作品是一样的，都还没有经历历史的检验，未来的命运还很难说。当代中国之所以难于产生学术经典与文学经典，原因很多，最主要的是因为我们的学术体制制约了我们的时代出不了大师与经典。我们自古以来是一个官本位的社会，直到现在没有改变反而变本加厉，一切以级别与金钱为是，很少有人真正地重视学术与文学，为了评院士、教授等而进行的学术研究与文学写作，歪曲了学术与文学的本质，几乎没有任何创造性与学术积累的价值，因为他们将大部分的时间花在了学术与文学之外，他们中的许多人并不是真正的学者与作家。当代中国存在许多重大的问题，而在现有的学术体制之下是不可能从根本上得到解决的。如果我们不要求作品与论著的数量，允许作家与学者十年不发表作品与论文；如果我们不要求填那么多的表格、搞那么多没有任何意义的项目与评奖，不看重那么一些临时性的东西与表面的东西，在学术评价中不讲究那么多的人情世故；如果我们的项目请国外的同行专家进行或者参与评审；如果我们并不禁止思想与人性的自由，那么，具有经典性质的作品与大师性质的学者就有可能产生，但也需要一百至三百年后，才可以认定。最近一百年以来，中国人始终没有条件静下来，外部发动的战争极大地威胁着我们的生存，内部的斗争此起彼伏，从来没有间断过，这就给许多中国人造成了困难，不可能静下来思考长远与重大的问题，处于哲学层面与宗教层面的问题，如果这样的问题没有自己的思考，没有自己的独立见解，那文学与艺术作品要达到更高的水平也很难，学术研究也同样是如此。民国时代还有几个真正的学者，而建国以来我们就没有做学问的环境，最近十年似乎可以了，但限于体制的问题，学者们都很浮躁与分心，因为体制对于学者特别是高校教师有各种各样的要求，就像当年的生产队一样，你必须出工完成任务，才可以分给你口粮，而且还要你去适应许多外在的东西，一个阶梯一个阶梯地让你上去，而没有一个终点。这个时代如果能够产生经典的话，那就是在体制之外的作家与学者，或者学者们退休以后，还可以真正地做一点自己的东西，积累日久，自由自在，想如何写就如何写，想做点什么就做点什么，经典作品往往是在此时产生的。所谓“大师”都是靠作品说话，没有作品绝对不可称为“大师”，没有标志性的学术著作绝对不可称为“大师”。现在有一种倾向，似乎许多重要的奖项与头衔都与权力有关，如果只是一般的教师，似乎都难于评上院士与资深教授，总是什么“长”才可以当选，而上面也认可这样的不良生态。其实，学术水平与学术影响正好是与此相反的，我并不反对什么“长”当选，然而一定要实事求是，不可搞成官本位的东西，特别是在文学与学术领域，这是对“学术乃天下公器”的极大嘲讽，也是对学术公平与社会正义的极大挑战。而且更为可悲的是，知识分子似乎也不敢说话了，他们成了沉默的一群。一个民族如果知识分子都没有说话的权利，都没有自己的独立思考与说话的可能，与明清时代也差别不远，那这样的民族是没有前途的。

（原刊于2014年1月《中国社会科学报》）

学术期刊研究

学术国际化语境中中国学术期刊的定位

冯海颖　黄大网

黄大网（以下简称“黄”）：新闻出版总署2010年12月下发《关于进一步规范出版物文字使用的通知》，强调了汉语言文字的规范性和纯洁性，包括在学术期刊中，要求“外国人名、地名等专有名词和科学技术术语要按有关规定翻译成国家通用语言文字”。您作为语言文学类国内顶级期刊的主编，如何理解和执行这一政策？您认为这一政策的目的是什么？对学者发表论文有何影响？您是否认为新闻总署的该项通知实际上体现了国家的语言政策，即在经济高速发展、国家整体实力大大增强的背景下旨在提高汉语在各个领域的地位？和孔子学院在世界各地雨后春笋般的建立是否一致？

邹建军（以下简称“邹”）：似乎没有很大的关系。在学术期刊发表的学术论文里，外国的人名与地名等专有名词与科学技术术语，应该有所统一，不然的话会引起阅读与理解上的混乱，所以有译成“国家通用语言文字”的要求与政策规定。“国家通用语言文字”就是指标准的汉语，例如在美国华裔文学研究的论文里，许多华裔作家与作品名的汉译并不统一，本来是早已熟知的一个作家，有的论文里用作者自己的翻译，读者就以为是新出现的一个作家，或者学术评论界新发现的一个作家。这样的统一，在中外文化与学术交流里显得特别需要，也特别重要，不然的话，中外学者对话的时候，也许讲了老半天，最后才发现双方讲的其实不是一回事。学术期刊“国际化”是一个重要的趋势，中国学术期刊进入外国学者的学术视野，外国学术期刊进入中国学者的学术视野，这是一种基本的走向，也符合学术研究追求真理的要求。在这一过程中，比较标准的语言表述是最基本的要求，我个人认为中国大陆的每一个学术期刊编辑，都应该无条件地执行这一规定。《外国文学研究》一直致力于“国际化”的目标，最近十年来，在编发学术论文的过程中，要求将国外的人名、地名与科学技术术语按照权威的词典进行对照，同时要求作者在其名词后面注明外文原文，读者一看就可以直接查阅原文，就不至于混淆不清。

我们要求在本刊上发表的学术论文，文中所有的引文全都注明详细出处，所有第一次出现的新名词与新术语，都要进行详细的注解，读者就可以根据原文进行考证追溯。无一字无来历，一切都是有根有据的，这就是学术研究科学性的体现，一个学术期刊编辑部，如果因为怕麻烦而没有这样的要求，得过且过，不可能在国际学术话语体系里占据一席之地。

黄：国内高校现在普遍鼓励本校教师海外发表论文，您认为对国内学术期刊有何影响？您是否认为在海外发表论文和在国内发表论文的学者是两个不同的群体，因此鼓励海外发表对国内学术期刊没有任何影响？现在国内期刊是否认可double publication，即在海外期刊用英文发表之后，国内期刊仍然接受其中文版的发表？贵期刊会否接受此类投稿？为什么？

邹：学校为了提高自己的知名度，鼓励教师在海外学学术期刊发表论文是应该的，这样的要求与事实对于国内学术期刊没有太大的影响。一位学者在海外学术期刊发表论文是很好的事情，直接进入西方发达国家的学术交流系统，如果有一系列的论文产生影响，长此以往，就可以成为一个真正的国际性学者了。中国学术“国际化”是一个总的发展方向，也是中国的国家战略之一。因为真正的学术研究与科学技术一样，其本身是没有国界的，学术的目标在于追求真理、求得真知，与政治意识形态没有很大的关系。同时，我们认为已经在国外经英文发表的学术成果，就没有必要再在国内以汉语方式再发表，每一项成果只能发表一次，与论文及文学艺术作品不能一稿两投是一回事。二十年以前，中国学术期刊与国外学术期刊与学术界交流不多，发表以后国内学者难于见到，所以再在国内期刊发表一次是可以的，而现在已经没有必要了。比如美国三大权威检索系统，全球共用，学术信息基本上全球性的了；在英美任何一家被收录的学术期刊上发表，都会被它检索，学者们都可以看到；因此，重复发表是没有任何意义的，也是不允许的。浪费学术资源不仅是学术道德存在问题，更重要的会引起国际学术界的混乱。

黄：现在国内对学术期刊国际化的讨论非常热烈，您如何定位《外国文学研究》(*Foreign Literature Studies*)，并致力于该期刊的国际化？您认为人文类期刊国际化面临什么样的问题和困难？最近《浙江大学学报》编辑部主任在《自然》期刊通信栏目发表文章，指出“Chinese journal finds 31% of submission plagiarized”，引起一片哗然。您作为编辑是如何看待这篇文章和这个事件的？《外国文学研究》是否采用cross-check或其他审核是否剽窃的软件？情况如何？您是否同意“七个词以上的相似度”就应视为有剽窃嫌疑？张月红在其文中指出几种学术不端的现象，包括“搬来主义”和“随意摘用”（参见http://www.sciencenet.cn/sbhtmlnews/2009/5/219072.html）。“搬来主义”一个很好的例子，在生物医学领域的很多论文中，作者直接复制他人的试验方法和操作描述，只是在试验条件和数据上更改替换。主张的观点是作者应该用自己的语言去描述和总结自己的操作和观点，“因为语言也是一种原始创造过程”。“随意摘用”是指，“作者在引述他人的观点或者描述他人的科研成果的时候，文章中大段的句子与匹配的对比文献相同，却没有引用文献出处”。有些学者提出了不同意见，认为这些现象是因为非母语写作造成的，并不是学术操守的问题。中国学者可能在用英语总结并重塑句子结构时并没有母语写作者的写作能力，因此造成了很多“搬来主义”的现象，这并不是说他们的科研本身缺乏原创性。您是如何看待这些不同观点的呢？您认为该如何界定“剽窃”？这些现象到底是语言问题、文化问题，还是学术操守问题？

邹：学术期刊国际化是中国政府学术国际化的重要目标，如果没有与国外能够进行交流的期刊交流，中国学术真正要实现“国际化”的目标是困难的。一般而言，中国目前的学术期刊质量普遍不是太高，就是最权威的一百家刊物，比如每一个学科前五位的期刊，包括各重点大学前二十名的学报，真正与国际一流学术期刊可以相提并论的是相当少的。《外国文学研究》最近十年以来，在学术期刊国际化方面始终走在国内期刊的前面。本刊在2005年第1期就已经被美国AHCI收录，成为中国大陆第一家被国际权威数据库收录的期刊。这是中国学术期刊史上的一件大事，也是一个全新的开始。我刊没有使用您所提到的那个系统，但我们自2003年第1期开始就采取隐名审稿制，即作者不知道自己的稿件到了哪位专家手里，审稿的专家也绝对不知道所审稿件的作者是谁。以计算机软件的方式审稿是一种低级的方法，可以解决一般的抄袭问题，但不能解决稿件质量的问题。因为我们所要发表的论文，并不是只是没有抄袭的论文，而是百里挑一的高质量的、具有原创性的论文。你所说的“搬来主义”与“随意摘用”两种情况，当然是学术操守问题，而不是没有母语写作能力的问题。从外国搬来的东西是没有原创性的，就是第一次向国内介绍的东西，并不说明你就有原创性。译介是重要的，但它的重要不在于原创性，而在于让国内的学界了解了学术前沿，这就是外国语学院的老师所谓的“编译”存在的合理性。在学术研究中也有一个知识产权的问题，如果你的论文里存在外国学者的东西，就必须注明出处，因此，所谓的“随意摘用”，如果不注明出处也是有问题的。科学研究只能从自己的科学实验中取得数据才可靠，从别人那里取得数据必须注明原始出处，不然也是有问题的。人文社会科学研究往往不做实验，然而许多时候也需要实地考察与文献调查；从前的资料是可以用的，但必须注明它来自于何处，这样就可以让后来的学者还原其本来面目。我们有必要分清学术论文与介绍性文章的区别，有的人将一般的介绍性文章、科普读物当成学术论文，把普及性期刊发表的介绍性当成自己的学术成果，在国内的学术评价体制里，是一个引起关注的问题。学术研究不是介绍，因此我们要求学者在论文里不叙述、不介绍、不予理论上铺陈直叙，而是直接展开自己的观点。《外国文学研究》只发表具有原创性的学术论文，这一点是很明确的。

黄：面对强势的英美学术传统，您如何理解国际化与"英语化"之间的关系？

邹：从整个世界来说，人类学术信息里的绝大多数都是英语的，英美国家的学术研究占有绝对的话语权，这是不争的事实。然而，中国学术期刊的国际化与"英语化"不是一回事。有的人也许将"国际化"理解为"英语化"，因为我们的学术研究成果要让外国学界知道，用英语发表自然是优先选择。然而，中国的学术成果首先还是要用汉语发表，只有这样才能保护自己的知识产权。我们《外国文学研究》的做法，是我们发表的论文主体是汉语的，国外学者所撰写的英文论文可以适当发表，让中国与外国学者在同一个学术平台上进行平等对话。不过，为了国内学者也可以接受，我们往往将英文发表的论文之摘要译成汉语，将汉语发表之论文的内容提要译成英语，这就可以相互交流，共同享有。在外国学者的汉语水平没有真正提高以前，发表一些英文论文是可以的，也有利于期刊的国际化。

黄：您认为主编的角色和责任是什么？您能具体讲讲作为《外国文学研究》的编辑您是如何在审稿过程中把握学术导向，有意识地培养青年学者的吗？

邹：我们的主编是聂珍钊教授，是我读博士时的导师。我个人认为主编的责任就是把关，把好学术质量关，同时为杂志的总体发展布局。每一个学术杂志也有培养青年学术人才的责任，然而首要的还是发表最重要的学术成果，以推进学术研究的发展。我们曾经有"青年学者园地"等专发中青年学者学术成果的栏目，然而最近两年取消了；只要是有质量的青年学者论文，我们会考虑优先发表。一个学者在学术研究上走向成熟需要相当长的时间。因此，如果一份学术期刊总是以青年学者的论文为主体，也是有问题的。不论中年还是青年，或者是老人学者，国外学者还是国内学者，只要其论文的质量达到我们的要求，发表起来就比较容易，反之，则比较困难。正确的表述是在质量面前人人平等，学术面前人人平等。学术研究的本质并不在于功利目的，而在于追求真理、获得真知，以推进人类社会对于世界的认识水平，未来有一个更加美好的发展。

黄：Prof. Ling Shi（加拿大英属哥伦比亚大学语言教育系副主任）在 2002—2004 年访谈过国内语言类期刊的六位编辑，发现主编的话语权很大，盲评只有在编辑有异议的时候才会采用，而关系网也是令编辑们头疼的问题。另外，即便是外语类期刊，很少采用英语文稿，一是受制于中国学者的英语写作能力，二是也缺乏海外学者投稿。国内期刊论文的写作风格和国外期刊还是略有不同，如学术引用等。国内编辑不仅要把好学术质量关，还要注意政治正确性。她的研究距离现在已经有八九年的时间了，您认为现在有什么变化吗？您认为国内期刊的读者主要是谁？特别是语言文学类期刊，读者大多数应该是精通英语的，对他们来说，您认为国内期刊的存在意义是什么？关系网是否还是编辑们头疼的问题？《外国文学研究》的审稿专家（peer reviewers）的人数大约有多少？来自多少地区？

邹：《外国文学研究》是一份中文期刊，但征得新闻出版局的同意，我们也适当地发表一些国外学者的英文论文，但对于英文论文的质量，我们把关甚严。国内有的学者也用英文写论文，我们一般不发表这类作者的论文。国内学者还是要用汉语写论文，自己的母语都放弃了，那就是自动地放弃了自己的话语权了。有的时候也发表一点国内学者对国外学者或者作家所做的访谈，那是因为他们在国外访学，用英语写作比较直接与顺利，同时也方便国外受访的学者阅读。现在，外国文学界的学者以及其他学科的中青年学者阅读英文文献是没有问题的，因此，学术期刊的用语本身不是太大的问题。然而，作为中国的学术期刊在国内出版，我们不是太认同用英语出版自己的学术期刊。如果是在国外出版发行，用英语是可以的，并且也是有必要的。国内编辑出版的刊物，用英语发表有一点不伦不类，就像学外国人讲话，迎合西方学者的学术方式，是没有意义的。有的人主张外国语学院的老师要用英语发表论文，硕士与博士也有英语撰写学位论文，对此我是持保留意见的。道理很简单，我们生活在中国，我们是用汉语思维，我们的读者对象主要是学汉语的，为什么一定要以英文写论文与发表论文呢？如果你的论文要在国外发表，用英语是必要的；如果你的论文在国内发表，用汉语则是必要的。就像开国际会议，在中国开国际会议要用英语，就是为了迎合英语世界，从而失去了自己的话语权，也是不伦不类的。在国外开国际会议，用英语是可以的。当中国经济与政治发展起来以后，汉语在世界上成为比较通用的语言以后，在国外开国际会议也可以用汉语，就像奥运会与亚运会一样，四种语言是可以共用的。然而有的人就是不知道基本道理。

黄：国内和国外期刊在研究兴趣和重点（knowledge contour）方面似乎还是有很大的不同，您同意吗？您认为这对中国学者选择在国内还是海外发表文章会有影响吗？

邹：一个学术期刊因为是连续出版物，经过一段时间的编辑出版形成自己的兴趣与重点是可能的，也是可以理解的。每一个刊物都是如此，不论国外还是国内。然而，真正的学者是不管刊物的兴趣与重点，真正的学者不是为发表文章而来做科研，他们要获得真知与追求真理，自己的科研成果发表不发表，问题不是很大。要以自己的研究兴趣与方向为是，长期坚持对某一个领域的追踪与考察，向学界报告你的最新研究成果，这就是真正的学者。但是目前，中国的学术评价体制存在很大的问题，往往以文章的数量为评价的标准，而不论其学术质量。学术研究的高低不在于论文的多，也不在于论文的少，而在于他发表的论文究竟提出与解决了什么样的问题，理论意义与实际价值究竟有多大，产生的社会影响是好的还是不好的，是推进了学术的发展还是流于一种空谈。没有必要为发表论文而去迎合某类刊物的兴趣，要有自己的学术立场与学术理念，如果刊物认可自己的学术理念与学术研究的方法，编者也会主动地与你约稿。并且，学术期刊的主编有许多是真正专家，但也有不少并不是专家，只是一种工作安排而已。比如说我们许多大学学报的主编是校长或副校长，往往是官员而不是专家。中国大学的行政体制对于学术发展基本上是一种压制，校级与院级的所谓的领导，真正向学与求学的人是不多的。这是中国大学的悲哀，也是中国人的悲哀！

黄：您认为学术期刊在学者（特别是青年学者）融入学术圈的道路上发挥哪些作用，以及如何构建学术圈的话语体系［诸如上文提及的学术规范、刊发论文的侧重点、文本类型、研究价值、作者与编辑（部）的权力互动等］？

邹：学术期刊在学者特别是青年学者融入学术圈上所起的作用是相当大的，甚至是至关重要的。一个学者要成长起来，我认为主要有如下三种方式：①学术会议上的大会发言或者在学术机构如大学发表专题演讲，因为他们的发言或演讲基本上都是自己最新科研成果的一种发表，让更多的学者能够了解，从而获得更大程度上的承认；②通过自己的学生而形成的学术群体来进行宣讲，相当于学术沙龙与学术传承，也可以让自己的思想影响他人，并在学术历史发展的过程中让学术思想传承下去；③在学术期刊上发表论文，让更多的读者了解你的学术成果，同时也可以长期保留，让后代更多的学者学习与参考。其实，最后一种是最为重要的方式，并且最有成效。第一种方式只适合于已经成名的学者，因为一个学校要请青年学者做专题讲座是很困难的，青年学者在学术大会做大会发言的机会也是很少的。第二种基本上是针对学有所成的中老年学者，他们才可能有自己的研究生、博士与访问学者群体。青年学者融入学术圈，基本上是靠学术期刊发表论文。如果不能在有影响的学术期刊发表论文，要真正成为有影响的学者是很困难的。不过，现在媒体多样化，并且立体媒体比平面媒体直接面对观众，能够与最大群体进行对话，学术研究也在更大的程度上走向大众的生活，所以像易中天、刘心武、于丹这样的学者，形成了自己广大的影响力，一般的学术期刊很难与它们形成群体性。

黄：坚持以推进学术交流与合作为主线，坚持“走出去”与“请进来”相结合，提升国际学术交流质量和水平，推动高等学校哲学社会科学走向世界，增强中国学术的国际影响力和话语权。探索在国外和港澳地区合作建立海外中国学术研究中心，面向国外翻译、出版和推介高水平研究成果与精品著作，重点加强高等学校优秀外文学术网站和学术期刊建设，鼓励高等学校参与和设立国际性学术组织，积极推动海外中国学研究。这些措施您认为是否可行？

邹：在海外设立中国学术研究中心，那是政府部门的事情，我们作为一个学术期刊没有这样的能力。据悉国家文化部在世界上十几个主要国家设立了中国文化中心，如果由中国社会科学院、中国科学院与中国工程院出资，在海外设立十来个中国学术研究中心，是可以的。《外国文学研究》可以与国外学术组织合作，主办学术会议，联合从事学术研究，其实这些年来我们也是这样做的。我们可以设立国际学术组织，但需要政府政策上的支持与经济上的资助。

（本文内容部分发表于*Language Policy*第12卷第3期，第251—272页，收录SSCI）

高质量专业期刊编辑工作者的使命

雷　雯

雷雯（以下简称“雷”）：邹老师，您好！很高兴能和您进行这样一次访谈。我们都知道由您主持编辑的《外国文学研究》是一个高质量的专业期刊，特别是进入美国AHCI，成为中国大陆第一家也是唯一的一家国际化的权威学术期刊，真是来之不易。许多人对此很不理解，认为这样一个在业余体制下所办的期刊创造的奇迹，不知是什么原因所产生的结果？我想问的第一个问题是，在你们的编辑过程中，是如何确保其学术论文及其发表的严谨性、创新性以及准确性的呢？可否首先请您简单介绍一下，《外国文学研究》这一高水平专业期刊是如何定位的？它的办刊宗旨究竟是什么？

邹建军（以下简称“邹”）：《外国文学研究》作为一份具有三十年办刊历史的学术刊物，虽然变换了好几位主编，经历了不同时代，但其办刊宗旨一直定位在中国大陆所办的一份高质量、高水准、权威性的学术期刊。在中国大陆，学术刊物有多种类型，第一类是时政要闻性的，如《求是》《中央党校学报》《学习时报》等，这类期刊主要是发挥宣传教育功能，统一人们的思想，集中国民的力量，为政党与政治服务。第二类是大众普及读物，如《语文教学与研究》《文史知识》《名作欣赏》等，主要任务是向中国大众普及有关科学文化知识，满足人民大众的知识需求和文化消费。第三类就是专业性的学术期刊，如北京主办的《文艺研究》《文学遗产》《文学评论》和《中国社会科学》等刊物。《外国文学研究》就属于这种高水平、专业性、研究性的刊物。自20世纪90年代后期以来，《外国文学研究》侧重于发表对经典作家作品深度研究，对最近获得诺贝尔文学奖的作家作品等个案研究，对外国文艺思潮、文艺运动、文学流派作整体研究，对重要作家、学者、专家就有关学术问题进行访谈等方面的论文。在中国大陆所创办的如林的学术刊物中，《外国文学研究》一直坚持自己的高标准、严要求、高质量、与国际接轨的定位，终于取得重要成果，自2005年第1期开始，我们的刊物进入美国的AHCI（世界三大权威检索数据库之一），成为当今中国一流的精品学术期刊。对此我们感到非常高兴，同时也感到责任重大。编刊物有多种编法，可以一般地编一编，来了什么稿件就编什么稿件，按稿件随便设几个栏目，校对一下就送印出版。但这样的办法，是不可能编出高水平的学术期刊的，特别是不可能编出产生广泛影响的专业学术期刊的。我们当然不是这样的编辑方式，这与我们的学术定位有直接的关系。

雷：《外国文学研究》在国内外都享有盛誉，拥有很大的社会知名度和影响力，那您觉得身为这类专业学术期刊的编者，肩上负有什么样的重要使命呢？

邹：我认为我们的责任重大，任务艰巨，工作强度大，主要是我们每一个编者都有一种很强的使命感。我个人觉得，我们编辑部的十几位编辑，无论是文学院、外语学院的老师，还是比较文学与世界文学专业的博士研究生、硕士研究生，往往都有一种庄严的使命感。我们每一个人都意识到，我们所编辑的学术刊物是反映学术前沿、引导学术潮流、强化学术传统、推崇学术创新，在中国比较文学与世界文学学术研究的事业中，往往占有一席之地。因此，我们编发的每一篇文章，就不只是对于相关作家作品的解读，不只是对于当代中外文学状态的讲解，也不只是叙述中外文学史的发展历程，而是要着重发表一些能够提出问题、深入分析问题、深入探索问题、能够解决问题的学术论文。我们一直强调，杂志要办出自己的特色，维持自己的水准，创造自己的影响。所谓“特色”，就是要在论文的选发、栏目的编排、版式的设计、封面的制作上，要有自己独特的艺术风格；所谓“创新”，就是要求我们所编发的每一篇论文要有自己的新意。首先，每一篇论文都要争取有自己的观点，同时也要有新的材料、新的理论视角，要有只属于自己的、独具特色的东西。我们所编发的论文，要与从前本刊或同类学术期刊所发表的论文，拉开比较大的差距。所谓“高水平”，就是我们的刊期要达到“中国一流、世界著名”的要求，这样的说法，其实就是《外国文学研究》在今天的定位。我们刊物的每一位编者都能充分地认识到这一学术定位，因此，我们每一个人都充满了使命感和自豪感。在自己的编辑工作中，大家都很有雄心、很有精神，意气风发、干劲十足，因此我们每一期的编辑工作都做得很好，维持了论文编发的高水平、期刊编辑出版的高质量。

雷：众所周知，一本杂志的好坏与编辑方针的制定有着密切的关联，杂志编辑方针决定了杂志的特色与风格。那么，《外国文学研究》作为一本高质量专业性期刊，在具体的编辑工作方面有什么特别的讲究吗？

邹：我认为，近五年以来，我们对《外国文学研究》的编辑方针进行了很大的调整，更加强化了它的学术性和专业性，更加强化了它的问题意识和编辑艺术的讲究。伴随着编辑方针的调整，我们对编辑工作的方方面面提出了更高的要求。也许正由于如此，我们才进一步地创造了自己的风格，形成了自己的特点。主要体现在以下几个方面：

(1)对论文发表格式的讲究。自从2003年第1期以来，本刊采用美国现代语言协会多年来沿用的MLA的格式，并在此基础上进行改造，形成了自己独有的论文发表格式和规范。这样的论文发表形式的提出与运用，在中国学术期刊界产生了重要影响，起到了引导学术期刊编辑方向、建立严格学术期刊规范的作用，说得更准确一点，或者说把话说得大一点，我们的改革是起到了引导中国学术期刊编辑潮流的作用。论文的发表规范包括许多方面的内容，我想最主要的有：首先，论文作者需要提供有关论文的标题、内容提要、关键词、作者介绍等完整信息。论文的标题是一个完整的句子，能够表达一个完整的意义，不少于8个字、不多于20个字，符合学术论文的标题观点鲜明、逻辑性强的要求。论文的内容提要，需要客观叙述论文的主要内容和主要观点，不需要叙述自己的研究过程，不需要举证材料，也不作自我评价；内容提要不少于250个字，不超过400个字，以强调学术论文的客观性、公正性与简明性。论文的关键词，一般不需要介绍作家作品，在不多于5个术语和词语的限制下，将论文最具有创新意义的信息、最具有独创性的内容以名词方式提取出来，以体现观点的独到性和论文的创新性。论文的作者介绍，只介绍作者的姓名、所在工作单位、学位、职称、主要研究方向，以及是否是省部级以上项目之成果。此项中不需要介绍性别，以体现男女平等的精神；也不介绍职务，以体现学术面前人人平等的要求；不需要长篇累牍地介绍自己的成就，以避免自吹自擂与发生浮夸想象的现象。总之，这一部分是要求体现具体性、客观性、公正性和简明性，让没有时间读完全文的读者在一个比较短的时间里把握学术论文的主要信息。以上四项的英文翻译是为了让不懂汉语的人也能看到学术论文的最主要信息，为了让自己的论文和我们的学术期刊在世界范围内进行交流，更好地促进中外学术交流与学术繁荣。其次，如果是8 000字以上的论文，那就是比较标准与典型的学术论文了。对于这样的论文，我们要求其结构完整、层次清楚、逻辑性强。因此，要求分为几个部分，每一个部分都要有相应的小标题，使得文章的结构、层次、逻辑上都很讲究，让论文的主要观点能够清晰地呈现在读者面前。论文的主体部分是论文的最重要的部分，虽然我们对论文的每一个部分都有自己的要求，但不能本末到置，主体部分还是需要花功夫、花气力的。如果这一部分写得不充实、不扎实、不深入，其他部分再讲究也没基础。论文最主要的观点是什么、对这个观点是分几个层次来展开的、展开得如何、是不是有根有据地能够自圆其说，我们都要考虑。再次，将论文的“参考文献”分为“注解”和“引用文献”两个部分。直接引文之外的名词术语、第一次提到的作家作品以及相关的背景资料，只能作为“注解”，在文后进行详细的解说和分析；所有的直接引文，包括论文所研究的对象以及论文涉及的资料，都作为引用资料放在文章的最后。这样做的好处，是为了充分地发挥作者的主动性，发挥行文的灵活性和文献材料的翔实性功能；同时，也使得论文作者将自己的观点和引用的材料最大限度地区别开来，进一步体现对前人的尊重，也体现学术研究的公正性、客观性与主观能动性。论文发表的格式的调整，是本刊最近五年来所进行的最大的调整，开始的时候非常艰难，因为的确是不符合中国学术研究者的习惯，作者不按此进行撰写，编者也难于进行改换；我们的编辑等于是完全进行自我改造，如果不进一步进修此方面的知识，简直就不能做好编辑工作；做了多年编辑工作的人都感到十分麻烦。直到现在，还有许多人不能认同这样的格式。说实话，当时实行这样的格式，我也有许多的顾虑，能不能够进行、会有什么样的效果，我心里实在是没底。后来我才清楚，格式的调整肯定是有必要的；如果能够将中国现有的学术规范与美国的MLA相结合，汉语用汉语的，英语用英语的，可能更加符合编辑工作的实际。

（2）对栏目设置以及中英文目录编排的讲究。《外国文学研究》每一期的栏目需要有基本栏目，但并不完全是固定的。固定栏目有"中外学者访谈"、"英国文学研究"、"美国文学研究"、"欧洲文学研究"、"东方文学研究"、"比较文学研究"以及"综论与述评"，但并不是每一期都固定会有这些栏目。我认为，固定的栏目使得杂志的内容具有一定的稳定性，能够体现《外国文学研究》杂志的最为基本内容层面。一些文学成就很高的民族和国家，受到更多的关注，对他们的作家作品等文学现象探索，这是正常的，体现了中国外国文学研究的一种正常生态，中国国内出版的其他同类刊物，大致也不能离开学术界的这种基本情况。同时，我们的杂志也特别注重栏目的改造与变化。在每期有比较固定的栏目基础之上，我们往往有自己的计划和重点，适时地推出一些有特色的栏目，这样的考虑也是杂志编者们关于栏目设置的基本观点。近几年来，我们推出了好几个关于文学伦理学批评的栏目，不仅包括会议专栏，还包括对外国诗歌、小说、戏剧、传记的伦理学批评与研究方面的论文，在学术界产生了比较大的反响；我们还推出了"问题与学术"、"文学伦理学批评"、"生态批评"等方面的笔谈，以体现杂志编者的前期策划；我们还推出了康拉德、霍桑、易卜生、莎士比亚、《嘉丽妹妹》、抒情诗歌等作家作品的专栏。本刊在最近五年主办了十次大型的学术研讨会，在每一次会议之后，我们都有精心设计的会议专栏，引起了许多学者的关注和读者的支持。这样的关于栏目设置的思想，使得本刊的栏目既整齐又有变化，既有统一、稳定的特点而又有多样化的追求。在编制每一期目录的时候，哪个栏目在前，哪个栏目在后；在编排每一个栏目文章的时候，哪些文章在前，哪些文章在后，等等，都有讲究。即使是"综论与述评"这样的栏目，哪些书评在前、哪些信息在后，都是有顺序的；哪些内容要放在封二，哪些内容要放在封三，都有自己的考虑。在编制每一期目录的时候，对每一篇论文的标题都有推敲，不仅要表现内容，还要有形式的美观。因此，我们说本刊对每一期栏目的设置及其细节，都是相当讲究的。

(3)对论文中所涉及材料精确性的讲究。本刊要求所有论文中的材料,都要注明出处;所有的材料,都要注明来源的具体页码;如果是论文集或者期刊中的论文,还要注明本文的起止页码。论文中的每一条材料,都要求作者反复核对,不仅意思与文字不能错,一个标点也不能错,要能够完整地还原到原文中,要经得起历史的检验。本刊对于“引用文献”也有自己的基本要求,就是:“注解”要有3条以上,“引用作品”要有8条以上,其中外文文献要有3条以上。本刊不仅要求论文引用文献的真实性,还要求引用文献的科学性,即所有的引用文献都不能断章取义,更不能望文生义。本刊对于“注解”和“引用作品”,要求作者完整地列出,包括作者、书名、论文名、出版地、出版单位或者期刊名称、出版时间以及版次等等。和其他刊物不一样的是,本刊对于所有“引用文献”,都要逐条地翻译成英文,而且英文的翻译要符合英语规则,如出版社、出版单位等的翻译,都要到网上查对,看有没有统一的译名,不能想当然地直译、乱译;所有“引用文献”,都要以本条的首字为准,按照英文26个字母的顺序进行排列。由以上的讲述可以得知,我们可以获知本刊对栏目、目录、注解、引用文献等,有多么讲究。本刊对于所有的“书评”、“会议综述”、“消息报道”、封底的编委介绍等说明性文字,都有严格的要求。一般的刊物只注重论文,而不注重论文之外的其他材料,因此,像“消息报道”、“会议综述”等往往错字连篇,漏洞百出,因此而影响了杂志声誉的情况,也时有发生。本刊2003年以前所出版的刊物,也存在此类问题,即学术论文的错漏并不多,“学术报道”、“书评”等文字的错却很多。自2003年第1期开始,本刊由专人负责这一部分内容,错漏甚少,从而从总体上保证了本刊编辑出版的整体质量。有的人不重视这一部分内容,认为反正不是学术论文,也没有多少人阅读;其实,许多读者正好关注这一部分内容,发现问题太多,也就没有再读学术论文的兴趣。

(4)版式设计和封面设计的讲究。本刊的版式虽然几经变化,但仍然有自己统一的风格,所有的文章标题、内容提要、关键词、作者介绍、正文、注解和引用作品都分别用相同的字体、字号进行排列。每一篇文章都有页眉,每一篇文章都用单栏排版。学术论文和学术论文之间是以标题分开排版;综述、会议综述、书评等,则都是接排。这样的安排和长期的坚持形成了我刊统一的格调和风格。而且,本刊的开本一直坚持用正16开本,在20世纪90年代以来中国大陆出版的书刊往往都以长开本、大开本为国际流行开本的情况下,本刊一直坚持正16开本,也可谓是独树一帜。本刊的封面设计,几年来都是由办公室主任杜娟独立负责的,但是每一年的封面都经过了编辑部同仁反复讨论、反复思考与反复调整,对色彩、线条、图片、形块的构成,字体、字号的安排,还有编排的位置,都非常讲究。本刊的封面以整齐、朴素为基本格调,在中国大陆出版的十来种外国文学研究刊物中,形成了自己独立的风格,于是受学术界同行和期刊界同仁的广泛认同与好评。

(5)形成了自己的严整、严谨、科学化与艺术化的办刊风格。经过多年的努力，不论是目录的编排还是论文的编选，都以独立的个体形成严谨的整体。本刊所发表的论文长短相差不大，每一期的栏目设置的类别相差不大，除了基本栏目以外，每一期都有“中外学者访谈”，都有“会议综述”、“书评”、“会议消息”。每一期所发表的文章，包括“综述”、“书评”、“会议消息”，以及封底的“编委介绍”等，都有责任编辑；每一条BOOKS RECEIVED、信息等等，再短的文字都要求署明责任编辑，以保证杂志的每一部分都没有差错；杂志的每一期都有格式编辑和英文编辑，他们两者分别全权负责杂志每一部分的格式和英文；杂志的骨干编辑，每年都要担任一期杂志的执行编辑。因此，杂志的编辑工作是非常严谨的，做起来也是非常严格的。所谓“科学化”，除了体现在所发表论文内容的表述的准确性、引文的准确性以及探索性以外，同时也体现在发表的“书评”也非常讲究。不是每一本公开出版的书，都可以在本刊发表书评。首先，要讲究学术著作的学术质量；其次，要讲究作者的层次；最后，也还要考虑出版单位的权威性。因此，本刊所发表的书评，基本上没有吹牛拍马之嫌，也没有夸张和纯粹进行宣传的现象，这样的编辑思想是为了维持《外国文学研究》杂志的纯学术性。本刊所发表的会议综述以及会议消息，都经过严格的审查，我们不是把它当作一种宣传以及广告来对待，绝无虚假广告之类的消息。所谓“艺术化”，即所有的编辑、主编、副主编，往往都把杂志当作一个艺术品来看待，让杂志的每一个部分、每一篇论文的每一个部分都很精致，并且在所有部分的整体组合上都很讲究，不仅能够体现自己的审美趣味，也能体现自己的审美思想。

雷：杂志编辑队伍的水平，往往能够决定杂志编辑出版本身的水准，《外国文学研究》作为一本高质量专业化的学术期刊，经历了编辑们长期的不懈努力，才立足于中国同类杂志前列的。那么，您如何评价《外国文学研究》的编辑队伍？

邹：作为一份高质量专业化的学术期刊，《外国文学研究》拥有一支高素质、高水平的编辑队伍。名誉主编王忠祥教授、主编聂珍钊教授、社长胡亚敏教授，以及我本人，都是华中师范大学文学院的教授，都是国内知名的专家与学者；我们的编辑，都是副教授、讲师，基本上都具有博士学位，他们知识面广，视野开阔，理论功底深厚，拥有独到的学术眼光、独立的艺术审美眼光。编辑部的领导层对于编辑方针的制定、杂志栏目的整体策划、学术会议的宏观策划等，都起到了决策和把关的作用。编辑部其他所有成员，不仅对刊物的编辑充满热情，责任心强，也有做好编辑工作的实力。因此，本刊之所以能够成为质量高、水平高、影响大，同时也是中国第一的美国AHCI收录期刊，并不是无缘无故的。刊物的体制虽然是业余性的，但专业学术期刊的编辑工作，也许只能是业余性的；因为一般的人不可能办好专业期刊，只有专家来办专业期刊，才可能保证其学术品位与学术质量，才可能在学术界保持其强大的影响力。

雷：邹老师，非常感谢您在百忙中接受我的采访！从对您的采访中，我深深地感受到了您作为《外国文学研究》杂志编者的使命感和自豪感；了解到了您以及您周围的同事们，为了办好这一杂志的良苦用心以及为了创办世界一流杂志所付出的努力。在聂珍钊老师和您的带领下，充分发挥出一支高素质的编辑队伍的各项优势，通过严格的论文编选、独具风格的格式设计、丰富多彩的栏目编排等等，才造就了《外国文学研究》今日的辉煌。在此，我衷心地希望《外国文学研究》能够越办越好，跻身于世界一流杂志之列。

（原刊“中外文学讲坛”2010年10月）

业余体制下高水平学术刊物的发展历程

陈为为

陈为为（以下简称“陈”）：邹老师，悉闻贵刊《外国文学研究》被美国三大科学引文数据库之一的AHCI收录，成为中国大陆第一家也是唯一的一家AHCI期刊，在中国学术期刊的国际化道路上迈出了十分重要的一步。您作为贵刊负责日常工作的常务副主编，能否介绍一下其发展历程？

邹建军（以下简称“邹”）:《外国文学研究》创办于1978年，是一份有着悠久历史传统的学术刊物。在徐迟先生任主编的年代，国内的外国文学学术期刊相对较少，因此在那个年代，这份刊物的创办是十分引人注目的。当时，编辑们编辑过很多有影响的栏目，如“意识流小说与西方现代派”等，可以说开启了20世纪80年代中国学术界对西方文学讨论的热潮。在王忠祥教授任主编的年代，特别注重发表有关西方经典作家作品的研究论文，有关莎士比亚、易卜生、狄更斯、哈代等西方重要作家研究的高水平论文，均在本刊得到过及时发表，并产生比较大的影响。自2000年开始，聂珍钊教授接任主编后，进一步发展了着重对经典作家作品研究的路向，并加强了与国际国内学术界的联系与交流，使一份有着自己的历史的学术杂志焕发了学术青春。但是，由于特定时代因素和某种历史原因，杂志的发展也受到严重的影响；到了2001年的时候，《外国文学研究》杂志居然被南京大学CSSCI赶了出来，使这样一份本来很有影响的学术刊物成为一份非核心期刊，被排斥在国内近400种人文社会科学核心期刊群之外。这一事件对编辑部触动相当大，编辑部全体同仁为此感到非常焦虑，许多人甚至难以成眠。从2002年开始，《外国文学研究》编辑部开始酝酿一场新的变革，大家都在思考一个问题，那就是：怎样在现有的业余编辑体制的前提之下，编辑出一份高水平的专业学术期刊，让她保持在中外外国文学研究界的重要地位，并让其薪火相传，能为中国新世纪学术事业做出更大的贡献？在主编聂珍钊教授的领导下，杂志从2003年第1期开始，首先对论文的发表格式做出了重大调整，加强了编辑部的队伍建设，转变了工作思路，落实了一系列新的措施，这样的调整让杂志的编辑和出版质量开始得到提升：2004

年,《外国文学研究》重新进入CSSCI,成为中国大陆与《外国文学评论》并列的重要核心期刊;2005年,杂志相继被美国MLA、英国ABELL两个权威数据库收录。更重要的是,从2005年第1期开始,杂志被美国三大权威检索系统之一的AHCI收录,使《外国文学研究》成为中国大陆第一份也是唯一一份能在国际权威检索系统中得到检索的中文期刊,标志着中国人文社科期刊在国际化的道路上迈出了重要一步,也标志着中国外国文学研究学术成果能够直接进入西方学者的学术视野。

陈:请问邹老师,在目前,整个中国有哪些期刊被AHCI收录?编辑部各位成员在贵刊被AHCI收录过程中,分别担任了什么样的角色,发挥了什么样的作用?

邹:AHCI和SCI、SSCI联合构成美国SCI公司三大数据库,是目前国际上公认的、最具有权威性的检索系统。在此系统中被检索的期刊,主要以英文期刊为主。目前,在整个中国,被AHCI所收录的中文期刊只有两份:一份是台湾中央研究院历史研究所所编辑出版的《历史语言研究》季刊,另一份便是中国大陆的《外国文学研究》。《历史语言研究》季刊由蔡元培先生所创办,历史非常悠久,学术实力异常雄厚。《外国文学研究》能成为中国大陆第一份也是唯一一份被AHCI收录的期刊,是编辑部全体同仁用五年时间共同奋斗的结果,也与主编聂珍钊教授开阔的学术视野、高远的办刊思路和深厚的学术素养有着密切的关系。中国科学院院士朱作言先生曾经说过:"主编是学术期刊的灵魂。"自2003年以来,聂珍钊教授在杂志编辑出版工作中发挥了一种高瞻远瞩、统领全局的作用,的确是《外国文学研究》杂志名副其实的灵魂。当然,编辑部其他成员包括名誉主编王忠祥教授、社长胡亚敏教授和我本人,以及编辑部主任、办公室主任和各位编辑室主任也都发挥了重要作用。《外国文学研究》能够成为一份重要期刊,是编辑部全体同仁包括我们专业的博士生、硕士生、访问学者共同工作多年的结果,不能说是哪一个人的功劳,每一个人都只是发挥了自己的作用;但每一个人能够发挥作用,与我们卓越的领导工作是分不开的。

陈:《外国文学研究》能在短短五年内取得如此大的进步,肯定有其先进的办刊理念和正确的办刊思路。您是贵刊主要负责人之一,也是其发展的见证者,现向您请教一下其获得成功的经验。

邹:五年以来,《外国文学研究》能取得如此大的进步,的确有很多经验值得总结。我认为,《外国文学研究》编辑部的成功经验,主要有以下几点:

(1)建立了较为完善的主编领导下的编委会制度。主编的权利主要体现在人事权、财务权和终审权。主编有调整编辑部人事组成的权利,从而让各编辑室的力量得到优化组合,让研究专家成为编辑室的主任,以便发挥编辑骨干的作用。主编有统筹使用有限资金的权利,使理事单位所缴纳的会费、举办研究生班所得到的补贴等得到合理调配,保证了杂志出版发行所需要的资金。当然,主编负责制,最重要的是体现在拥有对稿件的终审权上。杂志所要发表的所有稿件，在经过各编辑室主任初审、专家外审之后，由主编最后决定是否刊用，并统一签署自己的决定，保证了杂志稿件运转的畅通渠道，保证了杂志所发表论文的统一标准与学术质量，保证了杂志每一期的统筹与规划。在这种健全的体制之下，副主编和各编辑室主任都积极协调主编工作，办公室主任、副主任、编辑部主任在副主编统一安排下，尽职尽责地完成各自的任务。因此，我认为主编领导下的编委会工作体制，是保证杂志正常编辑、高质量出版的首要条件。没有这一条，就没有杂志的今天，也没有杂志的明天。

（2）在副主编的精心操作下，编辑部建立了一整套的工作制度，明确分工，相互协调，共同负责。本刊建立了执行编辑制度，自2003年杂志改成双月刊以后，每年6期，每期都由一位资深编辑任执行编辑，充分发挥了骨干编辑的积极性，调动了骨干编辑能全面负责、独立负责的责任心，避免了从前任何事情都无人真正负责的毛病。执行编辑在主编、副主编、编辑部主任的领导和协调下开展工作，但也具有独立统筹稿件、自主编排栏目的权利。由执行编辑独立完成的杂志目录，最后要经过主编、副主编、编辑部主任、办公室主任共同研究、反复讨论后，最后形成该期杂志栏目设置与论文编排顺序的定稿。因此，执行编辑其实是充分发挥一种牵头与责任落实到位的作用。由于我刊现在是一种业余编辑体制，每位编辑都担负有繁重的教学、科研等任务，如果没有执行编辑制度的建立，那么不仅平时无人关心与关注杂志的编辑与出版，而且还会让主编相当烦心劳神，并且会时时刻刻都可能会出现无法解决的问题。执行编辑再苦，每年也只有一个月左右的时间集中在杂志上，其余的时间就可以用在教学、科研和培养学生上。因此，执行编辑制度的建立合理地配置了人力资源，合理地分配与调整了每一个人的时间和精力，从而让每个人在时间与精力的安排上取得了最佳的效果。同时，我们还建立了格式编辑制度、英文编辑制度、社外专家终校制度。每一期杂志，均由同一个格式编辑负责审核每篇论文的格式，保证了杂志整体格式的统一和规范，从而保证了杂志的编辑质量。由于我刊从2003年开始在国际化方面做出努力，杂志英文内容逐渐增多，不仅要求将每篇论文的“标题”、“内容提要”、“关键词”、“作者介绍”翻译成英文，也要求将每条中文的“引用作品”翻译成英文，并且要求每一篇论文的“注解”中要有3条以上的外文文献；每期杂志的目录，也都要一一对应地翻译成英文。因此，设立专门的英文编辑，负责杂志的英文质量不仅是十分必要的，也是十分重要的。同时，由于本刊编辑人员皆系业余性质，在执行编辑的统筹下，虽然每篇文章都有责任编辑把关，但没有哪一位有时间和精力能在比较短的时间内通读整本杂志的清样。因此，我刊特别聘请了两位文字功底非常深厚的资深专家严把文字关，以起到在最后一关尽量消灭差错的作用。另外，我们还制定了一整套的工作规范，如编辑部办公室的工作制度、编辑部专人报账与定时报账的制度、每两期一次的刊物讲评制度等。这些工作制度，都成为保证本刊业余体制下的专业运作之基本因素。

（3）建立了加强工作预案、不断改进与总结的工作机制，建立起了一整套适合于自己的体制同时也有较高工作效率的工作思路。我们提前半个月制定出每双月的工作要点，每一条都有“事件”、“人物”、“时间”的规定，让每一件事情都能落实到具体的每一个人，从而保证了编辑部各项工作能有条不紊地展开。每双月的工作要点，都提前发给编辑部的每一成员，并在办公室的白板上张贴公布，这让每一个人均能明确地知道自己这段时间的工作任务。我们建立了财务预算制度，每年11月，我们就制定出第二年的财务预算，包括杂志正常出版所需要的经费、杂志主办的学术会议所需要的费用，还包括学术调研、学术访问、图书资料与学科建设所需要的经费，这就保证让每年杂志的正常开支“提前一年早知道”。我们还加强了对栏目的策划工作，提前半年预设杂志在第二年将开设的重点栏目，这样的安排使得我刊在栏目建设上取得了突出成就，譬如引起广泛关注的“中外学者访谈”、“文学伦理学批评”、“问题与学术”、“生态文学与生态批评”等栏目，都是提前策划、精心组织的结果。每年11月，我们都以条目组构的方式，提前制定编辑部第二年的工作计划及责任分工，让每一条均具有可操作性、每一条都落实到具体的个人；这样，一件件工作组合起来，就成为这一年的宏观计划和理想蓝图；大家一起完成了这些任务，也就实现了编辑部整个一年的工作规划。每年的12月，我们都有对本年工作的总结报告，对于该年杂志各个方面的工作进行客观、理性的分析，并进行全面、有重点的总结，进行必要的回视和反思；每一年的总结报告，亦会先通过电子邮件的方式发给每位编辑部成员征求意见，最后由副主编会同主编修改定稿，报告给学校、省和国家有关领导部门。

（4）以主办全国和国际学术会议的方式争取稿源，加强与国内相关学术机构的合作，加强联系与对外宣传，树立杂志客观、公正、公平、公开的现代国际学术期刊的形象。2003年以来，本刊编辑部分别在武汉、青岛、南昌、宁波、上海、宜昌等地主办大小学术会议9次，其中国际学术会议2次、全国学术会议5次、专题学术研讨会2次。每次会议之后，杂志都开辟专栏发表会议代表所提交的优秀论文；每次会议之后，本刊都会发表比较详细的会议综述，对会议情况进行全面报道。由于精心策划、周密安排，每次会议参加人数众多，且都有著名专家出席，并在大会上做专题性的主题发言。这样的学术会议的主办，保证杂志能够不断形成新的栏目，也保证了杂志所发表论文的档次，保证了杂志与国内外前沿学术状态的直接联系；同时，这样的学术会议能够保证杂志与国内外学术界人士进行面对面的直接交流，让更多的人与我们进行亲密接触，让他们对我刊的工作思路、工作制度和工作方法等有全面、准确的了解，因此，我刊一直以来得到了国内外专家的全方位支持，也在无意之中让《外国文学研究》的知名度与学术地位不断攀升。在这种条件下，我们更进一步加强了对外联系与宣传工作，编辑了“《外国文学研究》被AHCI收录”的宣传小册子，实现了与国内外同行专家、同类学术期刊、国内各权威高等院校外语学院与文学院的交流，特别是加强了与24个理事单位的互动，形成了由24个全国著名高校联合支持、数百名同行专家共同关心、联合共办杂志的良好局面。我们建立了《外国文学研究》网站，中文版和英文版同时运行，目前已初具规模。目前，《外国文学研究》网站在对外联系与交往中发挥了十分重要的作用。

(5)杂志在国际化方面迈出了重要步伐。自2003年以来，我刊组建了国际化的编委会和顾问委员会，聘请了美国、日本、英国、挪威、香港等国家和地区的20多位著名学者担任本刊编委。他们都来自于国内外一流大学和权威学术机构，包括剑桥大学、香港中文大学、清华大学、复旦大学、浙江大学、四川大学、美国MLA等。这就使得本刊在国际学术界具有了广泛的代表性。我刊还聘请了世界一流学者希利斯·米勒、哈罗德·布鲁姆、巴金、季羡林等为学术顾问。同时，自2003年开始，我刊开始直接用英文发表原创性学术成果，这使《外国文学研究》成为一份真正由国际学者联合发表学术论文的科研平台，成为了一份真正国际化的学术期刊。我们先后接待了著名易卜生专家、挪威奥斯陆大学克努特·布莱恩希尔沃兹教授、美国左派领袖芭芭拉·弗雷教授、美国新马克思主义代表弗雷德里克·杰姆逊教授、美国语言诗派领袖查尔斯·伯恩斯坦教授等国际著名学者的来访。与此同时，我刊主编聂珍钊教授先后去香港和美国发表了“文学伦理学批评”演讲；我刊社长胡亚敏教授先后去美国、越南进行访问；我刊东方文学编辑室主任李俄宪教授去日本进行共同研究。我们与国际学术界的互动，进一步扩大了《外国文学研究》在世界各国的影响，让她在中外文学交流中发挥越来越重要的作用。

陈：俗话说：“金无足赤。”我想，即使贵刊取得了举世瞩目的成就，也可能会存在一些问题，或者还存在许多的困难。请问目前贵刊在发展中主要面临一些什么问题？您对《外国文学研究》的进一步发展有什么具体的设想？

邹：回顾过去，我们的工作的确也有不少方面值得反思。《外国文学研究》作为一份国内外知名的学术刊物，她走过的道路是曲折的，有反复、有失误，更有值得我们进一步改进的地方。这种情况是正常的，也是允许的。为了她有一个更加光明的未来，以下几个方面是我们在今后的工作中不得不引起编辑部同仁注意的。

(1)要进一步完善匿名专家审稿制度。从2003年开始，我刊一直坚持实行社外专家匿名审稿制度，保证了学术论文审查的公平与公正性，也保证了本刊论文刊发的学术质量。但是，社外专家匿名审稿制度在实行过程中，还存在着一些问题，有待进一步改进和完善。由于我刊经费有限，也由于某些专业方向的稿件较为拥挤，外审专家的时间和精力相对有限，因此，有些稿件外审时间过长，延缓了我们处理稿件的速度，使社外专家匿名审稿处于一种不太畅通的状态。因此，只有当办刊经费有充足保障、匿名审稿专家库进一步扩大以后，匿名审稿才能取得更好成效。同时，我们的观念也要进一步改进，对匿名审稿的信任不能绝对化，对学术论文质量的把握不能一味地依靠外审专家，因为这只是保证稿件质量的一条途径。如果能在论文主体上坚持社外专家匿名审稿的条件下，同时也充分发挥资深编辑的主观能动性与办刊积极性，可能会取得更优良的效果。

(2)如何建立更加专业化的编辑队伍和办刊体制，是一个亟待解决的问题。期刊编辑与出版工作涉及方方面面，每一项工作都非常具体：期刊的编辑、出版与发行环环相扣，哪一个环节都很重要，都不能出问题，但又都很容易出问题。从稿件的登记、分发、初审、外审、终审、编辑、校对、格式、英文、印刷、发行、邮寄、讲评等，每一个环节都很重要；特别是校对，稍有不注意就会出现差错，包括政治性的问题和格式上的差错。如果刊物没有一点问题，别人不会说你好；一旦出了问题，哪怕是很小的一点问题，人们往往都不会原谅你。因此，期刊编辑工作人员责任重大、压力巨大，不如教学、科研工作，有自由发挥的广阔天地。长期以来，本刊是在高校体制内运转，而我校除了学报外，20多个刊物均是业余力量的办刊体制。2007年以前，杂志的编辑出版经费没有保障，杂志的办公经费、对外宣传与交流的经费没有保障，杂志编辑工作人员的编辑校对费用、劳务补贴没有保障，完全靠创收和理事单位的资助来实现不正常的运转。同时，我刊编辑都是教学和科研人员，主编、社长、副主编都有繁重的科研任务和培养研究生的任务，杂志工作只能加班加点；因此我们往往是牺牲了自己的休息时间，甚至是牺牲了自己的健康，才能维持杂志的正常运转。学校和文学院又没有考虑这一部分工作量，基本上没有任何应当得到的报酬。因此，在这种业余体制下，如何保持杂志的编辑出版质量，继续让其成为国际国内高水平专业学术期刊，就是一道很大的难题。面向未来，面对过去，我们只有勉力为之。

(3)如何合理发挥本专业博士、硕士研究生和访问学者在编辑工作的作用，也是我们面对的一个困境。2003年以来，杂志的每一步发展、每一个成功的取得，都与本专业的研究生、访问学者所做出的努力分不开。本刊的英文编辑工作，主要是由博士生承担的；本刊的格式编辑工作以及一半以上的论文编辑工作，也都是由博士生完成的；在本刊所主办的大小学术会议、对外联络与交流中，特别是申请MAL、ABL的过程中，博士、硕士研究生都发挥了重要作用；本刊所主办《世界文学评论》的大部分编辑与校对工作，以及与中国学术期刊网的联络工作，都主要是由研究生承担。可以这样说，本专业的研究生在《外国文学研究》的编辑、出版、发行和相关的学术会议工作中，发挥了其他人员所不可替代的作用。但是，研究生三年一届，流动性很大，对编辑工作较成熟的研究生，很快又要毕业和重新回到工作单位。因此，本刊面临着不断选拔、培养研究生承担编辑工作的严重任务，每一位做编辑工作的研究生的离开，也成为本刊的重要损失。同时，从事编辑工作的研究生勤勤恳恳、任劳任怨，却基本上没有报酬，这也使我们抱有许多的愧疚。因此，如何改进我们整体工作环境，使从事编辑工作的研究生所付出的辛勤劳动得到应有的报酬，是我们一直在思考，而在目前又无法解决的问题。

陈：邹老师，非常感谢您能在百忙之中接受我的采访！在此，我希望贵刊在今后的发展中能有效地解决当前所面临的困难，也更衷心地祝福贵刊更上一层楼，早日实现“进入国际一流杂志”的宏伟目标。

（原刊《世界文学评论》2007年第2辑）

编选后记

覃　莉

《圣经》有言："人点灯不放在斗底下，而是放在灯台上来照亮一家人。"①编选邹建军老师的访谈录每每总能感受温暖与收获启示。我认为，访谈录所记录的不仅是邹老师作为一个知识分子对学术研究与社会发展的思考历程，也是一位教授以传道解惑为毕生志业、时刻不忘提携后辈的心路历程，当中可见邹老师率直、诚恳与不藏私的个性，执着、扎实的学术研究态度。

一般看来，邹老师平素所接受的专访，大多应教学、学术探讨的需要而临时所设，事先并无整体性的规划与设计，然而在编选中却发现，长期坚持所做的"访谈"其内在的精神是统一的，即不论若干的教学个案，还是经典分析；不论是以审美批评为主体的文学研究，还是以哲学、社会与文化视野的批评，都异常紧密地将精神与现实紧密勾连，于此，文学与终极关怀都安然于其中，催人向上。就访谈的内容而言，访谈录（至截稿日共收录33篇文章，时间最早可溯至1994年）的各篇章大致可分别归纳于以下五个板块之中。

第一部分为"研究生教育"，集中呈现了邹老师自1998年伊始身体力行地指导研究生教育的实践经验，从博士生群体的培养到以课题带动硕博研究生之风气酿成，从"中外文学讲坛"的初创到队伍、规模、知名度的不断扩大，学生每每发问，邹老师都一一地倾囊相授。其动人之处不止在于师生一问一答间所传递的真情实意，还有经年持续不断的前行力量，正所谓，十年树木，百年树人，坚持访谈的意义自不言而喻。

第二部分为"文学地理学研究"，从少时家乡的"自然风水经验"出发，不仅冲破鸿蒙对中古自然风水学做出了一番独到的见解，还抽丝剥茧为我们找寻了当代文学地理学研究的方法及前景。于此，邹老师出入古今典籍与当代前沿学海，所开启中国古代风水学与当代文学地理学批评的辩证与喟叹，一古一今，相得益彰。

① 《圣经》（《马太福音》第五章）。

第三部分为“外国文学研究”,展示了邹老师作为一位文学批评家难能可贵的勇气与责任,当中有对当前外国文学批评、中西诗学批评存在问题的犀利、深厚见解,亦不乏年少青春的激越与文学梦。它让我们发现外国文学研究的多样面貌,也重新认识了永葆文学生命力的奥妙。

第四部分为“诗歌写作与批评”,突显了邹老师兼具诗人、诗评家双重身份的独特思维,在感性与理性的交织间,不为常人所觉察的细枝末节的感受,以及字与词推演出丰厚的诗味与诗美,都与其疏朗的言谈风格融为一体。

第五部分为“哲学文化批评”,与邹老师近年来持续写作哲学笔记密切相关,其对当下社会、文化的哲学批评大多从最初探求沧海桑田、物换星移的大视角出发,最后都将理性思辨的终点一一落实于关乎衣、食、住、行的民生关怀与精神、人格的完善之上。其中的《当代中国哲学存在的问题及其对策》与《当代中国知识分子的人格魅力》,皆从个人的修身养性出发来建立完美的理想人格,而无高调空泛之论。而《高质量专业期刊编辑工作者的使命》与《学术国际化语境下中国学术期刊的定位》则记录在看似单调、反复的编辑工作之下,所夹藏着邹老师对中国学界深沉的思虑与积极的创想。凡此精辟之论,始于躬身亲为,亦超越传统的经验之谈,故而总能历时而恒新。

就体例而论,访谈相较论文、散文等其他文体最大的区别在于,其间延展出丰富的对话性,即透过交流打破了樊篱,拉近彼此距离;透过不同的问题拓宽了观物的视角,获取全面而深透的表述;透过思想的交锋,碰撞出智慧的火花。尤其难能可贵的是,访谈录所采取的言谈方式是生动而活泼,大胆而机智,同时也是温雅而谦和的,它彻底地摆脱了一味灌输所带给人的刻板、生硬的说教印象。

其生动活泼,如李庆福老师所言,“谈的话题又是离不开诗,连在饭桌上我们也是一边饮酒,一边品诗”[①],让人掩卷之下仍可感受当日促膝长谈是何其畅意之至。也像周亚芬在访谈实录中所写的,“作为学者、诗评家和诗人的邹建军教授以对话和讨论的方式,与自己的研究生们在中外十四行诗的国度里进行了一次精神上的穿越之旅……一个半小时的时间里,邹老师在轻松而又热烈的气氛中对十四行诗的产生、流传和变异以及十四行诗中国化、十四行诗的特征和创作的有关问题谈了自己的看法。邹老师自己也写作十四行诗,颇有心得,因此,他的讲述就显得尤为独到而深刻,闪烁着真知灼见的光芒,能够使我们对十四行诗的认识有一个全面的提高”[②]。除了一对一的专门访谈,一对多人的圆桌座谈,利于活络现场气氛,比之一派正襟危坐的拘谨与不安,更能开创自由论辩之风,并相互激发创意。

---

① 李庆福:《筑起大中华诗歌体系的大厦》。

② 周亚芬:《十四行诗:美丽的圆环与神秘的声音》。

其大胆而机智，或可用线条来比拟，最开始像是条直线，清晰明了，径直地以最迫近的距离突破周遭的条条框框，直截了当地切入问题的中心，比如邹老师谈十四行诗的习作体会，则是直接将西方的十四行诗体拿过来，以全新的写法为中国当代诗歌寻找新的出路。比如邹老师谈建构文学地理学批评，一再强调——“要有自己的基本的理论立场，要有自己的一整套的理论观念，要有自己的研究方法与研究的手段”，“学术研究贵在创新，选择这样一个新的角度来进行全新的阅读与研究，是学术研究的创新本质所提出的要求”[①]等，无不直陈学术研究之大忌，切勿人云亦云，鹦鹉学舌，唯有自我的发现，才能发自我之声。而至最后又变化为弧线，讲究一定的曲度与形式美感。这也是为何邹老师的每一段谈话都依稀可辨战国时代善于辩论的纵横家身影，起承转合，正反对立的统一，透过思辨展现逻辑严明的完满结构。

其温雅而谦和，于言情说理间，让人戚戚于心。读《我们现在应该读什么书？》与《我的少年时代与外国文学》时才知，不经岁月淘洗，绝不可得此凝思与沉淀，仿若张潮语云：“少年读书，如隙中窥月；中年读书，如庭中望月；老年读书，如台上玩月。”[②]邹老师持续地练字、读书、写诗，久而久之塑成了风雅文辞，加之温厚与谦和，促使每一次的专访都无高高在上的姿态，不搬弄是非曲折，不流于空洞造作，备添满是动人的说服力。

就访谈录的内在品质而论，如前所述其精神是统一的，文本深处实质贯穿了邹老师一贯以来所坚持的“学术探讨”高标准与“实践检验”的基本原则。

(1)何为“学术探讨”的高标准？首先“学术”一直是邹老师选择固守的思考重地，就像鱼离不开水一般，学者倘若远离了“学术”研究，则失去了学术生命力。这不仅是邹老师学院经验的本位思考，也是其对中国学术界发展的洞察。因此，访谈录的每个选题都经深思熟虑，于学术前沿、热点与难点间选择；每一次发问都经精心设计，处处讲求专业训练与专业素养；每一次的回答都运思缜密，层层剖析，意图穿透事物表象揭示本质意义。其次，“学术探讨”强调如何有效地进行学术研究，着重在学术思维、方法上的训练，其中经典个案以《以课题研究铺就研究生成长的道路》文中所摸索出来的模式为个中代表，即“在导师指导下，带领学生共同完成这些课题，一方面能使研究生得到高强度的学术训练，因为这种研究有时间、水平、学术成果、层次的要求，有课题评价体系的限制；而同时，以课题方式带动研究生培养，创造共同研究、自由讨论、相互碰撞、共同提高的氛围……使研究生培养在不可避免地陷入大众化趋向的困境中，而不失其精英性质，是一种有效的、可

① 刘遥：《关于文学地理学的研究方法与发展前景》。

② 张潮：《幽梦影》。

行的培养方式”[①],实为邹老师严谨治学的核心法则。最后,对“高标准”的追求,不仅可见一位学者的自律与自省,还可见一位老师对学生的严格要求与殷殷期望。从教师与编辑的身份互换,从诗歌写作到批评视角转换,从文学研究到哲学笔记写作的深入,邹老师一再试图表明创作与理论、感性与理性并不存在本质冲突,二者之间反而是相辅相成,因为,在他看来一个健全丰盛的人格,需要以文化为己任,专注于学术事业的同时,还应关注周遭社会世态。因此,才先后催生了《当代中国知识分子的人格魅力》《当代中国哲学存在的问题及其对策》两篇专访。严于律己的同时,邹老师不忘提醒学生,心无旁骛地专心学习的同时,亦不能于闭门造车的困局中踯躅不前,透过高水平的交流获得进步,进而才能在有限的生命中发挥无限的可能。

(2)“实践检验”的基本原则,要求一切谈话的由来都要一一落于实处,因为做学问来不得半点含糊。检视访谈录最大的特色则在于务实与坚持,以实际行动先行,之后将实践成果转换为理论的表述,进而反过来指导实践活动的持续开展。其中,所谓务实,大致依循“提出问题—解决问题”的理路展开,部分专访甚至直接以问题为标题呈现,诸如:《我们应当如何从事文学研究》《博士生群体是如何产生的》《我们应当如何做好进一步深造的准备》《我们应当如何从事诗歌批评》,都充满了现实的对话性。类似以上切实可行的访谈,像是一种制胜法宝,让我们得以看清方向,更让我们得以充满了信心,如《古代中国自然风水学说的理论来源与当代价值》一文,谈的是“古代自然风水学说”的渊源与传统,却深深立足于当代语境;如《关于汉语十四行诗的写作与翻译问题》,着力解决的是汉语十四行诗存在的合理性、汉语十四行诗写作与英译等棘手问题,更重要的是,它显现了“实践作为检验真理的唯一标准”,充满了辩证的力量。而所谓坚持,更像一场场接力赛跑,需通力合作,需保持勇气与毅力,需持续不断地向前冲刺。阅读《重大学术活动的策划及其实施》与《大型学术平台的建立及其意义》两篇专访,我们了解到,学术活动的开展不仅是策划组织的创新,还应多层次、多面向地搭建学术平台,学术研究不应被封存于故纸堆里,而应与当今急剧变动的社会文化息息相关。反过来,“中外文学讲坛”的成长经验则印证了以上言说的真与切。每月如期而至的实体与网络虚拟学术研讨会开展,每场研讨会固定设置的主持人、讲评人、主讲人,每次各抒己见的激辩,都在以其不断强固、壮大的集体向心力,持续地在学术探索的道路上发散光与热。

诗人T·S·艾略特认为:“四月是最残忍的一个月”[②],而我却庆幸于此刻,能安坐于偌大的图书馆中,抬头看窗外春雨芳菲,低头翻阅卷卷诗书。再一次重读访谈录,再次审视自我,再一次地汲取足够前行的力量。非常感谢邹老师一路以来的关怀与指导,也期待访谈录后续推出更多、更精彩篇章。

① 曹卫军:《以课题研究铺就研究生成长的道路》。

② T·S·艾略特:《荒原》(1922)。